Commodity Science

21世纪高等院校经济管理类规划教材

商品学（第2版）

□ 陈文汉 主编
□ 陆影 刘东玲 副主编

人民邮电出版社
北京

图书在版编目（CIP）数据

商品学 / 陈文汉主编. -- 2版. -- 北京 : 人民邮电出版社, 2021.9（2024.1重印）
21世纪高等院校经济管理类规划教材
ISBN 978-7-115-56733-8

Ⅰ. ①商… Ⅱ. ①陈… Ⅲ. ①商品学－高等学校－教材 Ⅳ. ①F76

中国版本图书馆CIP数据核字(2021)第123901号

内 容 提 要

本书全面讲解了商品学涉及的商品知识，包括商品学的由来，商品质量、标准、检验、分类、包装、养护、安全等，并以服务商品、食品类商品、日用工业品商品等人们常用的或正在普及的商品为例进行介绍。本书内容丰富，选取的大量案例贴近现实生活和商品经营实践，实用性强。本书把服务商品纳入商品学的研究范围，对旅游服务商品做了重点探讨，丰富了商品学的研究内容，适应现今市场经济发展的需要，符合我国经济转型的现实需求，具有一定的理论意义和实践意义。

本书配套有电子课件、电子教案、教学大纲、习题答案、模拟试卷等教学资料（部分资料仅限用书老师下载），索取方式参见“更新勘误表和配套资料索取示意图”。

本书适合高等院校经济管理类专业和商务英语、园林园艺、农学、水产养殖学、食品科学与工程等专业使用，也可作为从事商品经营管理、市场营销工作在职人员的自学、培训教材。

◆ 主　　编　陈文汉
副 主 编　陆　影　刘东玲
责任编辑　万国清
责任印制　李　东　胡　南

◆ 人民邮电出版社出版发行　北京市丰台区成寿寺路 11 号
邮编　100164　电子邮件　315@ptpress.com.cn
网址　https://www.ptpress.com.cn
三河市兴达印务有限公司印刷

◆ 开本：787×1092　1/16
印张：15　2021 年 9 月第 2 版
字数：401 千字　2024 年 1 月河北第 6 次印刷

定价：54.00 元

读者服务热线：(010)81055256　印装质量热线：(010)81055316
反盗版热线：(010)81055315
广告经营许可证：京东市监广登字 20170147 号

第 2 版前言

本书第 1 版自出版以来，因内容新颖、实用，得到了很多院校师生、学者的关注和认可，至今已经多次印刷，产生了较好的社会效益和经济效益。随着社会经济的高速发展，我国的改革开放不断深化，国际贸易也出现一些新的内容，商品技术、质量标准和要求也在不断完善与提高，因此，作为为社会经济和国际贸易发展服务的《商品学》的内容，也应随之发展。此外，编者也收到了很多用书老师与读者反馈的意见和建议。基于此，我们在第 1 版的基础上对教材进行了修订。本次修订主要做了以下几方面的工作。

（1）增加了有新时代特点的新案例，使得案例更贴近当代的经济发展。

（2）增加了一些新标准和新技术方面的内容。

（3）以二维码的形式引入了与知识点相关的视频和阅读素材，增强了趣味性。

（4）对各章的部分内容做了必要的增删和修改，特别是增加了一些高新技术商品的相关内容。

（5）对书中的部分阅读材料进行了更新，以更好地适应现实发展的需要。

为更好地落实立德树人这一根本任务，编者团队在深入学习党的二十大报告后，在本书重印时对局部内容进行了微调，新增了素质教育指引等配套教学资料。

为方便读者学习和教师授课，本书配套有电子课件、电子教案、教学大纲、习题答案、模拟试卷等教学资料（部分资料仅限用书老师下载），索取方式参见“更新勘误表和配套资料索取示意图”。

本书由陈文汉负责修订。在修订过程中，编者参考了国内外的许多著作和文献，在此一并向这些著作和文献的作者表示感谢。

由于编者水平所限，书中难免存在一些疏漏之处，恳请专家、读者指正，以便再次修订时使之更加完善。

第2版前言

目　　录

第一章　商品与商品学

【学习要点】

- 商品的价值和使用价值
- 商品学的学科定义和发展概况
- 商品学的研究对象、内容与任务

案例导读

茶叶店店员熟悉商品好推销①

茶叶店在销售茶叶时，店员应如何向顾客推销呢？我国茶产业十大名牌之一——茗正缘顺茶业认为，推销人员要想推销商品，除了具有通用的推销技巧外，还应该熟悉商品，尤其对新开发的商品，要熟知它的特点和优点，以激发顾客的好奇心和购买欲。

（1）展示操作，允许顾客试喝。让顾客试喝比讲解更有效。推销人员要尽量地鼓励顾客动手操作和试喝，这样往往可以激发他们的兴趣并给他们带来满足感，使其准确了解商品的性能和质量，增强其购买欲望。

（2）向顾客详细说明商品的独特之处，激发顾客的好奇心。推销人员要善于利用顾客的好奇心，如果你一边说明、一边示范，往往更容易获得成功。如果顾客对商品目不转睛，那么销售就快要促成了。

（3）突出重点，向顾客介绍他们感兴趣的方面。推销商品时，一定要把商品的功能、品质、价格等逐一介绍清楚，使顾客对商品有深入的了解，尤其要着重介绍顾客感兴趣的内容，促使顾客产生购买动机。

启示：认识和了解茶叶，并推销茶叶，不仅是一门学问，还是一门艺术。商品学是融合了市场学、心理学、社会学、经济学、公共关系学以及商品的性能、用途、质量、发展前景等有关的自然科学和技术科学的复杂学科。推销人员不但需要掌握推销技巧，还需要学习商品学方面的知识。

第一节　商品与商品学概述

商品是人类社会生产力发展到一定阶段的产物。商品是指用来交换、能满足人们某种需要的劳动产品。从内容上，商品既包括有形商品，如汽车、家具等，也包括无形商品，如旅游、体育休闲等。目前商品学的研究大多以有形商品为主，而对无形商品中的服务商品缺乏研究，这是非常遗憾的。本书将把服务商品纳入商品学的研究范畴，希望能引起同行和学界的共鸣。

① 本例根据厦门茗正缘顺茶业网站资料改写。

一、商品概念辨析

根据商品定义，商品是用来交换、能满足人们某种需要的劳动产品，具体而言表现在以下三方面。

一是商品是具有使用价值的劳动产品。商品的使用价值是指商品能满足人们和社会的某种需要，即商品的有用性。商品的有用性取决于商品的属性，离开商品就不存在了。商品如果不能满足人们的明确需要和隐含需要就失去了使用价值。失去使用价值的劳动产品，如废弃、假冒的劳动产品，不能算作商品。

二是商品是供他人消费的劳动产品。商品是由人们的劳动创造出来的，这种产物可以是有形的，也可以是无形的。有形商品通常是需要人们经过设计、加工、制作等一系列劳动而生产出来的有形物品或产品。这里特别强调，它必须是经过劳动而获得的。某些天然物品，如果人们不劳而获而为已所用就不能称为商品，如空气、雨水、泥土等。如果这些天然物品经过人们劳动而用于交换则另当别论，如挖出来的土石方，装袋或装车出售作为建筑材料，就属于商品。无形商品包括服务、知识、技术等。

三是商品是必须通过交换才能实现价值的劳动产品。为自己消费而生产的产品不是商品，为他人生产的产品，如不经过交换也不是商品。商品必须是通过交换而到达别人手中的劳动产品，也就是说商品必须用于交换。如某人用自己生产的产品来满足自己的需要，他生产的就只是使用价值，而不是商品。他不仅要生产使用价值，而且要为别人生产使用价值，即生产社会的使用价值，则他生产的产品才是商品。例如手工业者自产留下自用的手工业品、农民自产留下自用的农业副产品，就不属于商品。商品要交换就必须进入市场，并受市场规律的制约，如价值规律、供求规律、竞争规律等。商品交换是在一定的社会经济条件下产生的，是社会分工和社会化大生产的必然结果。

商品作为交换的劳动产品，具有价值和使用价值二重属性。

（1）商品价值。商品价值是凝结在商品中的无差别的人类劳动。两种不同数量的商品，如 20kg 大米和 10m 布，之所以能够交换，就是因为它们凝结了等量的人类劳动，或者它们有等量的价值。一切商品，作为价值，它们是相同的。正是由于一切商品作为价值是相同的，它们才可以相互比较，才能按照一定比例进行交换。商品价值是人们在社会劳动中形成的，反映了人与人之间的社会关系，因此，商品价值反映了商品具有的社会属性。

（2）商品使用价值。商品使用价值是指商品能够满足人们某种需要的属性。一种商品的性能可以是多方面的，因而它可以满足人们各种各样的需求。商品的各种性能及多方面的使用价值是人们在社会生产活动过程中，随着生产经验的积累、生产技术的提高以及科学知识的增进而陆续被发现的。例如，在很长的历史时期内，人们只知道用木材做燃料、建筑材料，制造工具和家具，可是现在，由于科学技术的发展，木材在社会经济生活中得到了更广泛的应用，它已经具有几千种用途。对于各种矿产品、农产品乃至某些野生植物的利用，也都有类似的情况。

人类为了生存和发展，必须不断地生产各种各样的生活资料和生产资料。不管在哪种社会条件下，同一物品的自然属性总是基本相同的。我们不能从对小麦的品尝当中，来判定它是由封建社会的农奴生产的，还是由资本主义制度下的雇佣劳动者生产的。商品使用价值反映了商品的自然属性特征。商品的自然属性特征，是由商品的原材料、化学成分、生产工艺条件、生产技术水平决定的。对商品使用价值的研究，即对商品自然属性的研究，属于商品学、技术学和其他自然科学的范围。

商品价值和商品使用价值共存于商品体，它们相互依存，不可分离。因此，商品既具有社会科学的属性，又具有自然科学的属性。

二、商品的构成

现代营销学家认为商品概念是广义的、整体的，它不仅是指一种物体、一种服务，还包括购买商品所得到的直接的、间接的、有形的、无形的利益和满足感。这样来理解的商品含义，称为商品整体概念。

商品整体概念是指由商品的实体性、实质性和服务性三方面构成的统一体。以菲利普·科特勒为代表的北美学者提出的商品整体概念包括核心产品、形式产品、期望产品、延伸产品和潜在产品五个层次内容。他们认为这些层次能够更深刻、更有逻辑地表达商品整体概念的含义。

1. 核心产品

核心产品是指向消费者提供的基本效用或利益，是消费者真正需要的东西，是商品整体概念中最基本、最主要的内容。消费者购买产品，并不是为了获得产品本身，而是为了满足自身某种特定需要的基本效用和利益。例如人们购买洗衣机，不是为了买到装有电动机、开关按钮的大铁箱，而是利用洗衣机的洗涤功能代替人工洗衣，减少家务劳动，方便日常生活。消费者愿意支付一定费用购买产品，首先在于购买该产品能获得的基本效用，并从中获得利益。因此，企业在生产经营活动中，应先考虑能为消费者提供一定的基本效用或利益，并且着眼于产品的这些基本效用或利益。

2. 形式产品

形式产品是指产品的本体，是核心产品借以实现基本效用或利益的各种具体产品形式，是向市场提供的产品实体的外观。形式产品由产品质量（品质）、特色（特征）、式样、品牌和包装五个方面的有形因素构成。具有相同效用的产品，其存在形态可能有较大的差异。消费者购买某种产品，除了要求该产品具备某些基本功能、能提供某种核心利益外，还要考虑产品的品质、造型、款式、颜色以及品牌声誉等多种因素。产品的基本效用必须通过某些具体的形式才能得以实现。因此，企业进行产品设计时，应着眼于消费者所追求的核心利益，同时还要重视如何以独特的形式将这种利益呈现给消费者。

3. 期望产品

期望产品是指消费者购买产品时，期望得到的与产品密切相关的一整套属性和条件。例如旅馆的旅客期望得到清洁的床位、洗发水、浴巾等。因为大多数旅馆均能满足旅客的这些一般期望，所以旅客在选择档次大致相同的旅馆时，一般不是选择哪家旅馆能提供期望产品，而是根据旅馆的距离和方便程度决定。

4. 延伸产品

延伸产品是指消费者购买形式产品和期望产品时，所获得的各种附加服务和利益的总和，它包括产品说明书、提供信贷、免费送货、安装、维修、技术培训等。不同企业提供的同类产品在核心产品和形式产品层次上越来越接近，所以企业要赢得竞争优势，应着眼于比竞争对手提供更多延伸产品，因为延伸产品有利于引导、启发、刺激消费者购买、重复购买和增加购买量。

5. 潜在产品

潜在产品是指包括所有附加产品在内的现有产品，未来有可能发展的潜在属性。潜在产品指出了产品可能的演变趋势和前景，如彩色电视机可发展为多媒体终端等。

案例 1.1

益智玩具陪伴孩子成长 未来市场潜力不可小觑

（据搜狐网2018年7月11日报道）99.99%的父母都希望孩子聪明可爱、智力过人，给孩子选择益智玩具，陪伴孩子成长已成主流趋势。益智玩具制造企业应根据儿童的特征及市场需求，设计出符合消费者需求的产品，并在此基础上不断创新，使益智玩具功能更强、更人性化。

1. 当前益智玩具排行榜

现如今儿童教育消费成热点，“玩+教”模式协调作用强。我国家庭历来重视教育，随着家庭整体收入的提高，家庭对教育越发重视，教育投入也越来越大。教育消费市场广阔，传统玩具市场竞争日趋激烈，玩具企业转型儿童教育产业，将玩具与教育进行产业整合将成为玩具制造企业转型的主要趋势之一，而益智玩具恰恰就是很多企业的首要选择。京东2018年第一季度网购玩具排行榜中，益智玩具是父母购买玩具时的首选。

2. 益智玩具可加强父母与孩子间的互动

孩子需要成长伙伴，益智玩具陪伴孩子一路成长，未来市场潜力不可小觑。益智玩具拼装多数都需要在家长协同下进行，这样有助于增进亲子间的互动，培养亲情。如果和同学、朋友一起玩益智玩具，还有助于增强孩子的团队合作意识。因此，益智玩具行业应该不断地寻找市场空白点，拥有属于自己的创新设计，从而对益智玩具产品进行细化和创新，赋予品牌新的灵魂。只有这样，其才能在益智玩具市场未来几年的发展趋势中占得先机。

3. 益智玩具有助于儿童智力发展

2018年，乐高品牌的价值为75.7亿美元，成为迄今为止全球非常有价值的玩具品牌。而乐高对于孩子们来讲，可以让他们自己动手搭建，会给他们留下深刻的记忆。况且积木具有其他玩具或游戏无法替代的动手性，并且具有教授STEM（Science，Technology，Engineering，Mathematics）技能的教育性。每个家庭都会给孩子提供各种有意思的玩具，但单一的玩具满足不了孩子在成长过程中的所有需求。因此，未来益智玩具产业的蓬勃发展是可以预期的，益智玩具在销售排行榜上处于靠前位置，应该还会持续很长一段时间。

益智玩具是婴童产品中较典型和普遍的产品，并且益智玩具产业是当前具有投资前景的朝阳产业，未来三至五年该产业将会成为我国非常耀眼的产业。

思考：请指出益智玩具的核心产品、形式产品、期望产品、延伸产品和潜在产品分别是什么。

第二节　商品学的由来和发展

在原始社会，人们的劳动成果只能勉强维持自己的生存需要，商品并不存在，直至有了剩余劳动，有了商品交换，才逐渐产生商品学。

商品学是随着商品生产和商品交换的出现以及商品经济和贸易活动的需要而逐步形成的一门独立学科。随着科学技术和商品经济的发展，商品学的理论体系不断发展和完善，商品学的内容不断得到更新和补充，商品学的研究范围也不断拓宽，商品学在社会经济发展中发挥了重要作用。

一、西方商品学的发展历史

据文献记载，西方第一本包括商品学内容的商学书籍是阿拉伯人阿里·阿德·迪米斯基

（Ali-ad-Dimisqui）于 1175 年编著的《商业之美与识别优劣和真伪商品指南》。此后，欧洲的商业中心——意大利出版了许多包括商品知识的商学书籍。例如，佩戈洛季（Pegolotti）编著的《商品贸易指南》，该书详细论述了从意大利输入我国的商品及其性质、质量、品种、规格、贸易方法等。医药商品和药材是自然科学家和医学家最早系统研究的贸易商品。1553 年，意大利的波那费德（Buonafede）教授首次在帕多瓦大学（Padua University）开设了生物药学课程，讲授的内容主要包括药材的名称、产地、分类、性质、成分、鉴别、用途、保管等知识。这些商品知识为商品学的诞生奠定了基础。

商品学作为一门独立学科，诞生于 18 世纪中叶的德国，至今已有 200 多年历史。在 18 世纪，德国手工业发展迅速，需要大量进口原材料进行生产，而后出口大批工业品，商品贸易趋于频繁。这就要求商人必须具备系统的商品学知识来适应贸易发展的需要，大量商业贸易人才的培养也就成为当时经济发展对教育界的突出要求。于是到 18 世纪中叶，德国在大学和商学院开设了商品学课程。德国自然史学家兼经济学家约翰 • 贝克曼（Johann Beckmann）教授编著了《商品学导论》，其内容包括商品生产、技术、方法、工艺学知识以及商品的产地、性能、用途、鉴定、分类、包装、主要市场等。至此，商品学从知识汇集阶段转变为以技术知识为主的阶段。《商品学导论》的问世，标志着商品学开始成为一门独立的学科，约翰 • 贝克曼被称为现代商品学的创始人，他创立的商品学被称为“贝克曼商品学”。19 世纪以来，这种德国古典商品学相继传入意大利、日本、中国等国家或地区，商品学得到了迅速发展。

二、中国商品学的发展历史

世界四大文明古国之一的中国，从丝绸之路到海上贸易，与外界进行商品交往的历史悠久，对商品知识的研究也相对靠前。从春秋时期师旷所著的《禽经》到晋朝戴凯之的《竹谱》，从唐代陆羽的《茶经》到宋朝蔡襄的《荔枝谱》，以及《橘录》《本草纲目》等书籍，先后都对有关的商品知识做了详尽的介绍。其中最具代表性的当属陆羽的《茶经》。盛唐时期，产于江淮一带的茶叶品种繁多，色味各异，由江南销往北方。为了进一步促进茶叶的生产经营，扩大茶叶的使用范围，陆羽收集了大量关于茶叶方面的知识，于公元 780 年前后写出《茶经》一书。《茶经》分三卷共十篇，对茶叶的种植、采摘、加工、饮用和茶叶的功能、评定、储藏等环节进行了详细的说明。该书是世界上最早的一部茶叶商品学著作，对茶叶的生产经营起到了重要的指导作用。

20 世纪 50 年代，高等财经院校设立了对外贸易、贸易经济、供销合作等专业，并开设商品学课程。1951 年中国人民大学开设商品学研究生班，邀请苏联专家讲学，培养师资力量，为商业部门培养商品学人才。1956 年黑龙江商学院、上海财经学院创建了商品学系。随着社会主义市场经济体制目标的确立，更多高等财经院校、中等商业学校和供销学校开设了商品学课程。其中，中国人民大学和黑龙江商学院拥有商品学专业硕士学位授予权，它标志着现代商品学学科的发展。1995 年成立了全国性学术团体——中国商品学会，中国商品学会代表中国参加国际商品学会（总部设在维也纳）的各项活动，这标志着我国现代商品学学科有了迅速的发展。2017 年 7 月 22 日，由中国商品学会主办的中国商品学会第 17 届学术年会暨换届大会在北京物资学院隆重举行。来自全国从事商品学相关专业的 18 所大专院校、科研院所以及消费者协会等部门的专家、学者和企业家共计 60 多人参加了会议。本次大会以“绿色、创新、发展”为主题，围绕商品质量、质量评价、质量管理以及流通安全等方面的内容，展开了交流讨论。

三、商品学的发展走向

商品学诞生后，在其发展过程中产生了两个研究方向：一个是从自然科学和技术学的角度研究商品使用价值，中心内容是商品生产，称为自然科学的商品学或技术商品学；另一个是以自然科学为基础，从社会科学和经济学的角度，特别是从市场营销和消费需求的方面研究与商品质量和品种相关的问题，称为社会科学的商品学或经济商品学。

因此，商品学界也相应形成了两个学派——自然科学或技术学的商品学派和社会科学或经济学的商品学派，并分别把商品学作为自然科学和技术学学科以及社会科学和经济学学科。

自然科学的商品学发展历史及其理论体系不断完善，内容不断更新和拓宽，在国际上占主导地位，各国商品学基本上都是按照自然科学的商品学体系发展，特别是东欧各国、中国、越南等。

经济商品学是第二次世界大战后，首先由德国科隆大学商业经济教授索费特（Seiiffert）提出的。经济商品学主要从市场营销或商业经营的角度研究与商品质量和品种相关的问题。

1945 年以后，世界各国的商品学学者在自然科学的基础上，从技术、经济和社会方面综合研究与商品质量相关的问题，使自然科学的商品学进入综合科学、集合科学或边缘科学的商品学时代。日本商品学学者水野良象教授于 1976 年指出，商品学既不只是研究物质的自然科学，也不只是研究经济的社会科学，而是将两者融合起来的应用科学，即一门典型的边缘科学。

第三节　商品学的课程研究

一、商品学的研究对象

商品学是研究商品使用价值及其变化规律的学科。

商品使用价值是指商品对消费（使用）者的有用性或效用。一方面，商品的使用价值是由商品的属性决定的，离开商品就不存在了，因此，商品学必须从商品的属性来研究商品的使用价值；另一方面，商品的使用价值是满足他人和社会的使用价值，所以在研究商品使用价值时，还要研究满足人和社会需要方面的特性。从这个意义上说，商品使用价值实际上反映了商品属性与人们和社会需要之间的关系。

具体来说，商品的使用价值是指商品的有用性，也就是商品满足人和社会的需要性。研究商品的使用价值，不仅要研究商品的成分、结构、外形、物理性质和化学性质等方面的自然属性，还要研究商品的流行性、时代感、地区性、民族性和经济性等社会属性，满足人和社会在商品方面的物质需要和精神需要。

商品有多少种自然属性，就可能有多少种使用价值。例如煤既可以做燃料，又是极具价值的化工原料。商品的自然属性不同，它们的使用价值也不同。在不同的社会经济条件下，同一商品也会出现不同的使用价值。同一种商品由同一消费者消费时，也可能有多种使用价值。例如华为手机，可以用来打电话，也可以用来听音乐、看视频。

不同社会经济条件下，消费者对商品使用价值的要求不同，见表 1.1。

表 1.1　不同的消费者对商品使用价值的不同要求

消费者类型	对商品使用价值的要求
贫穷型消费者	实用
温饱型消费者	实用、美观、坚固耐用
小康型销费者	实用、美观、舒适、坚固耐用
富裕型消费者	实用、美观、舒适、气派

对不同类型的消费者，应提供不同使用价值的商品。需要指出的是，商品的使用价值是随着科学技术的发展和人们经验的不断

积累而被陆续发现的，商品的使用价值是一个动态的、综合性的概念。准确而全面地理解商品的使用价值，运用商品的使用价值学说指导商品的生产、经营和消费，对发展我国社会主义市场经济，具有重大的现实意义。

边学边练

根据所给资料分析为何要进行农业供给侧结构性改革。

蔬菜大棚里的供给侧结构性改革

（据2019年5月19日青海省人民政府网站报道）因为不使用一粒化肥、一滴农药，绿色有机纯天然，水果型西红柿搭上快运专列，从德令哈市运到北京，1千克能卖60元；小乳瓜、黄瓜、西瓜、菜瓜等，每千克也在40元以上。

一个面积0.133公顷的蔬菜棚，能产葡萄5 000千克，每千克批发价为40元，产值一年是20万元；从南方引进的无花果、火龙果，年产值也在18万元以上……与种植一般蔬果产品相比，效益至少提高40%。

德令哈市万庄农牧公司通过蔬果种植供给侧结构性改革，不仅丰富了当地市民的菜篮子，还使万庄农牧公司的经营效益每年始终保持在3 100万元以上的增幅。

蔬果种植如何进行供给侧结构性改革？带着这样的疑问，记者走进了万庄农牧公司。

此时万庄农牧公司的果蔬温棚里已是满园春色。油菜、菠菜一片碧绿，从外地引来的香蕉树、火龙果树、无花果树、火焰蓼秧苗都在这里安了家……

万庄农牧公司瞄准了俄罗斯市场、国内即食食品市场，投资700万元建设的年产2万吨脱水蔬菜、精加工蔬果生产线也在抓紧进行。俄罗斯不但地处高寒地带，而且冬季时间长，新鲜蔬菜市场缺口大。脱水处理后的蔬菜，具有营养成分不变，水一泡就能迅速复原、色感如鲜，长时间保存，不含任何添加剂，营养价值高的特点。通过把具有本地特色的蔬菜加工成脱水蔬菜，把水果加工成各种即食食品，产值还能再翻好几番。

有机肥、蔬菜脱水精加工两条生产线全部投产后，不但丰富了蔬菜产品品种，延伸了产业链，使新鲜蔬菜实现就地转化增值，还能形成一条首尾相连的全产业链：蔬果种植—新鲜蔬果—脱水蔬菜、蔬果即食食品—蔬果秸秆、烂菜资源—有机肥。

未来的发展之路越来越清晰。万庄农牧公司在闯出一条设施农业高效发展的新路的同时，带动周边地区农民通过出售小麦、青稞、各种农作物秸秆、羊粪来提高经济收入，也有利于减少周边地区农民焚烧秸秆对环境的污染，使农牧业副产品变“废”为宝，并为当地群众提供更多就业岗位，实现稳定脱贫。

二、商品学的研究内容及其与其他学科的关系

1. 商品学的研究内容

商品学的研究内容是由商品学的研究对象所决定的。根据商品学的研究对象，其研究内容以商品体为基础，研究商品在整个生命周期中的质量（固有质量、市场附加质量、形象质量）及其构成要素（技术、经济、社会、环境要求等）的计量、检测、控制与管理活动。其主要包括以下内容：商品质量及其影响，商品质量管理与质量监督，商品标准与标准化，商品检验，商品分类与编码，商品包装，商品储运与养护，商品与资源、环境等。

2. 商品学与其他学科的关系

商品的多样化、使用价值的物质性和社会性决定了商品学与多种自然科学和社会科学必然存在广泛的联系。

商品学与物理学、化学、生物学、生物化学、生理学、微生物学及其他一些基础学科有着密切的联系，这些学科的基础理论和基本方法是研究商品组成成分、理化性质、宏观与微观结构的工具。

商品学与材料学、工艺学、农艺学、家畜饲养学、环境学、气象学、昆虫学和生态学及其他一些技术学科也有着密切的联系，这些学科的知识，为阐述商品使用价值的形成和维护提供了重要资料。

商品学与食品营养学、食品卫生学、服装学和人体工程学及与此相关的应用学科也有着千丝万缕的联系，应用这些学科的成果对提高商品质量、扩大商品品种有着十分重要的作用。

商品学在研究商品使用价值的社会性因素时，必然与社会科学保持一定的交叉渗透关系，从经济学、企业管理学、市场营销学、销售学、统计学、社会学、心理学、美学、广告学、经济地理学、质量工程学和质量管理学等学科汲取和借鉴某些研究成果，形成商品学的学科体系，有利于商品学的研究和发展。

随着商品学的不断发展，商品学又在学科内部形成了不同的学科分类，如商品包装学、商品检验学、商品分类学、商品养护学、商品储运学、商品美学、食品商品学、家用电器商品学、日用品商品学、纺织品商品学、医药商品学和旅游商品学等。

商品学的研究对象决定了它既不是纯粹的自然科学，也不是纯粹的社会科学。学科与学科之间相互联系是科学发展的必然结果。学科之间文理结合，内容方面彼此渗透是当今科学发展的必然趋势。商品学与其他相关学科的关系不是简单的拼凑堆砌，而是采取为我所用的原则，在商品学的体系下形成有机的融合。反过来，商品学的研究成果也必然被其他学科吸收利用，达到相助相长、共荣共进的目的。

三、商品学的研究任务

商品学的研究任务主要有以下五个方面。

1. 指导商品使用价值的形成

通过商品资源和市场的调查预测、商品的需求研究等手段，为有关部门实施商品结构调整、商品科学分类、商品的进出口管理与质量监督管理、商品的环境管理，以及制定商品标准、政策法规及商品发展规划提供了科学依据；为企业提供商品基本质量要求，指导商品质量改进和新商品开发，提高经营管理素质，保证商品物美价廉、适销对路。

2. 评价商品使用价值的高低

商品质量是决定商品使用价值的基本因素，是决定商品竞争力、销路、价格的基本条件。所以，它是商品学研究商品使用价值的中心内容。通过对商品使用价值的分析和综合，明确商品的质量指标、检验和识别方法，能全面、准确地评价、鉴定商品的质量，防止伪劣商品流入市场，保证商品质量符合规定的标准或合同要求，维护正常的市场竞争秩序，维护买卖双方的合法权益，切实维护国家和消费者的利益，创造公平、平等的商品交换环境。

3. 防止商品使用价值的损耗

分析和研究与商品质量有关的各种因素，对商品进行适宜的包装、储运，保证商品质量，努力降低商品使用价值的损耗。

4. 促进商品使用价值的实现

通过大力普及商品知识和消费知识，使消费者认识和了解商品，科学地选购和使用商品，掌握正确的消费方式和方法，由此促进商品使用价值的实现。

5. 研究商品生产与环境保护的关系

通过对商品废弃物与包装废弃物处置、回收和再生政策、法规、运行机制、低成本加工技术等问题的研究，推动资源节约、再生，生活废物减量和保护环境的绿色行动。

商品的使用价值表现为物的效用，即指能满足人们某种需要的有用之物。这种物的效用，必须是为社会、人类提供健康有利的效用。这里重要的是研究物的效用的后效应。物的效用的后效应，也同样应该对社会、对人类健康产生有利的影响和效用。这种对人类健康有利的影响和效用，是通过人与环境直接表现的。随着社会发展，人口不断增加，资源不断减少，环境保护乃至整个生态环境的保护问题，将成为人类普遍关注的问题。因此，商品学要把环境保护、生态环境保护同商品的自然属性与商品的社会效应之间相互依存、相互影响的问题，作为商品学研究的重要课题。这是社会主义市场经济条件下物质文明建设和精神文明建设的重要课题，也是加快经济建设发展要解决的至关重要的问题。

案例 1.2

废塑料热解油化项目正成为下一个风口

（据中国金融信息网2019年9月10日报道） 长期以来，低残值废塑料的再生环保处理一直是业内痛点。在8月30日于沈阳开幕的第二届中国再生塑料行业标准与技术创新大会上，与会专家表示，随着新技术和新装备的应用，废塑料再生循环利用也由单一的物理回收向多元化环保处置方向发展，废塑料热解油化项目正成为下一个风口。

随着人们生活水平的提高和消费能力的增强，中国正在成为全球最大的塑料生产国和消费国。数据显示，2017年我国塑料制品总产量达7 500万吨。然而，我国废塑料的回收与再生利用还远远没有跟上形势的发展。

目前我国废塑料的收集基础设施有待完善，再生塑料行业的规模化、自动化程度不够，分选技术有待进一步提高，无法实现同级再生循环利用，这导致再生塑料的品质降低，在1～2次回收再生后，便会成为无法再利用的塑料垃圾。

长期以来，低残值废塑料的再生环保处理一直是全行业的痛点和缺失点，而废塑料热解油化技术的持续研发为低残值废塑料的处理找到了一个新的途径。

思考：我国经济已经进入高质量发展阶段，废物利用，垃圾变成“黄金”，处理好资源、发展、环境的关系，是实现经济高质量发展的重要途径。想一想，你还遇到过哪些变废为宝的例子。

四、商品学的研究方法

商品的使用价值是商品的自然有用性和社会适用性的统一，因此，商品学的研究方法是按照研究的具体课题，采用不同的形式进行的。

1. 科学实验法

科学实验法是一种在实验室内或一定的实验场所，运用一定的实验仪器和设备，对商品的成分、构造、性能等进行理化鉴定的方法。这种实验方法，大多在实验室内或要求条件下进行，为控制和观察提供良好的条件，所得的结论正确可靠，是分析商品成分、鉴定商品质量（如鉴定酒精含量）、研制新产品的常用方法。

2. 现场试验法

现场试验法是商品学专家或有代表性的消费者，凭人体感官，对商品的质量及其有关方面作出评价的研究方法。这种方法的正确程度受参加者的技术水平和其他人为因素的影响，但运用起来简便易行，适用于很多商品的质量评定（如茶叶、酒类，某些新产品的试用、试穿等）。

知识点滴

橄榄油的“比较试验”

（据《大河报》2019 年 12 月 31 日报道） 你还在担心特级初榨橄榄油的安全问题吗？你还在为选择一瓶合适的特级初榨橄榄油踌躇不决吗？河南省消费者协会日前对特级初榨橄榄油做了比较试验，结果表明：消费者不用担心特级初榨橄榄油的污染物和乱用食品添加剂等安全问题，大家可以放心地吃；全部样品通过特级初榨橄榄油特征指标脂肪酸组成测试，不存在媒体曝光的一些橄榄油造假，以假充真、以次充好现象。

大河报记者了解到，品质消费时代的到来催生高端食用油行业，为了给消费者提供更多、更全面的有关橄榄油产品的消费信息，指导消费者正确选购橄榄油，河南省消费者协会逐步开展橄榄油比较试验。

本次测试所有试验样品的采购均由河南省消费者协会工作人员以普通消费者身份，通过正规销售渠道在河南郑州（包括麦德龙、丹尼斯拜特大卫城、绿地优鲜超市）、新乡（大胖超市）、洛阳（王府井百货）以及线上京东商城和天猫超市购买。根据前期市场调查的结果，选择了热销的 12 款特级初榨橄榄油，橄榄油每升单价从 46.30 元至 185 元不等。

所购买的样品基本涵盖了调查中消费者熟知的以及网上销量高的品牌，包括欧丽薇兰、鲁花、蓓琳娜、皇家蒙特垒、克莱门特、阿格利司、贝蒂斯、福奇、安达露西、品利、莫尼尼和伯爵。将样品送到专业的第三方检测机构——深圳海关食品检验检疫技术中心，按照国家规定的相关检测标准方法进行检测。

测试结果显示：12 款橄榄油的污染物——苯并（a）芘、铅、总砷含量全部符合国家标准要求，检测结果均合格，而且含量极低，远远小于限量，不存在污染物的安全性问题。12 款橄榄油的黄曲霉毒素 B_1 的检测结果均为未检出，均符合国家标准和欧盟标准。抗氧化剂和塑化剂也均未检出。

11 月 27 日，深圳大学生命与海洋科学学院进行了一次橄榄油的主观测评活动，测评人员为深圳大学生物相关专业的 20 名研究生。测评方法参照了国际橄榄油理事会颁布的《橄榄油感官分析和原生橄榄油感官评定方法》。测评结果显示：口感总体评分前三名分别是阿格利司特级初榨橄榄油、克莱门特特级初榨橄榄油、皇家蒙特垒特级初榨橄榄油。

启示：现场试验法非常适合可试用、试穿、试吃的商品（如茶叶、酒类等）的检验，具有简单易行、效果好的特点。

3. 技术指标法

技术指标法是一种在分析实验基础上，对一系列同类产品，根据国内或国际生产力发展水平，确定质量技术指标，以供生产者和消费者共同鉴定商品质量的方法。这种方法有利于促进商品质量的提高，但困难在于质量技术指标的确定是一项复杂而巨大的工程，甚至难以确定。

4. 社会调查法

商品的使用价值是一种社会性的使用价值，全面考察商品的使用价值需要进行各种社会调查，特别是在商品不断升级换代、新产品层出不穷的现代社会，这方面的调查更显得实际和重要。社会调查法具有双向沟通的作用，在实际调查中既可以将生产信息传递给消费者，又可将消费者的意见和要求反馈给生产者。社会调查法主要有现场调查法、调查表法、直接面谈法、定点统计调查法。

5. 对比分析法

对比分析法是将不同时期、不同地区、不同国家的商品资料收集积累，并加以比较，从而找出提高商品质量、增加花色品种、扩展商品功能的新途径。运用对比分析法，有利于经营部门正确识别商品和促进生产部门提高产品质量，实现商品的升级换代，更好地满足广大消费者的需要。

技能实训

【实训目的】

通过对背景材料进行讨论加深对商品相关概念的认识。

【实训主题】

理解商品的使用价值，理解商品与社会的关系。

【实训时间】

本章课堂教学内容结束后的双休日和课余时间，为期一周。或者指导教师另外指定时间。

【背景材料】

学生课桌椅尺寸选择为何因人而异

课桌椅在学校教育设施中是必不可少的，其重要性不言而喻。我国中小学的学生课桌椅，相当一部分没有按照国家规定标准配备，式样繁多。有的不符合卫生、环保要求，有的则是尺寸未根据学生体态进行配备，在一定程度上会影响学习。对于中小学课桌椅配备，教育局称，有条件的中小学可提升学生课桌椅的档次，尽可能采购高质量的钢木结构、升降式学生课桌椅。教育局教学仪器部门有关人士表示，由于每个学生的生长发育期不尽相同，同一班级的学生身高差异较大，学校配备课桌椅时，应根据当地学生学年中期乃至末期的身高组成比例状况进行充分考虑，以确定各种大小型号。

学校的课桌椅需根据学生的身高变化每学期调整一次，每间教室内应配备两种以上不同型号的课桌椅或配备可调式课桌椅。如果有如此细致入微的规定，就能满足不同身高的学生和每个发育时段的学生对课桌椅方便舒适的需要，促进学生健康成长和学习进步。

【实训过程设计】

（1）指导教师布置学生课前预习背景材料。

（2）将全班同学平均分成几个小组，每组5～6人进行讨论。各小组就近选择市场进行调研。

（3）根据“背景材料”，对教室内设置不同型号的课桌椅，你是如何认识的。

（4）根据讨论，对课桌椅你还有哪些可以改进的方案。

（5）各小组对本次实训进行总结和点评，撰写作为最终成果的《商品学实训报告》。

（6）各小组提交填写“项目组长姓名、成员名单”的《商品学实训报告》。优秀的实训报告在班级展出，并收入本课程教学资源库。

综合练习

一、名词解释

1. 商品　2. 劳动产品　3. 商品价值　4. 商品使用价值　5. 核心产品　6. 形式产品

7. 附加产品　8. 商品学

二、多项选择题

1. 商品的基本属性有（　　）。

A. 使用价值　　B. 价值　　C. 消费者需要

D. 质量　　E. 节能环保

2. 社会调查的主要方法有（　　）。

A. 现场调查法　　B. 直接面谈法　　C. 对比分析法

D. 技术指标法　　E. 定点统计调查法

3. 以下对我国早期商品学研究有贡献的著作有（　　）。

A.《禽经》　　B.《茶经》　　C.《本草纲目》

D.《橘录》　　E.《荔枝谱》

4. 商品学的发展走向主要包括（　　）。

A. 经济商品学　　B. 技术商品学　　C. 伦理商品学

D. 环保商品学　　E. 历史商品学

三、简答题

1. 你是如何理解商品学的研究中心内容是商品质量的？
2. 商品学的研究内容有哪些？
3. 商品学的研究任务有哪些？
4. 商品学的研究方法有哪些？
5. 如何理解商品的二重性？

第二章　商品分类与编码

【学习要点】

- 商品分类的概念、方法和商品分类标志
- 商品编码的概念和内容
- 商品条码、EAN条码

案例导读

商品名称及编码协调制度的国际公约

1983年6月，海关合作理事会（现名世界海关组织）主持制定了一部供海关、统计、进出口管理及国际贸易有关各方共同使用的商品分类编码体系。商品名称及编码协调制度（The Harmonized Commodity Description and Coding System，以下简称“HS”）涵盖了《海关合作理事会税则商品分类目录》（CCCN）和联合国的《国际贸易标准分类》（SITC）两大分类编码体系，是系统的、多用途的国际贸易商品分类体系。它除了用于海关税则和贸易统计外，还为运输商品的计费、统计、计算机数据传递、国际贸易单证简化以及普遍优惠制税号的利用等都提供了一套可使用的国际贸易商品分类体系。HS于1988年1月1日正式实施，每4年修订1次。世界上已有200多个国家、地区使用HS，全球贸易总量90%以上的货物都是以HS分类的。

在现实工作中，为了适用于海关监管、海关征税及海关统计，需要按照进出口商品的性质、用途、功能或加工程度等将商品准确地归入HS中与之对应的类别和编号。

启示：你知道什么是商品编码吗？其实，商品分类、商品编码都是人们日常生活和对外贸易中认识商品、选择商品、管理商品的手段和方法，对经济和生活都具有重要作用。本章将介绍这些相关内容。

第一节　商品分类

一、商品分类的概念和作用

（一）商品分类的概念

分类是我们认识事物、区分事物的重要方法之一。科学的分类可以把看起来杂乱无章的事物条理化，使人们更好地认识世界和改造世界。商品分类就是为了一定的目的，按照一定的标志，科学地、系统地将商品划分成若干不同类别的过程。商品分类的结果，一般可划分为门类、大类、中类、小类、品类或品目、品种和细目等类目层次。商品分类的类目层次及

表 2.1　商品分类的类目层次及其应用实例

商品类目名称	应用实例	
商品门类	消费品	消费品
商品大类	食品	日用工业品
商品中类	动物性食品	家用电器
商品小类	乳及乳制品	肥皂、洗涤用品
商品品类或品目	羊奶	肥皂
商品品种	全脂羊奶	香皂
商品细目	美羚全脂纯羊奶粉	中老年润肤品

其应用实例如表 2.1 所示。

商品大类一般根据商品生产和流通中的行业来划分，既要与生产行业对口，又要与流通组织相适应。例如，我国食品添加剂共分为 23 个大类，包括酸度调节剂、抗结剂、消泡剂、抗氧化剂、漂白剂、膨松剂、着色剂、护色剂、乳化剂、酶制剂、增味剂、面粉处理剂、被膜剂、水分保持剂、营养强化剂、防腐剂、稳定和凝固剂、甜味剂、增稠剂、香料、胶姆糖基础剂、咸味剂和其他。

商品品类又称商品品目，是指具有若干共同性质或特征的商品总称。它包括若干商品品种，如食品类商品，可分为蔬菜与果品、肉及肉制品、水产品、乳及乳制品、蛋及蛋制品、食糖、茶叶、酒类等。

商品品种是指商品的具体名称。它是按商品的性质、成分等方面的特征来划分的，如水果中的瓜类商品包括西瓜、甜瓜、哈密瓜、白兰瓜及其他瓜果等。

商品细目是对商品品种的详细区分。它包括商品的花色、规格、品级等，能具体地反映出商品的特征。例如，苹果有富士苹果、国光苹果、乔纳金苹果、印度苹果、红玉苹果、蛇果等。

（二）商品分类的作用

商品分类是我们认识商品、选择商品的基础，也是开展经济管理工作的重要前提。随着科学技术的进步和商品经济的不断发展，商品种类日趋增多，商品分类的作用也越来越大。

1. 商品的科学分类为社会经济各项管理活动的实施奠定了科学基础

商品的种类繁多，特征多样，价值不等，用途各异。只有将商品进行科学的分类，统一商品用语，商品生产、收购、调拨、运输、储存、养护、销售各环节的计划、统计、核算等工作才能顺利进行，各类指标、统计数据和商品信息才具有可比性和实际意义。

现代信息技术在国民经济管理中的广泛运用为商品的科学分类、编码以及快速处理和商品信息存储创造了条件，同时也对商品分类提出了更新、更高的要求。利用计算机实现商品购、销、调、存、结账的无纸贸易以及商品信息流和物流管理现代化，都是依靠科学的商品分类和编码系统来完成的。

在对外贸易中，采用国际统一商品分类编码体系，即 HS，对分析研究国际商情，掌握国际市场商品结构，加强国际商品贸易信息交换，利用普惠制度扩大商品出口和增收外汇具有重要意义。

2. 商品的科学分类有利于开展商品研究和教学工作

由于商品品种繁多，用途不同，性能及特征各异，且对包装、运输、储存的要求也各不相同，只有在科学分类的基础上，将众多商品从个别商品特征归纳为每类商品特征，才能深入分析和了解商品的性质和使用性能，研究商品质量和品种及其变化规律，从而为商品质量的改进和提高，商品预测和新商品开发，商品包装、运输、保管、科学养护、检验、合理使用和质量保证提供科学依据。

3. 商品的科学分类有利于商品标准化的实施和商品质量标准的制定

通过科学的商品分类，可使商品的名称和类别统一化、标准化，从而避免同一商品由于名称、计量单位、计算方法、口径范围等不统一而造成的管理困难，并可加强国内产、供、销综合平衡，有利于发展国际贸易以及提高经济管理水平和经济效益。制定各种商品标准时，必须明确商品的分类方法中商品的质量指标和各类商品的具体要求等，所有这些都应建立在商品科学分类的基础上。

4. 商品的科学分类便于消费者和用户识别和选购商品

在销售环节，通过科学的商品分类和编制商品目录，能有秩序地安排市场供给以及合理地布置商场，从而便于消费者和用户识别和选购商品。

二、商品分类的方法

进行商品分类时，常采用的基本方法有线分类法和面分类法两种。在建立商品分类体系或编制商品目录时，常常把这两种方法结合使用。

1. 线分类法

线分类法也称层级分类法，是指将分类对象按所选定的若干分类标志，逐次地分成相应的若干个层级类目，排列成一个有层次并逐级展开的分类体系。

线分类法的分类标志有大类、中类、小类和细目等，将分类对象一层一层地进行具体划分，各层级所选用的分类标志可以相同，也可以不同。其结构如图 2.1 所示。由一个层次直接分出来的各类目，彼此称为同位类。同位类的类目之间为并列关系，既不重复，又不交叉。在线分类体系中：一个类目相对于由它直接划分出来的下一层级的类目而言，称为上位类（也称母项）；由上位类直接划分出来的下一层级类目，相对于上位类而言，称为下位类（也称子项）。上位类与下位类之间存在从属（隶属）关系，即下位类从属于上位类。

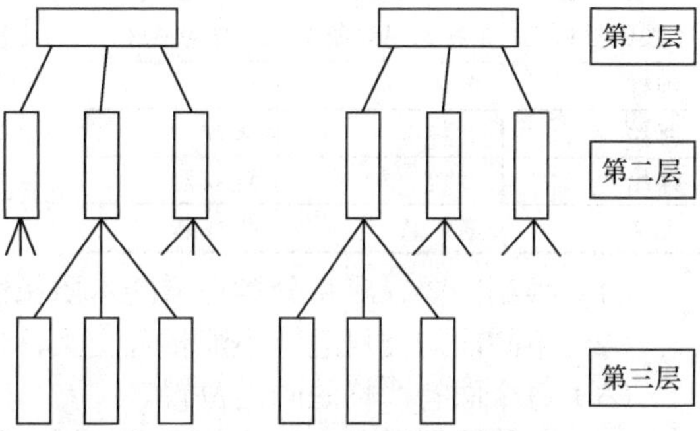

图 2.1　线分类法结构

以国家标准 GB/T 7635.1—2002《全国主要产品分类与代码 第 1 部分：可运输产品》中的家具线分类为例，说明线分类体系中各类目之间的并列和从属关系，如表 2.2 所示。

表 2.2　家具线分类法结构

分类层级	大类	中类	小类	细目
类目名称	家具（代码：38）	坐具 办公室及其他场所用家具 厨房用其他木制家具 不另分类的其他木制家具（代码：3814）	塑料家具 竹制家具（代码：38142） 藤家具	竹床（代码：38142-011） 竹制桌（代码：38142-012） 竹制柜（代码：38142-013） 竹箱（代码：38142-014） 竹架（代码：38142-015） 竹屏风（代码：38142-016）
关系	上位类（上一层级类目）	下位类（下一层级类目） 同位类（同一层级类目） 上位类		下位类 同位类

说明：“家具”相比较于“木制家具、金属家具、塑料家具、竹藤家具”是上位类，而后者是下位类，“木制家具、金属家具、塑料家具、竹藤家具”之间属于同位类，“椅、凳、桌、箱、架、厨”也同理。

在选用线分类法时，一般应遵循下列基本原则。

（1）在线分类法中，由某一上位类类目划分出的下位类类目的总范围应与上位类类目范围相同。

（2）当一个上位类类目划分成若干个下位类类目时，应选择一个划分标志。

（3）同位类类目之间不交叉、不重复，并只对应一个上位类。

（4）分类要依次进行，不应有空层或加层。

线分类法的优点是：信息容量大，具有好的层次性，能较好地反映类目之间的逻辑关系，既符合手工处理信息的传统习惯，又便于计算机技术对信息的处理。这种方法适用于传统的手工处理。

线分类法的缺点是：结构弹性差，一旦确定了分类深度和每一层级的类目容量并固定了划分标志，要想变动某一个划分标志就比较困难。因此，使用线分类法必须考虑有足够的后备容量。

2. 面分类法

面分类法又称平行分类法，是指将所选定的分类对象的若干标志视为若干个面，每个面划分为彼此独立的若干个类目，排列成一个由若干个面构成的平行分类体系。

例如，服装的分类就可采用面分类法。把服装所用的原材料、穿用对象和款式分成三个相互之间没有隶属关系的“面”，每个“面”又分成若干个不同范畴的独立类目，如表 2.3 所示。使用时将有关的类目组合起来，便成为一个复合类目，如纯棉男士西装、真丝女士大衣等。

表 2.3　服装面分类法

第一面（按原材料）	第二面（按穿用对象）	第三面（按款式）
纯棉	男装	西装
真丝	女装	大衣
涤纶	童装	连衣裙
毛涤	老年装	牛仔装

在选用面分类法时，一般应遵循下列原则。

（1）根据需要，应将分类对象的本质属性作为分类对象的标志。

（2）不同面的类目之间不能相互交叉，也不能重复出现。

（3）每个面有严格的固定位置。

（4）面的选择以及位置的确定应根据实际需要而定。

面分类法的优点主要表现在分类结构具有较大弹性。分类体系中任何一个面内的类目改变，不会影响其他面，而且便于添加新的面或删去原有的面。此外，面分类法有较强的适用性，可实现按任何面的信息进行检索。

面分类法的缺点主要表现在不能充分利用容量。因为在实践中许多可组配的类目无实用价值，传统上无使用的习惯，难以手工处理信息。

线分类法和面分类法是商品分类的基本方法，在使用时，应根据管理的需要进行选择。在实践中，由于商品复杂多样，常采用以线分类法为主，以面分类法为辅，二者相结合的分类方法。

三、商品分类标志

商品分类标志是编制商品分类体系和商品目录的重要依据和基准。商品分类标志的选择是商品分类的基础，是一项十分重要而需要细致的工作。因此，确定商品分类标志具有重要意义。

（一）选择商品分类标志的原则

一般来说，选择商品分类标志应遵循以下原则。

（1）目的性。分类标志的选择必须确保分类体系能满足分类的目的和要求，否则没有实用价值。例如，海关为了征税，把商品按一定的类别划分，税率相同的商品划为一个类别。

（2）明确性。分类标志本身的含义要明确，要从本质上反映出每类商品的属性特征，保证分类清楚。

（3）包容性。分类标志的选择要使该分类体系能够包容拟分类的全部商品，同时还留有补充不断出现的新商品的余地。

（4）唯一性。在同一层级范围内只能采用一种分类标志，同时要保证每个商品只能出现在一个类别里，不得在其他分类中重复出现。

（5）逻辑性。分类标志的选择必须使商品分类体系中的下一层级分类标志成为上一层级分类标志的自然延伸。

在进行商品分类的实际工作中，要做到完全符合上述原则是非常困难的。因此，我们要进行深入、细致的研究，以系统工程的原理为依据，参照国际上先进的分类方法，尽可能做到原则要求和实际情况相结合，实现商品分类的科学化、系统化。

（二）常用的商品分类标志

由于商品本身的多样性、复杂性，使商品分类可供选择的标志也是多种多样的。在我国商业经营中，常用的分类标志主要有以下几种。

1. 将商品的用途作为分类标志

商品的用途不同，它的使用价值也不同。将商品的用途作为分类标志，能直接表明各类商品的用途，与消费者的需求相对应，方便消费者选购。因此，商业经营的许多商品，都普遍采用这种分类标志。

将商品用途作为分类标志，不仅适用于对商品大类的划分，也适用于对商品类别、品种的进一步划分。例如，根据用途的不同，可将商品分为生活资料商品和日用工业品。生活资料商品可分为食品、衣着用品等类别；日用工业品可分为器皿类、日用化学品类、家用电器类、文化办公用品类等，其中日用化学品还可分为洗涤用品、化妆品等。

将商品用途作为分类标志，便于分析和比较同一用途商品的质量和性能，从而有利于生产企业改进和提高商品质量，开发商品新品种，扩大品种规格，生产适销对路的商品，也便于商业企业的经营管理。但对于多用途的商品，一般不宜采用此分类标志，否则会导致分类体系混乱。

2. 将商品的原材料作为分类标志

商品的原材料是决定商品质量的重要因素。很多商品由于原材料不同，商品具有截然不同的性能特征。例如，按商品原材料的不同，纺织品可分为棉织品、麻织品、丝织品、毛织品、化纤织品、混纺织品，油脂可分为植物油、动物油、矿物油，皮革可分为牛皮革、猪皮革、羊皮革、马皮革、合成革等。

以商品的原材料为标志进行分类，不仅分类清楚，而且能从原材料的性质上找出商品的特征以及原材料对商品质量的影响，特别是便于了解商品的化学成分、性能特点、使用和养护要求。但对那些由多种原材料制成的商品，尤其是加工程度较高的商品，它的加工程度越高，就越脱离单一原材料的关系，如电视机、照相机、电冰箱、洗衣机等，这种商品则不宜采用此种分类标志。

3. 将商品的生产加工方法作为分类标志

生产加工方法是形成商品质量的关键。许多商品即使选用完全相同的原材料，由于商品生产方法和加工工艺不同，所形成商品的质量水平、性能、特征等都有明显差异，因此，对相同原材料可选用多种加工方法生产的商品，适宜将生产加工方法作为分类标志。例如：酒类按酿造方法可分为蒸馏酒、发酵原酒、配制酒；茶叶按加工方法可分为发酵茶、半发酵茶、不发酵茶等；纺织品按生产工艺不同可分为机织品、针织品和无纺布。

这种分类方法，能直接说明商品质量和商品品种的特征，特别适用于一些可以选用多种生产加工方法制造的商品。但对于那些虽然生产方法不同，而产品质量、特征并未产生实质性区别的商品，则不宜使用此种分类方法。

4. 将商品的主要成分或特殊成分作为分类标志

商品的化学成分是形成商品质量和性能、影响商品质量变化的最基本因素。在很多情况下，商品的主要化学成分可以决定其性能、用途、质量或储运条件，对这类商品进行分类时应以主要化学成分作为分类标志。例如，塑料制品可按其主要成分合成的树脂不同，分为聚乙烯塑料制品、聚氯乙烯塑料制品、聚苯乙烯塑料制品、聚丙烯塑料制品等。而有些商品的主要成分虽然相似，但所含有的特殊成分却会影响商品质量、特征、性质和用途等，对这些商品进行分类时，应以特殊成分作为分类标志。例如，化妆品中的各种营养霜，虽主要成分相同，但含有不同的营养成分（即特殊成分），按其营养成分不同，可区分为珍珠霜、人参霜、胎盘霜等。

以商品的主要成分或特殊成分为标志进行分类，便于研究某类商品的特征及其储存和使用方法等。这种分类方法适用于化学成分对商品性能影响较大的商品。但对化学成分复杂的商品且对商品性能影响不大的商品，则不宜采用这种分类标志。

商品分类可采用的标志很多。除上述分类标志外，商品的形状、结构、尺寸、颜色、重量、产地、生产季节等均可作为商品分类的标志。但每种分类方法皆有一定的适应性和局限性，很难选择出一种能贯穿商品分类体系始终的分类标志。因此，在一个分类体系中常采用几种分类标志，往往是每一个层级用一个适宜的分类标志。图 2.2 是顶顶商城的商品分类。

图 2.2　顶顶商城的商品分类

第二节　商品目录和商品编码

由于科学研究和社会实践的需要，如商品生产、流通、销售、信息交流、贸易统计和计划安排的需要，需要有明确的商品目录。此外，同种类别的商品规格、型号、批次等不同，这就需要对不同的商品进行编码，以便识别。

一、商品目录

商品目录是指将经营管理的全部商品品种，按一定标志进行系统分类而编制的商品细目表。商品目录是以商品分类为依据的，因此也称为商品分类目录或商品分类集。商品目录是在商品逐级分类的基础上，用表格、符号和文字全面记录商品分类体系和编排顺序的书本式工具。具体而言，商品目录和商品分类的关系可以用以下两点进行描述。

（1）商品分类是编制商品目录的前提和基础。在编制商品目录时，国家或部门都是按照一定的目的，首先将商品按一定的标志进行定组分类，再逐次制定和编排。也就是说，没有商品分类就不可能有商品目录，只有在商品科学分类的基础上，才能编制层次分明、科学、系统、标准的商品目录。

（2）商品目录是商品分类成果的具体体现和推广应用。编制商品目录，便于国家、部门和企业对其经营范围内的商品进行科学管理;便于企业对商品生产和经营动态的了解与把握，为市场经济发展提供商品信息；便于消费者对市场商品供求情况的了解，从而更好地满足消费者的需要。所以，编制商品目录是商品生产、经营及管理的一种重要手段。

1. 商品目录的分类

商品目录由于编制目的和作用不同，种类很多，可按不同标志进行分类。

按编制商品目录的目的和作用不同，可分为计划商品目录、统计归类商品目录、经营商品目录、必备商品目录、订货目录、商检目录、价格管理商品目录、铁路货物运价分级目录、水运货物运价分级目录、进出口关税率分类商品目录、储存（保管）商品目录、物资分配目录、工农业产品标准分类目录等。

按商品的产销地区不同，可分为进口商品目录、内销商品目录等。

按商品用途不同，可分为食品商品目录、纺织品商品目录、交电商品目录、化工原料商品目录等。

按编制对象不同，可分为工业商品目录、贸易商品目录和进出口商品目录。

按适用范围不同，可分为国际商品目录、国家商品目录、部门商品目录、企业商品目录等。

2. 主要商品目录

现实中主要使用的商品目录有以下几种。

（1）国际商品目录。国际商品目录是指由国际组织或区域性集团通过商品分类所编制的商品目录。例如联合国编制的《国际贸易标准分类》等。

（2）国家商品目录。国家商品目录是指由国家指定专门机构通过商品分类编制的商品目录。例如我国由国务院批准的、国家标准化管理委员会发布的 GB/T 7635.1—2002，它是我国国民经济各部门、各地区从事经济管理工作时必须一致遵守的全国性统一商品目录。

（3）行业（部门）商品目录。行业（部门）商品目录是指由行业主管部门编制的商品目录。例如国家统计局编制发布的《综合统计商品目录》，商务部编制发布的《小商品分类与代码》等。这些商品目录是该部门从中央到基层共同遵守的准则。

（4）企业商品目录。企业商品目录是指企业在兼顾国家和行业（部门）商品目录分类原则的基础上，为充分满足本企业工作需要，而对本企业生产或经营的商品所编制的商品目录。企业商品目录的编制必须符合国家和行业（部门）商品目录的分类原则，并在此基础上结合本企业的业务需要，进行适当的归并、细分和补充。例如营业柜组经营商品目录、仓库保管商品经营目录等，都具有分类类别多、对品种划分更详细的特点。

二、商品编码

商品编码又称商品代码、商品代号、货号，它是赋予某种或某类商品的一个或一组有序的符号排列，是便于人或计算机识别与处理的代表符号。

商品编码可以区别不同产地、不同原料、不同色泽、不同型号的商品品种，便于企业经营管理（如计划、统计、确定物价和核算）等工作的开展，有助于避免差错、提高工作效率，为计算机进行数据处理创造前提条件，是现代化的基础。

（一）商品编码与商品目录的关系

商品编码是商品目录的组成部分。商品的科学分类为编码的合理性创造了前提条件；反之，商品编码本身的科学实用，也会直接影响商品目录的实用价值和应用效果。因为一个科学的商品目录，如果没有一套运用方便、条目清晰、人机共识、统一协调的代码，就不能发挥商品科学分类的一系列重要作用。商品编码是商品分类的有机组成部分，商品分类与代码共同构成了商品目录的完整内容。因此，商品目录又称“商品分类编码集”。

（二）商品编码的编制原则

合理的商品编码必须遵循以下基本原则。

（1）唯一性原则。唯一性原则即要求在同一个商品分类编码集中，每一个（组）商品代码只能代表一类（种）商品。

（2）合理性原则。商品代码结构要与商品科学分类体系相适应，要与生产经营业务的需要相适应。

（3）可扩充性原则。编码时必须留有适当的后备容量（足够的备用代码），以便适应新商品的出现而对代码不断扩充的需要。

（4）简明性原则。商品代码结构应在保证足够容量的前提下尽量简单，长度尽量短，以便节省计算机存储空间和减小输入的误差，提高机器处理的效率。

（5）适用性原则。代码要尽可能反映各类型商品的特点，便于记忆和填写。

（6）规范性原则（统一与协调原则）。在同一个商品分类编码集中，代码的类型、代码的结构以及代码的编写格式必须统一、规范。

（7）稳定性。商品编码确定后要在一定时期内保持稳定，不能经常或轻易变更，以保证编码系统的稳定性，以利于实现信息交流或信息共享。

（三）商品编码的种类

商品编码主要有数字型代码、字母型代码、混合型代码和条码四种。

（1）数字型代码。数字型代码是用阿拉伯数字对商品进行编码而形成的代码符号。数字型代码是国际上应用较为广泛的一种代码，这种代码更便于国际之间的经济往来。它的特点是结构简单、使用方便、易于推广、便于利用计算机处理。数字型代码是将每个商品的类别、品目、品种等排列成一个数字或一组数字，如国家标准《全国主要产品分类与代码 第 1 部分：可运输产品》（GB/T 7635.1—2002）采用的就是数字型代码，其中针织用弹簧针代码是“44641.522”，家用电风扇的代码是“44815.201”。

（2）字母型代码。字母型代码是用一个或若干个字母表示分类对象的代码。按字母顺序对商品进行分类编码时，一般用大写字母表示商品大类，用小写字母表示其他类目。字母型代码便于记忆，可提供便于人们识别的信息，但当分类对象数目较多时，往往会出现重复现象，所以，字母型代码不常被人们使用，只是在分类对象较少的情况下才会被使用。

（3）混合型代码。混合型代码又称数字、字母混合型代码，是由数字和字母混合组成的代码。字母常用于表示商品的产地、性质等特征，可放在数字前或后，用于辅助数字型代码。例如“H1226”代表浙江产的杭罗，“C8112”表示涤粘中、长纤维色布。这种代码编制方法应用比较普遍。

（4）条码。条码是由条型符号构成的图形表示分类对象的代码。它是数字型代码、字母型代码、混合型代码的另一种表现形式。

边学边练

请通过网络查询你随身携带的商品的商品编码。

（四）商品编码的编制方法

商品编码的编制方法主要有顺序编码法、层次编码法、系列顺序编码法和平行编码法四种。

1. 顺序编码法

顺序编码法是按商品类目在分类体系中出现的先后次序，依次给予顺序代码的一种编码方法。这种编码法比较简单，常用于容量不大的编码对象集合体。

2. 层次编码法

层次编码法是以分类对象的从属、层次关系为排列顺序而编制代码的一种方法。这种方法常用于线分类体系，编码时将代码分成若干层次，并与分类对象的分类层级相对应。代码自左至右表示层级由高至低，代码左端为高层级代码，右端为低层级代码，各层级的代码常采用顺序码或系列顺序码。

《全国主要产品分类与代码 第 1 部分：可运输产品》（GB/T 7635.1—2002）就是采用六层八位数字型的层次码，如图 2.3 所示。其中，第一位数字“0”为“农林（牧）渔业产品，中药”（大部类）代码，“01111 · 100”为春小麦代码（细类）。

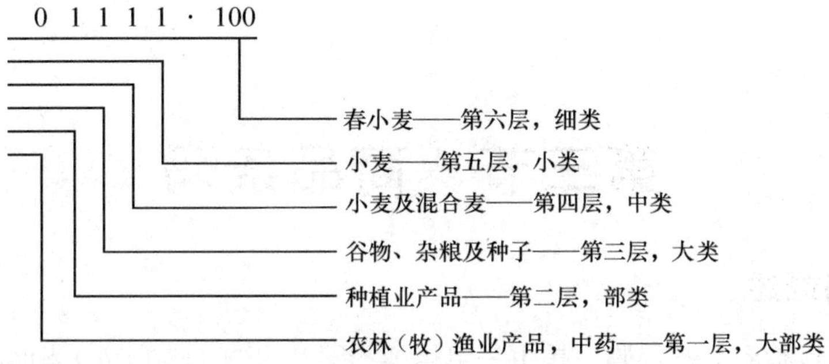

图 2.3 六层八位数字型的层次码

层次编码法的优点是代码较简单，逻辑性较强，信息容量大，能明确地反映出分类编码对象的属性或特征及其相互关系，便于机器汇总数据；其缺点是弹性较差，为延长其使用寿命，往往要用延长代码长度的办法，预先留出相当数量的备用代码，因而就会出现代码的冗余。这种编码方法适用于编码对象变化不大的情况。

3. 系列顺序编码法

系列顺序编码法是特殊的顺序编码法，通常是将顺序数字代码分为若干段，并与分类编码对象的分段相对应，然后赋予每段分类编码一定的顺序代码的编码方法。其优点是可以赋予编码对象一定的属性和特征，提供有关编码对象的某些附加信息，但是附加信息的确定要借助于代码表。它的缺点是当系列顺序代码过多时，会影响计算机处理速度。我国国家标准《全国主要产品分类与代码 第 1 部分：可运输产品》（GB/T 7635.1—2002）中“小麦”（第五层级，小类类目）的编码进一步细分到第六层级（细类类目）时，“冬小麦”“春小麦”的代码采用了系列顺序编码法。其编制方法如下。

第五层级（小麦）代码	01111	小麦
第六层级（细类代码）	01111 · 010	冬小麦
［与第五级代码之间用间隔号（ · ）隔开］	—· 099	
	01111 · 011	白色硬质冬小麦

01111 • 012　白色软质冬小麦
01111 • 013　红色硬质冬小麦
01111 • 014　红色软质冬小麦
01111 • 100　春小麦
　　— • 199
01111 • 101　白色硬质春小麦
01111 • 102　白色软质春小麦
01111 • 103　红色硬质春小麦
01111 • 104　红色软质春小麦

4. 平行编码法

平行编码法是将分类对象按其特征分成若干个面，再把每个面内的类目排列的顺序代码加以组合而形成代码的一种方法。这种方法常用于面分类体系，编码时按照面的排列顺序将各个面内的类目代码分别加以组合。其优点是编码结构有较好的弹性，可以比较简单地增加分类面的数目，必要时还可更换个别面，可全部用代码，也可部分用代码。这种编码法适用于多种查找任务，也便于计算机处理。但平行编码法也有代码过长、冗余度高、不便于计算机管理的缺点。

第三节　商品条码

一、商品条码概述

商品条码（也称商品条形码）是由一组粗细不同、黑白（或彩色）相间的条、空及对应字符按规则组合起来，用以表示一定信息的图形，如图 2.4 所示。

图 2.4　商品条码

1973 年美国统一代码委员会选定了 IBM 提出的条码系统，并将它作为北美地区的通用产品代码，简称“UPC 条码”。其后，英国、前联邦德国、法国等欧洲 12 国开发出与 UPC 条码兼容的欧洲物品编码系统，简称“EAN 条码”，又称国际物品编码。条码技术在仓储业的自动化立体仓库中发挥着重要作用，特别是对于小型物品的管理和入库不均衡的物品管理更显示出其优越性。当印有反映时间、品种、货号、编组号等信息的条码标签贴的物品经传送带进入仓库时，固定的扫描器记录条码的信息，并输入计算机，即可对物品及其相关信息进行科学管理。

我国条码研究始于 20 世纪 70 年代。1988 年 12 月，中国物品编码中心成立，负责研究、推广条码技术，统一组织、协调和管理我国的条码工作，并在各地设立了物品编码分支机构。1991 年 4 月，我国加入国际物品编码协会。同年，我国发布了《通用商品条码》等五项条码国家标准。这些条码标准既填补了我国标准的空白，又说明我国条码技术已走上标准化道路。目前，我国在多种商品内外包装和图书刊物上已广泛印有条码标志，在零售业和储运部门也将逐步扩大条码自动售货和现代化仓库管理的范围，不断提高条码技术和条码管理水平。

与条码相关的概念有以下几个。

（1）条码系统（Bar Code System），由条码符号设计、制作及扫描阅读组成的自动识别系统。

（2）条（Bar），条码中反射率较低的部分。

（3）空（Space），条码中反射率较高的部分。

（4）空白区（Clear Area），条码左右两端外侧与空的反射率相同的限定区域。

（5）起始符（Start Character），位于条码起始位置的若干条与空。

（6）终止符（Stop Character），位于条码终止位置的若干条与空。

（7）条码字符（Bar Code Character），表示一个字符的若干条与空。

（8）条码校验符（Bar Code Check Character），表示校验码的条码字符。

（9）条码长度（Bar Code Length），从条码起始符前缘到终止符后缘的长度。

（10）条码密度（Bar Code Density），单位长度的条码所表示的字符个数。

（11）模块（Module），组成条码的基本单位。

二、一维条码

目前，常用的条码主要有国际物品条码（简称“EAN 条码”）、通用产品代码（简称“UPC 条码”）、交插二五条码（简称“ITF 条码”）等一维条码。此外，随着科学技术的发展，二维条码也开始在许多领域广泛应用。

（一）国际物品条码——EAN 条码

国际物品条码是国际物品编码协会（GS1）制定的一种国际通用商品条码，主要用于超级市场或一些自动销售系统的单件商品。凡进入国际市场的商品，其包装上必须印有国际物品条码。我国的通用商品条码就是这种类型，它的结构与国际物品编码协会推行的国际物品条码相同。这种条码常用的有 EAN-13 和 EAN-8 两个版本，还有上述两种店内条码。

1. EAN-13 条码

EAN-13 条码也称标准版条码，既可用于商品销售包装，又可用于商品储运包装。这种条码由 13 位数字的字符代码组成，其结构如图 2.5 所示。

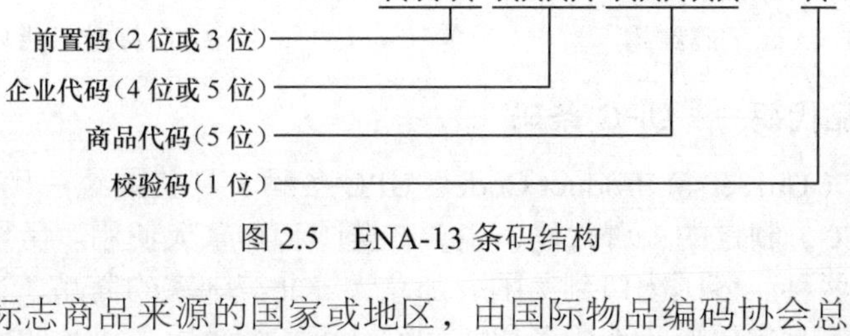

图 2.5 ENA-13 条码结构

前缀码，用于标志商品来源的国家或地区，由国际物品编码协会总部分配和管理，如表 2.4 所示。国际物品编码协会分配给我国的前缀码为 690～695。图书和期刊的前缀码比较特殊，978、979（尚未启用）是书，977 是期刊。企业代码，由该国或地区物品编码管理机构分配。我国的企业代码由中国物品编码中心分配。商品代码，由制造厂商自行分配。校验码，用于计算机自动校验整个代码录入是否正确，通过计算得来。

表 2.4　EAN 成员和代码（部分）

国家（地区）代码	国家（地区）	国家（地区）代码	国家（地区）	国家（地区）代码	国家（地区）
000～019 030～039 060～139	美国	460～469	俄罗斯	789～790	巴西
300～379	法国	500～509	英国	893	越南
380	保加利亚	600、601	南非	899	印度尼西亚
383	斯洛文尼亚	880	韩国	955	马来西亚
385	克罗地亚	885	泰国		
387	波黑	888	新加坡		
400～440	德国	890	印度		
450～459 490～499	日本	690～695	中国		

2. EAN-8 条码

EAN-8 条码只用于商品销售包装。当商品销售包装上没有足够的面积印刷 EAN-13 条码时，可将商品条码编成 8 位数字代码。这种条码也称为缩短版条码，其结构如图 2.6 所示。前缀码和校验码作用与 EAN-13 条码相同。EAN-8 条码无企业代码，只有商品代码，由国家物品编码管理机构分配，在使用上有严格控制。

3. 店内条码

店内条码是指零售商自己完成编制、打印，并在自己商店内部使用的条码。有些商品，如鲜肉、水果、蔬菜、乳酪、熟食品等是以随机重量销售的。这些商品的编码任务一般不宜由商品的生产者承担，而是由零售商完成。零售商进货后，对商品进行包装，用专用设备对商品称重并自动编码制成条码，然后将条码粘贴或悬挂在商品包装上。零售商编的商品代码只能用于商店内部的自动化管理系统。EAN 系统推荐的店内条码结构分为两种：标准版店内条码（EAN-13）和缩短版店内条码（EAN-8）。标准版店内条码结构如图 2.7 所示。

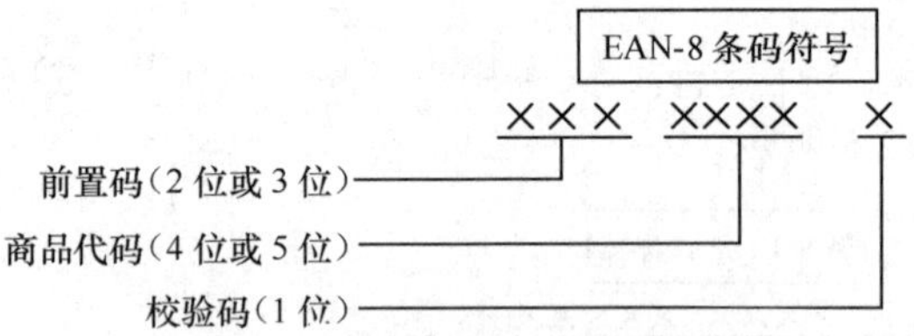

图 2.6　ENA-8 条码结构

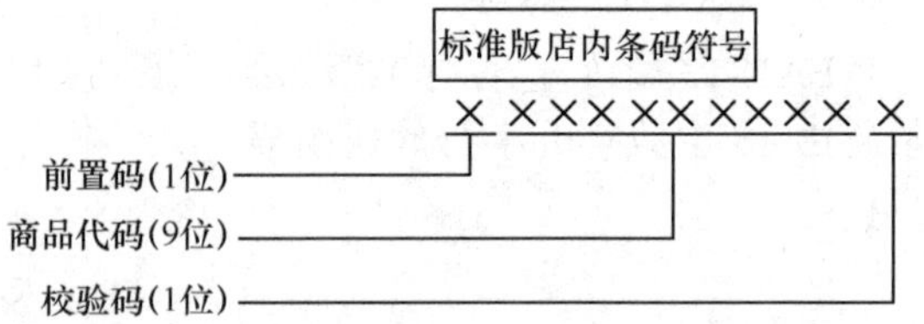

图 2.7　标准版店内条码结构

（二）通用产品代码——UPC 条码

通用产品代码（Universal Product Code，UPC 条码）是美国统一代码委员会（Uniform Code Council，UCC）制定的一种代码，主要在美国和加拿大使用。常用的通用产品代码有 UPC-A 和 UPC-E 两种。各国出口到美国、加拿大等北美国家的商品，其包装上必须印有通用产品代码。通用产品代码有标准版条码（UPC-A）和缩短版条码（UPC-E）两种形式。

标准版条码（UPC-A），用于商品销售和商品储运两种包装，由 12 位数字的字符代码组成，其结构如图 2.8 所示。

系统码，在左侧安全空间，数字不同，其含义也不同：“0” 表示规则数量包装的商品，“2” 表示不规则数量包装的商品，“3” 表示医药卫生用品，“5” 表示用信用卡销售的商品，“7” 表示我国申报的美国统一代码委员会会员专用。

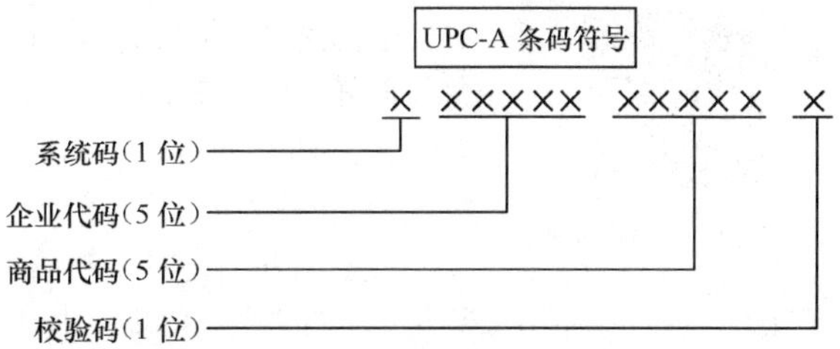

图 2.8　UPC-A 条码结构

缩短版条码（UPC-E），是 UPC-A 条码的一种特殊形式，可以视为删除 UPC-A 的 4 个或 5 个 “0” 得到的。只有当商品很小，无法印刷表示 12 位数字的 UPC-A 条码时，才允许使用 UPC-E 条码。例如，香烟、胶卷、化妆品等商品。UPC-E 条码由 8 位数字构成，其结构如图 2.9 所示。在 UPC-E 条码中，前置码只能取 “0”，就是说，只有当 UCC 给企业分配的编码系统字符是 “0” 时，才可使用 UPC-E 条码。企业代码和商品代码由 6 位数字构成，是根据一定规则将厂商代码和商品项目代码删 “0” 后得出的。UPC-E 的校验码计算方法与 UPC-A 相同，但是要先将 UPC-E 还原成 UPC-A 形式。

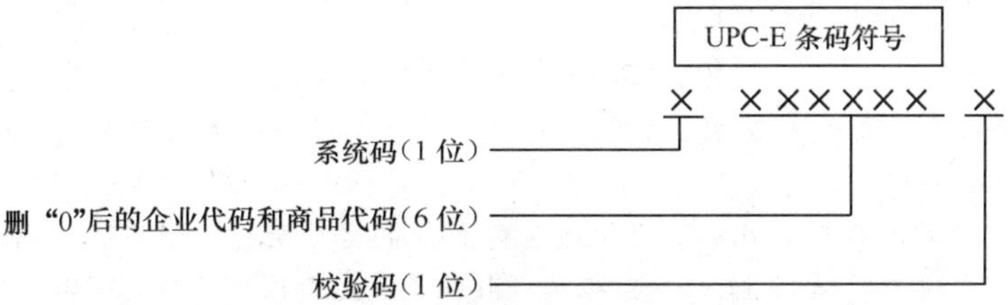

图 2.9　UPC-E 条码结构

（三）交插二五条码——ITF 条码

微视频
商品条形码到底是什么？

ITF 条码又称交插二五条码，主要用于运输包装，是印刷条件较差，不允许印刷 EAN-13 条码和 UPC-A 条码时选用的一种条码。1983 年，ITF 条码被完整、规范地编入有关物资储运条码符号的美国国家标准 ANSI MH10.8 中。1997 年，我国制定了 GB/T 16829—1997《交插二五条码》；2003 年，该标准被 GB/T 16829—2003《信息技术 自动识别与数据采集技术 条码码制规范 交插二五条码》替代。

ITF 条码是有别于 EAN、UPC 条码的另一种形式的条码。在商品运输包装上使用的 ITF-14 条码，主要是由 14 位数字字符代码组成的。ITF 条码是一种连续、非定长、具有自校验功能，且条与空都表示信息的双向条码，其结构如图 2.10 所示。

1234567890

图 2.10　ITF 条码结构

三、二维条码

一维条码所携带的信息量有限，如商品上的条码仅能容纳 13 位（EAN-13 条码）阿拉伯数字，更多信息只能依赖商品数据库的支持，离开了预先建立的数据库，这种条码就没有意义了，因此，这在一定程度上限制了条码的应用范围。基于这个原因，人们在 20 世纪 90 年代发明了二维条码（简称“二维码”）。二维条码除了具有一维条码的优点，同时还有信息量大、可靠性高、保密、防伪性强等优点。

微视频
什么是二维码

目前二维条码主要有 DF417 码、Code49、Code16K、Data Matrix 码、Maxi Code 等。

图 2.11　二维条码

二维条码通常为横向和纵向二维空间存储信息的方形结构条码。二维条码不单由横向和纵向的条码组成，而且码区内还会有多边形的图案。同样，二维条码的纹理也是黑白相间，粗细不同。二维条码是点阵形式，其示例如图 2.11 所示。

二维条码作为一种新的信息存储和传递技术，现已应用于国防、公共安全、交通运输、医疗保健、工业、商业、金融、海关及政府管理等多个领域。二维条码有错误修正技术及防伪功能，提高了数据的安全性；二维条码可把照片、指纹编制于其中，可有效地解决证件的可机读和防伪问题。因此，二维条码可广泛应用于护照、身份证、行车证、军人证、健康证、保险卡等。我国香港特别行政区护照上已经采用了二维条码技术。

中国物品编码中心负责编制的国家标准《四一七条码》（GB/T 17172—1997）于 1997 年 12 月正式颁布。

知识点滴

中国物品编码中心是什么机构

中国物品编码中心是统一组织、协调、管理我国商品条码、物品编码与自动识别技术的专门机构，隶属于国家市场监督管理总局，1988 年成立，1991 年 4 月代表我国加入国际物品编码协会（GS1），负责推广国际通用的、开放的、跨行业的全球统一标识系统和供应链管理标准。中国物品编码中心在全国设有 47 个分支机构，形成了覆盖全国的集编码管理、技术研发、标准制定、应用推广以及技术服务为一体的工作体系。物品编码与自动识别技术已广泛应用于零售、制造、物流、电子商务、电子政务、医疗卫生、产品质量追溯、图书音像等国民经济和社会发展的诸多领域。

第四节　进出口商品归类

在海关管理过程中，进出口商品是按照其所属类别分别适用不同的监管条件，并按照不同税率征收关税的，海关统计中也将不同商品的类别作为一项重要的统计指标。因此，需要按照进出口商品的性质、用途、功能或加工程度等将其归入某一类别，这种因海关管理的不同目的而对进出口商品进行类别划分的行为称为海关进出口商品归类。海关进出口商品归类是海关监管、海关征税及海关统计的基础，归类的正确与否直接影响进出口货物是否顺利通关，与进出口货物收发货人或其代理人的切身利益也密切相关。

一、商品名称及编码协调制度

《商品名称及编码协调制度》（*The Harmonized Commodity Description and Coding System*）（以下简称《协调制度》或“HS”）是指原海关合作理事会（1995 年更名为世界海关组织）在《海关合作理事会商品分类目录》（CCCN）和联合国的《国际贸易标准分类》（SITC）的基础上，参照国际上主要国家的税则、统计、运输等分类目录而制定的一个多用途的国际贸易商品分类目录。我国海关自 1992 年 1 月 1 日起开始采用《协调制度》，使进出口商品归类工作成为我国海关最早实现与国际接轨的执法项目之一。

（一）《协调制度》的基本结构

《协调制度》自 1988 年 1 月 1 日起正式实施至今已经有过六次修订，形成了 1988 年、1992 年、1996 年、2002 年、2007 年、2012 年和 2017 年七个版本。

《协调制度》将国际贸易商品分为 21 大类、97 章（其中第七十七章为空章），共有 5 000 多个六位数级的商品编码。该目录中具有法律效力的内容包括商品编码表、各种注释［包括在类标题下的注释（以下简称“类注”）、在章标题下的注释（以下简称“章注”）以及类或章标题下的子目注释］和六条归类总规则。其中商品编码表由协调制度编码（简称“商品编码”）和货品名称（包括前四位数级的品目条文和后两位数级的子目条文）构成，从属于 21 大类，分布在 97 章中，任何缔约方都不能自行更改商品编码、货品名称、各种注释和归类总规则，所以它是一个以公约形式保证其被统一实施的国际商品分类目录。

1. 商品编码表

《协调制度》基本上是以商品所属的生产行业为类的划分依据，属于同一生产部类的产品归在同一类中。《协调制度》各章则基本上是按商品的属性或用途来划分的，其中第一章至第六十八章（第六十四章至第六十六章除外）基本上是按商品的自然属性来分章的，第六十四章至第六十六章以及第八十四章至第九十六章是按货物的用途或功能来分章的。具体在每一章内，商品的排列有规律，基本是原材料先于成品（原材料—半成品—制成品），加工程度低的先于加工程度高的（初级产品—粗加工产品—精加工产品），列名具体的先于列名一般的，整机先于零部件。在有些章中，如第二十八章、第二十九章等还细分有分章。章或分章下则是品目条文和子目条文。品目条文是《协调制度》中前四位数级商品编码所对应的货品名称，子目条文则是第五位和第六位数级商品编码对应的货品名称。其中五位数级商品编码对应的货品名称栏目为一级子目，六位数级商品编码对应的货品名称栏目为二级子目。在商品编码表中归类时具有法律效力的是品目条文和子目条文。

商品编码的前四位数码表示品目，其中前两位数码表示货品所在章，后两位数码表示此货品在该章的序次。例如，品目 01.05 表示该货品在第一章，是第五个品目。一些品目则被细分为一级子目，一级子目再细分为二级子目。一级子目用五位数码表示，第五位数码通常表示它在所属品目中的序号；二级子目用六位数码表示，第六位数码通常表示它在所属一级子目中的序号。例如，0105.12 表示该货品属于第一章第五个品目第一个一级子目中的第二个二级子目。没有设一级子目或二级子目的品目，第五位或第六位数码用 0 表示，如 0205.00 表示第二章第五个品目下没有一级子目和二级子目。需要指出的是，作为未列名商品的第五位或第六位数码用 9 表示，不代表它在该级子目的实际序次，该位置的空序号是为在保留原有编码的情况下适用日后新增添的商品而设的。还需要注意的是，数字 9 被未列名零部件占用时，数字 8 表示未列名整机。例如 8509.90 为家用电动器具零件，而 8509.80 为未列名其他家用电动器具。

另外需要说明的是，由于《协调制度》经过多次修订，目前的《协调制度》目录中某些品目或某些子目已被删除，如第五章中原第三个品目（05.03）和第九个品目（05.09），第十四章中原第二个品目（14.02）和第三个品目（14.03）等（类似的例子还有不少），又如第二十六章的一级子目（2620.50）也已被删除（类似的例子还有许多），所以《协调制度》编码的连续性特点已被打破。

2. 类注、章注和子目注释

《协调制度》的注释有三种，即位于类标题下的类注、位于章标题下的章注、位于类或章标题下的子目注释。这些注释也是商品归类的依据，它与品目条文和子目条文具有同等法律效力。需要指出的是，子目归类时子目注释的运用具有优先性，其次是章注和类注。为了有效地说明和限定品目范围，注释通常有以下几种表述方法。

（1）排他列举类、章、品目或子目所不包括的商品。排他列举在《协调制度》的注释中极为常见，如第二章章注列举了该章不包括的肉及杂碎。

（2）典型列举，即列出有代表性的商品来说明类、章、品目或子目的商品范围。例如，第十二章的章注一用列举形式限定了品目 12.07 含油子仁及果实的范围，第四十四章子目注释中列举了大量的“热带木”。

（3）列出技术指标来限定某些特定的商品范围。例如，第十一章的章注二和章注三，对归入该章的谷物细粉和粗粉规定了技术指标。

（4）给重要的名词作出解释。例如，第十一类的子目注释一，解释了该类子目中使用的九个名词。

（5）阐述某些商品的归类规则。例如，第十一类的类注二，规定了由多种材料混纺的货品的归类原则。

上述注释因为具有法律效力而被称为“法定注释”，它与《商品名称及编码协调制度注释》不同，前者内容受到《协调制度国际公约》的约束，而后者仅作为有权威的解释存在而不具有法律约束力。此外，各国还可以根据本国的需要增加补充注释，其效力仅受本国法律约束。

3. 归类总规则

《协调制度》还有六条归类总规则，也是具有法律效力的归类依据，它们适用于品目条文、子目条文以及有关的注释无法解决商品归类的场合，是指导整个《协调制度》商品归类的总原则。

（二）《协调制度》的主要优点

《协调制度》是各国专家长期共同努力的结晶，它综合了国际上多种商品分类目录的优点，成为国际贸易商品分类的一种“标准语言”，从而方便国际贸易，避免了各工作环节的重新分类和重新编号。其主要优点体现在以下几个方面。

1. 完整

《协调制度》目录将迄今世界上国际贸易的主要商品全部分类列出，同时为了适应各国征税、统计等商品分类的要求和将来技术发展的需要，它还在各类、章列有起到“兜底”作用的“其他”税（品）目或子目，使国际贸易中的任何商品，包括目前还无法预计的新商品都能在目录的体系中归入合适的位置，以确保任何一种商品都不会被排斥在该目录范围之外。例如，第六类化学产品的税（品）目号“3824”，包括该类中其他税（品）目号未列名的化学工业及其相关工业的产品，这样凡在其他地方找不到合适税（品）目号的化工产品就可放在该项“兜底”税（品）目号中。加之归类总规则四“最相类似”原则的综合运用，这就保证了目录对所有货品无所不包的特点。

2. 系统

《协调制度》的分类原则遵循了一定的科学原理和规则，将商品按人们所了解的自然属性、生产部类和不同用途来分类排列，同时，还兼顾了商业习惯和实际操作的可行性，从而便于理解、归类、查找、记忆。

3. 通用

《协调制度》目录在国际上影响很大，目前已被 200 多个国家（地区）采用，并且还有许多国家正积极准备，以期尽快采用。由于采用同一分类目录的国家的进出口商品相互之间具有可比性，同时该目录既适用于作为海关税则目录，又适用于作为对外贸易统计目录，还适用于作为国际运输、保险、生产、贸易等部门的商品分类目录，因此，《协调制度》目录的通用性超过了以往任何一个商品分类目录，加之作为《协调制度》主体的《协调制度国际公约》规定了缔约国的权利和义务，这就保证了该目录的有效、统一实施。

4. *准确*

《协调制度》目录所列税（品）目的概念明确，内涵和外延明了，内容不重复。为保证做到这一点，除了目录的税（品）目条文有非常清楚的表述，还有作为归类总纲的归类总规则以及类注、章注、子目注释加以具体说明，各条税（品）目的范围都非常清楚。例如，税（品）目号为 1209 的条文为“种植用的种子、果实及孢子”，凡种植用的种子一般均可归入此号，但第十二章的章注三又特地注明了谷物等项商品即使作为种子用，也不归入税（品）目号 1209，这样就把税（品）目号 1209 所包括的范围规定得十分清楚。

此外，《协调制度》目录作为《协调制度国际公约》的一个附件，国际上有专门的机构和人员对其进行维护和管理，各国还可通过对《协调制度》目录提出修正意见，以维护本国的经济利益，统一疑难商品的归类。

以上这些是一个国家的力量所不能办到的，也是国际上采用的其他商品分类目录所无法比拟的。

二、我国海关进出口商品分类目录

海关进出口商品分类目录是进出口商品归类的基本依据。我国海关进出口商品分类目录是指根据海关征税和海关统计工作的需要，分别编制的《中华人民共和国进出口税则》（以下简称《税则》）和《中华人民共和国海关统计商品目录》（以下简称《统计商品目录》）。这两个分类目录品目号列在第一章至第九十七章完全一致，均是以《协调制度》为基础，结合我国进出口货物的实际情况编制而成的。

2017 年 1 月 1 日起，《协调制度》第六次修订本生效。根据《协调制度国际公约》对缔约国权利、义务的规定，我国于 2017 年 1 月 1 日起实施以新的《协调制度》为基础制定的进出口税则。2017 年《税则》共分 21 类、97 章（其中第七十七章为空章），8 547 个八位数税目。

《税则》的商品编码号列称为税则号列（以下简称“税号”），为征税需要，每项税号后列出了该商品的税率；《统计商品目录》的商品号列称为商品编码，为统计需要，每项商品编号后列出了该商品的计量单位，并增加了第二十二类“特殊交易品及未分类商品”（内分为第九十八章和第九十九章）。

以《协调制度》为基础的海关商品分类目录对商品的分类和编排是有一定规律的。从类来看，基本上是按社会生产的分工（或称生产部类）来划分的，即将属于同一生产部类的产品归在同一类。从章来看，基本上按商品的属性或功能、用途划分。而每章中各税（品）目的排列顺序一般按照动物、植物、矿物质产品或原材料、半制品、制成品的顺序编排。

目录采用结构号列，即税（品）目的号列不是简单的顺序号，而是有一定含义的编码。我国进出口商品编码的表示方法如下所示：

编码：	01	01	1	0	1	0	改良种用野马
位数含义：	章	税（品）目	五位数	六位数	七位数	八位数	

级 级 级 级
子 子 子 子
目 目 目 目

其中，五、六位数级子目号列为《协调制度》原有的编码（又称《协调制度》子目），七、八位数级子目号列为我国增加的编码（又称本国子目）。

技能实训

【实训目的】

熟悉商品分类、商品目录、商品编码等工作。

【实训主题】

商品分类、商品编码、条码等在实际中的应用。

【实训时间】

本章课堂教学内容结束后的双休日和课余时间，为期一周。或者指导教师另外指定时间。

【背景材料】

北京大学图书馆介绍

北京大学图书馆的前身是始建于1898年的京师大学堂藏书楼，是我国最早的近代新型图书馆之一，辛亥革命之后正式改名为北京大学图书馆。

作为我国第一所公立大学的图书馆，北京大学图书馆的发展可谓历经坎坷，但成就卓著，不仅为北京大学教学科研的发展起到强有力的文献信息的支撑、保障作用，也对促进我国图书馆事业的发展，乃至我国社会的发展起到了重要的作用。

目前的馆舍由1975年落成的西楼与1998年落成的东楼相连而成，外观具有盛唐风格，宏伟大气，其坐落于校园中心，观之如知识圣殿。建筑面积近53 000平方米，设施先进，环境舒适，恰是读书学习的好去处，也是拍照留念的好景观。

截至2015年年底，总、分馆文献资源累积量约1 100余万册（件），其中纸质藏书800余万册，以及大量引进和自建的国内外数字资源，包括各类数据库、电子期刊、电子图书和多媒体资源共计约300余万册（件）。“汗牛充栋”远不能比喻馆藏之丰富，“书山”“智海”或能勉强形容。

作为“211工程”两个公共服务项目之一的“中国高等教育文献保障系统”（CALIS）的管理中心以及“文理中心”设在北京大学图书馆，将为我国高等教育的资源共享和数字化建设作出重要贡献。

【实训过程设计】

（1）指导教师布置学生课前预习背景材料。

（2）将全班同学平均分成几个小组，每组5～6人进行讨论。各小组就近选择学校图书馆进行调研。

（3）根据“背景材料”，通过对你所在学校图书馆进行调研，看看你的学校图书馆是如何进行图书管理的。

（4）根据讨论，你对学校图书馆在图书借阅上有哪些建议。

（5）各小组对本次实训进行总结和点评，撰写作为最终成果的《商品学实训报告》。

（6）各小组提交填写“项目组长姓名、成员名单”的《商品学实训报告》。优秀的实训报告在班级展出，并收入本课程教学资源库。

综合练习

一、名词解释

1. 商品分类 2. 商品大类 3. 商品中类 4. 商品小类 5. 商品品类 6. 商品品种 7. 商品细目 8. 分类标志 9. 商品目录 10. 商品编码 11. 商品条码 12. EAN条码 13. UPC条码 14. 协调制度

二、多项选择题

1. 商品分类标志的实质是商品本身的（　　）。

A. 自然属性　　B. 经济属性　　C. 社会属性

D. 形态　　E. 价值

2. 以下说法正确的有（　　）。

A. 品目条文是《协调制度》中前四位数级商品编码所对应的货品名称

B. 子目条文是第五位和第六位数级商品编码对应的货品名称

C. 五位数级商品编码对应的货品名称栏目为一级子目

D. 六位数级商品编码对应的货品名称栏目为二级子目

E. 在商品编码表中归类时具有法律效力的是品目条文和子目条文

3. 世界范围内广泛使用的条码系统包括（　　）。

A. 厂家条码　　B. 店内条码　　C. 商店条码

D. EAN 条码　　E. UPC 条码

4. 商品分类的基本方法有（　　）。

A. 线分类法　　B. 点分类法　　C. 面分类法

D. 条块分类法　　E. 地区分类法

5. 我国现行的进出口税则（　　）。

A. 是 2012 年 1 月 1 日起实施的

B. 共分 21 类、97 章（其中第七十七章为空章）

C. 有 5 205 个六位数子目

D. 有 8 194 个八位数税目

E. 以新的《协调制度》为基础制定的，是第五次修订

6.《协调制度》自1988年1月1日正式实施起至今已经有过六次修订，从而形成包括（　　）七个版本。

A. 1988 年、1992 年　　B. 1996 年、2002 年

C. 2007 年、2012 年　　D. 1988 年、1995 年

E. 2017 年

三、简答题

1. 什么是商品分类？简述商品分类的基本方法和特点。
2. 商品分类标志选择的基本原则是什么？
3. 常用的商品分类标志有哪些？各自适应性如何？
4. 什么是商品目录和商品代码？各有哪些种类？
5. 什么是商品条码？条码技术有何作用？
6. 国际物品条码有几种？标准版条码的内容有哪些？
7.《协调制度》的基本结构是什么？

第三章 商品质量

【学习要点】

- 商品质量的概念
- 商品质量特性、对不同类别商品质量的基本要求

案例导读

“哄睡神器”暗藏致命隐患

（中国质量网2019年5月22日）儿童节将至，婴儿床、衣橱等大件儿童家具持续走俏。但是近期，由于存在隐含风险、标识不清等问题，包括美国费雪在内的多家国内外公司对婴儿摇床、床护栏、抽屉柜等儿童家具进行了召回，国家市场监督管理总局也发布了消费提示。儿童家具，尤其是婴幼儿家具的质量、款式、使用方法以及隐含的安全问题，越来越成为消费者关注的焦点。

“费雪”摇床、摇椅，是父母眼中的“哄睡神器”。2019年4月，知名母婴品牌“费雪”宣布召回470万件婴儿摇床，引发关注。美国消费品安全委员会表示，由于婴儿未绑系带、身体翻转而导致的窒息等，该款“费雪”婴儿摇床在过去10年间已导致超过30名婴儿死亡。以“享受在妈妈肚子中的律动与安全感”为卖点的婴儿摇床，极有可能成为隐形“杀手”。

启示：商品质量关系到每一个消费者的利益，事关重大。那么，如何判断商品质量呢？其实，商品质量是商品学研究的重要内容之一，只有重视商品质量，才能更好地满足人们的消费需求，并给企业带来经济效益。

第一节 商品质量概述

一、商品质量的概念

视野拓展

质量观念的演变

商品质量也称为商品品质，是指商品满足规定或潜在需要的特性和特征的总和。这里的规定是指国家法律、法规和有关标准中所明确作出的限制，也包括买卖双方经济合同中商定的对商品的要求。潜在需要指用户或消费者对商品的期望，如对商品安全性、耐用性、时代性、民族性等方面的期望。特性是指事物所固有的性质，如食品的营养成分和食用价值，日用工业品的各种物理化学性质等；特征则是指事物的象征和标志，如食品的色、香、味等。

边学边练

对商品质量概念的理解

以手机为例，搜集相关资料，指出国家法律、法规和有关标准中对手机商品所明确作出的限制，手机消费者对手机有哪些期望，并对手机商品的特性和特征做一个列举描述。

需要指出的是，商品质量是一个动态的概念，表现在其具有时间性、空间性和消费对象性，不同时代、不同地区、不同的消费对象，对同一商品有不同的质量要求，并随着科学技术的进步、生活水平的提高和社会的发展而不断变化。例如，我国消费者对服饰的要求，以前注重实用价值，而现在既注重实用价值又注重审美价值，对款式、舒适度以及表现出来的时尚感等要求更高。人们消费商品时，在满足需求的同时，还要求能获得一定程度的精神享受。

二、商品质量评价

1. 商品质量评价内容

不同商品有不同的质量评价内容和评价方法。例如，美国对所有商品质量都要求从适应性、耐用性、通用性、式样、吸引力、惬意感、表现身份和价格等八个方面进行评价。这些评价内容对商品质量的要求是相当高的。

不同类别的商品可能在各个项目的重要性上有差异。质量评价最终表现为商品价值，其关系式为

$$V=(F+U)\div P$$

其中，V是价值（Value），F是功能（Function），U是适用性（Use），P是价格（Price）。任何评价内容都可以量化，邀请有关人员如专家、消费者、中间商单独或会商评价。例如，对于果品、蔬菜及其加工品质量评价的内容主要是：①外观，激发购买欲望和食欲；②口感，能刺激食欲；③营养性，满足身体营养需要。

2. 对于商品质量评价的差异性

在实际生活中，不同的人对同种商品会有不同的质量评价，这里以园艺商品为例加以说明。商品学中的果实蔬菜品质与栽培学中的果实蔬菜品质并不完全一致。通常栽培学中的果实蔬菜品质属于自然科学范畴，强调内在品质和部分外观品质，而市场接受的果实蔬菜品质还要与外观、经济和知名度（如著名产区或名牌）相联系。尽管园艺商品的品质取决于主观和客观两个方面，然而在制定品质标准、商品交易、品质检验等活动中，人们还是把注意力集中在客观因素上。批发市场的成交和消费者在市场上购买园艺商品通常总是对商品进行品质比较，而不是对商品进行品质测定，所以能进行比较的主要是感官品质。

因此，栽培者、收购和销售人员以及消费者对园艺商品质量的评价有明显的差异。

（1）栽培者对园艺商品质量的评价。栽培者不仅关心园艺商品的外观品质，而且注重品种的高产性、抗病性、易于采收和运输等特性，也重视口感和风味。

（2）收购和销售人员对园艺商品质量的评价。收购和销售人员对园艺商品质量的评价主要是关心园艺商品的外观质量，而且涉及销售质量、食用质量、运输质量、质地质量、储运性能、货架寿命等。

（3）消费者对园艺商品质量的评价。消费者对园艺商品质量的评价主要侧重于园艺商品的外观质量（如色泽、形状、整齐度、疵点）、口感风味、营养价值（食用质量、食部大小）、观赏的时间、经济性等。

不同的人对上述具体质量的要求和关心程度往往不同，因此，园艺商品栽培者应该充分考虑不同人群的具体要求，满足各种需要，最终落脚在满足消费者的要求上。

第二节　影响商品质量的因素

从全面质量管理的角度出发，商品质量不是检验出来的，而是设计、生产制造出来的。讨论与研究商品质量就必须从商品质量的产生过程入手，对商品质量在形成和实现的整个过程中所涉及的诸多因素逐一进行剖析。商品质量是由商品生产、流通、消费全过程中许多因素共同决定的。

一、产品设计与商品质量

产品设计质量表示产品在各种使用条件下与其他同类商品相比较时相对优劣的程度。产品设计质量不好，将会给商品质量留下许多“后遗症”。一个产品若设计上有缺陷，制造工艺再好，生产操作再精细也将毫无意义。因此，生产部门提高产品设计质量是保证商品质量的前提条件，为此应控制以下几个环节。

1. 加强设计工作的质量管理

为保证产品设计质量符合用户或消费者的需要，就需要在整个设计过程中加强对设计工作的质量管理。在企业内部，要求在设计工作开始之前，加强对市场的调查和研究，并组织有关人员对设计方案的可行性、合理性和科学性进行分析，即设计方案不仅要考虑安全、环保及其他法规要求，同时还应考虑产品适用性、可靠性、可维修性、耐用性、防误用措施等，然后才能开展设计工作。

在设计工作进行的整个阶段，应注意对设计的样品进行鉴定和确认，除此之外还应加强对设计工作的评审，即对设计进行正式、全面、系统的检查，以保证最终设计能满足用户或消费者需要。

2. 采用先进的科学技术

提高产品设计质量，应注意提高设计过程中的标准化水平，注意采用国际先进标准，在设计中应用先进的科学技术为指导。所有设计人员在进行设计之前，必须根据市场调查获得的信息、商情与商品科技情报进行科学的整理，采用先进的科学技术，借鉴国内外同类先进产品的长处，设计出适合我国资源条件、自然环境和消费习惯与水平的新产品。

在设计中不仅要考虑产品结构的合理性，同时还应注意生产加工过程中的方便性。例如，设计园艺商品的生产过程，商品生产基地的选择建设，品种的选择，生产方式、生产技术等的选择与设计都直接或间接影响园艺商品质量。由于园艺商品生产的周期一般都较长，因此在设计时要高起点，要有超前意识。

二、质量形成过程与商品质量

商品生产过程也是质量形成过程，在这一过程中，原材料、生产制造过程和产品验证最为关键。

（一）原材料与商品质量

原材料是构成商品的物质基础，是决定商品质量形成的关键性因素。商品质量在很大程度上取决于所用原材料的质量，而原材料的质量与其化学成分、结构、性质及其与所制造的产品的适合性有直接关系。

1. 原材料的化学成分

任何物质的化学成分都是指组成物质的最基本单元（包括单体或化合物）。根据组成基本单元的元素不同，组成物质的化学成分可分为无机成分和有机成分两种。

无机成分是指在分子组成中不含碳元素的无机物（碳酸、碳酸盐及氰化物除外）。以这种组成成分为主的商品有化肥、部分农药、搪瓷、玻璃、金属制品及部分化工商品等。

有机成分是指在分子组成中含有碳（C）、氢（H）、氧（O）等元素的有机物（碳酸、碳酸盐及氰化物除外）。属于这类组成成分的商品有棉、毛、丝、麻及其制品、化纤、塑料、橡胶及其制品、石油产品、有机农药、有机化肥、木制品、皮革、纸张及其制品、蔬菜、水果等。

2. 原材料的结构

原材料的结构通常是指原材料的成分结构，它是原材料组成成分的组织与分子结构。由于此种结构需借助显微设备及化学分析才能了解，故称其为微观结构。正是由于各种原材料的微观结构不同，才使得原材料的性质存在差异。例如，有机化合物的同分异构体，它们的组成元素相同、分子量相同，但分子结构不一样，所以它们的性质也不一样。

在日常生活中我们食用的葡萄糖与果糖，其基本组成都是碳、氢、氧，其分子式都是 $C_6H_{12}O_6$，但由于它们的结构不一样，故它们在甜度与吸湿性方面有较大差异。果糖的甜度比葡萄糖高 1.75 倍，而且也容易吸湿。

3. 加强原材料的质量管理工作

由于原材料的质量直接关系到商品质量，因此，为保证商品质量符合设计要求，一定要严把原材料质量关。例如，要生产出高质量的园艺商品，就需要相应的高质量的原材料。

（二）生产制造过程与商品质量

产品经设计后能不能转变为商品，在很大程度上取决于生产制造过程。生产制造过程由生产工艺、生产过程、技术装备、工作环境以及操作人员等方面组成，只要其中某一环节达不到设计质量要求，那么此产品即为不合格品。农业生产上常提到的良种与良法配套，实际上讲的就是农产品生产制造过程、生产工艺的优化。

1. 生产工艺

生产工艺是商品质量形成过程的重要环节。它的职能是根据产品设计要求，对制造过程进行质量控制，如确定工艺路线、编制工艺文件和检验文件、设计制造工艺装备、验证工序能力、编制材料消耗定额和工时定额等。

2. 生产过程

生产过程是指从原材料进厂到加工成品的整个制造过程。生产过程的质量是商品质量的重要组成部分。其质量职能是根据设计和工艺技术文件的规定，对影响制造质量的诸因素进行控制，使它们处于正常受控状态，从而保证制造质量符合设计质量的要求。

生产过程中应着重控制以下几个环节：物资控制及其可追溯性，设备的控制和维修保养，特殊工序、文件、工艺更改控制，验证状况控制，不合格品控制等。

3. 技术装备

为确保商品质量符合设计规范要求，应对生产部门的实际加工能力及技术装备情况是否符合商品规范进行验证，验证的内容包括材料、设备、计算机系统和软件程序以及人员配备。

还是以园艺商品生产为例，园艺商品生产也必须重视优化生产工艺、生产过程及技术装备，注意生产技术人员的培训和提高操作人员素质。我国加入世界贸易组织之后，园艺商品要与国际市场的园艺商品进行竞争，比的就是商品质量，而商品质量取决于技术水平和生产技术人员的素质。

（三）产品验证与商品质量

产品验证是企业进行生产过程控制的一种手段，是保证商品质量符合要求的有力措施。它的质量职能是根据图纸、规范、工艺和其他技术文件规定，对原材料、外购件和加工工序的半成品、成品的质量进行严格检验，保证不合格的物资不入库，不合格的再制品不转序，不合格的零件不装配，不合格的成品不出厂。产品验证的基本工作包括外购材料和外购件管理、工序间检验、成品检验（即出厂检验）等。

而流通过程中的商品检验主要包括商业部门的验收检验，储运部门的入库与出库检验，市场的监督、检查等。

检验工作本身的质量对商品质量起着决定性作用。

三、流通过程与商品质量

商品流通过程中的包装、运输、储存都能影响商品质量。

（1）商品包装。对商品进行包装，这是商品生产的最后一个环节，也是不可缺少的环节。商品包装与装饰不仅可以保护商品，还能美化商品，是构成商品质量的重要因素，直接影响商品使用价值的实现。

（2）商品运输。商品运输是指通过各种方式使商品在空间位置上发生转移的过程。商品运输是商品流通过程中不可缺少的环节。运输对商品质量的影响，通常受运输距离、运输时间、运输方式、运输工具、装卸方法等因素的制约。因此，对凡需经过运输过程的商品，应尽量减少运输环节，尽量选择最近的路线，用最短的运输时间，挑选适当的运输工具，同时还要注意防止震动、撞击、磨损，保证商品安全、准确、迅速地到达目的地。

（3）商品储存。储存也称储备，它是企业收储待销商品的一个过程。商品在储存期间的质量变化，与储存场所、储存时间、储存保管措施、养护技术以及商品存放的种类与数量等有密切联系。

案例 3.1

国家市场监管总局要求严格防控塑化剂风险

（据中国经济网2019年11月15日报道） 近日，国家市场监管总局发布了《食品中“塑化剂”污染风险防控的指导意见》（以下简称《指导意见》），要求生产企业要加强原辅料和食品相关产品的管控，以及对食品生产经营过程进行严格防控。

《指导意见》明确提出，食品生产者对采购的油脂类、酒类食品原辅料，无法提供合格证明的，要开展塑化剂项目检验，检验合格后方可使用。要在查验供货者的许可证和产品合格证明的基础上，对无法提供合格证明的塑料包装材料、密封垫片等开展塑化剂项目检验，检验合格后方可使用。不得使用含有塑化剂的塑料包装材料、密封垫片等包装油脂类、酒类食品。

在加强生产经营过程防控方面，《指导意见》要求，食品生产经营者使用塑料材质的设备设施、管道、垫片、容器、工具等不得含有塑化剂，避免食品接触污染。应加强贮存、运输、交付、销售等环节控制，防止因贮存温度高、运输交付不当等问题造成塑化剂污染。鼓励企业使用不锈钢材质的设备设施、管道、容器、工具等。

《指导意见》要求，各地市场监管部门要加强监督检查，重点检查油脂类、酒类食品生产经营者塑化剂防控措施落实情况，严查原辅料采购、生产加工、贮存、运输、销售等环节是否存在塑化剂污染风险，严查食品包装材料和盛放食品的容器是否含有塑化剂。

启示：塑化剂严重影响人们的身体健康，而塑料包装材料、密封垫片等有可能含有塑化剂。因此，相关生产经营企业应加强管控，市场监管部门应加强监督检查，消费者也要尽量少用塑料容器盛装食品，这样才能降低可能遭受塑化剂污染的风险。

四、销售过程与商品质量

商品销售、售后服务也能影响商品质量。

1. 商品销售

生产企业通过销售环节将商品让渡给消费者，在实现商品使用价值的同时获得了它的价值。商品销售工作本身也存在着质量问题，如商品的陈列方式、销售方式、销售条件，经销人员的态度、礼仪及售后服务措施等都直接影响商品使用价值的实现。

2. 售后服务

售后服务是指生产企业（或中间商）为及时满足用户或消费者从商品中获得最大的质量效益，在商品销售之后，向用户或消费者提供的技术服务。它主要包括提供必要的专用工具、使用说明书、备品配件、技术咨询和维修服务等。

售后服务质量直接影响企业的形象，在很大程度上也决定着商品的销量和商品质量的实现。

五、社会因素与商品质量

影响商品质量的因素除了以上提到的四大方面之外，还受到政治、经济、文化、艺术等因素的影响，如审美观念、消费者的心理行为、消费习惯、购买力水平等。以下仅就商品美、经济因素及环境因素与商品质量的关系进行初步分析。

（一）商品美与商品质量的关系

1. 商品的审美价值

商品的有用性不仅在于它能满足人们对其使用功能的需要，同时还能满足人们对其艺术美的精神需要。换句话说，人们在使用商品的同时，希望能从商品的造型及装饰等美的因素中获得情感上的愉悦和精神上的享受。这就是商品的审美价值。

由于人们对商品审美价值的客观需要，使得商品审美的问题不仅成为商品能否迅速实现其使用价值的重要外因，同时对商品生产和流通经济效益方面的影响也越来越大。一般情况下，在商品内在质量达到一定标准的前提下，审美价值越高，其价值也越高，而且销售速度越快，资金周转速度也越快，因而可以获得更多利润，提高经济效益。

2. 影响商品美的因素

影响商品美的因素有主观与客观两方面。客观因素是指商品本身的内在质量，如材质美、色彩美、图案美、造型美等。从消费者的角度来看，一般要求企业生产出内外质量俱优的商品，即实用价值和审美价值和谐统一的商品。如果商品内在质量很低，不仅它的实用价值无法满足消费者需要，而且其审美价值也无法实现。相反，有内在质量而无审美价值的商品，也会影响人们的购买兴趣。只有商品审美价值与其内在质量和谐统一时，它才受到人们的青睐。

主观因素是指对商品审美价值的评价要受到人们审美观念的影响和制约。审美观念是指消费者对商品进行审美时的趣味、要求、理解、评价等主观情感和认识的总和。由于人们的审美观念不同，对于同一件物品，往往会得出不同的看法。

人们审美观念的形成不仅受社会生产发展水平、社会经济状况、社会意识形态等大的氛围的影响，同时还与消费者的习惯、爱好、性别、年龄以及文化艺术修养等方面有密切联系。

作为生产企业，如何提高商品自身的审美价值，根本问题在于在设计过程中要正确把握形式美（色泽、造型、材质等）的原则，同时还要把握人们的审美观念，不失时机地生产满足人们各种需要的商品，改善贸易状况，促进物质文明和精神文明的协调发展，给企业和社会带来更大的经济效益。

（二）经济因素对商品质量的影响

影响商品质量的经济因素包括供求关系和物价政策。

供求关系是指社会产品生产总量与社会总需求之间的关系。只有社会产品生产总量与社会总需求保持适当的平衡，才能使商品使用价值全面满足社会需求成为可能。

绝大部分消费者购买商品时总希望物美价廉，其中“价廉”就涉及商品的供求平衡及价格问题。商品的价格是商品价值的货币表现，商品价值与价格之间有着必然的联系。在通常情况下，商品的质量与其价格是一致的，即耗费在商品上的社会必要劳动量多，则商品质量好、价格高。但在某些特殊情况下，二者不成比例，即耗费社会必要劳动量小、商品质量一般，但价格反而高。这种不成比例的情况往往是受社会购买力水平和商品供求关系的影响和制约。

（三）环境因素对商品质量的影响

环境因素对商品质量的影响有以下两个方面。

（1）环境条件对商品质量的影响，主要是生产制造环境、使用环境两方面影响商品质量。

（2）商品对环境的污染。商品对环境的污染包括它对自然环境及生态环境的污染。商品在使用和处置过程中一旦对环境造成污染，则商品使用价值的实现就会受到制约。

第三节　商品质量的基本要求

商品质量的基本要求是根据其用途、使用方法（或使用目的）以及消费者和社会需求提出来的。由于商品种类繁多，性能各异，又有着不同的用途、特点和使用方法，因此对不同商品的质量要求也各不相同。下面分别介绍几大类商品质量的基本要求。

一、纺织品质量的基本要求

纺织品是人们日常生活中不可缺少的生活资料。随着社会的发展，纺织品的款式、品种日趋新颖丰富，其功能不再是简单的御寒遮体、保护身体。因此，对纺织品质量的基本要求，是既要耐用舒适、卫生安全，又要美观、大方、流行、具有时代性等，主要包括以下几方面。

（1）材料选择适宜性。纺织品的基本性能及外观特征，主要由它所用的纤维材料决定。不同种类的纤维，如棉麻、毛涤纶等，使得纺织品的性能各不相同；即使同种纤维不同品质，制成的纺织品也各有特色。因此，纺织品用途不同，所选择的纤维种类和品质也各不相同。

（2）组织结构合理性。纺织品的组织结构主要包括织物组织、重量和厚度、紧度和密度、幅宽和匹长等。纺织品的组织结构影响着织物的外观和机械性能，如纺织品的厚度、紧度等可影响其透气性、保暖性、柔软性等。

（3）良好的机械性能。纺织品的机械性能主要是指各种强度指标，它是衡量纺织品耐用性能的重要指标，另外，对纺织品的尺寸稳定性和手感及成品风格也有影响。

（4）良好的服用性。服用性主要是要求纺织品在穿用过程中舒适、美观、大方，要求它的缩水率、刚挺性、悬垂性符合规定标准，具有良好的吸湿性、透气性，不起毛、不起球，花型、色泽、线条图案应大方或富有特色等。

（5）工艺性。工艺性是指纺织品面料必须方便裁剪缝制，易于洗涤、熨烫、定型，染色牢固等。

边学边练

了解盛锡福帽店

王府井大街盛锡福帽店是北京著名的老字号，最早它是天津盛锡福总店的一个分号，开业于1937年。盛锡福帽子以其用料考究、手工制作、做工精细、品质优良而著称于世，受到海内外各界人士的广泛欢迎。改革开放促进了盛锡福的发展。目前，盛锡福帽子不仅雄踞于国内市场，还远销美国、德国、法国、加拿大、新加坡等国。

请通过网络或其他途径，了解盛锡福帽店的发展历史、创始人、品牌创立以及目前的经营品种和运营情况，了解企业背后的故事，并与同学进行分享。

二、食品质量的基本要求

食品是指为人体提供热量、营养，维持生命，调节人体生理活动，形成和修补人体各组织的物质，是人体生长发育、保证身体健康不可缺少的生活资料。因此，对食品质量的基本要求是具有营养价值，具有良好的色、香、味、形，无毒无害，符合卫生要求。

1. 食品的营养价值

营养价值能给人体提供营养物质，这是一切食品的基本特征，是决定食品质量的重要依据，是评定食品质量的关键指标。它的功能是提供人体维持生命活动的能源，保证健康，调节代谢及延续生命。

食品的营养价值包括营养成分、可消化率和发热量三项指标。

（1）营养成分。营养成分是指食品中所含的蛋白质、脂肪、糖类、维生素、矿物质及水分等。由于各成分各自起着它应有的作用，因此，人们可以从不同的食品中获得各种营养成分。

（2）可消化率。可消化率是指在食用食品后，可能消化吸收的百分率。它反映了食品中营养成分被人体消化吸收的程度。食品中营养成分只有被人体消化吸收后才能发挥其作用。营养学专家经过多年研究和实践得出结论：动物性食品的营养价值高于植物性食品的营养价值。

（3）发热量。发热量是指食品的营养成分经人体消化吸收后在人体内产生的热量，它是评价食品营养价值最基本的综合性指标。

人体对食品的需要量通常是采用能产生热量的糖类、蛋白质、脂肪三种主要营养成分的发热量来表示的。1g 糖类或 1g 蛋白质在体内经过消化和完全氧化后产生的热量均为 4.1kcal，1g 脂肪产生的热量为 9.3kcal。

人们吃的主食，包括各种米、面，是人体热量的主要来源；副食包括各种蔬菜、水果、鱼肉、禽蛋、乳品及加工制品，是热量的重要来源。一般来说，营养成分和可消化率越高，产生的热量就越多，营养价值就越高。但也不完全如此，如粮食加工精度提高了，营养成分损失了，可消化率提高了。

2. 食品的色、香、味、形

食品的色、香、味、形是指食品的色泽、香气、滋味和外观形状。食品的色、香、味、形不仅能反映食品的新鲜度、成熟度、加工精度、品种风味及变质状况，而且可直接影响人体对食品营养成分的消化和吸收。食品的色、香、味、形良好，还可以刺激人们产生旺盛的食欲。许多食品的色、香、味、形还是重要的质量指标，如评价烟、酒、茶等商品的质量时，主要从色泽、香气、滋味等方面进行鉴定。不同的色、香、味、形，决定食品本身的档次和等级。

3. 食品的卫生性

食品的卫生性（无毒无害性）是指为防止食品在生产、收获、加工、运输、贮藏、销售等各个环节被有害物质污染，使食品有益于人体健康所采取的各项措施。食品卫生关系到人们的健康与生命安全，有的还影响子孙后代，所以作为食品，卫生、无毒、无害、无污染是最起码的条件。影响食品卫生的主要来源有以下五个方面。

（1）食品自身产生的毒素。例如，毒蘑菇、苦杏仁、土豆发芽部分产生的氰甙龙葵类毒素，死后的鳝鱼、鳖、河蟹体内的组胺毒素等。这些毒素对人体的消化系统、神经系统、血液循环系统都有严重的危害。

（2）生物对食品的污染。生物对食品的污染包括：①微生物污染，主要是细菌、细菌毒素、霉菌、霉菌毒素及大肠杆菌等；②寄生虫及虫卵污染，主要是旋毛虫、蛔虫、绦虫、蛲虫、姜片虫、肝吸虫等；③昆虫污染，主要是粮食中的甲虫类、蛾类、螨类以及鼠类活动所造成的污染。

（3）加工中混入的毒素。例如，方便面、罐头、饮料等，因配料不当或超范围使用防腐剂、色素、香精，放置时间久了引起铅、锌中毒；油炸、烧烤食品时生成甘油醛，造成食品污染。

（4）保管不善产生的毒素。食品因保管不善有可能产生微生物或霉烂变质。例如，温度过高使海产品发生变质，花生、小麦、玉米、豆类等发霉后则会产生黄曲霉毒素，使人体致癌。

（5）环境、化学品造成的污染。其主要包括工业上“三废”不合理排放，化肥农药使食物受到污染，不合乎卫生要求的食物添加剂和使用量不合理等。另外，食品在生产、储存、运输、销售时，受到环境、化学品、菌类、重金属的污染也会使食品有毒、有害。

三、日用工业品质量的基本要求

日用工业品包括的面很广，有玻璃制品、搪瓷器皿、铝制品、日用塑料制品、皮革制品、胶鞋、纸张、洗涤剂、化妆品、钟表、家具、电器、服装等。它是人们生活中不可缺少的生活资料。因此，对日用工业品质量的基本要求应从适用性、耐用性、卫生性和安全性、外观美观性与结构合理性等方面考察。

1. 适用性

适用性是指日用工业品满足主要用途所必须具备的性能或质量要求。不同商品的适用性各有不同要求，如保温瓶必须保温，洗涤剂必须去污，电冰箱必须制冷，钢笔必须能书写流利，手表要求走时准确，雨鞋必须防水，化妆品对肌肤无刺激，服装、鞋帽要求保暖、透气、无毒等。即使同一类商品，由于品种不同，用途也各不相同。例如印刷用纸对油墨应有良好的吸湿性，而包装用纸则要求有一定的厚度和机械强度；又如玻璃制品中的茶杯要求耐热性高，镜子要求反映影像逼真，化学仪器要求耐酸性、耐碱性好。商品的多用性扩大了商品的适用范围。

因此，适用性是构成商品使用价值的基本条件，也是评价日用工业品质量的重要指标。

2. 耐用性

耐用性是指日用工业品抵抗各种外界因素对其破坏的能力，它反映了日用工业品坚固耐用的程度和一定的使用期限、次数，如皮革、橡胶制品和某些纸张常用强度和耐磨耗等指标来评定其耐用性。电器开关可以开关多少次，手机电池可用多长时间，灯管在220V电压下工作多少小时等，这些都是通过使用寿命来反映其耐用性的。提高日用工业品的耐用性，就能延长商品的使用寿命，就相当于不用额外消耗原料和劳动力，还提高了商品质量。所以耐用性是评价绝大多数日用工业品质量的主要依据。

3. 卫生性和安全性

卫生性和安全性是指日用工业品在使用时不能影响人体健康和人身安全的质量特性。例如：盛放食物的器皿、化妆品、玩具、太空杯、肥皂、牙膏及包装材料等商品应无毒、无害；各种家用电器不漏电、无辐射、安全可靠，在使用过程中不发生危险；玻璃器皿中有毒重金属的含量应在一定的标准限值内。所以在评价日用工业品的质量时必须重视它们的卫生性和安全性。

4. 外观美观性

日用工业品的外观，主要是指其表面。一方面，包括商品的外观疵点，即影响商品外观或质量的表面缺陷；另一方面，指商品的表面装饰，如造型、款式、色彩、花纹、图案等。对商品外观总的要求是式样大方新颖、造型美观、色彩适宜，具有艺术感和时代风格，并且应无影响外观或质量的疵点。

5. 结构合理性

日用工业品的结构合理性，主要是指其形状、大小和部件的装配要合理。若结构不合理，不仅影响其外观，而且直接影响其适用性和耐用性。例如，服装、鞋帽结构不当，不仅使人们感到不舒服、不美观，而且无法穿戴，丧失了使用价值；对于那些起着美化装饰作用的日用工业品，它们的外观造型结构更具有特殊的意义。

四、出口商品质量的基本要求

我国出口商品要同全世界广大用户和消费者见面，为了适应他们的需求，我们必须贯彻“以销定产”的方针和坚持“质量第一”的原则，大力提高出口商品的质量，使其符合下列具体要求。

1. 针对不同市场和不同消费者的需求来确定出口商品质量

由于世界各国经济发展不平衡，各国生产技术水平、生活习惯、消费结构、购买力和各民族的爱好有差异，因此我们要从国外市场的实际需要出发，做好产销结合，使出口商品的品质、规格、花色、样式等适应有关市场的消费水平和消费习惯。

2. 不断更新换代和精益求精

凡质量不稳定或质量不过关的商品，不宜出口，以免败坏声誉。即使质量较好的商品，也要本着精益求精的精神不断改进，提高质量，加速更新换代，以赶上和影响世界的消费潮流，增强商品在国际市场的竞争力。

3. 适应进口国的有关法令规定和要求

各国对进口商品的质量都有某些法令规定和要求，凡质量不符合法令规定和要求的商品，一律不准进口，有的还要就地销毁，并由货主承担由此产生的各种费用。因此，我们必须了解和熟悉各国对进口商品的质量规定，使我国出口商品的质量适应并符合这些规定，具有较强的市场适应性、针对性、竞争力，以便顺利地进入国际市场。

4. 适应国外自然条件、季节变化和销售方式

由于各国自然条件和季节变化不同，销售方式各异，商品在运输、装卸、存储和销售过程中，其质量可能会有某种变化。因此，注意自然条件、季节变化和销售方式的差异，掌握商品在流通过程中的变化规律，使我国出口商品质量适应这些方面的不同要求，也有利于增强我国出口商品的国际竞争力。

案例 3.2

中国水果为什么很难出口到美国和欧洲

（据每日农说 2018年11月1日报道）中国是世界上的水果种植大国，水果不仅品种丰富，而且产量惊人，像苹果、柑橘、柚子、猕猴桃、葡萄、草莓等水果的产量都在世界上名列前茅。

这么大的产量，单单靠着内需消费是不够的，自然要往外出口。可是，你也许已经注意到了，中国水果出口的国家和地区，大部分都集中在东亚、东南亚等地方。像欧洲和美国那么大的市场，中国水果的出口量却一直很低。

那么，中国水果为什么很难打进欧美的水果市场呢？是水果的品质不合格吗？

笔者认为，前些年说中国水果的品质是“量多质差”，或许还可能“忽悠”一些不自信的外行人。但这些年，不能说中国水果所有的品质已经达到了国际水准，但像苹果、柚子、猕猴桃这几样水果，品质绝对不比欧美国家产的差。品质问题已经不是限制中国水果出口欧美国家的一大障碍了。以苹果为例，目前我国鲜苹果出口仍然以中低端亚洲市场为主，占到85.27%。其中孟加拉国和泰国位居第一、第二。中国苹果的品质，从综合排名和商品化程度上来看，已经位居世界前列，但大量的优质苹果却很难出口到欧美市场，令人唏嘘也好奇，这是为什么？

思考：请查阅资料，谈谈中国水果很难出口到美国和欧洲的原因。

五、进口商品质量的基本要求

进口商品质量直接关系到国内用户和消费者的切身利益，凡品质、规格不符合要求的商品，不应进口。对于国内生产建设、科学研究和人民生活急需的商品，进口时要货比三家，切实把好质量关，使其品质、规格不低于国内的实际需要，但是，也不应超越国内的实际需要，任意提高对进口商品质量、规格的要求，否则会造成不应有的浪费。总之，对进口商品质量的要求，要从我国现阶段的实际需要出发，区别不同情况，实事求是地予以确定。

视野拓展

推荐读者使用百度搜索并阅读《中华人民共和国产品质量法》第三章，了解第三章生产者、销售者的产品质量责任和义务。

第四节 商品质量管理相关概念和发展阶段

一、商品质量管理相关概念

质量管理是指商品经营组织（者）确定质量方针、目标和职责，并通过质量体系中的质

量策划、质量控制、质量保证和质量改进来使其实施的全部管理职能的所有活动。质量管理是一个组织全部管理的重要组成部分，它的职能是制定并实施质量方针、质量目标和质量职责。质量管理以质量体系为依托，通过质量策划、质量控制、质量保证和质量改进等发挥其职能。为了实施质量管理，需要建立质量体系。在上述概念中，涉及质量方针、质量体系、质量策划、质量控制、质量保证、质量改进和质量环等术语。要做好商品质量管理工作，必须正确地理解和使用这些术语。

1. 质量方针

质量方针是指由组织的最高管理者正式发布的该组织总的质量宗旨和质量方向。其中，组织包括生产企业、商业企业、服务单位、独立的检验机构、独立的设计单位或者供货单位。质量方针反映了组织在质量方面的追求和对消费者的承诺，如所提供产品的质量水平、服务方向、质量管理的要求等，而不是具体的质量目标。质量方针是组织总体经营方针的一个组成部分，它与组织的总方针及进行的其他方针（如投资方向、技术改造方针、人事方针等）应相协调。

2. 质量体系

质量体系是指为实施质量管理所需的组织结构、程序、过程和资源。除组织结构、程序、过程外，资源是质量体系的重要组成部分，它包括人才资源和专业技能，设计和研制设备、制造设备、检验和试验设备，仪器、仪表和计算机软件。质量体系的内容要以满足质量目标的需要为准。质量体系的建立和运行要以质量标准的要求进行，以满足质量管理的需要并赢得消费者的信任。质量体系的建立必须结合本组织的具体目标、产品类别、过程特点及其具体实践来综合考虑。

3. 质量策划

质量策划是指确定以及采用质量体系要素的目标和要求的活动。确定质量体系要素的目标和要求包括对质量特性进行识别、分类和比较，以确定适宜的质量特性，并制定质量目标、质量要求和约束条件；采用质量体系要素的目标和要求的活动，主要包括为实施质量体系进行准备，为产品质量的实现配备资源和给予管理支持。

4. 质量控制

质量控制是指为达到质量要求所采取的作业技术和活动。在产品质量形成过程中有许多影响质量的因素，为满足质量要求必须时时刻刻对影响质量的诸因素进行控制，消除导致产品质量不合格的因素，因此质量控制活动贯穿于产品质量形成全过程。

5. 质量保证

质量保证是指为了提供足够的证据表明实体能够满足质量要求，而在质量体系中实施并根据需要进行证实的全部有计划的、系统的活动。质量保证通过提供证据表明实体满足质量要求，从而使人们对这种能力产生信任。质量保证分为内部质量保证和外部质量保证。内部质量保证是质量管理的一个组成部分，它向组织内部各层管理者提供承诺，使其相信本组织提供给消费者的产品满足质量要求。外部质量保证是为了向外部消费者或其他方面（如认证机构或行业协会等）提供承诺，使其相信该组织有能力持续地提供满足质量要求的产品。为了提供足够的承诺，质量要求必须全面反映消费者或用户的要求。

6. 质量改进

质量改进是指为向本组织及消费者提供更多利益，在整个组织内部所采取的旨在提高效益和效率的各种措施与所进行的活动的过程。质量改进是各级管理者追求的永恒目标，质量改进通过具体措施来实现，是一种以追求更高的过程效益和效率为目标的持续活动。

7. 质量环

质量环又称质量螺旋，是指从识别需要到评定这些需要是否得到满意的各个阶段影响质量相互作用活动的概念模式。质量环始于市场营销和市场调研（对市场的需求进行识别，根据市场的需要进行产品的开发和设计），同样也终止于市场营销和市场调研（根据市场对其产品的反馈信息，评价市场的需要是否已得到满足）。因此，质量环反映的是一个连续不断、周而复始的过程，通过不断地循环，实现持续的质量改进。质量环模型如图 3.1 所示。

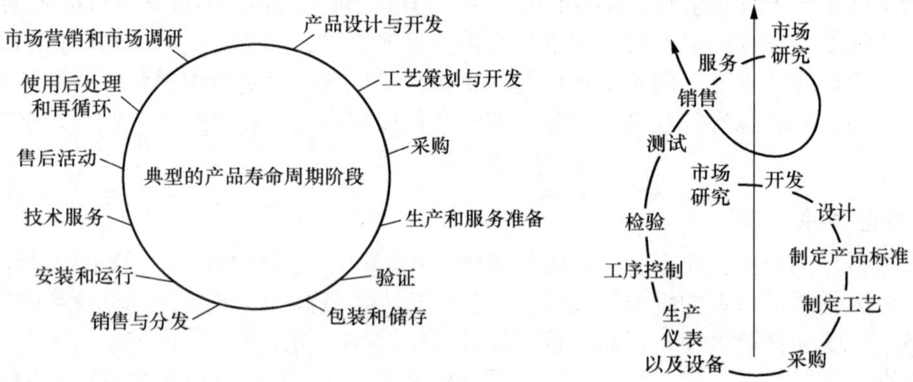

图 3.1 质量环模型

二、商品质量管理的发展阶段

商品质量管理的发展，大致经历了以下三个阶段，即质量检验阶段、统计质量控制阶段和全面质量管理阶段。

1. 质量检验阶段

从 20 世纪初到 20 世纪 30 年代，主要是按既定质量标准要求对产品进行检验，管理对象限于产品本身，管理领域限于生产制造过程。因此，质量检验是一种消极防范性管理，依靠事后把关，杜绝不合格产品进入流通领域，无法在生产过程中起到预防、控制作用。

2. 统计质量控制阶段

从 20 世纪 40 年代到 20 世纪 50 年代末期，主要按照商品标准，运用数理统计对从设计到制造的生产工序进行质量控制，预防产生不合格产品。管理对象包括产品质量和工序，管理领域从生产制造过程扩大到设计过程。统计质量控制管理是一种预防性（事先控制型）管理，依靠生产过程的质量控制，把质量问题消灭在生产过程。

3. 全面质量管理阶段

20 世纪 60 年代至今，世界各国积极推行全面质量管理。全面质量管理是一个组织以质量为中心，以全员参与为基础，目的在于通过让消费者满意和本组织所有成员及社会受益而达到长期成功的管理途径。全面质量管理是一种全面、全过程、全员参与的积极进取型管理，强调调动人的一切积极因素，根据系统论的观点把管理对象看成一个整体，分析系统各要素之间的相互联系、相互作用的相关性，采取相应对策，使商品设计、开发、生产、流通和消费的全过程均处于监控状态，从而保证商品质量符合消费者和用户需求。

第五节　商品质量管理方法

企业对商品质量管理有很多方法可采用，最常见的方法有全面质量管理、六西格玛、品管七大手法等。

一、全面质量管理

全面质量管理（Total Quality Management，TQM）是一个组织以质量为中心，以全员参与为基础，目的在于通过让消费者满意和本组织所有成员及社会受益而达到长期成功的管理途径。

20 世纪 50 年代末，美国通用电气公司的费根堡姆和质量管理专家朱兰提出了“全面质量管理”的概念，他们认为“全面质量管理是为了能够在最经济的水平上，并考虑到充分满足客户要求的条件下进行生产和提供服务，把企业各部门在研制质量、维持质量和提高质量的活动中构成一体的一种有效体系”。20 世纪 60 年代初，美国一些企业根据行为管理科学的理论，在企业的质量管理中开展了依靠职工“自我控制”的“无缺陷运动”（Zero Defects），日本在工业企业中开展质量管理小组（Q.C.circle 或 Quality Control Circle）活动，使全面质量管理活动迅速发展起来。

（一）全面质量管理的基本方法

全面质量管理的基本方法可以概括为“一个过程、四个阶段、八个步骤、数理统计方法”。

一个过程，即企业管理是一个过程。企业在不同时间内应完成不同的工作任务。企业的每项生产经营活动，都有一个产生、形成、实施和验证的过程。

微视频

什么是 PDCA 循环

四个阶段，根据管理是一个过程的理论，美国的戴明博士把它运用到质量管理中，总结出“计划（Plan）—执行（Do）—检查（Check）—处理（Act）”四阶段的循环方式，简称“PDCA 循环”，又称“戴明循环”。

在计划阶段，分析现状，找出存在的质量问题；分析产生质量问题的各种原因或影响因素；找出影响质量的主要因素；针对影响质量的主要因素，提出计划，制定措施。

在执行阶段，执行计划，落实措施。

在检查阶段，检查计划的实施情况。

在处理阶段，总结经验，巩固成绩，将工作结果标准化；提出尚未解决的问题，转入下一个循环。

为了解决和改进质量问题，戴明循环中的四个阶段还可以具体划分为八个步骤。在应用戴明循环四个阶段、八个步骤来解决质量问题时，需要收集和整理大量的书籍资料，并用科学的方法进行系统分析。最常用的七种统计方法是排列图、因果图、直方图、分层法、相关图、控制图及统计分析表。这套方法以数理统计为理论基础，不仅科学可靠，而且比较直观。

（二）戴明循环在全面质量管理中的应用

戴明循环在全面质量管理中的应用更广泛。为了改进和解决产品质量问题，在应用戴明循环时还可以利用相关的数据和资料以及全面质量管理中常用的统计分析方法作出科学的分析判断。

下面结合解决某一车间不合格品的案例来说明戴明循环在全面质量管理中的应用，特别

表 3.1　某车间加工某工件的不合格品统计情况

原因	数量（件）	比率（%）	累计百分比（%）
包边不良	5 207	10.8	10.8
小头破裂	6 557	13.6	24.4
壳体开裂	34 856	72.3	96.7
自检废品	1 253	2.6	99.3
其他	337	0.7	100
总计	48 210	100	

是它如何利用全面质量管理中常用的统计分析方法，见表 3.1。

（1）分析现状，找出存在的问题。本案例主要存在的问题是不合格品数量较大，需要找出相应的解决方法。

（2）分析产生问题的各种原因或影响因素。根据这个统计资料，就可以画出各类不合格品的排列图，如图 3.2 所示。从排列图中可以明显地看出，壳体开裂是影响产品质量的主要原因，如果解决了这个质量问题，就可以降低 72.3%的不合格品率。

（3）找出主要影响因素。我们可以利用因果分析图对壳体开裂这个质量问题进行分析。根据统计资料，我们知道构成工序的六大因素（即人、机器、材料、方法、测量和环境，5M1E）都对产品质量产生作用和影响，也就是说，它们决定着产品质量。我们对产生壳体开裂质量问题的因素通过 5M1E 分析法逐步进行分析，画出因果分析图，如图 3.3 所示，从而找出主要原因。我们还可以应用分层法来分析，把收集的数据按照不同的目的加以分类，并把性质相同、在同一生产条件下收集的数据归集在一起。这样，可以使数据反映的事实更明显、更突出，从而对症下药找出主要原因。根据质量控制小组的分析，我们假设产生壳体开裂的主要原因是材料。

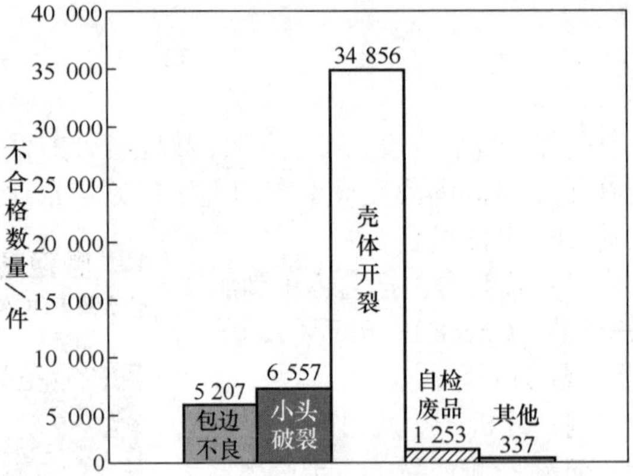

图 3.2　各类不合格品排列图

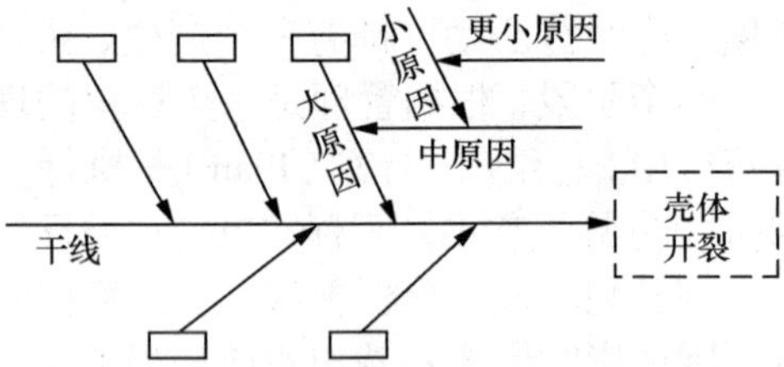

图 3.3　因果分析图

（4）制订解决措施。针对影响质量的原因，我们可以采取更换材料、采用各种方法对材料进行处理等措施来解决。

（5）执行措施计划。按计划的要求严格执行各个步骤。

（6）调查和评价阶段。采取措施后，我们还应再用排列图等方法检查并与我们最初的设想对比，从而评价其实施效果。

（7）提出尚未解决的问题并进行新的戴明循环。

总之，戴明循环在企业管理中有很广泛的用途，是我们在工作中经常使用的好方法。

（三）全面质量管理的特点

全面质量管理是一种预先控制和全面控制制度。它的主要特点就在于“全”，“全”字包含三层含义。首先，管理的对象是全面的，这是就横向而言的。其次，管理的范围是全面的，这是就纵向而言的。最后，参加管理的人员是全面的。

（四）全面质量管理的基本工作程序

戴明循环是全面质量管理最基本的工作程序，即计划—执行—检查—处理。戴明循环具有以下三个特点：戴明循环工作程序的四个阶段，按顺序进行，组成一个大圈；每个部门、每个小组都有自己的戴明循环，并都成为企业大循环中的小循环；阶梯式上升，循环前进。

二、六西格玛

六西格玛（Six Sigma，又称 6δ）概念于 1986 年由摩托罗拉公司的比尔·史密斯提出，此概念属于品质管理范畴，旨在降低生产过程中产品及流程的缺陷次数，防止产品变异，提升品质。

六西格玛管理法是一种统计评估法，核心是追求零缺陷生产，防范产品责任风险，降低成本，提高生产率和市场占有率，提高顾客满意度和忠诚度。六西格玛管理既着眼于产品、服务质量，又关注过程的改进。其中“δ”是希腊文的一个字母，在统计学上用来表示标准偏差，用以描述总体中的个体与均值的偏离程度，测量出的δ表示如单位缺陷、百万缺陷或错误的概率，δ值越大，缺陷或错误就越少。六西格玛是一个目标，这个质量水平意味着所有的过程和结果中，99.999 66%是无缺陷的，也就是说，做 100 万件事情，其中只有三四件是有缺陷的，这几乎趋近人类能够达到的最为完美的境界。

六西格玛管理关注过程，特别是企业为市场和顾客提供价值的核心过程。因为过程能力用δ来度量后，δ越大，过程的波动越小，过程以最低的成本损失、最短的时间周期满足顾客要求的能力就越强。六西格玛理论认为，大多数企业在 3～4δ运转，也就是说每 100 万次操作失误为 6 210～66 800 次，这些缺陷要求经营者以销售额在 15%～30%的资金进行事后的弥补或修正，而如果做到六西格玛管理，则事后弥补的资金将降低到约为销售额的 5%。从这个意义上说，六西格玛管理是帮助企业集中于开发和提供近乎完美产品和服务的一个高度规范化的过程，用于测量一个指定的过程偏离完美有多远。

六西格玛管理的中心思想是：如果你能“测量”一个过程有多少个缺陷，你便能系统地分析出怎样消除它们和尽可能地接近“零缺陷”。

在六西格玛管理里，“流程”是一个很重要的概念。举一个例子，一个人去银行开户，从他进入银行开始，到结束办理开户的整个过程就叫一个“流程”。而在这个流程里面还套着一个“流程”，即银行职员会协助他填写开户单，然后把这个单据拿给主管审核，这是银行的一个标准程序。去银行开户的人是一线职员的“顾客”，这是当然的顾客，称“外在的顾客”；而同时一线职员要把资料给主管审核，所以主管也是一定意义上的“顾客”，称“内在的顾客”。工厂的流程与这个例子类似，即上一道工序是下一道工序的“顾客”。

六西格玛管理里另一个重要的概念是“规格”。客户去银行办理账户，时间是很宝贵的，办理账户需要多长时间就是客户的“规格”。客户要求在 15 分钟内办完，15 分钟就是这个客户的规格。而如果银行一线职员要用十七八分钟才能办完，就叫作“缺陷”。假如职员要在一张单据上五个地方打字，有一个地方打错了，就产生了一个“缺陷”，而整张纸叫一个单元。

“机会”指的就是产生缺陷的机会，如果一张单据上有五个地方要打字，那么这个单元的缺陷机会为五。

三、品管七大手法

品管七大手法是常用的统计管理方法，又称初级统计管理方法，它主要包括控制图（管制图）、鱼骨图（因果图）、散布图（相关图）、排列图（帕累托图）、检查表（统计分析表）、数据分层法、直方图等，也称质量管理七工具。

1972 年，日本科技联盟的纳谷嘉信教授从许多推行全面质量管理建立体系的手法中，研究归纳出一套有效的品管手法，这个方法恰巧有七项，为有别于原有的质量管理七大手法，所以就称其为新质量管理七大手法。其主要运用于全面质量管理戴明循环的 P（计划）阶段，用系统科学的理论和技术方法，整理和分析数据资料，进行质量管理。常用的统计管理质量控制方法主要运用于生产过程质量的控制和预防，新质量管理七大手法与其相互补充。

1. 箭线图法

箭线图法（Arrow Diagram Method，ADM）又称矢线图法，是网络图在质量管理中的应用。箭线图法是制订某项质量工作的最佳日程计划和有效地进行进度管理的一种方法，效率高，特别适用于工序繁多、复杂、衔接紧密的一次性生产项目。

2. 关联图法

关联图法（Inter-relationship Diagraph）是指用一系列的箭线来表示影响某一质量问题的各种因素之间因果关系的连线图。质量管理中运用关联图要达到的目的有：制订全面质量控制活动计划，制订质量管理小组活动计划，制定质量管理方针，制定生产过程的质量保证措施，制定全过程质量保证措施。

在绘制关联图时，通常将问题与原因用“○”框起，箭头表示因果关系，箭头指向结果，其基本图形如图 3.4 所示。

3. 系统图法

系统图法（Systemtic Diagrams）是指系统寻找达到目的的手段的一种方法，它的具体做法是把要达到的目的所需要的手段逐级深入，如图 3.5 所示。

运用系统图法可以系统地掌握问题，找到实现目的的最佳手段。其广泛应用于质量管理中，如质量管理因果图的分析、质量保证体系的建立、各种质量管理措施的开展等。

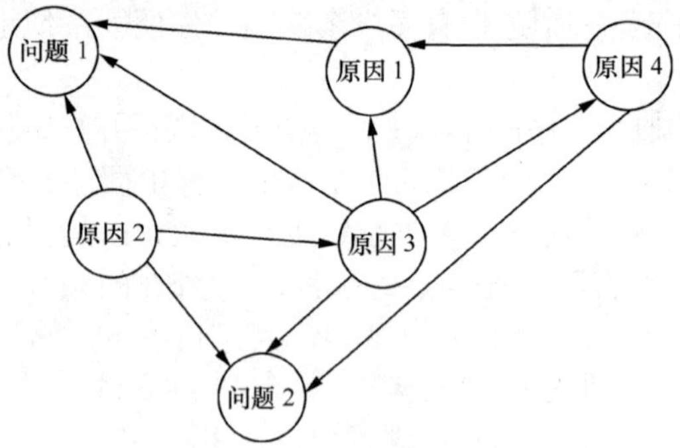

图 3.4　关联图

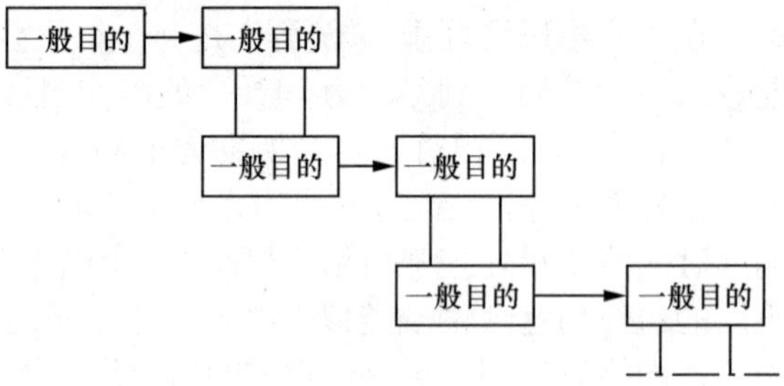

图 3.5　系统图

4. KJ 法

KJ 法是日本专家川喜田二郎创造的（KJ 是他的名字开头的英文字母缩写）。KJ 法针对某一问题广泛收集资料，按照资料近似程度、内在联系进行分类整理，抓住事物的本质，找出结论性解决办法。这种方法是开拓思路、集中集体智慧的好办法，尤其针对未来和未知的问题可以进行不受限制的预见、构思，对质量管理方针计划的制订、新产品新工艺的开发决策和质量保证都有积极的意义。

问题成因		*R*						
		R_1	R_2	R_3	…	R_i	…	R_n
L	L_1							
	L_2							
	L_3							
	…							
	L_i					○←着眼点		
	…							
	L_n							

图 3.6　矩阵图

5. 矩阵图法

矩阵图法（Matrix Diagrams）是运用二维、三维……多维矩阵表格，通过多元因素分析找出问题和造成问题的原因。矩阵图的基本形式如图 3.6 所示。

在二维矩阵图中，从造成问题的因素中找出对应的因素形成 R（R_1，R_2，R_3，…）和 L（L_1，L_2，L_3，…）一列一行因素，在列 R_i 和行 L_i 的交点上表示各因素的关联程度，从而找出解决问题的着眼点。

矩阵图主要运用于寻找改进老产品的着眼点和研制新产品、开发市场的战略，以及寻找产品质量问题产生的原因、确定质量保证体系的关键环节等质量管理工作。

6. 矩阵数据分析法

矩阵数据分析法（Matrix Data Analysis）是对矩阵图的数据进行整理和分析的一种方法。这种方法主要用于影响产品质量的多因素分析、复杂的质量评价，特别适用于当矩阵图中各对应因素之间的关系能够定量表示的质量评价。

7. 过程决策程序图法

过程决策程序图法（Process Decision Program Chart，PDPC），是将运筹学所运用的过程决策程序图应用于质量管理的方法。过程决策程序图法是指在制订可达到目标的实施计划时，对于事态进展中可以设想的各种结果的问题，设计和制订相应的处置方案和应变措施，确保其达到最佳结果的方法。过程决策程序图法可以在一种预计方案不可行或效率不高而出现质量问题时采用第二、第三……种方案，来确保达到最佳效果。过程决策程序图法适用于制订质量管理的实施计划，以及预测系统可能发生的问题并预先制订措施控制质量管理的全过程。

技能实训

【实训目的】

通过对背景材料进行讨论加深对商品质量相关概念的认识。

【实训主题】

理解商品质量的影响因素，理解商品质量管理的方法。

【实训时间】

本章课堂教学内容结束后的双休日和课余时间，为期一周。或者指导教师另外指定时间。

【背景材料】

期待更多中国制造“飞”向中国创造

（据中国质量报2017年12月26日报道）“这是一艘能飞起来的船，也是一架能游泳的飞机。”备受关注的全球在研最大水陆两栖飞机、我国首款大型灭火/水上救援水陆两栖飞机“鲲龙”AG600于12月24日在广东珠海成功首飞。AG600是我国首次按照中国民航适航规章要求研制的大型特种用途飞机，是国家应急救援体系建设急需的重大航空装备。它的首飞成功，标志着我国航空工业特种用途飞机研制能力取得重大突破，是继C919大型客机首飞成功后我国民用航空工业发展的又一个重要里程碑。

作为我国“三个大飞机”之一的大型水陆两栖飞机AG600，其承载着国家和民族的使命，填补了我国在大型水陆两栖飞机领域的研制空白，为我国大飞机家族再添一名强有力的“重量级选手”。

现如今，这样一名中国制造的“重量级选手”完成了自己最重要的首秀，其重要意义自然不言而喻。航空工业被誉为现代工业“皇冠上的明珠”，涉及数以百计的专业知识应用和大多数产业领域，具有带动整个工业进步的巨大能量。曾几何时，我们由于没有自己制造的大飞机而被称作“没有翅膀的雄鹰”。

然而随着我国大力实施创新驱动发展战略，推进制造强国、质量强国和科技强国建设，ARJ21、C919……我国航空工业也一次次在蓝天上书写新的传奇，让中国制造翱翔蓝天，更让中国制造不断“飞”向中国创造，在不断圆航空强国梦的同时，也在大力推动着质量强国建设。

【实训过程设计】

（1）指导教师布置学生课前预习背景材料。

（2）将全班同学平均分成几个小组，每组5～6人进行讨论。

（3）根据“背景材料”，对我国商品质量进行剖析。

（4）根据“背景材料”，讨论高质量的我国商品的发展方向有哪些。

（5）各小组对本次实训进行总结和点评，撰写作为最终成果的《商品学实训报告》。

（6）各小组提交填写“项目组长姓名、成员名单”的《商品学实训报告》。优秀的实训报告在班级展出，并收入本课程教学资源库。

综合练习

一、名词解释

1. 商品质量 2. 商品内在质量 3. 商品外观质量 4. 食品的营养价值 5. 营养成分 6. 可消化率 7. 发热量 8. 食品卫生性 9. 商品质量管理 10. 全面质量管理 11. 戴明循环

二、多项选择题

1. 日用工业品质量的基本要求有（　　）。
   A. 适用性　B. 耐用性　C. 卫生性和安全性
   D. 外观美观性　E. 吸湿透气性
2. 戴明循环表示质量管理的（　　）阶段。
   A. 计划　B. 检查　C. 执行
   D. 奖励　E. 处理
3. 质量评价最终表现为商品价值，其评价内容包括（　　）。
   A. 价格　B. 价值　C. 功能
   D. 适用性　E. 产地
4. 流通过程中，对商品质量的影响因素有（　　）。
   A. 商品运输　B. 商品储存　C. 商品养护
   D. 销售服务　E. 消费习惯
5. 商品质量管理的发展阶段有（　　）。
   A. 质量检验阶段　B. 统计质量控制阶段
   C. 全面质量管理阶段　D. 检查质量管理阶段
   E. 验收质量管理阶段

三、简答题

1. 什么是商品质量？提高商品质量有何重要意义？
2. 对食品质量的基本要求有哪些？
3. 对纺织品质量的基本要求有哪些？
4. 对进出口商品质量的要求有哪些？
5. 影响商品质量的因素有哪些？
6. 全面质量管理的基本方法有哪些？

第四章　商品标准与标准化

【学习要点】

- 商品标准的概念
- 商品标准对企业的作用
- 标准化、商品标准的概念
- 商品标准的种类、分级和表示方法
- 标准化的作用

案例导读

强制性国家标准是养老服务质量的底线要求

（国新网2020年1月13日）2020年1月13日，中华人民共和国国务院新闻办公室举行《养老机构服务安全基本规范》强制性国家标准国务院政策例行吹风会。国家市场监督管理总局副局长、国家标准化管理委员会主任田世宏在回答记者提问时表示，《养老机构服务安全基本规范》区别于一般的推荐性标准，作为强制性的国家标准，社会各方都要依法强制执行，是养老服务质量的底线要求。

启示：这项标准编制的主要指导思想就是要总结实践经验，建立养老机构服务安全提升的长效机制，这个标准希望达到的目的是老百姓能够看得懂、养老机构经过努力能够达得到、养老院的服务人员能够操作、监管部门的监管有依据。看来标准在社会生活中作用巨大。

第一节　商品标准

没有规矩，不成方圆。没有统一的标准，人们对任何事物的评价判断或控制管理就失去了准则和依据。标准的制定和实施是市场经济运行的保证，是企业进行规范和管理的一项基础性工作，也是企业组织现代化生产经营的一种重要手段。

一、标准与商品标准的概念

1. 标准的概念

国家标准 GB/T 20000.1—2014《标准化工作指南 第 1 部分：标准化和相关活动的通用术语》对标准作出如下定义："通过标准化活动，按照规定的程序经协商一致制定，为各种活动或其结果提供规则、指南和特性，供共同使用和重复使用的文件。"

该定义包含以下几个方面的含义。

（1）标准是标准化活动的产物。它是一种规范性文件，即为各种活动（技术活动、经济活动和社会生活活动）或其结果提供规则、指南和特性的文件。标准的本质属性是一种统一规定，这种规定作为有关各方共同遵守的准则和依据。

（2）标准具有共同使用和重复使用的特征。从本质上说，标准是以科学合理的规定为公众提供一种可供使用和重复使用的最佳选择。“重复”是指同一事物反复多次出现的性质。例如，批量生产的产品在生产过程中的重复投入、重复加工、重复检验等，同一类技术管理活动中同一概念的术语、符号、代号等被反复利用等。只有作为标准制定对象的事物或概念具有重复出现的特征时，标准才能重复使用，才有制订标准的必要。

（3）标准产生的基础是科学、技术和实践经验的综合成果。标准既是科学技术的成果，又是实践经验的总结，并且这些成果和总结都是在分析、比较、综合和验证基础上进行规范化的，只有这样制定出来的标准才具有科学性。

（4）标准制定的程序包括标准的立项、起草、征求意见、送审和报批。一般起草的标准在内部讨论后，先形成标准征求意见稿。意见稿通过会审或函审向各有关利益方征求意见，然后将意见交由起草者进行修改，完成标准草案送审稿。通常由相应的技术工作委员会对送审稿进行会审，接着由起草者再根据会议审查的主要修改意见对送审稿进行修改，完成标准草案报批稿，最后由专业标准化协会将报批稿报送标准化主管部门批准。

（5）制定标准过程要“经有关方面协商一致”，就是制定标准要发扬技术民主，与有关方面协商一致，做到“三稿定标”，即征求意见稿、送审稿和报批稿制定标准。例如，制定产品标准不仅要有生产部门参加，还应当有用户，科研、检验等部门参加，共同讨论研究并协商一致，这样制定出来的标准才具有权威性、科学性和适用性。

2. 商品标准的概念

商品标准是产品标准和服务标准的总称，这是广义商品标准的概念。狭义的商品标准是指产品标准，大多数情况下，我们所说的商品标准是狭义的。

GB/T 20000.1—2014《标准化工作指南 第1部分：标准化和相关活动的通用术语》将商品标准定义为“规定商品需要满足的要求以保证其适用性的标准”，同时注明：商品标准除了包括适用性的要求外，也可以包括或以引用的方式包括如术语、取样、检测、包装和标签等方面的要求，有时还可包括工艺要求；商品标准根据其规定的是全部的还是部分的必要要求，可区分为完整的标准和非完整的标准。由此，商品标准又可分为不同类别的标准，如尺寸类、材料类等商品标准。

GB/T 20000.1—2014将服务标准定义为“规定服务需要满足的要求以保证其适用性的标准”，同时也注明：服务标准可以在如洗衣、饭店管理、运输、汽车维护、远程通信、银行、保险、贸易等领域内编制。

商品标准是科学技术和生产力发展水平的一种标志，它是社会生产力发展到一定程度的产物，又是推动生产力发展的一种手段。凡正式生产的各类商品，都应制定或符合相应的商品标准。商品标准由主管部门批准、发布后，就是一种技术法规，具有法律效力，同时，也具有政策性、科学性、先进性、民主性和权威性。商品标准是生产、流通、消费等部门在商品质量出现争议时执行仲裁的依据。

二、商品标准的作用

商品标准的作用主要表现在以下方面。

1. 商品标准是评定商品质量的准则

商品的种类繁多，质量千差万别，如何评定商品质量，其依据就是商品标准，尤其是产销双方、销售与使用双方对商品质量发生争议时，商品标准是仲裁的统一准则和依据。生产部门按技术标准生产商品，质量检验部门按技术标准对商品质量进行检验。所以，对于正式生产的商品，都必须制定标准。

2. 商品标准能促进商品质量的提高

商品标准体现了一个国家的技术经济政策，能反映一个国家的生产力发展水平。制定标准的过程是科学的反映过程，使商品的设计、生产、加工、流通都建立在科学的基础之上，都能有章可循、有法可依，从而使商品质量得到基本保证。对于不符合强制性标准的产品、服务，《中华人民共和国标准化法》规定，不得生产、销售、进口或者提供。

3. 商品标准是冲破技术壁垒、扩大对外贸易的手段

商品标准代表着一定的质量和技术水平，不同国家商品的交换、人员与信息的交流以及运输的实现等，都是建立在标准的基础之上的。标准化是国际贸易的一个出色的推动器。随着经济全球化、贸易国际化的快速发展，产品的国际竞争也越来越激烈。但是，由于相关标准不统一，往往就会形成技术性贸易壁垒，阻碍国际贸易的发展。开展标准化特别是国际标准化，使相关标准协调统一，特别是有更多的国际标准相继发布和应用，为衡量进出口商品质量提供了重要依据，为技术法规和合格评定程序的制定和实施提供了技术支撑，大大推动了国际贸易的发展。

由于各国、各地区消费者对商品和服务的要求不相同，以及各国、各地区技术水平和技术发展政策存在差异，使得各国、各地区、各行各业就同一产品和服务制定的标准必然存在着差异。国际贸易中的贸易摩擦，起因于标准和合格评定程序的事例不断增多。通过标准和合格评定程序的协调一致，可以减少技术性贸易壁垒，促进贸易自由化。可以说，标准化是冲破技术性贸易壁垒、简化贸易的有效手段，是沟通国际贸易和国际技术合作的技术纽带。通过标准化能够很好地解决商品交换中的质量、安全、可靠性和互换性配套等问题。

三、商品标准的分类

商品标准分类的方法很多，常见的有以下几种。

1. 按商品标准的表达形式分类

商品标准按表达形式分为文件标准和实物标准。文件标准是以文字（包括表格、图形等）的形式对商品质量所做的统一规定。绝大多数商品标准都是文件标准。文件标准在其开本、封面、格式、字体、字号等方面都有明确的规定，应符合 GB/T 1.1—2009《标准化工作导则 第 1 部分：标准的结构和编写》中的有关规定。

实物标准是指对某些难以用文字准确表达的质量要求（如色泽、气味、手感等），由标准化主管机构或指定部门用实物做成与文件标准规定的质量要求完全相同或部分相同的标准样品，作为文件标准的补充，同样是生产、检验等有关方面共同遵守的技术依据。例如，粮食、茶叶、羊毛、蚕茧等农副产品，都有分等级的实物标准。实物标准是文件标准的补充，实物标准要经常更新。

2. 按商品标准的约束程度分类

商品标准按约束程度分为强制性标准和推荐性标准。强制性标准又称法规性标准，是国家通过法律的形式，明确对于一些标准所规定的技术内容和要求必须严格执行，不允许以任何理由或方式加以违反、变更。强制性标准包括强制性的国家标准、行业标准和地方标准。对违反强制性标准的将依法追究当事人的法律责任。强制性标准包括药品标准、食品卫生标准、兽药标准；产品及产品生产、储运和使用中的安全、卫生标准，劳动安全、卫生标准，

运输安全标准；工程建设的质量、安全、卫生标准及国家需要控制的其他工程建设标准；环境保护的污染物排放标准和环境质量标准等。

推荐性标准又称自愿性标准，是指国家鼓励自愿采用的具有指导作用而又不宜强制执行的标准，即标准所规定的技术内容和要求具有普遍的指导作用，允许使用单位结合自己的实际情况灵活地加以选用。

实行市场经济的国家大多数实行推荐性标准。国际标准及美国、日本等国的大多数标准是推荐性标准。我国从 1985 年开始实行强制性和推荐性标准相结合的标准体制。

3. 按商品标准的成熟程度分类

商品标准按成熟程度分为正式标准和试行标准。试行标准与正式标准具有同等效用，同样具有法律约束力。试行标准一般在试行两三年后，经过讨论修订，再作为正式标准发布。现行标准绝大多数为正式标准。

4. 按商品标准的保密程度分类

商品标准按保密程度分为公开标准和内部标准。我国绝大多数标准都是公开标准。少数涉及军事技术或尖端技术机密的标准，只准在国内或有关单位内部发行，这类标准为内部标准。

另外，商品标准还可以按性质分为产品标准、方法标准、基础标准、安全标准、卫生标准、管理标准、环保标准、其他标准等。

知识点滴

加快标准“走出去”，助力国际产能和装备制造合作

（据国家标准委官网 2017 年 5 月 12 日报道） 国家标准委积极组织落实《标准联通“一带一路”行动计划（2015—2017）》，加快中国标准“走出去”，助推国际产能和装备制造合作，发布航空航天、钢铁、工程机械、家用电器等领域 74 项国家标准外文版。同步发布《中国造船质量标准》《中国修船质量标准》等国家标准中文版和英文版，更好地带动中国船舶产品技术和服务“走出去”。中国提出豆浆机和弹性结构电压力锅国际标准提案，使中国家电领域的九阳、和美等企业的相关产品的出口额在 3 年内分别取得了 4 倍和 9 倍增长的奇迹，让世界各国深切感受到中国家电行业正在由“中国制造”向“中国创造”转变；中国石油集团川庆钻探工程有限公司在土库曼斯坦承担了南约洛坦气田 100 亿立方米商品气产能建设交钥匙工程，项目合同金额超过 30 亿美元，原国家质检总局、国家标准委积极推动 83 项中国标准在土库曼斯坦注册并授权使用，为川庆公司承建项目节省投资 15%；山东省昌邑市康洁环卫工程有限公司以独具特色的“标准环卫服务”模式，中标巴基斯坦最大城市卡拉奇环卫服务项目，合同金额达 10 亿元人民币，开创了“中国标准”引领“中国服务”走出去的先河；中国铁建和中国中铁两家央企承建的首条在海外采用全套中国标准和中国装备建造的第一条现代铁路——亚吉铁路，是中国海外第一个集投融资、设计、施工、主要装备材料、监理、机车、运营为一体的全产业链、全流程“中国化”的跨国电气化铁路项目，全部使用中国标准，对中国铁路标准走出去有着重要的示范意义。

四、商品标准的级别

为了适应不同的技术水平、管理方式，满足各种不同的经济要求，按适用领域和有效范围的不同，商品标准可分为不同的级别。从全球范围来看，商品标准一般可分为：国际标准、区域标准、国家标准、行业标准、地方标准、企业标准六级。

1. 国际标准

GB/T 20000.1—2014 将国际标准定义为“由国际标准化组织或国际标准组织通过并公开发布的标准”。国际标准化组织（ISO）是世界上最大的国际标准化机构，国际电工委员会（IEC）、国际电信联盟（ITU）和 ISO 合称为“三大国际标准化机构”。

2. 区域标准

GB/T 20000.1—2014 将区域标准定义为“由区域标准化组织或区域标准组织通过并公开发布的标准”。目前，国际上较为重要的区域标准主要有欧洲标准化委员（CEN）标准、欧洲电工标准化委员会（CENELEC）标准、欧洲广播联盟（EBU）标准、非洲地区标准化组织（ARSO）标准、亚洲标准咨询委员会（ASAC）标准等。

3. 国家标准

国家标准是指对全国经济技术发展有重大意义，需要在全国范围内统一的技术要求所制定的标准。国家标准在全国范围内适用，其他各级标准不得与之相抵触。国家标准是六级标准体系中的主体。国家标准制定的对象包括以下几个方面。

（1）通用技术术语、符号、代号（含代码）、文件格式、制图方法等通用技术语言要求和互换配合要求。

（2）保障人体健康和人身、财产安全的技术要求，包括产品的安全、卫生要求，生产、储存、运输和使用的安全、卫生要求，工程建设的安全、卫生要求，环境保护的技术要求。

（3）基本原料、燃料、材料的技术要求。

（4）通用基础件的技术要求。

（5）通用的试验、检验方法。

（6）工农业生产、工程建设、信息、能源、资源和交通运输等通用的管理技术要求。

（7）工程建设的重要技术要求。

（8）国家需要控制的其他重要产品和工程建设的通用技术要求。

国家标准由国务院标准化行政主管部门（国家市场监督管理总局）制定，即由该部门负责编制计划，组织草拟，统一审批、编号和发布。工程建设、药品、食品卫生、兽药、环境保护的国家标准，分别由国务院工程建设主管部门、卫生主管部门、农业主管部门、环境保护主管部门组织草拟、审批，它的编号、发布办法由国务院标准化行政主管部门会同国务院有关行政主管部门制定。特别重大的国家标准，应报国务院审批和发布。

4. 行业标准

行业标准是指对没有国家标准而又需要在全国某个行业范围内统一的技术要求所制定的标准。行业标准是对国家标准的补充，是专业性、技术性较强的标准。行业标准的制定不得与国家标准相抵触，国家标准公布实施后，相应的行业标准即行废止。

行业标准由国务院有关行政主管部门负责制定和审批，并报国务院标准化行政主管部门备案。

对没有国家标准又需要在行业范围内统一的下列技术要求，可以制定行业标准。

（1）技术术语、符号（含代码）、文件格式、制图方法等通用技术语言。

（2）工农业产品的品种、规格、性能参数、质量标准、试验方法以及安全、卫生要求。

（3）工农业产品的设计、生产、检验、包装、储存、运输过程中的安全、卫生要求。

（4）通用零部件的技术要求。

（5）产品结构要素和互换配合要求。

（6）工程建设的勘察、规划、设计施工及验收的技术要求和方法。

（7）信息、能源、资源、交通运输的技术要求及其管理技术要求。

5. 地方标准

地方标准是指对没有国家标准和行业标准而又需要在省、自治区、直辖市范围内统一工业产品的安全、卫生要求所制定的标准。地方标准在本行政区域内适用，不得与国家标准和行业标准相抵触。

地方标准由省、自治区、直辖市人民政府标准化行政主管部门制定和审批，并报国务院标准化行政主管部门和国务院有关行政主管部门备案。在相应的国家标准或行业标准批准实施之后，该项地方标准即行废止。

对没有国家标准和行业标准而又需要在省、自治区、直辖市范围内统一的下列技术要求，可以制定地方标准。

（1）工业产品的安全、卫生要求。

（2）药品、兽药、食品卫生、环境保护、节约能源、种子等法律、法规规定的要求。

（3）其他法律、法规规定的要求。

6. 企业标准

企业标准是指由企业制定的产品标准，是对企业内需要协调、统一的技术要求和管理、工作要求所制定的标准。企业标准是企业组织生产、经营活动的依据。企业标准主要有以下几种。

（1）企业生产的产品，没有国家标准、行业标准和地方标准的，应当制定的企业标准。

（2）为提高产品质量和促进技术进步制定严于国家标准、行业标准或地方标准的企业标准。

（3）对国家标准、行业标准选择或补充的标准。

（4）工艺、工装、半成品等方面的技术标准。

（5）生产、经营活动中的管理标准和工作标准。

企业标准应在批准发布 30 日内向当地标准化行政主管部门和有关行政主管部门备案。

五、商品标准的代号

1. 国际标准代号

国际标准代号一般是用其标准组织的代号作为标准代号，其编号方式为：国际标准代号+标准顺序号+发布年号+标准名称。例如，“ISO/CIE 20086—2019”表示 2019 年发布的第 20086 号《灯光和照明——建筑物照明的能源性能》国际标准。

2. 国家标准代号

国家标准代号有两种，“GB”是强制性国家标准代号，“GB/T”是推荐性国家标准代号，其编号方式为“国家标准代号+标准顺序号+发布年号”。例如，“GB 37489.2—2019”表示 2019 年发布的第 37489 号强制性国家标准《公共场所设计卫生规范 第 2 部分：住宿场所》，37489 后面的“.2”表示第 2 部分的内容。又如，“GB/T 903—2019”表示 2019 年发布的第 903 号推荐性国家标准《无色光学玻璃》。

3. 行业标准代号

行业标准代号由国务院标准化主管部门，即国家市场监督管理总局规定，如表 4.1 所示。

表 4.1 中华人民共和国行业标准代号[①]

序号	行业标准名称	行业标准代号	主管部门	序号	行业标准名称	行业标准代号	主管部门
1	农业	NY	农业部	30	劳动和劳动安全	LD	劳动和社会保障部
2	水产	SC	农业部	31	电子	SJ	信息产业部
3	水利	SL	水利部	32	通信	YD	信息产业部
4	林业	LY	国家林业局	33	广播电影电视	GY	国家广播电影电视总局
5	轻工	QB	国家轻工业局	34	电力	DL	国家经贸委
6	纺织	FZ	国家纺织工业局	35	金融	JR	中国人民银行
7	医药	YY	国家药品监督管理局	36	海洋	HY	国家海洋局
8	民政	MZ	民政部	37	档案	DA	国家档案局
9	教育	JY	教育部	38	商检	SN	国家出入境检验检疫局
10	烟草	YC	国家烟草专卖局	39	文化	WH	文化部
11	黑色冶金	YB	国家冶金工业局	40	体育	TY	国家体育总局
12	有色冶金	YS	国家有色金属工业局	41	商业	SB	国家国内贸易局
13	石油天然气	SY	国家石油和化学工业局	42	物资管理	WB	国家国内贸易局
14	化工	HG	国家石油和化学工业局	43	环境保护	HJ	国家环境保护总局
15	石油化工	SH	国家石油和化学工业局	44	稀土	XB	国家计发委稀土办公室
16	建材	JC	国家建筑材料工业局	45	城镇建设	CJ	建设部
17	地质矿产	DZ	国土资源部	46	建筑工业	JG	建设部
18	土地管理	TD	国土资源部	47	新闻出版	CY	国家新闻出版署
19	测绘	CH	国家测绘局	48	煤炭	MT	国家煤炭工业局
20	机械	JB	国家机械工业局	49	卫生	WS	卫生部
21	汽车	QC	国家机械工业局	50	公共安全	GA	公安部
22	民用航空	MH	中国民航管理总局	51	包装	BB	中国包装工业总公司
23	兵工民品	WJ	国防科工委	52	地震	DB	国家地震局
24	船舶	CB	国防科工委	53	旅游	LB	国家旅游局
25	航空	HB	国防科工委	54	气象	QX	中国气象局
26	航天	QJ	国防科工委	55	外经贸	WM	对外经济贸易合作部
27	核工业	EJ	国防科工委	56	海关	HS	海关总署
28	铁路运输	TB	铁道部	57	邮政	YZ	国家邮政局
29	交通	JT	交通部				

行业标准分为强制性行业标准和推荐性行业标准。表 4.1 中给出的是强制性行业标准代号，推荐性行业标准代号则是在强制性行业标准代号后面加“/T”。例如，农业行业的推荐性行业标准代号是“NY/T”。

行业标准代号编号方式为“行业标准代号+标准顺序号+发布年号”。例如，“HB 8547—2019”表示 2019 年发布的第 8547 号强制性航空行业标准，“NY/T 3413—2019”表示 2019 年发布的第 3413 号推荐性农业行业标准。

4. 地方标准代号

强制性地方标准代号为“DB+地区代码”，推荐性地方标准代号为“DB+地区代码/T”，

① 本标准中部分主管部门已有变化，因暂无新规定，故仍采用 1999 年发布的行业标准代号。

它的编号方式为“地方标准代号+标准顺序号+发布年号”。其中，地区代码（各省、自治区、直辖市行政区域代码）为前两位数字，如 11 表示北京市，12 表示天津市，13 表示河北省，14 表示山西省等。例如，“DB12/856—2019”表示 2019 年发布的第 856 号强制性天津地方标准《铅蓄电池工业污染物排放标准》，“DB44/T 2131—2018”表示 2018 年发布的第 2131 号推荐性广东省地方标准《政务公开术语》。

表 4.2 为我国各省、自治区、直辖市、特别行政区代码表。

表 4.2　我国各省、自治区、直辖市、特别行政区代码表

名称	罗马字母拼写	数字码	字母码	名称	罗马字母拼写	数字码	字母码
北京市	Beijing Shi	110000	BJ	湖南省	Hunan Sheng	430000	HN
天津市	Tianjin Shi	120000	TJ	广东省	Guangdong Sheng	440000	GD
河北省	Hebei Sheng	130000	HE	广西壮族自治区	Guangxi Zhuangzu Zizhiqu	450000	GX
山西省	Shanxi Sheng	140000	SX	海南省	Hainan Sheng	460000	HI
内蒙古自治区	Nei Mongol Zizhiqu	150000	NM	重庆市	Chongqing Shi	500000	CQ
辽宁省	Liaoning Sheng	210000	LN	四川省	Sichuan Sheng	510000	SC
吉林省	Jilin Sheng	220000	JL	贵州省	Guizhou Sheng	520000	GZ
黑龙江省	Heilongjiang Sheng	230000	HL	云南省	Yunnan Sheng	530000	YN
上海市	Shanghai Shi	310000	SH	西藏自治区	Xizang Zizhiqu	540000	XZ
江苏省	Jiangsu Sheng	320000	JS	陕西省	Shaanxi Sheng	610000	SN
浙江省	Zhejiang Sheng	330000	ZJ	甘肃省	Gansu Sheng	620000	GS
安徽省	Anhui Sheng	340000	AH	青海省	Qinghai Sheng	630000	QH
福建省	Fujian Sheng	350000	FJ	宁夏回族自治区	Ningxia Huizu Zizhiqu	640000	NX
江西省	Jiangxi Sheng	360000	JX	新疆维吾尔自治区	Xinjiang Uygur Zizhiqu	650000	XJ
山东省	Shandong Sheng	370000	SD	台湾省	Taiwan Sheng	710000	TW
河南省	Henan Sheng	410000	HA	香港特别行政区	Hongkong Tebie xingzhengqu	810000	HK
湖北省	Hubei Sheng	420000	HB	澳门特别行政区	Macau Tebiexing zhengqu	820000	MO

说明：本表摘自 GB/T 2260—2007《中华人民共和国行政区划代码》。

5. 企业标准代号

企业标准代号由“Q”和斜线加企业代号组成。企业代号的规定分两种情况：一是凡中央所属企业的企业代号，由国务院有关行政主管部门规定；二是各地方所属企业的企业代号，则由其所在省、自治区、直辖市政府标准化主管部门规定。企业代号可用汉语拼音、阿拉伯数字或两者结合表示。

企业标准代号编号方式为“企业标准代号（即 Q/—）+标准顺序号+发布年号”。例如，“Q/ZFXTJ 007—2019”表示 2019 年发布的郑州市方轩堂生物有限公司第 007 号《甲状腺保健贴》企业标准。由省、自治区、直辖市发布的标准，还要在其企业标准代号“Q”前加上本省、自治区、直辖市的汉字简称，如“京 Q/—”“皖 Q/—”等。

第二节　商品标准的构成要素和实施

根据 GB/T 1.1—2009《标准化工作导则 第 1 部分：标准的结构和编写》、GB/T 20001.10—2014《标准编写规则第 10 部分：产品标准》、GB/T 24421.3—2009《服务业组织标准化工作指南 第 3 部分：标准编写》以及 GB/T 28222—2011《服务标准编写通则》，我国商品标准（产品标准、服务标准）的构成要素如图 4.1 所示。

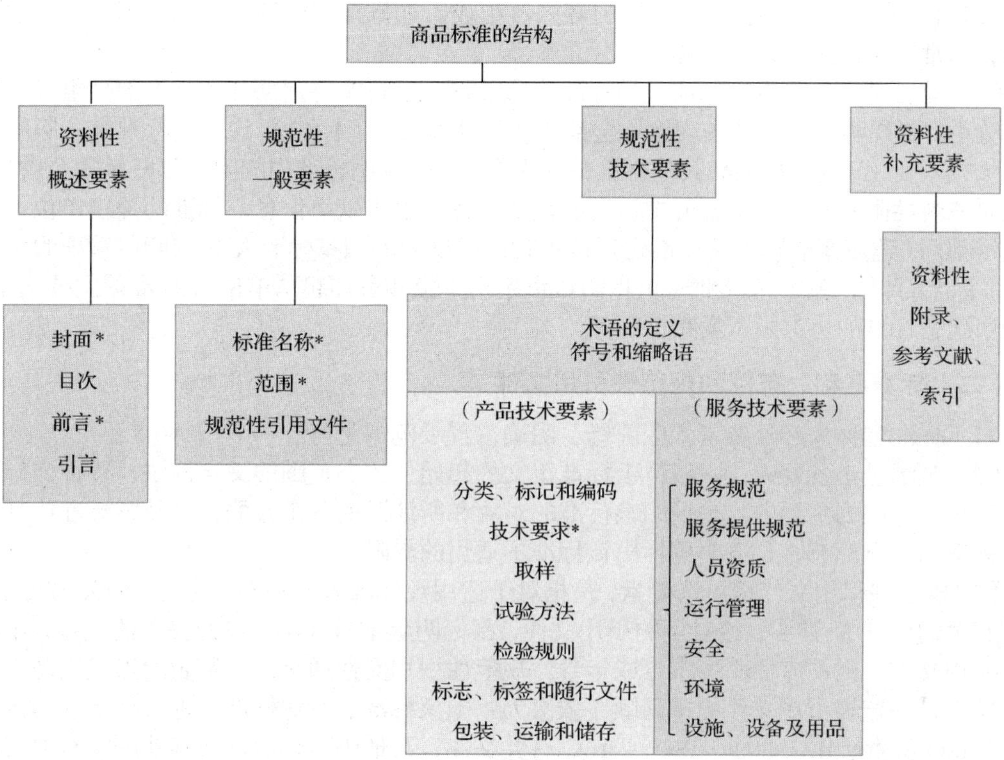

图 4.1　商品标准构成要素

一、商品标准的构成要素

商品标准的构成要素有四个：资料性概述要素、规范性一般要素、规范性技术要素和资料性补充要素。

资料性要素是指标识标准、介绍标准和提供标准的附加信息的要素，它又分为资料性概述要素和资料性补充要素。前者是标识标准，介绍内容、背景、制定情况以及该标准与其他标准的关系的要素，具体来说，就是指标准的封面、目次、前言、引言；后者是提供附加信息，以帮助理解和使用标准的要素，具体指资料性附录、参考文献、索引。

规范性要素是指要声明符合标准而应遵守的要素，它又分为规范性一般要素和规范性技术要素。前者包括标准名称、范围和规范性引用文件，后者包括图 4.1 所示的各种技术要素。

应该说明，图 4.1 中标有“*”的为必备要素，即标准中必须存在的要素，其他无标记的为可选要素，即在标准中不是必须存在的要素，其存在与否应视标准条款的具体需求而定。一项标准不需要包括图 4.1 的所有要素，但可以包括图中所示之外的其他要素。

二、产品标准和服务标准必须或可能共同具备的要素和内容

（一）封面和前言

（1）封面是必备要素。每项商品标准和服务标准均有封面。以国家标准为例，封面的内容有“中华人民共和国国家标准”字样和标准的“GB”标志、标准的中文名称和英文名称、实施日期和标准的发布部门等。若标准有对应的国际标准，则在封面上标明一致性程度的标识，一致性程度的标识由对应的国际标准编号、国际标准英文名称、一致性程度代号[IDT（等同）、MOD（修改）、NEQ（非等效）]等内容组成。如果标准的英文名称与国际标准的名称相同，通常不标出国际标准名称。

（2）前言是必备要素。每项商品标准均有前言。前言由特定部分和基本部分组成。在特定部分中，要说明标准代替或废除的全部或部分其他文件（标准），说明与标准前一版本相比的重大技术变化，说明标准和其他标准或文件的关系，说明标准中的附录哪些是规范性附录，哪些是资料性附录。在基本部分中，一般视情况依次给出以下信息：标准的提出单位，标准的批准部门（适用于非国务院标准化行政主管部门批准的国家标准），标准归口管理的标准化组织，标准的起草单位（需要时，可指明负责起草单位和参加起草单位），标准的主要起草人，标准所代替标准的历次版本发布情况等。

（二）标准名称、范围和规范性引用文件

（1）标准名称为必备要素，应简练、明确，置于范围之前。

（2）范围是必备要素，一般位于标准正文的起始位置。范围的文字简洁，可视为标准的内容提要。范围的主要内容是说明该标准的对象和所涉及的各个方面，以及该标准或其特定部分的适用界限。有时，还明确指出该标准不适用的界限。

（3）规范性引用文件是可选要素，是指对于适用该标准来说必不可少的、相关的文件（主要是相关的标准）。其中，注日期的引用文件，都标明版本号或年号以及完整的名称；不注日期的引用文件，则不应标明版本号或年号。规范性引用文件通常以一览表的形式出现。在标准正文中，一览表引用文件的排列顺序依次为：国家标准、行业标准、地方标准、国内有关文件、ISO 标准、IEC 标准、ISO 或 IEC 有关文件、其他国际标准以及其他国家有关文件。其中：国家标准、ISO 标准、IEC 标准按标准顺序号排列；行业标准、地方标准、其他标准先按标准代号的拉丁字母顺序排列，再按标准顺序号排列。规范性引用文件中的国家标准或行业标准如果有对应的国际标准，还要注明与国际标准的一致性程度。

（三）术语的定义、符号和缩略语

（1）术语的定义是可选要素，仅给出为理解标准中某些术语所必需的定义。

（2）符号和缩略语是可选要素，仅给出为理解标准所必需的符号和缩略语的一览表。

三、产品标准的其他技术要素及内容

（一）分类、标记和编码

分类、标记和编码是可选要素，它可为符合规定要求的产品建立一个分类（分级）、标记和（或）编码体系。

可根据产品不同的特性（如来源、结构、性能或用途）进行分类。产品分类一般包括下述内容：①分类原则与方法；②划分的类别，如产品品种、形式（或型号）和规格及其系列；③类别的识别，通常可用名称（一般由文字组成）、编码（一般由数字、字母或它们的组合组

成）或标记（可由符号、字母、数字组成）进行识别。

产品分类要符合下列基本要求：①划分的类别应满足使用的需要；②应尽可能采用系列化的方法进行分类；③对于系列产品应合理确定系列范围与疏密程度等，尽可能采用优先数和优先数系或模数制。

（二）技术要求

技术要求为必备要素，也是商品标准产品技术要素的重要组成部分，过去常常称作商品的“质量要求”。技术要求应包括下述内容：①直接或以引用方式规定的产品的所有特性；②可量化特性所要求的极限值。

1. 适用性的要求

（1）可用性。为了保证可用性，需要根据产品的具体情况规定产品的使用性能、理化性能、环境适应性、人类工效学等方面的技术要求。

1）使用性能。使用性能是产品在使用中才能表现出来的特性。根据产品具体情况，选择直接反映产品使用性能的指标或者间接反映产品使用性能的可靠代用指标，如功率、速度、耐磨性、可靠性等。

2）理化性能。当产品的理化性能对其使用十分重要，或者产品的要求必须用理化性能加以保证时，应规定产品的物理（力学、电学、光学、热学、声学等）性能和化学性能，如产品的密度、强度、硬度、塑性、电容、电阻、电感、磁感、化学成分、纯度、杂质含量极限等。

3）环境适应性。根据产品在运输、储存和使用中可能遇到的实际环境条件规定相应的指标，如产品对温度、湿度、气压、烟雾、盐雾、工业腐蚀、冲击、振动、辐射等适应的程度，产品对气候、酸碱度等影响的反应，以及产品抗风、抗磁、抗老化、抗腐蚀的性能等。

（2）健康、安全，环境或资源合理利用。如果保障健康、安全，保护环境或促进资源合理利用成为编制标准的目的之一，则应根据具体情况编制相应条款。诸如：对产品中有害成分的限制要求；对产品运转部分的噪声限制、平衡要求；防爆、防火、防电击、防辐射、防机械损伤的要求；产品中的有害物质以及使用中产生的废弃物排放对环境影响的要求；对直接消耗能源产品的耗能指标的规定，如耗电、耗油、耗煤、耗气、耗水等指标。

（3）接口、互换性、兼容性或相互配合。满足接口、互换性、兼容性或相互配合等要求是编制产品标准的重要目的之一。

（4）品种控制。对于广泛使用的材料、物资或机械零部件、电子元器件或电线、电缆等，利于品种控制是编制产品标准的重要目的。品种可包括尺寸和其他特性。

2. 其他要求

（1）结构。需要对产品的结构提出要求时，应作出相应的规定。规定产品结构尺寸时，应给出结构尺寸图，并注明长、宽、高三个方向的相应尺寸，或者注明相应尺寸代号等。

（2）工艺、材料。产品标准通常不包括工艺、材料要求。为了保证产品性能和安全，不得不限定工艺条件或不得不指定所用材料时，可在技术要求中规定工艺要求，或对于材料来说：已有现行标准的，应引用有关标准或规定可使用不低于有关标准规定的其他材料；如无现行标准，可在附录中对材料性能作出具体规定。

（三）取样

取样为可选要素，它规定取样的条件和方法，以及样品保存方法。

（四）试验方法

试验方法为可选要素。编写试验方法的目的在于给出证实技术要求中的要求得到满足的方法。技术要求、取样和试验方法是相互关联的，应统筹考虑。

通常试验方法应包括试样的制备和保存、试验步骤和结果的表述（包括计算方法以及试验方法的准确度）。

（五）检验规则

检验规则为可选要素，它是针对产品的一个或多个特性，给出测量、检查、验证产品符合技术要求所遵循的规则、程序或方法等内容。

（六）标志、标签和随行文件

含有产品标志内容的产品标准应规定：用于识别产品的各种标志的内容，主要包括产品名称、产品执行的标准编号，生产者或销售商的名称、地址、商标、标记；根据产品特点和使用要求，所标明的产品的不同种类、规格、型号、等级、主要成分及含量、主要参数；对限期使用的产品，还要标明产品的生产日期、保质期或失效日期；当使用不当而容易危及人身、产品、设备安全或损坏产品、设备或污染环境时，要规定警示标志或警示说明。

包装标志的基本内容包括商品包装材料外表上的收发货标志、包装储运图示标志、危险货物包装标志、包装回收标志及其他标志。

如果标准要求使用标签，则标准还应规定标签的类型，以及在产品或其包装上如何栓系、粘贴或涂刷。

产品标准可要求提供产品的某些随行文件，如产品合格证、产品说明书、装箱单、随机备附件清单、安装图、搬运说明等。

（七）包装、运输和储存

包装、运输和储存为可选要素，需要时可规定产品的包装、运输和储存条件等方面的技术要求，这样既可以防止因包装、运输和储存不当引起危险、毒害或污染环境，又可保护产品。

四、服务标准的服务技术要素及内容

服务技术要素是服务标准的主要组成部分，包括以下七个方面的内容。

1. 服务规范

服务规范规定服务应达到的水平和要求，描述服务提供过程和结果的质量要求，质量要求包括明示的、通常隐含的或必须履行的期望或需求。

服务业组织在编写服务规范时，要充分考虑以下六方面的质量特性要求。

（1）功能性。服务业组织应根据自身的服务性质规定预期交付给顾客的服务特性的要求和目标。例如媒体行业主要从四方面规定功能性的要求：检测社会环境、协调社会关系、提供娱乐和传承文化等。

（2）经济性。经济性是指用较少的投入获得同质量的服务。从顾客层面是指获得服务所需的费用的合理性，从组织层面是指资源投入和服务提供过程成本的合理性，服务业组织应从这两个方面规定相应的要求和目标。

（3）安全性。服务业组织应根据识别的现在的和潜在的安全风险规定安全性方面的要求，如消防、人身财产安全、保密和健康卫生等方面的要求和工作目标。

（4）舒适性。舒适性是顾客对服务设施、服务环境、服务人员和服务提供活动的一种综合感受，服务业组织应规定相关的要求和目标。这些要求有时无法直接规定，可以通过对服务人员、服务设施、服务提供活动和服务环境等方面的要求体现舒适性的要求。

（5）时间性。服务业组织应规定按与顾客约定的或组织承诺的时间完成服务提供活动的要求和目标，应规定等待时间、服务提供过程的时间（包括开始和结束时间）、顾客意见反馈处理的时间及工作效率等。

（6）文明性。文明性属于服务提供过程中为满足精神需求而规定的要求和目标。服务业组织应通过对服务行为的规定体现文明性的要求，使接受服务者获得自由、亲切、受尊重、友好和自然的感受，同时，员工保障和社会责任方面的要求也体现了文明性的要求。

2. 服务提供规范

为确保服务提供过程满足服务规范的要求，应制定服务提供规范，规定提供服务的方法和手段。

在编写服务提供规范时，要考虑以下四方面的基本要求：①服务流程要求；②职责和权限要求；③事件预防性措施要求；④与顾客沟通的安排。

3. 人员资质

应从教育与培训、技能与经验、健康与素养等方面规定从业人员的资质要求。

4. 运行管理

应规定对各项运行管理活动的要求，包括计划、组织、领导和控制等方面的要求。在编写运行管理的相关要求时，要考虑方针目标管理、信息管理、沟通管理、财务管理、人力资源管理、能源管理、市场营销管理、合同管理、采购管理、评价和持续改进 11 个方面的要求。

5. 安全

应制定与服务结果及服务提供过程相关的安全管理规定。在编写安全相关要求时，要考虑安全保障措施、服务场所的安全要求、服务用品使用的安全要求、服务设施的安全要求、服务从业人员的安全要求五方面的基本要求。

6. 环境

为保证向顾客提供适宜的环境及保护环境、文化和人类遗产，应制定环境相关要求，规定组织应具备的环境条件和环境保护的要求。

在编写环境相关要求时，要考虑环境条件要求（服务提供所需温度、湿度、光线、空气质量、卫生、噪声限值、场地面积等），环境因素的识别和评价要求，环境因素实施控制要求（如废物处理、减少资源和能源的消耗、减少噪声和视觉污染），环境意识要求。

7. 设施、设备及用品

应规定设施、设备及用品相关的购置、验收、使用、存放、维护保养和报废处置等方面的要求。

五、商品标准的实施

商品标准的实施是整个标准化活动的一个重要环节。商品标准的贯彻与实施，要依靠市场监管部门、产品或服务归口部门、设计部门和企业等各方面相互配合，分工协作，共同努力。

商品标准一经批准发布，就成为商品生产、流通、消费领域的技术依据，各部门在贯彻执行中不得擅自更改或降低标准。从事科研、生产、经营的单位和个人，必须严格执行强制性标准。不符合强制性标准的商品，禁止生产、销售和进口。国家鼓励企业自愿采用推荐性标准，凡按国家标准、行业标准、地方标准或企业标准组织生产的企业，应在其产品或说明书、包装上标注所执行标准的代号、编号和名称。企业研制开发新产品，改造老产品，进行技术改造，应当符合标准化要求，不允许没有标准依据的产品上市销售。质检部门和工商管理部门要严格按照标准进行商品质量监督与认证，这是保证标准贯彻实施的重要手段。对因违反标准造成不良后果以致重大事故者，由质检部门或有关行政主管部门按照《中华人民共和国标准化法》和实施条例的有关规定，根据不同情节进行处理。

在贯彻实施商品标准过程中，还要做好信息反馈、调查研究等工作，为将来的修订准备条件。

第三节　标准化和商品标准化

一、标准化

GB/T 20000.1—2014《标准化工作指南　第 1 部分：标准化和相关活动的通用术语》对标准化的定义是"为了在既定范围内获得最佳秩序，促进共同效益，对现实问题或潜在问题确立共同使用和重复使用的条款以及编制、发布和应用的活动"。该定义具有以下含义。

1. 标准化的含义

从标准化的定义中可以概括标准化包括以下含义。

（1）标准化是一项活动过程，其实质是一种制定、发布、实施和修改标准的活动过程，标准是标准化活动的中心。

（2）标准化涉及的范围非常广，除了生产、流通、消费等经济活动外，还包括条文。《中华人民共和国标准化法》第三条规定："标准化工作的任务是制定标准、组织实施标准以及对标准的制定、实施进行监督。"这是对标准化定义内涵的全面清晰的概括。

（3）这个活动过程在深度上是一个永无止境的循环上升过程，即制定标准、实施标准，在实施中随着科学技术进步对原标准适时进行总结、修订，然后实施。每循环一周，标准就上升到一个新的水平，充实新的内容，产生新的效果。

（4）这个活动过程在广度上是一个不断扩展的过程。例如过去只制定产品标准、技术标准，现在又要制定管理标准、工作标准；过去标准化工作主要应用在工农业生产领域，现在已扩展到安全、卫生、环境保护、交通运输、行政管理、信息代码领域等。标准化正随着科学技术的进步而不断地扩展和深化工作领域。

（5）标准化的目的是获得最佳秩序和社会效益。最佳秩序和社会效益可以体现在多个方面。例如生产技术管理和各项管理工作，按照 GB/T 19000 建立质量保证体系，可保证和提高产品质量，保护消费者和社会公共利益；简化设计，完善工艺，提高生产效率；扩大通用化程度，方便使用维修；消除贸易壁垒，扩大国际贸易和交流等。应该说明，定义中"最佳"是从整个国家和整个社会的利益来衡量的，而不是从一个部门、一个地区、一个单位、一个企业来考虑的，尤其是环境保护标准化和安全卫生标准化主要应从国计民生的长远利益来考虑。在开展标准化工作过程中可能会遇到贯彻一项具体标准对整个国家产生很大的经济效益或社会效益，而对某一个具体单位、具体企业在一段时间内受到一定的经济损失的情况，但为了整个国家和社会的长远经济利益或社会效益，应该充分理解和正确对待“最佳”的要求。

2. 标准化的基本原理

标准化的基本原理通常是指统一原理、简化原理、协调原理和最优化原理。

（1）统一原理。统一原理是指为了保证事物发展所必需的秩序和效率，对事物的形成、功能或其他特性，确定适用于一定时期和一定条件的一致规范，并使这种一致规范与被取代的对象在功能上达到等效。统一原理包含以下要点：①统一是为了确定一组对象的一致规范，它的目的是保证事物所必需的秩序和效率。②统一的原则是功能等效，从一组对象中选择确定一致规范，应能包含被取代对象所具备的必要功能。③统一是相对的、确定的一致规范，只适用于一定时期和一定条件，随着时间的推移和条件的改变，旧的统一就要被新的统一代替。

（2）简化原理。简化原理是指为了经济有效地满足需要，对标准化对象的结构、形式、规格或其他性能进行筛选提炼，保持整体构成精简合理，使之功能效率最高。简化原理包含以下几个要点：①简化的目的是使经济更有效地满足需要。②简化的原则是从全面满足需要出发，保持整体构成精简合理，使之功能效率达到最高。所谓功能效率是指功能满足全面需要的能力。③简化的基本方法是对处于自然存在状态的对象进行科学的筛选和提炼，剔除其中多余的、低效能的、可替换的环节，精炼出高效能的能满足全面需要所必需的环节。④简化的实质不是简单化，而是精炼化，结果不是以少替多，而是以少胜多。

（3）协调原理。协调原理是指为了使标准系统的整体功能达到最佳并产生实际效果，必须通过有效的方式协调好系统内外相关因素之间的关系，为建立和保持相互一致、相互适应、相互平衡关系确立条件。协调原理包含以下要点：①协调的目的在于使标准系统的整体功能达到最佳并产生实际效果。②协调对象是系统内相关因素的关系以及系统与外部相关因素的关系。③相关因素之间需要建立相互一致关系（连接尺寸）、相互适应关系（供需交接条件）、相互平衡关系（技术经济招标平衡，有关各方利益矛盾平衡），为此必须确立条件。④协调的有效方式包括有关各方面的协商一致、多因素的综合效果最优化、多因素矛盾的综合平衡等。

（4）最优化原理。按照特定的目标，在一定的限制条件下，对标准系统的构成因素及其关系进行选择、设计或调整，使之达到最理想的效果，这样的标准化原理称为最优化原理。

3. 标准化的地位和作用

标准化的地位和作用体现在以下几个方面。

（1）标准化是组织现代化生产的手段，是实施科学管理的基础。随着科学技术的发展和生产的社会化、现代化，生产规模越来越大，分工越来越细，生产协作越来越广泛，许多产品和工程建设往往涉及几十个、几百个甚至上千个企业，协作点遍布全国各地甚至跨越几个国家。这样广泛、复杂的生产组合，需要技术保持高度的统一和协作一致。要达到这一点，就必须制定和执行一系列的统一标准，使得各个生产部门和生产环节在技术上有机地联系起来，保证生产有条不紊地进行。标准化又是实施科学管理的基础。要实施科学管理，必须做到管理机构高效化、管理工作计划化、管理技术现代化，建立符合生产活动规律的生产管理、技术管理、物资管理、劳动管理、质量管理、安全管理等一整套科学管理制度，制定一系列工作标准和管理标准，实现管理工作规范化。

（2）标准化是不断提高产品质量的重要保证。①产品质量合格与否，这个“格”就是标准。标准不仅对产品的性能和规格进行了具体规定，而且对产品的检验方法、包装、标志、运输、储存也进行了相应规定，只要严格按标准组织生产，按标准检验和包装，产品质量就能得到可靠的保证。②随着科学技术的发展，标准需要适时地进行复审和修订。特别是企业产品标准，企业应根据市场变化和用户要求及时进行修订，不断满足用户要求，才能保持自己的产品在市场中的竞争力。③不仅产品本身要有标准，而且生产产品所用的原料、材料、零部件、半成品以及生产工艺等都应制定相互适应、相互配套的标准。④标准不仅是生产企业组织生产的依据，也是国家及社会对产品进行监督检查的依据。《中华人民共和国产品质量法》第十五条规定“国家对产品质量实行以抽查为主要方式的监督检查制度”，监督检查的主要依据就是产品标准。通过国家组织的产品质量监督检查，不仅促进产品质量的提高，而且对标准本身的质量完善也是一种促进。

（3）标准化是合理简化品种、组织专业化生产的前提。现在许多企业是大而全或小而全，生产品种多，批量小，质量差，管理混乱，劳动生产效率不高，经济效益差。要改变这种落后状况，主要途径就是广泛组织专业化生产，而标准化正是组织专业化生产的重要前提。标准化活动的一项重要内容是“合理简化品种”，提高零部件“通用化”程度，变品种多、批量小为品种少、批量大，有利于组织专业化生产，有利于采用先进技术装备，实现优质、高产、低耗、低成本、高效率的效果。

（4）标准化有利于合理利用国家资源，节约能源、原材料。标准化对合理利用国家资源有重要的作用。例如，我国新修订的水泥国家标准，由于合理地规定了氧化镁的含量，可使一些石灰石矿山资源延长开采期 10 年以上；火车锅炉用煤的粒度如超过标准要求，煤炭就不能完全燃烧，如粒度过小，有可能还未燃烧完全即从烟筒喷出，造成浪费。世界各国都把节约能源和资源作为今后标准化工作的中心任务之一，而我国这方面的任务极为艰巨，标准化工作可谓任重道远。

（5）标准化可以有效地保障人体健康和人身、财产安全，保护环境。《中华人民共和国标准化法》第十条规定：“对保障人身健康和生命财产安全、国家安全、生态环境安全以及满足经济社会管理基本需要的技术要求，应当制定强制性国家标准。”强制性标准的广泛制定和强制实施对保障人体健康和人身、财产安全，保护环境将起重要作用。生产、销售、进口产品或者提供服务不符合强制性标准的，依照《中华人民共和国产品质量法》《中华人民共和国进出口商品检验法》《中华人民共和国消费者权益保护法》等法律、行政法规的规定查处，记入信用记录，并依照有关法律、行政法规的规定予以公示，构成犯罪的，依法追究刑事责任。

（6）标准化是推广应用科研成果和新技术的桥梁，是科研、生产和使用三者之间的桥梁。一项科研成果，包括新产品、新工艺、新材料和新技术，开始只能在小范围内试验和试制。只有在试验成功，并经过技术鉴定，纳入相应标准之后，才能得到迅速推广和应用。

（7）标准化可以消除贸易技术壁垒，促进国际贸易的发展，提高我国产品在国际市场的竞争力。世界贸易组织中有一项《贸易技术壁垒协议》，也称为《标准守则》，要求缔约国准备建立或采用某一标准系统或认证系统时，必须遵守这些规定。其要点包括：①缔约国标准的制定应以有关的国际标准或其中有关部分作为依据。②应保证制定和采用技术规则与标准的目的不是在国际贸易中制造壁垒。③标准的实施在任何可能采用标准的地方进行。④鼓励参加有关国际标准和认证方面的活动。⑤为国家级和区域性认证系统的评定创造条件。⑥缔约国对进口国产品和国内产品的测试一视同仁，并鼓励接受另一缔约国得出测试数据。测试方法和测试数据的互相承认，可以极大地促进国际贸易自由化。为达到这一目的，各国缔结双边或多边协议是必要的。根据《标准守则》规定，应采取的对策和措施有：①积极采用国际标准和国外先进标准，使产品质量达到国际水平。②在积极采用国际标准、完善我国标准体系的同时，应积极参加国际标准化活动，反映我国的要求，维护我国的利益。③积极推行 GB/T 19000—ISO 9000 质量管理和质量保证系列标准，开展产品质量认证，包括取得进口国或第三方权威机构的质量认证或安全认证，提高我国产品在国际市场的竞争力。

二、商品标准化

商品标准化的水平是衡量一个国家或地区生产技术和管理水平的尺度，是现代化的一个重要标志。现代化水平越高就越需要商品标准化。

商品标准化是现代技术经济科学体系中的一个重要组成部分，它对发展社会生产力，促进科技进步，扩大对外经济技术交流，提高社会、经济效益等都有着重要的作用。

1. 商品标准化的概念

商品标准化是指在商品生产和流通的各个环节中制定、发布以及实施商品标准的活动。推行商品标准化的最终目的是达到统一，从而获得最佳市场秩序和社会效益。

2. 商品标准化的内容

商品标准化的内容包括：名词术语统一化，商品质量标准化，商品零部件通用化，商品品种规格系列化，商品质量管理与质量保证标准化，商品检验与评价方法标准化，商品分类编码标准化，商品包装、储运、养护标准化等。

商品标准化是一项系统管理活动，涉及面广，专业技术要求高，政策性强，因此必须遵循统一管理与分级管理相结合的原则，汲取国外标准化的先进经验，建立一套完善的标准化机构和管理体系，搞好分工协作，调动各方面的积极性，这样才能顺利完成商品标准化的任务。

《中华人民共和国标准化法》规定，国务院标准化行政主管部门统一管理全国标准化工作，国务院有关行政主管部门分工管理本部门、本行业的标准化工作。

三、采用国际标准和国外先进标准

1978 年 9 月，我国以中国标准化协会的名义加入了国际标准化组织，为加强标准化的国际交流提供了条件，也为扩大我国标准的使用范围奠定了基础。为适应市场经济和国际贸易的发展需要，我国国家标准积极采用国际标准和国外先进标准。采用国际标准不仅能给我国的技术、经济的发展带来巨大的利益，使生产更加有利，更容易了解市场实际需要，而且容易打破贸易技术壁垒，使我国商品直接进入国际贸易市场。在采用国际标准和国外先进标准时，要从我国经济发展和对外贸易的需要出发，充分考虑我国的资源情况和自然条件，要求技术先进、经济合理、安全可靠，符合我国有关法规政策，正确地确定采用程度，以有利于完善我国的标准体系和适应当前经济发展的需要。

1. 采用国际标准和国外先进标准的程度和表示方法

采用国际标准和国外先进标准，是指把国际标准和国外先进标准的内容，通过分析研究，不同程度地纳入我国各级标准中，并贯彻实施以取得最佳效果。

等同采用国际标准是采用国际标准的基本方法之一。它是指我国标准在技术内容上与国际标准完全相同，编写上不做或稍做编辑性修改。可用图示符号“≡”表示，其缩写字母代号为“idt”或“IDT”。

等效采用国际标准是采用国际标准的基本方法之一。它是指我国标准在技术内容上与国际标准基本相同，仅有小的差异，但在编写上则不完全相同。可用图示符号“=”表示，其缩写字母代号为“eqv”或“EQV”。

非等效采用国际标准是采用国际标准的基本方法之一。它是指我国标准在技术内容的规定上，与国际标准有重大差异。可用图示符号“≠”表示，其缩写字母代号为“neq”或“NEQ”。

表 4.3　我国采用国际标准或国外先进标准程度的表示方法

采用程度	符号	缩写字母代号
等同	≡	idt 或 IDT
等效	=	eqv 或 EQV
非等效	≠	neq 或 NEQ

我国采用国际标准或国外先进标准程度的表示方法如表 4.3 所示。

在我国标准目录中，分别用三种符号表示；在电报传输或电子数据处理中，分别用三种缩写字母代号表示。

我国标准中若采用国际标准（不包括即将制定完成的国际标准），其采用程度在我国标准的封面上和首页上的表示方法如下。

GB××××—××（idt ISO ××××—××××）

GB××××—××（eqv ISO ××××—××××）

GB××××—××（neq ISO ××××—××××）

知识点滴

国家标准委新建一批全国专业标准化技术委员会

为更加有效发挥标准化工作服务经济发展作用，国家标准委于 2019 年 11 月 20 日成立一批全国专业标准化技术委员会。一方面，继续加大国际国内同步推进力度，成立了全国资产管理标准化技术委员会（SAC/TC583）、全国微细气泡技术标准化技术委员会（SAC/TC584）；另一方面，围绕我国经济发展、社会治理中产生的标准化工作需求，成立了全国卫生检疫标准化技术委员会（SAC/TC582）、全国少数民族服饰保护传承标准化技术委员会（SAC/TC585）和全国机关事务管理标准化工作组（SAC/SWG17）等一批新建标准化技术组织。同时，围绕区块链技术、共享经济、婴童用品等社会关注的热点领域，国家标准委也加快推动标准化技术组织建设工作，启动区块链和分布式记账技术等一批技术委员会筹建工作，目前正有序推进中。

下一步，国家标准委将切实履行职责，持续做好技术委员会组建、管理工作，指导相关技术委员会依托强大的标准化专家资源，充分发挥技术支撑作用，建立完善相关领域标准体系，制定具有前瞻性、引领性、系统性和严谨性的高质量标准，以高标准助力高技术创新，促进高水平开放，引领高质量发展。

2. 采用国际标准和国外先进标准的原则

采用国际标准和国外先进标准应遵循以下几项原则。

（1）采用国际标准和国外先进标准，应当符合我国有关的法律和法规，保障国家安全，保护人体健康和人身、财产安全，保护动植物的生命和健康，保护环境，适合我国气候、地理条件和资源合理利用，做到技术先进、经济合理、安全可靠。如采用涉及人体健康和人身、财产安全的国际标准，必须符合我国法律、法规规定，不能与我国强制性标准相抵触。

（2）凡已有国际标准（包括即将制定完成的国际标准）的，应当以其为基础制定我国标准。凡尚无国际标准或国际标准不能适应需要的，应当积极采用国外先进标准。例如，近几年我国高新技术行业采用国际标准比率比较高，促进了高新技术发展和管理水平提高。例如，电子行业、邮电行业制定的国家标准采标率达 70%，信息技术方面制定的 300 多个国家标准采标率达到 80%，加速了我国高新技术产品同国际接轨，目前有的技术已达到国际先进水平。

（3）对国际标准中的安全标准、卫生标准、环境保护标准和贸易需要的标准应当先行采用，并与相关标准相协调。产品的安全标准、卫生标准和环境保护标准特别受到国外重视。

为了使我国更多产品参与国际市场竞争，对国际标准中的安全标准、卫生标准、环境保护标准和贸易需要的标准应当优先采用。

（4）采用国际标准和国外先进标准，是我国的一项重要技术经济政策，是技术引进的重要组成部分。采用国际标准或国外先进标准，应当同我国的技术引进、技术改造、新产品开发相结合。过去我国在引进工作中往往重视设备引进，而不重视技术标准引进。

（5）积极参加国际标准化活动和国际标准的制定工作，顺应国际标准化发展，积极承担国际标准化组织和国际电工委员会专业技术委员会秘书处工作，积极争取把我国标准或提案上升为国际标准。

技能实训

【实训目的】

运用商品标准鉴别商品。

【实训主题】

加深学生对商品标准及标准化的理解和运用。

【实训时间】

本章课堂教学内容结束后的双休日和课余时间，为期一周；或者指导教师另外指定时间。

【背景材料】

人造板新国标实施

（据北京晨报2018年5月10日报道） 2018年5月1日，新的国家标准GB 18580—2017《室内装饰装修材料 人造板及其制品中甲醛释放限量》正式实施。众所周知，甲醛是装修和家具的主要污染物，危害人类健康，人长时间处在甲醛超标的环境中会诱发疾病。装修除了工程质量外，建材是否环保，家具板材是否达标，也成为人们装修时关心的问题。新标准是在GB 18580—2001《室内装饰装修材料 人造板及其制品中甲醛释放限量》的基础上进行的修订升级，作为人造板及其制品行业唯一的强制性国家标准，新标准的实施将是对企业生产技术的严格考验，推动人造板及其制品产业绿色发展和转型升级，同时也为消费者在装修、购买家具时提供了多一重保障。

新标准规定了室内装饰装修用人造板及其制品中甲醛释放限量要求、试验方法、判定规则和检验报告等，适用于纤维板、刨花板、胶合板、细木工板、重组装饰材、单板层积材、集成材、饰面人造板、木质地板、木质墙板、木质门窗等室内用各种类人造板及其制品的甲醛释放限量。与原标准相比，新标准修改了甲醛检测试验方法及甲醛释放限量值，规定室内装饰装修材料用人造板及其制品中甲醛释放限量值为0.124毫克每立方米（mg/m^3），限量标识为E1，取消了原标准的E2级；取消了原标准中的干燥器法、穿孔萃取法的甲醛释放限量值。

【实训过程设计】

（1）指导教师布置学生课前预习背景材料。

（2）将全班同学平均分成几个小组，按每组5～6人进行讨论。各小组就近选择市场进行调研。

（3）根据“背景材料”，选择3个品牌的地板，看看各符合哪个标准。

（4）根据调研资料，列表比较3个品牌地板的标准、价格。

（5）各小组对本次实训进行总结和点评，撰写作为最终成果的《商品学实训报告》。

（6）各小组提交填写“项目组长姓名、成员名单”的《商品学实训报告》。优秀的实训报告在班级展出，并收入本课程教学资源库。

综合练习

一、名词解释

1. 商品标准 2. 商品标准化 3. 国家标准 4. 国际标准 5. 产品质量认证

二、多项选择题

1. 商品标准的内容可分为（ ）。

A. 封面 B. 补充部分 C. 概述部分

D. 技术内容部分 E. 目录

2. 商品标准按表达形式可分为（ ）。

A. 文件标准 B. 管理标准 C. 约束性标准

D. 工作标准 E. 实物标准

3. 标准化的基本原理通常是指（ ）。

A. 统一原理 B. 简化原理 C. 协调原理

D. 最优化原理 E. 重复原理

三、简答题

1. 标准的含义有哪些？如何理解？
2. 商品标准是如何分类的？
3. 我国商品标准是如何分级的？各级的使用范围有何不同？
4. 商品标准化的基本内容有哪些？
5. 商品标准代号的表示方法有哪些？
6. 标准化有何意义？
7. 商品标准的基本内容有哪些？

第五章　商品质量监督与质量认证

【学习要点】

- 商品质量监督和认证的概念和作用
- 商品质量监督的种类、形式
- 我国质量认证的原则和做法
- 产品认证制度
- 产品质量认证和管理体系认证

案例导读

质量认证助力浙江产业，为实现绿色发展再谋新篇

（据国家市场监管总局网站2019年11月7日报道）整合各类绿色产品，建立统一的绿色产品标准、认证、标识体系是浙江省省委2019年全面深化改革重点任务清单，也是市场监管综合改革的重点工作。全国首个“绿色产品认证”试点城市在湖州市落地，绿色产品认证改革试点工作持续推进、推高。一是强化技术支撑。组建浙江绿色认证联盟，并在湖州设立中心。构建认证实施框架，制定了《绿色产品认证实施规则》等34项认证制度和技术文件。在木业、家具和纺织印染业三大传统优势产业中遴选行业龙头企业，开展先行先试。2019年新增涂料、纸和纸制品、陶瓷砖（板）、蓄电池等新5类产品的认证试点工作，已为25家企业颁发41张认证证书。二是出台配套政策。出台《湖州市人民政府办公室关于加快推进绿色产品认证试点工作的九条政策意见（试行）》，融合绿色智造发展、绿色产品认证标准创新、采信互认、绿色金融项目评估、招标投标、政府采购等“涉绿”政策内容，为企业减本降负，促进转型升级，进一步推进绿色产品认证改革扩面提质。三是营造宣传氛围。加大对绿色产品认证相关政策、措施、成果的宣传力度，在中国绿色产品标识认证信息平台上开设湖州试点专栏，组团参展首届中国—中东欧博览会，上线浙江绿色认证联盟微信公众号，为绿色产品认证营造良好氛围。

启示：质量认证助力产业发展，质量认证在社会经济中具有重要作用。市场经济是法治经济，更需要监督。只有加强商品质量监督，才能维持市场经济秩序，维护生产者、消费者权益。

第一节　商品质量监督

商品质量监督是贯彻执行商品标准的手段，是保证和提高商品质量并取得经济效益的措施，也是标准化工作的重要组成部分。只有通过商品质量监督才能及时反馈商品标准的执行情况，为制定、修订商品标准提供可靠的依据。

一、商品质量监督的概念和作用

1. 商品质量监督的概念

商品质量监督是指由国家指定的商品质量监督专门机构，按照国家的质量法规和商品质量标准的规定，对生产和流通领域的商品质量和质量保证体系进行监督的活动。对商品质量监督的概念，我们可以从以下方面把握。

（1）商品质量监督的主体通常是用户或第三方。我国各级人民政府都设有商品质量监督机构，各级商品质量监督机构按照国家有关规定，可单独组织或会同有关部门，对商品的生产、储运和经销等各个环节实行经常性监督抽查，并定期公布商品质量抽查结果。社会团体、新闻机构和广大消费者也有权对商品质量进行社会监督。商品质量监督的目的是保证商品满足质量要求，维护国家和消费者的利益。

（2）国家对商品质量的监督是技术监督，因此监督检验是商品质量监督的重要手段。监督检验是指由政府规定的商品检验机构，按照国家颁布的质量法规和商品标准，对企业生产的产品和市场销售的商品进行抽样检验和质量评价，对企业的质量保证体系进行检查。

（3）商品质量监督与商品质量管理不同。商品质量监督所要解决的问题，是企业生产经营的商品是否达到既定法规和标准的要求，并在此基础上对企业的质量保证工作实行监督；履行商品质量监督的职能部门，是由国家授权的法定机构，而不是普通的群众团体和民间组织；履行商品质量监督的依据，主要是国家的质量法规和批准发布的正式标准，并多属于强制性标准；商品质量监督是一个过程，它包括要求商品在符合标准的前提下所作出的连续性评价和促进改善的一系列工作。

2. 商品质量监督的作用

商品质量监督是国家对生产领域和流通领域的商品质量进行宏观调控的一种手段。它对于维护正常的社会经济秩序，保护消费者利益，保证和提高商品质量，增强我国商品的竞争力等方面都具有重要的作用。

（1）维护社会主义市场经济的正常秩序。在市场经济的条件下，由于企业和个人对各自利益的追求，不可避免地会出现商品的粗制滥造、以次充好、短斤少两、弄虚作假，欺骗广大消费者和用户，这必然会扰乱市场的正常秩序。通过有关部门加强对生产领域和流通领域商品质量的监督，可以及时发现和解决商品质量中存在的问题，打击各种损害商品质量的不正之风，从而维护市场的良好秩序。

（2）维护消费者的合法权益，保障人民的安全和健康。商品质量直接关系到广大消费者的切身利益。不符合国家质量要求的商品，特别是一些伪劣商品流入市场，会直接危害消费者的安全和健康。国家有关部门通过对商品质量的监督抽查，可以防止不合格品，尤其是假冒伪劣商品进入消费领域，依法查处假冒伪劣商品的责任者，帮助解决商品质量问题，从而有效地维护消费者的合法权益，保护消费者的安全和健康。

（3）促进企业增强质量意识，健全质量保证体系。通过质量监督部门对工商企业质量的检查和评价，可以促进企业强化质量意识，帮助企业认识到商品质量对企业生存、发展的重大意义，促使其健全质量保证体系。

（4）通过对商品质量的监督，可以推动国家质量法规和技术标准的贯彻执行。国家颁布的质量法规，需要通过质量监督予以维护和贯彻执行。因此，质量监督是贯彻质量法规的有力措施。同时，国家颁布的强制性标准和推荐性标准，也需要通过商品质量监督部门进行监察和督导，以促进企业贯彻执行。因此，商品质量监督又是实现和推广质量标准的重要途径。

（5）加强商品质量监督，有利于国家计划质量目标的实现。国家为保证商品质量的提高，在国民经济计划中制定了质量方针和目标。而质量方针和目标的实现，需要通过具体工作落实到各产业部门和基层企业。强化商品质量监督，可以促使企业采用先进的技术和设备，开发新产品，提高商品质量，从而保证国家计划质量目标的实现。

二、商品质量监督的种类和形式

1. 商品质量监督的种类

我国的商品质量监督可分为国家的质量监督、社会的质量监督和用户的质量监督。

（1）国家的质量监督。国家的质量监督，是指国家授权指定第三方专门机构，以公正的立场对商品进行的质量监督检查。国家质量监督是法定的质量监督，它以政府行政的形式，对可能危及人体健康和人身、财产安全的商品，影响国计民生的重要工业产品及用户、消费者组织反映有质量问题的商品，实行定期或经常性的监督、抽查和检验，公开、公布商品质量抽查检验结果，并根据国家有关法规及时处理质量问题，以维护社会经济生活正常秩序和保护消费者的合法权益。国家的质量监督，由国家质量技术监督部门进行规划和组织实施。

（2）社会的质量监督。社会的质量监督，是指社会团体、组织和新闻机构根据消费者和用户对商品质量的反映，对流通领域的某些商品质量进行的监督检查。这种质量监督，从市场一次抽样，委托第三方检验机构进行质量检验和评价，将检验结果特别是不合格商品的质量状况和生产企业名单予以公布，以造成强大的社会舆论压力，迫使企业停止生产和销售不合格商品，对消费者和用户承担质量责任，实行包修、包换、包退、赔偿经济损失等措施。中国质量协会用户委员会、中国消费者协会、中国质量万里行促进会等组织是社会的质量监督的组织者和职权的行使者。

（3）用户的质量监督。用户的质量监督，是指内外贸部门和使用单位为确保所购商品的质量而进行的质量监督。这种质量监督是购买大型成套设备和装置，以及采购生产企业生产的商品时，进驻承制单位和商品生产厂进行质量监督，发现问题有权通知企业改正或停止生产，及时把住质量关，以保证商品质量符合规定的要求。用户的质量监督包括用户自己派人或委托技术服务部门进驻承制单位实行质量监督，内外贸部门派驻厂人员进行质量监督，进货时进行验收检验。

2. 商品质量监督的形式

商品质量监督的形式有很多，可以归纳为抽查型质量监督、评价型质量监督和仲裁型质量监督三种。

（1）抽查型质量监督。抽查型质量监督是指国家质量监督机构通过对市场或企业抽取的商品样品进行监督检验判定其质量，从而对不合格商品的生产企业采取强制措施，责令企业改进质量，直至达到商品标准要求的一种监督活动。抽查型质量监督形式，一般只抽检商品的实物质量，不检查企业的质量保证体系。抽查的主要对象是涉及人体健康和人身、财产安全的商品，影响国计民生的重要工业产品，重要的生产资料商品和消费者反映有质量问题的商品。

（2）评价型质量监督。评价型质量监督是指国家质量监督机构通过对企业的产品质量和质量保证体系进行检验和检查，考核合格后，以颁发产品质量证书、标志等方法确认和证明产品已经达到某一质量水平，并向社会提供质量评价信息，实行必要的事后监督，以检查产品质量和质量保证体系是否保持或提高的一种质量监督活动。评价型质量监督是国家干预产品质量、进行宏观管理的一种重要形式。产品质量认证、企业质量体系认证、环境标志产品认证、评选优质产品、产品统一检验制度和生产许可证发放等都属于这种形式。

（3）仲裁型质量监督。仲裁型质量监督是指质量监督机构通过对质量有争议的商品进行检验和质量调查，分清质量责任，做出公正处理，维护经济活动正常秩序的一种质量监督活动。仲裁型质量监督具有较强的法制性，这项任务由质量监督管理部门承担，应选择经省级以上人民政府产品质量监督管理部门或其授权的部门审查认可的质量监督检验机构作为仲裁检验机构。

案例 5.1

国家市场监管总局关于3批次食品不合格情况的通告

〔2019年 第21号〕

（据国家市场监管总局网站2019年6月20日报道）近期，国家市场监管总局组织的食品安全监督抽检中，发现保健食品和特殊膳食食品3批次样品不合格，涉及微生物等问题。现将具体情况通告如下：

一、保健食品类

淘宝网萌爱之家（经营者为山东省青岛市城阳区萌爱之家母婴用品店）在淘宝网（网站）销售的、标称江西省宁红集团有限公司委托江西省宁红有限责任公司生产的宁红新效减肥茶，霉菌和酵母不符合食品安全国家标准规定。检验机构为山东省食品药品检验研究院。

二、特殊膳食食品类

（一）黑龙江省哈尔滨市道里区鑫爱特孕婴用品商店销售的、标称广东省艾斯普瑞（广州）食品有限公司（中国经销商）进口的婴幼儿多种谷物混合水果米粉（原产国：葡萄牙），钠检出值低于产品包装标签明示值的80%。检验机构为黑龙江省质量监督检测研究院。

（二）黑龙江省哈尔滨市道里区鑫爱特孕婴用品商店销售的、标称广东省艾斯普瑞（广州）食品有限公司（中国经销商）进口的苹果樱桃香蕉泥（原产国：法国），总钠检出值低于产品包装标签明示值的80%。检验机构为黑龙江省质量监督检测研究院。

对抽检中发现的不合格产品，国家市场监管总局已责成相关省级市场监管部门依法予以查处。江西、广东等省市场监管部门已督促食品生产企业、进口商查清产品流向，召回不合格产品，分析原因进行整改；黑龙江、山东等省市场监管部门已督促食品经营环节有关单位立即采取下架等措施控制风险；浙江省市场监管部门已督促网络食品交易平台依法采取风险控制措施。以上省级市场监管部门应按规定的时限和要求，将采取的风险防控措施和核查处置情况，及时向国家市场监管总局报告并向社会公布。

思考：国家市场监管总局对商品质量的监督抽查，属于哪一种形式的质量监督？你认为这种监督能发挥哪些作用？

第二节 产品质量认证

一、认证制度

微视频
管理体系认证的好处

认证制度又称合格评定程序，是指任何直接或间接确定技术法规或标准中相关要求被满足的程序，是为进行认证工作而建立的一套程序和管理制度，其中包括认证和认可两类活动。

1. 认证

认证是指由认证机构证明产品、服务、管理体系符合相关技术规范、相关技术规范的强制性要求或者标准的合格评定活动。

认证通常分为产品、服务和管理体系认证。大家较为熟悉的强制性产品认证制度就是强制性产品认证。而体系认证包括以 ISO 9001 标准为依据开展的质量管理体系认证，以 ISO 14001 标准为依据开展的环境管理体系认证，以 GB/T 28001 标准为依据开展的职业健康安全管理体系认证，食品安全管理体系认证（HACCP），以体育场所服务标志为依据开展的体育服务认证等。

2. 认可

认可是正式表明合格评定机构具备实施特定合格评定工作能力的第三方证明。通俗地讲，认可是指认可机构按照相关国际标准或国家标准，对从事认证、检测和检查等活动的合格评定机构实施评审，证实其满足相关标准要求，进一步证明其具有从事认证、检测和检查等活动的技术能力和管理能力，并颁发认可证书。

二、产品质量认证的作用

我国于 2003 年 9 月颁布了《中华人民共和国认证认可条例》，其中将“认证”定义为“由认证机构证明产品、服务、管理体系符合相关技术规范、相关技术规范的强制性要求或者标准的合格评定活动”。

ISO/IEC 指南 2—1986 中对“认证”的定义是：“由可以充分信任的第三方证实某一经鉴定的产品或服务符合特定标准或规范性文件的活动。”

随着商品交换和国际贸易的发展，商品的买方（消费者、用户等）总是想要买到自己满意的商品。然而，面对越来越多的新商品和铺天盖地的卖家广告宣传，大多数不具备鉴定商品质量手段和知识的买方，为了避免上当受骗，希望能有一个可信任的、公正的第三方来证明该商品的质量。于是，商品质量认证制度从 20 世纪 50 年代开始在世界各国普及并发展起来。

为了避免因各国采用的技术标准和实行的认证制度不同而形成新的贸易壁垒，国际标准化组织自 20 世纪 70 年代以来致力于协调各国的认证工作，谋求建立统一的国际认证制度，并将其从产品质量认证进一步扩展到质量体系认证等领域。国际标准化组织对产品质量认证的定义是：由可以充分信任的第三方证实某一产品或服务符合特定标准或其他技术规范的活动。产品质量认证分为强制认证和自愿认证两种。一般来说，对有关人身安全、健康和其他法律法规有特殊规定的产品实行强制认证，即以法制强制执行的认证制度，其他产品实行自愿认证。

案例 5.2

广交会，向世界亮出福田品牌

（据搜狐网2019年10月21日报道）2019年10月15—19日，第126届中国进出口商品交易会第一期（广交会）在广州琶洲展馆举办。广交会是向世界呈现中国智慧和力量的舞台，吸引着众多境内外参展企业以及210多个国家和地区的约20万名境外采购商观展。

本届广交会，福田电器隆重亮相10.3展馆，展出开关插座、照明灯具、电工附件及智能开关等产品。由于契合广交会绿色发展理念，本次福田电器展位还被推举参加了“广交会绿色展位”评选活动。

一、丰富品类，“圈粉”无数

本届广交会，福田电器推出趋势产品“智能开关”，可通过手机App和语音控制，并设置沙盘模型，进行现场操作体验。此外，Mirage和Max两个开关插座系列、A29系列、EOS系列等多款创新产品竞相登场。

展会现场人头攒动，福田电器展位也是热闹非凡，吸引大批来自世界各地的采购商驻足参观交流，观摩体验产品，沟通意向、需求，或预约拜访福田电器总部。

二、积极开拓，展现实力

企业要想做大做强，必须走出国门，提升品牌国际影响力。福田电器自1995年成立，专业专注电工行业20多年，拥有完备生产线、CNAS认可实验室，产品通过CCC、CE、CB等多项专业认证，拥有国家专利60余项，其产品更是远销全球60多个国家和地区。

近20年，福田电器以广交会为平台，扩大其在国际舞台和世界电工行业的影响力，并积极开拓“一带一路”沿线国家的市场，向国际客户展现福田电器品牌及产品实力。

启示：实践证明，企业要推动产品出口，提高企业的国际竞争力，应通过CCC、CE、CB等多项专业认证，以获取通向各国的通行证，为企业的产品更快速、顺畅地销往国际市场奠定良好的基础。

三、产品质量认证的条件

《中华人民共和国产品质量认证管理条例》规定，我国企业、外国企业均可提出认证申请。提出申请的企业应当具备以下条件。

（1）产品符合国家标准或者行业标准要求。

（2）产品质量稳定，能正常批量生产。

（3）生产企业的质量体系符合国家质量管理和质量保证标准及补充要求。

企业可以按下列程序办理认证。

（1）我国企业向认证委员会提出书面申请，外国企业或者代销商向国务院标准化行政主管部门或者其指定的认证委员会提出书面申请。

（2）认证委员会通知承担认证检验任务的检验机构对产品进行检验。

（3）认证委员会对申请认证的生产企业的质量体系进行审查。

（4）认证委员会对认证合格的产品颁发认证证书，并准许使用认证标志。

四、产品质量认证的类型

从世界范围来看，产品质量认证可分为八种类型。

（1）形式试验。按规定的试验方法对产品的样品进行试验，以证明样品符合标准或技术规范的要求。

（2）形式试验加认证后监督——市场抽样检验。这是一种带有监督措施的形式试验。它是从市场上购买样品或从批发商、零售商的仓库中随机抽样进行检验，以证明认证商品的质量持续符合标准或技术规范的要求。

（3）形式试验加认证后监督——供方抽样检验。这种类型与第二种类型相似，但它不是从市场上抽样，而是从供方发货前的产品中随机抽样进行检验。

（4）形式试验加认证后监督——市场抽样和供方抽样检验。这是第二、第三两种认证类型的综合，检验所用的样品来自市场抽样和供方随机抽样。

（5）形式试验加供方质量体系认证再加认证后监督——质量体系复查加供方和市场抽样检验。这种认证类型是在批准认证的资格条件中增加了对产品供方质量体系的检查和评定，在批准认证后的监督措施中也增加了对供方质量体系的复查。

（6）供方质量体系的评定和认可。这种认证类型中，供方按既定标准或技术规范要求对所提供产品的质量保证能力进行评定和认可，而不对最终产品进行认证，故又称质量保证能力认证。

（7）批量检验。这种认证类型是根据规定的方案，对一批商品进行抽样检验，并据此作出该批商品是否符合标准或技术规范的判断。

（8）百分之百检验。这种认证类型要求每一件产品在出厂前都要依据标准由认可的独立检验机构进行检验。

五、产品认证制度

产品认证，按其性质和约束力，可分为强制性产品认证和自愿性产品认证（非强制性产品认证）两类。我国产品认证实行强制性和自愿性认证相结合的制度。

1. 强制性产品认证

强制性产品认证简称“CCC 认证”（China Compulsory Certification，中国强制认证），是我国政府为切实保护广大消费者人身和动植物生命安全、保护环境、保护国家安全，依照法律法规实施的一种产品合格评定制度。它要求产品必须符合国家强制标准和技术法规。

国家对强制性产品认证实施“四个统一”，即统一目录，统一标准、技术法规和合格评定程序，统一标志，统一收费标准。

微视频
什么是 3C 认证

强制性产品认证制度是各国政府普遍实施的一项市场准入制度。它主要通过制定《强制性产品认证的产品目录》（以下简称《目录》）和实施强制性产品认证程序，对列入《目录》的产品实施强制性检测和审核。凡列入《目录》的产品未获得指定机构的认证证书，未按规定加施认证标志的，就不得出厂、进口、销售和在经营性服务场所使用。强制性产品认证制度在推动国家各种技术法规和标准的贯彻、规范市场经济秩序、打击假冒伪劣行为、提高产品的质量管理水平和保护消费者权益等方面，具有其他工作不可替代的作用和优势。强制性产品认证制度由于其科学性和公正性，已被大多数国家广泛采用。在实行市场经济制度的国家中，政府利用强制性产品认证制度作为产品市场准入的手段，正在成为国际通行的做法。

国家认证认可监督管理委员会（以下简称“国家认监委”）按照国务院授予的工作职能，统一负责国家强制性产品认证制度的管理和组织实施工作。2001 年年底，原国家质检总局、国家认监委制定并发布了新的强制性产品认证制度。该制度于 2002 年 5 月 1 日起正式实施。

微视频
走进中国强制性产品认证制度

我国强制性产品认证制度是以《中华人民共和国产品质量法》《中华人民共和国进出口商品检验法》《中华人民共和国标准化法》为基础建立的。强制性产品认证制度的对象为涉及人体健康、动植物生命安全、环境保护、公共安全、国家安全的产品。强制性产品认证的技术依据为国家强制性标准或国家技术规范中的强制性要求。强制性产品认证制度的基本框架为三部分：一是认证制度的建立，二是认证的实施，三是认证实施有效性的行政执法监督。强制性产品认证制度的建立由中央政府负责，国家认监委负责按照法律法规和国务院的授权，协调有关部门按照“四个统一”的原则建立国家强制性产品认证制度；指定认证机构在授权范围内承担具体产品的认证任务，向获证产品颁发强制性产品认证证书；地方市场监管局负责对列入《目录》产品的行政执法监督工作，确保未获得认证的列入《目录》的产品不得出厂、进口、销售和在经营性服务场所使用。对于特殊产品（如消防产品），国务院有关行政主管部门按照授权职能承担相应的监管职能。

强制性产品认证标志有四种，如图 5.1 所示。

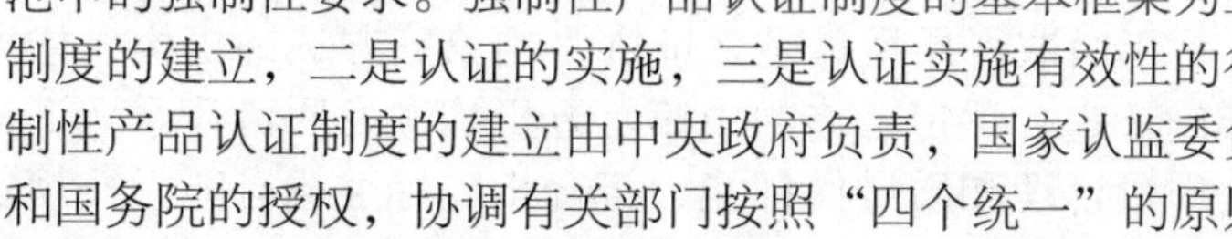

图 5.1　强制性产品认证标志

强制性产品认证标志基本图案是椭圆形的，在椭圆形边缘上印有黑色边框，图案中间印有三个黑色的“C”字，其“C”字按顺序排列，底纹为激光全息镭射银色图案，在黑色图案右边印制认证种类标注，它是由代表认证种类的英文单词的缩写字母组成的。其中“S”代表“安全”，“EMC”代表“电磁兼容”，“S&E”代表“安全与电磁兼容”，“F”代表“消防”。

2. 自愿性产品认证

自愿性产品认证，也称非强制性产品认证，是企业根据自愿原则向认证机构提出产品认证申请，由认证机构根据认证基本规范、认证规则和技术标准进行的合格评定活动。资源型产品认证的依据为相关的国家标准、行业标准、国际标准、其他先进标准或认证机构的技术要求。经认证合格的，由认证机构颁发产品认证证书，准许企业在产品或其包装上使用产品认证标志。一般对于未列入 CCC 认证范围的其他产品，企业可以申请实施自愿性产品认证。

目前我国自愿性产品认证涉及的产品领域有电子电气及部件类、医疗器械类、玩具、建材、家具、铁路产品、纺织品及鞋、汽车零部件、饮品、机械、化工产品、体育用品、中文字符及软件、燃气具，以及农产品和食品、可再生资源/新能源产品等。

六、服务认证

服务认证是由认证机构证明某项服务符合相关标准和技术规范的合格评定活动。我国已经开展了服务认证，但与产品认证相比，显得零零散散，仅为尝试而已。国家认监委 2014 年第 38 号公告在“认证领域的划分”中，将服务认证按照国家标准 GB/T 7635.2—2002《全国主要产品分类与代码 第 2 部分：不可运输产品》划分为 23 个认证领域。目前，我国已开展的服务认证有信息安全服务资质认证、体育场所服务认证、商品售后服务评价体系认证、汽车玻璃零配安装服务认证、绿色市场认证、品牌认证、防爆电器设备修理服务认证、电子商务交易服务认证等。

微视频
体验服务认证、推动服务业发展

第三节 质量体系认证及其他认证

一、质量体系认证

质量体系认证是指由取得质量体系认证资格的第三方认证机构，依据质量体系标准，对企业质量体系实施评定，评定合格的由第三方机构颁发质量体系认证证书，并予以注册公布，以证明企业质量管理和质量保证能力符合相应标准或有能力按规定的质量要求提供产品的活动。

目前，世界各国大都按照 ISO 9000 质量管理和质量保证系列标准开展认证，并且形成了世界通行的质量体系认证制度。质量体系认证的主要依据是 ISO 9001、ISO 9002、ISO 9003 和 ISO 9004 四种质量保证模式标准。由于该系列标准总结、吸收了各国质量管理理论的精华，澄清并统一了质量术语的概念，反映和发展了世界上先进、发达国家管理的实践经验，具有系统性、实用性和适时性，标准一经发布，很快被 120 多个国家和地区等同或等效采用。开始主要是工业企业，很快扩展到外贸、建筑、金融、服务、行政机关等领域。组织采用 ISO 9000 标准，受益明显，归纳起来有以下几方面。

微视频
了解 ISO 9001 质量管理体系

（1）通过全员培训，能够培养和造就一支管理队伍，提高组织的整体素质，改善管理水平，人人参与，增强内部团结和凝聚力。

（2）有效地保证产品质量，提高生产率和产品合格率，降低成本，有利于新产品开发、研制。

（3）可以减少客户的投诉，增强客户的信任感，留住老客户，吸引新客户，这样就可以更好地吸引客户的投资、增资。

（4）提高企业知名度，增强企业信誉，有利于获得通往国际市场的通行证。特别是在我国加入世界贸易组织，关税壁垒削弱后，外国为保护本国利益，限制没有获得 ISO 9000 国际认证的企业所生产的产品准入的非关税壁垒势必加强，而推行 ISO 9000 对打破非关税壁垒有极大的好处。

（5）根据国家规定，各职能部门对获得 ISO 9000 认证的企业有一定的优惠政策。

质量体系认证和产品质量认证不同，两者的主要区别是：质量体系认证的对象是质量体系；质量体系认证的依据是质量体系标准；质量体系认证的目的是证明供方的质量体系有能力确保其产品满足规定的要求；质量体系认证的证明方式是颁发证书，注册公布，供方可使用注册标志做宣传，但不得直接用于产品或以其他方式误导产品已经认证合格；质量体系认证后定期监督供方质量体系，但不对产品实物实施监督检验；从认证的性质上来讲，产品质量认证有强制性和自愿性两种，质量体系认证则是自愿性的。

二、环境管理体系认证

环境管理体系认证是指由第三方公证机构依据环境管理体系标准，对供方的环境管理体系实施评定，合格者由第三方机构颁发环境管理体系认证证书，并给予注册公布，以证明供方具有按既定环境保护标准和法规要求提供产品的环境保护能力。

随着社会、经济的不断发展，人口不断增加，越来越多的环境问题摆在我们面前，温室效应加剧、酸雨蔓延、臭氧空洞的出现、水体遭到严重污染、土地荒漠化、草原退化、森林锐减、许多珍稀野生动物濒临灭绝……这些问题已经危及人类的健康、生存和社会的可持续发展。面对如此严峻的形势，人类开始考虑采取一种行之有效的办法来约束自己的行为，使各组织重视自己的环境行为和环境形象，并希望以一套比较系统、完善的管理方法来规范人类自身的活动，以求达到改善生存环境的目的。国际标准化组织于 1993 年 6 月成立了 ISO/TC 207 环境管理技术委员会，该委员会制定了 ISO 14000 环境管理系列标准。

在 ISO 14000 环境管理系列标准中，ISO 14001 环境管理体系标准最为重要。它是组织建立环境管理体系以及审核认证的准则，是一系列后续标准的基础。

微视频

环境管理体系对企业有哪些价值？

当前，世界各国正在积极推行 ISO 14000 环境管理系列标准，并以此开展环境管理体系认证。通过环境管理系列标准的实施，可以规范企业和社会团体等所有组织的环境行为，减少人类各项活动所造成的环境污染，保持环境与经济发展相协调，促进经济的可持续发展。通过环境管理体系认证，可以证实生产厂使用的原材料、生产工艺、加工方法以及产品的使用和用后处理是否符合环境保护标准和法规的要求。

为提高企业建立环境管理体系的主动性，ISO 14000 环境管理系列标准实施了环境标志制度。通过环境标志对企业的环境行为加以确认，以标志图形、说明标签等形式向市场展示标志产品及非标志产品环境行为的差别，形成强大的市场压力，达到改善组织环境行为的目的。

进行 ISO 14000 认证的好处主要有以下几点。

（1）节省开支，如节省能源和减少废物排放。

（2）提高管理水平，采用清洁工艺和革新生产过程，取得经济效益。

（3）可以减小由于污染事故或违反法律、法规所造成的环境风险。

（4）通过获取认证证书，在国际贸易中避免绿色壁垒。

（5）满足消费者的环保要求，提高组织形象，增强组织的市场竞争力。

（6）增加组织获得优惠信贷和保险政策的机会。

由于实施 ISO 14001 环境管理系列标准可以带来节能降耗、增强组织竞争力、赢得客户等诸多好处，ISO 14001 环境管理系列标准自发布之日起即得到各界的积极响应，被视为通往国际市场的“绿色通行证”。现在，是否取得 ISO 14000 认证，已经成为组织向消费者、当地居民以及行政部门等相关方证明其环保能力的有效手段，因此这项认证正以极其迅猛之势在全世界普及开来。

微视频
什么是职业健康安全管理体系

三、职业健康安全管理体系

面对严重的全球化职业健康安全问题，国际社会对职业健康安全问题日益关注，人们在寻求有效的职业健康安全管理方法，期待有一个系统化的、结构化的管理模式。随着 ISO 9000 和 ISO 14000 系列标准在各国得到广泛认可与成功实施，考虑到质量管理、环境管理与职业健康安全管理的相关性，国际标准化组织（ISO）于 1996 年 9 月 3 日组织召开了国际研讨会，讨论是否制定职业健康安全管理体系的国际标准，结果未就此达成一致意见。随后，ISO 在 1997 年 1 月召开的技术工作委员会（TMB）会议上决定，ISO 目前暂不颁布该类标准，但许多国家和国际组织都继续在本国或所在地区发展这一标准，使得职业健康安全管理标准化问题成为继质量管理、环境管理标准化之后世界各国关注的又一管理标准化问题。

从 20 世纪 80 年代末开始，一些发达国家率先开展了研究及实施职业健康安全管理体系的活动，这项活动在世界各国和地区发展十分迅速。据不完全统计，世界上已有 20 多个国家有相应的职业健康安全管理体系标准，最典型的当属澳大利亚，其国家内部有较为完整的标准系列、正规的培训机构及完善的国家认证制度。职业健康安全管理体系标准化在国际区域范围内发展也较为迅速，亚太地区职业安全卫生组织（APOSHO）在近年来的几次年会上，都组织各成员对此进行研讨，特别是在 1998 年的第 14 届年会上建议，各组织成员参照 OHSMS 18001 和 APOSHO 1000（草案）开发本国的标准。为了适应全球日益增加的职业健康安全认证需求，1999 年 3 月，由全球数家知名的标准制度研究、认证机构共同制定了职业健康安全管理体系（Occupational Health and Safety Assessment Series，OHSAS），它随之成为目前国际社会普遍采用的职业健康安全认证标准。此外，国际劳工组织（ILO）也在开展职业健康安全管理体系标准化工作，在 1999 年 4 月召开的第 15 届世界职业安全卫生大会上，国际劳工组织负责人指出，国际劳工组织将像贯彻 ISO 9000 和 ISO 14000 认证那样，推行企业安全卫生评价和规范化的管理体系。

微视频
企业必须了解的职业健康安全管理体系

国家市场监管总局于 2020 年颁布了 GB/T 45001—2020《职业健康安全管理体系　要求及使用指南》，在全国范围内推行职业健康安全标准。

微视频
了解 HACCP 食品安全管理体系

四、食品安全管理体系

危害分析及关键控制点（Hazard Analysis and Critical Control Point，HACCP）的概念和方法是 20 世纪 60 年代美国 Pillsbury 公司应美国宇航

局要求为其生产 100%不含有致病性微生物和病毒的宇航食品，以保证太空实验室人员需要的安全、卫生的食品而提出的。HACCP 自提出以来已被世界许多国家运用和发展，1993 年受到联合国粮农组织与世界卫生组织（FAO/WHO）所属国际食品法典委员会（CAC）的食品卫生法典委员会（CCFH）的关注。在第 20 届委员会议上，CCFH 提出“危害分析及关键控制点（HACCP）体系应用指南”并考虑修改《食品卫生通则》，把 HACCP 纳入该原则内。1997 年最终修订版发布，自此 HACCP 在国际上得到更广泛的应用。根据我国国务院的有关规定，国家认监委负责全国 HACCP 管理体系认证工作的统一管理、监督和综合协调工作，监督管理 HACCP 管理体系的实施。

HACCP 管理体系是一套确保食品安全的管理系统，这种管理系统一般由下列各部分组成：对原料采购、产品加工、消费各个环节可能出现的危害进行分析和评估，根据这些分析和评估来设立某一食品从原料直至最终消费这一全过程的关键控制点，建立能有效监测关键控制点的程序。

该系统的优点是将安全保证的重点由传统的对最终产品的检验转移到对工艺过程及原料质量进行管制。这样可以避免因批量生产不合格产品而造成的巨大损失。

在食品生产过程中，控制潜在危害的先期察觉决定了 HACCP 的重要性。通过对主要的食品危害，如微生物、化学和物理污染的控制，食品工业可以更好地向消费者提供消费方面的安全保证，降低食品生产过程中的危害。

实施 HACCP 管理体系有以下优点。

（1）强调识别并预防食品污染的风险，打破食品安全控制方面传统方法（通过检测，而不是预防食物安全问题）的限制。

（2）有完整的科学依据。

（3）由于保存了公司符合食品安全法的长时间记录，而不是某一天的符合程度，使政府部门的调查效率更高、结果更有效，有助于法规方面的权威人士开展调查工作。

（4）使可能的、合理的潜在危害得到识别，即使是以前未经历类似的失效问题。因而，对新操作工有特殊的要求。

（5）有更充分的允许变化的弹性。例如，设备设计方面的改进，与产品相关的加工程序和技术开发方面的提高等。

（6）与质量管理体系更能协调一致。

（7）有助于提高食品企业在全球市场的竞争力，提高食品安全的信誉度，促进贸易发展。

技能实训

【实训目的】

通过对背景材料的讨论加深对商品质量监督管理的认识。

【实训主题】

理解认证认可与商品的关系。

【实训时间】

本章课堂教学内容结束后的双休日和课余时间，为期一周。或者指导教师另外指定时间。

【背景材料】

认证认可保驾护航镇江食醋全球飘香

镇江香醋，是古城镇江对外交往的“金字招牌”和“城市名片”，与山西老陈醋、福建永春老醋、四川保宁醋并称中国四大名醋。

江苏恒顺醋业股份有限公司以弘扬中华传统饮食文化、振兴民族工业为己任，在传承古法酿造技艺的基础上，大胆引进现代高新技术和先进管理经验，公司先后通过ISO 9001国际质量体系认证、ISO 22000食品安全管理体系认证、HACCP认证以及GAP认证，先进的管理使得恒顺这个传统发酵生产企业历经百年而长盛不衰。面对行业竞争的日益激烈、经营形势的日趋严峻，公司清醒地意识到管理机制急需转变。公司利用先进的质量管理工具开展了食品卫生量化分级管理、安全性评价、危害分析及关键控制点管理等多项管理活动。通过引入认证认可制度，贯彻先进的管理体系，向管理要效益，为传统产业的腾飞插上了“翅膀”。

【实训过程设计】

（1）指导教师布置学生课前预习阅读背景材料。

（2）将全班同学平均分成几个小组，每组5～6人进行讨论。

（3）根据“背景材料”，你对江苏恒顺醋业股份有限公司的发展有何看法？

（4）根据“背景材料”，列举我国的认证认可制度体系。

（5）各小组对本次实训进行总结和点评，撰写作为最终成果的《商品学实训报告》。

（6）各小组提交填写“项目组长姓名、成员名单”的《商品学实训报告》。优秀的实训报告在班级展出，并收入本课程教学资源库。

综合练习

一、名词解释

1. 商品质量监督 2. 产品质量认证 3. 强制认证 4. 认证 5. 认可

二、多项选择题

1. 认证通常包括（ ）。

A. 产品体系认证 B. 服务认证体系 C. 管理认证体系

D. 技术认证体系 E. 产地认证体系

2. 商品质量监督的形式有（ ）。

A. 抽查型质量监督 B. 质量型质量监督

C. 评价型质量监督 D. 数量型质量监督

E. 仲裁型质量监督

3. 体育服务认证标牌由以下（ ）等内容组成。

A. 认证标志 B. 体育服务提供者名称

C. 获得认证的服务项目名称 D. 认证机构名称

E. 其他

三、简答题

1. 什么是商品质量监督？如何理解商品质量监督的含义？
2. 认可的依据有哪些？
3. 实施产品质量认证制度有何现实意义？
4. 我国产品质量认证标志主要有哪几类？
5. 简述认可与认证、行政许可、行政监督、市场准入之间的关系。

第六章 商品检验

【学习要点】

- 商品检验的概念、依据
- 商品品级的概念、商品质量等级的划分原则和方法
- 商品检验的感官检验法和理化检验法
- 商品抽样的概念、原则、要求和方法

案例导读

如何让“僵尸肉”远离我们的餐桌

（据中国青年报网站2015年07月1日报道） “僵尸肉”的消息上周被公布出来后，立马引起各方惊叹与热议。海关总署查处走私冻品货价超30亿元，其中包括冻鸡翅、冻牛肉等副产品10余万吨，甚至有超过四十年的陈年“僵尸肉”，它们悄无声息地出现在宵夜摊、餐厅。“僵尸肉”多为国外替换的战略储备物资，流向二三线城市的小餐馆。更令人担忧的是，“僵尸肉”还面临肉龄检测难的问题，无法判断出实际存放年限。(《新京报》6月30日）

2014年9月，广西防城海关缉私分局联合防城出入境检验检疫局，曾集中销毁1 000余吨涉嫌走私的冻品，案值约1 000万元，销毁的涉嫌走私冻品包括鸡爪、鸡肾、牛肉、牛肚、猪脚等。

进口这种“僵尸肉”涉嫌多个罪名。如果逃避海关监管，系走私入境的，首先是涉嫌逃脱关税、涉嫌走私普通货物罪；如果“僵尸肉”经检测不符合安全标准，相关人员就涉嫌销售不符合安全标准的食品罪；如果“僵尸肉”是有毒、有害的，相关人员就涉嫌销售有毒、有害食品罪。

如果“僵尸肉”是通过海关正规渠道进入国内的，并盖上了海关检疫的标志，那么海关人员就涉嫌放纵走私罪，商检人员就可能涉嫌商检徇私舞弊罪、商检失职罪。

只有严厉打击铤而走险的违法犯罪分子，堵塞法律漏洞，并且严惩渎职、失职的公职人员，“僵尸肉”才能远离我们的餐桌。

启示：这一案例说明，商品没有经过严格的质量检验就很难保证质量，国家市场监督管理部门的商品检验与鉴定是商品质量保证的一个重要组成部分。

第一节 商品检验概述

一、商品检验与鉴定

1. 商品检验的概念

商品检验是指商品的生产方、销售方或者第三方在一定条件下，借助一定的仪器、器具、

试剂或检验者的感觉器官等手段和方法，按照合同、标准以及国内或国际法律、法规，对商品的质量、规格、重量、数量以及包装等方面进行检验，并作出合格与否和等级判定的业务活动。

商品检验是商品质量监督和认证的一项基础工作，是商品生产和流通中不可缺少的一个重要环节，它对于确保商品质量、维护消费者正当利益具有重要意义。生产企业通过对生产各环节的产品检验来保证产品质量，促进产品质量不断提高；商品流通部门在流通各环节进行商品检验，及时防止假冒伪劣商品进入流通领域，以维护消费者利益；质量监督部门通过商品检验实施商品质量监督，向社会传递准确的商品质量信息，促进我国市场经济的发展。

2. 商品鉴定的概念

商品鉴定是指评价商品质量的综合性工作，即对商品满足人们某种需要的程度作出审评和估价。具体来说，商品鉴定包括以下工作内容：根据商品的用途和使用条件，研究商品的成分、结构、性质及其对商品质量的影响；拟定商品的质量指标并确定检验方法；进行商品检验并确定商品质量；根据实际情况，对商品发展提出可行性意见等。

3. 商品鉴定与商品检验的关系

商品鉴定是评价商品质量的全部工作，而商品检验仅是评价和确定商品质量及商品品级的工作。因此，商品检验包含在商品鉴定的范围之内，是商品鉴定的一个组成部分，二者是一种从属关系。

二、商品检验的类别

商品检验的方式很多，可按不同方式进行分类。

1. 按检验方所处的位置分类

商品检验按检验方所处的位置，可分为生产检验、验收检验和第三方检验。

（1）生产检验。生产检验也称第一方检验，是指商品制造商为了在竞争中得以生存和发展，为了保证商品质量，获得较好的经济效益，对企业的原材料、半成品和成品进行的检验。

（2）验收检验。验收检验也称第二方检验，是指商品的购买方为了维护自身及消费者的利益，保证其所购商品符合合同或标准规定所进行的检验。

（3）第三方检验。第三方检验是指处于交易双方利益之外的第三方，以公正、中立的身份，应有关方面的请求或指派，依据有关法律、合同或标准对商品进行的检验。第三方检验可以合理维护交易双方的权利以及国家和消费者的权益，可以及时协调和解决商品贸易或交换中出现的纠纷，促进商品流通的顺畅进行。

2. 按检验是否具有破损性分类

商品检验按检验是否具有破损性，可分为破损性检验和非破损性检验。

（1）破损性检验。破损性检验是指为了对商品进行各项技术指标的测定、试验，经测定、试验后的商品遭受破坏，甚至再无法使用的检验，如对加工食品罐头、饮料及茶类的检验。

（2）非破损性检验。非破损性检验是指经过检验的商品仍能发挥其正常使用性能的检验，如对电器类、纺织品类、黄金首饰的检验。

3. 按被检验商品的数量分类

商品检验按被检验商品的数量，可分为全数检验、抽样检验和免于检验。

（1）全数检验。全数检验是对被检验商品逐一进行的检验，它适用于批量小、质量特征少且质量不稳定、较贵重的商品检验。该检验的特点是可以提供完整的质量信息，给人以安全可靠感。但由于它实行全部商品检验，所以检验费用昂贵，检验工作量大，为此应该预防重复单调的检验工作给检验人员造成疲劳而产生漏检或错检现象。

（2）抽样检验。抽样检验是按合同或标准中规定的抽样方案，在被检验商品中随机抽取样品，然后对样品逐一进行测试的检验形式。抽样检验适用于批量较大的商品检验，它可以节省检验时间和费用，有利于商品流转。但由于这种检验提供的商品信息量少，可能导致检验结果和实际商品品质的偏差，所以它不适用于商品质量差异大的商品检验。

（3）免于检验。为鼓励企业提高产品质量，提高产品质量监督检查的有效性，扶优扶强，避免重复检查，规范产品免于质量监督检查工作，依据《中华人民共和国产品质量法》和《国务院关于进一步加强产品质量工作若干问题的决定》，对商品质量保证体系良好、质量控制完备、成品质量长期稳定的生产企业的产品，在企业自检合格后，免于检验。

4. 按检验的目的分类

商品检验按检验的目的，可分为监督性检验、公正性检验、仲裁性检验、评价性检验、委托性检验。

（1）监督性检验。监督性检验是根据政府法令或规定，由政府技术监督部门代表国家实施产品质量管理职能，对产品（商品）质量进行的检验。监督性检验的依据是国家有关质量的法律、标准、法规、规章、条例等。其目的是检查商品是否符合上述有关规定，以保证正常的经济秩序。对不符合规定要求的产品及其企业，有权进行行政、经济和法律的处罚。其中强制性的监督性检验最具有公正性、科学性和权威性。

（2）公正性检验。公正性检验是由检验机构进行的检验，这些机构是政府有关部门认可的，具有公正性、权威性，其检验结果具有法律性。检验机构具有符合规定的检验设备、技术条件和技术人员，进行第三方检验。公正性检验的作用是对商品提供科学的质量信息，出具检验结果，供他人应用。

（3）仲裁性检验。仲裁性检验是对有质量争议的商品进行的检验，以分清质量责任，作出公正、科学的仲裁结论。

（4）评价性检验。评价性检验是由质量监督管理部门对企业的产品或市场上的商品进行检查或验证，作出质量综合评价，以证书、标志和发布信息的方式向社会提供质量评价信息。

（5）委托性检验。委托性检验是供方或购货方委托国家法定的质量检验机构所进行的检验。

三、商品检验的依据

商品检验是一项科学性、技术性、规范性较强的复杂工作，为使检验结果更具公正性和权威性，必须根据具有法律效力的质量法规、标准及合同等开展商品检验工作。

1. 商品质量法规

国家有关商品质量的法律、法令、条例、规定、制度等，规定了国家对商品质量的要求，体现了人民的意志，保障了国家和人民的合法权益，具有足够的权威性、法制性和科学性。商品质量法规是国家组织、管理、监督和指导商品生产与商品流通，调整经济关系的准绳，是各部门共同行动的准则，也是商品检验活动的重要依据。商品质量法规包括商品检验管理法规、产品质量责任制法规、计量管理法规、生产许可证及产品质量认证管理法规等。

2. 技术标准

技术标准是指规定和衡量标准化对象的技术特征的标准。它对商品的结构、规格、质量要求、实验检验方法、验收规则、计算方法等均进行了统一规定，是生产、检验、验收、使用、洽谈贸易的技术规范，也是商品检验的主要依据，它对保证检验结果的科学性和准确性具有重要意义。

3. 购销合同

供需双方约定的质量要求必须共同遵守。一旦发生质量纠纷，购销合同的质量要求即为仲裁、检验的法律依据。但是，购销合同必须符合《民法典》的要求。

四、商品检验的程序

商品检验程序一般由定标、抽样、检验、判定、处理五大步骤组成。

（1）定标。定标是指检验前根据合同或标准规定，明确技术要求，掌握检验手段和方法，拟定商品检验计划。

（2）抽样。抽样是指按合同或标准规定的抽样方案抽取样品，使样品对商品总体具有充分的代表性，同时对样品进行合理的维护。

（3）检验。检验是指在规定的环境下，使用一定的检验设备和条件，采用测量、测试、试验等检验方法，检测样品的质量特性。

（4）判定。判定是指将检测的结果与合同及标准要求的技术指标进行对照，根据合格判定原则，对被检商品合格与否作出判定。

（5）处理。处理是指对检验结果出具检验报告，反馈质量信息，对不合格商品做出处理。

第二节　商品抽样

抽样的相关概念有总体、样本和抽样比。

总体又称全及总体，是指所要认识对象的全体是由具有共同性质的许多单位组成的。一般用大写字母 N 表示总体单位数。抽样调查首先要弄清总体的范围、单位的含义，构成明确的抽样框（指包含全部抽样单位的名单框架，即总体单位的名单），从而作为抽样的母体。例如，要研究市场上食用油的质量状况，则全国市场上的所有食用油就是总体，每个品牌、每个规格的食用油都是一个单位。

样本又称子样，是指从总体中随机抽取出来的部分单位所构成的集合。在统计研究中，以样本代表总体，并用样本的数量特征对总体的数量特征进行估计和推断。样本的单位数称为样本容量，一般用小写字母 n 表示。在抽样调查中，总体是唯一确定的，而样本则不是唯一的，从一个总体中可以抽取出很多个样本，并且每次可能抽到的样本也是不确定的。

抽样比为样本容量 n 与总体单位数 N 的比值，即 n/N。

一、抽样的优点和缺点

抽样是商品检验的一项重要工作。但用抽样来进行商品检验既有优点，也有缺点。

抽样的优点有：检查的商品数量少，省时省力，比较经济；检查人员能集中精力仔细检查，便于发现问题；生产方或卖方必须保证自己的产品质量，否则会出现整批商品拒收的情况，给生产方或卖方造成经济损失；适用于破损性检验，通过少数商品的破损性检验，来正确判断整批商品的质量；抽样中，搬运损失少；对商品的生产部门和检查部门的组织管理工作是一种促进，有利于及时发现问题，采取措施加以改进，能起到某种预防检查的作用。

抽样的缺点有：由于是进行抽样，有时会将优质批误判为不合格批，或将劣质批误判为合格批，因而存在接受劣质批和拒收优质批的风险；由于抽样样本较少，反映整批产品质量状况的信息一般不如100%检验那样多，存在片面性。

二、抽样的原则与要求

1．抽样的原则

为了保证抽样符合商品检验的需要，必须遵循以下原则。

（1）代表性原则。该原则要求被抽取的一部分商品必须具备整批商品的共同特征，以使鉴定结果能成为决定整批商品质量的主要依据。

（2）典型性原则。典型性原则是指被抽取的样品能反映整批商品在某些（个）方面的重要特征，能发现某种情况对商品质量造成的重大影响。例如，食品的变质、污染、掺杂及假冒劣质商品的鉴别。

（3）适时性原则。针对含量、性能、质量等随时间或容易随时间的推移而发生变化的商品，要求及时地抽样并进行鉴定。例如，新鲜果蔬中各类维生素含量的鉴定及各类农副产品中农药或杀虫剂残留量的鉴定等。

2．抽样的要求

抽样要求是对抽样过程的操作提出的技术性要求，也有一定的工作技巧。

（1）抽样应当依据抽样对象的形态、性状，合理选用抽样工具与样品容器。抽样工具与样品容器必须洁净，不含被鉴定成分。例如，供微生物鉴定的样品应进行无菌操作。

（2）外地调入的商品，抽样前应检查有关证件，如商标、运货单、质量鉴定证明等，然后检查外表，包括检查包装以及起运日期、整批数量、产地厂家等情况。

（3）按各类商品的抽样要求抽样，注意抽样部位分布均匀，每个抽样部位的抽样数量（件）保持一致。

（4）抽样的同时应做好记录，内容包括抽样单位、地址、仓位、车间号、日期、样品名称、样品批号、样品数量、抽样者姓名等。

（5）抽取的样品应妥善保存，保持样品原有的品质特点。抽样后应及时鉴定。

三、抽样的方法和组织形式

（一）抽样的方法

根据样本是否能够反复抽取，抽样方法可以分为重复抽样和不重复抽样两种。

重复抽样也称放回式抽样，是指从总体中抽取样本时，每次抽取的样本单位在记录其有关标志表现后都要放回总体中去参加下一次抽取，直到抽满 n 个样本单位为止。重复抽样时，总体单位数在抽取过程中始终未减少，因此每个单位中选或不中选的机会在每次抽样中都是完全相同的，而且各单位都有被重复抽中的可能。

不重复抽样也称不放回式抽样，是指从总体中抽取样本时，每次抽取的样本单位在记录其有关标志表现后不再放回总体，这样在下次抽样时就不会再次抽到前面已经抽中的样本单位。在进行不重复抽样时，总体每经过一次抽样，下一次抽样的总体单位数就减少一个，因此每个单位的中选机会在各次是不同的。

（二）抽样的组织形式

抽样有以下五种组织形式。

1. 简单随机抽样

简单随机抽样又称单纯随机抽样，它按照随机原则从总体中逐个地抽取样本单位，因此每个单位被抽中的概率是相等的。简单随机抽样最符合抽样调查的随机性原则，是抽样调查中最基本的组织形式。

通过简单随机抽样抽取样本单位时，可以先给总体的每个单位编上序号，并制成签条，混和均匀后从中随机抽取，直到抽满预定的样本单位数为止。也可以使用随机数字表，在使用随机数字表时，首先应根据编号的位数确定使用随机数字表的列数，然后从任意一列、任意一行的数字开始，朝任意一个方向抽取，并摘录属于编号范围内的数字，直到抽够预定的样本单位数。

简单随机抽样需要对总体一一编号，或将被抽单位列成目录。当总体单位数很大、范围很广时，工作量也变得十分巨大，因此这种组织形式主要适用于总体单位数较少、范围较狭窄的情况。例如，全国市场牙膏抽样调查，要将全国市场牙膏进行编号是很难办到的。

2. 类型抽样

类型抽样也称分层抽样，是将总体中的各单位按照某种特征或某种规则划分成若干个不同的类型组，然后从各类型组中独立、随机地抽取样本，再将各类型组的样本结合起来，对总体的目标量进行估计。

类型抽样可以保证样本中包含各种特征的抽样单位，使样本的结构更近似于总体的结构，从而可以有效地提高总体指标估计值的精确度。同时，除了估计总体的参数值，还可以分别估计各类型组的情况，这些优点使类型抽样在实践中得到了广泛的应用。例如，某家电厂生产的电风扇有 5 000 台，其中豪华型 1 000 台，普通型 2 000 台，微型 2 000 台。为了了解电风扇质量的某项指标，要从中抽取一个容量为 500 的样本。由于电风扇质量与型号这项指标有关，所以决定采用类型抽样方法进行抽取。因为样本容量与总体个数比为 1∶10，所以各型号抽取的数量依次为 1 000/10、2 000/10、2 000/10，即抽取个数分别为 100 台、200 台、200 台。

3. 等距抽样

等距抽样又称系统抽样，是将总体中各单位按照某一标志顺序排列，在规定的范围内随机确定起点，然后按照一定的间隔抽取其他样本单位的抽样组织形式。

在等距抽样中，先将总体从 1～N 连续编号，并计算抽样距离 $K=N/n$。式中 N 为总体单位数，n 为样本容量。然后在 1～K 中随机抽取一个数字 k_1，作为样本的第一个单位，接着抽取 k_1+K、k_1+2K……直至抽满 n 个单位为止。

等距抽样能够使样本单位均匀分布在总体中，使样本结构与总体结构相似，因此抽样的精确性比简单随机抽样高，同时操作简便，在很多方面都有应用。

例如，为了解宏业印刷公司 5 000 名员工的家庭收入水平，现要从中抽取一个容量为 100 的样本。我们按姓名笔画对总体进行排列，把总体划分为 K=5 000÷100=50 个相等的间隔，在第 1 人至第 50 人中随机抽取一名。例如抽到第 10 名，则后面依次间隔抽取第 60 名、第 110 名、第 160 名、第 210 名……直到抽取第 4 960 名为止，共抽取 100 名员工组成样本容量。

4. 整群抽样

整群抽样是将总体单位划分为若干群，然后以群为单位从中随机抽取一些群，对抽中群的所有单位都进行调查的抽样组织形式。例如，育华中学为了调查中学生患近视眼的情况，从 3 个年级共 36 个班级中抽取 1 个班级的学生，对其视力状况进行统计研究。

由于整群抽样抽取的单位较为集中，因此调查实施起来较为方便，能够有效地缩减调查经费和时间。但是整群抽样中抽样单位的集中，影响了样本单位在总体中的均匀分布，因此抽样误差较大。一般来说，为了减少抽样误差，整群抽样应尽可能多抽一些群，并且这些群应是均匀分布于总体中的。

5. 多阶段抽样

多阶段抽样也称多级抽样或阶段抽样，是将总体单位的整个抽样过程分为两个或更多个阶段进行的。先从总体中抽选若干个大的样本群，称为第一阶段单位，然后从被抽中的若干个大的样本群中，抽选较小的样本单位，以此类推。

在大规模的社会调查中，面对的总体单位数往往很庞大，并且总体范围很广，这时如果只用某一种抽样方式或通过一次抽样来选出样本，不仅工作量大，而且在精度上很难把握。在这种情况下，往往采用多阶段抽样的组织形式。

例如，为了调查某品牌手机的产品售后服务在我国的满意度，可以首先从全国各个省中抽取几个省，然后从抽中的省中抽取若干个城市，从抽中的城市中再抽取若干个县、区，这种抽样方式就是多阶段抽样。

多阶段抽样保持了整群抽样的优点，保证了样本相对集中，从而节约了调查费用。同时，可以根据各阶段单位的分布情况采取不同的抽样方法，以提高抽样的估计效率。另外，对于没有抽到的单位不需要再进行编号或制定抽样框，节约了大量的人力、物力。我国许多全国性的大规模抽样，都采用多阶段抽样的组织形式。

需要指出的是，由于多阶段抽样的每个阶段都会产生抽样误差，因此，即便是大规模的抽样，抽取样本的阶段也应当尽可能地少。

第三节　商品检验的方法

商品检验因项目的不同而不同，需要按照有关标准或技术规定的要求执行。一般而言，商品检验方法有感官检验法、理化检验法。

一、感官检验法

感官检验法是以人体感觉器官作为检验器具，对商品的色、香、味、形、手感、音质、音色等感官质量特性作出判定和评价的检验方法。

感官检验法的优点有以下几点：操作简便、灵活易行、费用节省；不易破坏商品体；不受抽样数量的限制，特别适用于目前还不能用仪器定量评价其感官指标的商品和不具备使用昂贵、复杂仪器进行检验的企业和团体。感官检验法的缺点有以下几点：受鉴定人的生理条件、工作经验及鉴定时的外界环境干扰等限制，使检验结果往往带有主观片面性；感官检验法的结果难以用准确数字来表示，商品质量的表示也只能使用专业术语或记分的方法表示，使用效果差。

适用感官检验法的商品主要有食品、纺织品及服装、乐器等。

（一）感官检验的类别

感官检验依据检验时主要使用的感觉器官，分为视觉检验、嗅觉检验、味觉检验、听觉检验和触觉检验。

1. 视觉检验

视觉检验是通过视觉器官来观察商品的外形、结构、色泽、外观疵点、包装装潢等感官指标，并据此评定商品的质量特性的检验方法。视觉检验在检验日用工业品、纺织品时主要检验其美学特点和表面缺陷，在检验食品时则主要检验其新鲜度、成熟度和加工程度。

如茶叶品质评定中，决定茶叶品质的外形、香气、滋味、汤色和叶底五项指标中的外形、汤色和叶底这三项均需通过视觉检验来评定。外形评定须取样茶于茶盘中，用双手波浪式筛转后，样茶大体分为面张茶、中段茶和下盘茶。先看轻、粗、松、杂的面张茶，再观察重、实、细、紧的中段茶，最后拨开中段茶看细小的下盘茶。最后取一小撮混合均匀的样茶，观察其条索形态、色泽、整碎、净度，与标准样茶进行比较，综合分析，作出外形评定结论。汤色评定主要是对茶汤汤色的深浅、明暗、清浊、新陈等作出评定。叶底评定则是依据叶底色泽的明暗、有无花杂、叶张的软硬、粗嫩、芽头的多少和匀齐程度等得出评定结论。

视觉检验应注意以下几点。

（1）为使检验者对商品外观评定有所依据，应制定相应的样品标准。

（2）检验者应具备丰富的感观检验的知识和经验，并熟悉标准样品各等级的条件、特征和界限。

（3）光线强度应适中。由于视觉检验是用肉眼观察评定商品的外观质量，因此鉴定场所的光线强度是直接影响鉴定结果的重要条件。

2. 嗅觉检验

嗅觉检验是凭借嗅觉器官（鼻）来鉴定商品气味和商品品质的检验方法。嗅觉是由于商品体发散于空气中的物质颗粒作用于鼻腔的嗅觉细胞，产生兴奋后传入大脑皮层引起的感觉。嗅觉检验应用于食品、家用化工用品和香精香料等商品的质量检验。凡品质优良的商品均具有其特有的正常气味或香气。而劣质商品的气味特征也会有所不同，有的乏味，有的则有霉、臭等怪味。正常、无异味是对商品气味的基本要求。对不同的商品，嗅觉检验的内容和要求也相应不同，如茶叶香气检验。茶叶香气检验是将 3 克样茶置于容积为 150 毫升的评审茶杯内，用沸水冲泡 5 分钟，倾茶汤于审茶碗后，评审茶杯中的香气。评审时左手持杯送至鼻下，右手掀开杯盖，半掩半开，反复嗅闻叶底的香气。首先要鉴定香气是否正常，有无异味，继而区别香气类型，最后鉴定香气的持久度。

嗅觉检验的结果能否正确反映商品的品质，除了检验者自身的素质外，检验场所的清洁度（有无异味）也有很大影响。因此进行嗅觉检验时，检验场所、盛样器皿、检验者的手和衣物等均不应有不利于嗅觉检验的异种气味。

3. 味觉检验

味觉检验是凭借人的味觉器官来检查有一定滋味要求的商品品质的过程。味觉是溶解于水或唾液中的物质作用于舌面和口腔黏膜上的味觉细胞，产生兴奋后传入大脑皮层而引起的感觉。基本味觉有酸、甜、苦、辣、咸五种，其中辣味被认为是热觉、痛觉和味觉的混合。食品的滋味和风味是决定食品品质的重要因素，品质正常的食品均具有应有的滋味和风味。同一原料来源的食品，由于加工调制方法的不同，滋味和风味各异。质量变差的食品，滋味必然变差，甚至产生异味。所以味觉检验是评定食品品质的重要手段之一，如茶叶滋味审评。茶叶滋味是决定茶叶品质的五项指标之一，品尝时需用汤匙取少许茶汤入口，使茶汤留在舌上部，通过舌的轻缓转动使茶汤在舌与口腔黏膜间充分接触，然后将茶汤吐出，继而判定滋味类型，滋味的强度水平（淳厚、平淡、乏味、无味），味道滞留度等，并以此对茶叶滋味品级作出判定。

味觉检验应注意被检样品的温度要与对照样品的温度一致，在一些检验细节上必须严格遵循检验规程，如检验前后检验人员必须漱口等。

4. 听觉检验

听觉检验是凭借听觉器官来鉴定商品质量的方法，听觉是通过外界商品的音响刺激耳膜引起大脑神经反映而产生的一种感觉。听觉检验一般用来检验玻璃制品、瓷器、金属制品有无裂痕或其他内在缺陷；评价以声音作为重要指标的乐器、音响装置、家用电器；评定食品的成熟度、新鲜、冷冻程度等。例如，人们在购买鸡蛋时，常将鸡蛋放在耳边轻轻摇动，如有明显晃动声，说明鸡蛋由于放置时间较长，内部蛋清因水分散失而体积收缩，鸡蛋的品质值得怀疑。又如罐头“打检”是判定罐头食品品质行之有效的简易方法，检验人员手持打检杆轻敲罐盖，发出清脆的叮叮声表示品质正常，而发出混浊的声音则属次品。听觉检验需要适宜的环境条件，力求安静，尽量避免外界因素对听觉灵敏度造成干扰。

5. 触觉检验

触觉检验是利用人的触觉器官感受商品，从而对商品品质作出判定的检验方法。触觉是皮肤受到外界刺激而引起的感觉，如触压觉、触摸觉等。触觉检验主要用于检查纸张、塑料、纺织品以及食品和其他日用工业品的表面光滑细致程度、强度、厚度、弹性、紧密程度、软硬等质量特性。人的手指和面部的触觉感受性较强。进行触觉检验时，应注意环境条件的稳定及手指皮肤正常状态的保持。

（二）感官检验的评价分析方法

感官检验的评价分析方法一般分为以下三种。

（1）差别检验。差别检验是用于判定两种样品之间是否存在感官差别的检验，如检验某种商品样品与标准样品在感官特性上是否存在差别。

（2）使用标度和类别检验。使用标度和类别检验是对于两种以上的商品，在采用差别检验确定它们具有明显差别的基础上，为进一步明确差别的大小或估计样品归属的类别而采用的方法。具体方法有排序、量值估计、评分、评估、分类等。

（3）分析或描述性检验。这种评价分析方法要求评价员对构成商品的各个特性指标进行定性、定量描述，尽可能完整地描述商品品质。

知识点滴

如何选购西服、大衣

一、看标注

（1）产品上必须有商标和中文厂名、厂址，由此可了解该企业产品质量的信誉度和知名度。

（2）产品上必须有服装号型标识，以便选择与自己的体形相适宜的规格尺寸。

（3）产品上必须有明确的纤维含量标识，主要是指服装的面料、里料的纤维含量标识，各种纤维含量的百分比应清晰、正确。这样能使消费者更好地了解服装面料质地，挑选自己喜欢的面料，也有利于掌握该西服、大衣的基本价位。因为面料质地是决定西服、大衣价格的重要因素，如羊绒、羊毛、羊驼毛、兔毛及仿毛型化学纤维的价格相差很大。羊绒含量越高，价格就越高。如果产品名称标注为“羊绒大衣”，就一定要看一下产品标识上羊绒的含量是多少，再来衡量是否物有所值。

（4）产品上必须有明确的洗涤标识图形符号及说明，明确洗涤和保养的方法要求，如是否可以水洗或干洗等。这些信息对于购买者保养成衣和获得必要的售后服务都很重要。一旦消费者按照产品标识上规定的洗涤方法进行洗涤、保养后出现问题，就可以与销售商或生产企业联系，并能取得相应的赔偿；如果未按照标识规定洗涤、保养，则一切后果由消费者自己承担。

（5）产品上还要有产品合格证、产品执行标准编号、产品质量等级及其他标识。查看产品上的标识是否齐全，可以衡量评价产品的生产、质量、销售等方面是否规范，以衡量该件产品的可信度。

二、看外观

（1）西服、大衣的主要表面部位应无明显织疵、条痕（主要表面部位指西服、大衣的外露部位）。

（2）西服、大衣的主要缝接部位应无色差（需要在一定的亮度下看色差情况）。

（3）西服、大衣面料和里料结构应紧密。如果面料、里料的结构疏松，会使西服、大衣的接缝部位强力达不到标准规定要求而引起织物纰裂。

（4）西服、大衣面料的花型、倒顺毛应顺向一致。条格面料的服装，主要部位应对称、对齐。

（5）注意西服、大衣上各种辅料、配料的质地，如纽扣是否牢固等。

（6）有黏合衬的表面部位，如领子、驳头、袋盖、门襟处应无脱胶、起泡等现象。

三、试穿

（1）西服、大衣穿在身上，各部位应平整、自然，如衣领的左右对称，肩部平服，袖笼处圆顺，胸部丰满、自然，无裂形，门襟自然下垂成直线，不绞不豁，后背领下平服，后背下摆处不起翘等。

（2）西服、大衣穿在身上，整体上应有舒适感和轻松感。例如，两手前后、上下摆动舒畅，颈部及肩胛部无压迫感或负重感，腋下处无不舒服的感觉等。

（3）西服、大衣穿在身上，各主要部位的规格大小应适宜，如衣长、袖长、肩宽、胸围等处的宽松度适合。规格尺寸的过大、过小都会引起穿着时的不舒服感及外观整体不平服的感觉。

二、理化检验法

理化检验法是在实验室一定环境条件下，利用各种仪器、器具和试剂等手段，运用物理、化学、生物学原理测试商品质量的方法。它主要用来检验商品的成分、结构、物理性质、化学性能、安全性、卫生性等。

理化检验法的优点是可用数据定量表示测定结果，相较于感官检验法，其结论更客观和精确。但该方法对检验设备、仪器要求较为严格，同时对检验人员素质也有较高要求。

理化检验法根据其使用原理，可分为物理检验法、化学检验法和生物学检验法。

（一）物理检验法

物理检验法是运用各种物理仪器、量具对商品的各种物理性能和指标进行测试检验，以确定商品质量的方法。根据测试检验的内容不同，物理检验分为以下几类。

1. 度量衡检验

度量衡检验是利用各种量具、量仪来测定商品的长宽度、细度、厚度、体积、密度、容重、表面光洁度等物理特性的检验方法，如测量纤维的长度、细度，粮谷的容重，水果个体的体积和重量。

2. 力学检验

力学检验是用各种力学仪器测定商品的力学性能的检验方法。这些力学性能包括抗拉强度、抗压强度、抗冲击强度、硬度、弹性、耐磨强度等。商品的力学性能与商品的耐用性密切相关，如水泥的抗压强度是用水泥试样被压碎时试样单位面积（cm^2）所承受的外力表示的，单位为 kg/cm^2。水泥标号表明水泥的抗压强度，如普通水泥有 225、295、325、425、625 等型号。

3. 热学检验

热学检验是使用热学仪器测定商品热学特性的方法。商品的热学特性有沸点、熔点、凝固点、耐热性等。橡胶、塑料制品、玻璃和搪瓷制品、金属制品、化工制品、皮革制品等的热学特性与商品质量相关，如搪瓷制品的耐热性测定，是将搪瓷制品加热到一定温度后，将其迅速投入冷水中，以珐琅层在突然受冷时不致炸裂和脱落的温度表示，温度差越大，表明耐热性越好。

4. 电学检验

电学检验是利用电学仪器测量商品电学特性的检验方法。这些电学特性包括电阻、电容、导电率、介电常数等。电器类商品的电学特性直接决定商品的质量。

5. 光学检验

光学检验是利用光学仪器（光学显微镜、折光仪、旋光仪等）来检验商品光学特性的方法。光学显微镜用于观察商品的细微结构，进而判定商品的使用性能。折光仪用于测定液体的透射率，通过透射率的测定可分析液体商品的品质，如通过测定油脂的透射率可判定油脂的新陈与掺杂情况。旋光仪是通过对旋光性物质（如蔗糖、葡萄糖）的旋光度进行测定，从而判定旋光性物质的纯度。

（二）化学检验法

化学检验法是用化学试剂和仪器对商品的化学成分及其含量进行测定，从而判定商品品质的检验方法。化学检验法按检验手段，分为化学分析法和仪器分析法。

1. 化学分析法

化学分析法是根据检验过程中试样和试剂所发生的化学反应和在化学反应中试样和试剂的用量，鉴定商品的化学组成和化学组成中各成分的相对含量的检验方法。以物质的化学反应为基础的化学分析法是一种传统的化学分析方法，它所需设备简单、准确度高，是其他化学分析方法的基础，又称常规分析法。

2. 仪器分析法

仪器分析法是采用光学、电化学方面较为复杂的仪器，通过测量商品的光学性质、电化学性质来确定商品的化学成分的种类、含量以及化学结构，以判断商品品质的检验方法。仪器分析法分为光学分析法和电化学分析法。光学分析法是通过被测成分吸收或发射电磁辐射的特性差异来进行化学鉴定的。电化学分析法利用被测物的化学组成与电物理量之间的定量关系来确定被测物的组成和含量。仪器分析法适用于微量成分含量的分析。

（三）生物学检验法

生物学检验法主要用于对食品、动植物及其制品、医药类商品进行的检验，它包括微生物学检验和生理学检验。

微生物学检验是对商品中有害微生物存在的种类及其数量进行的检验，它是判定商品卫生质量的重要手段。有害微生物有大肠菌群、致病菌等，它们直接危害人体健康及商品的储存安全。

生理学检验是用于测定食品可消化率、发热量、维生素种类和含量、矿物质含量等指标的检验。生理学检验一般用活体动物进行试验。

第四节　商品的品级

商品品级是依据商品质量确定的商品级别，也是表示商品质量的标志。根据商品质量标准（包括实物质量标准）和实际质量检验标准，一般来说，工业品分三个等级，而食品特别是农副产品、土特产分四个等级，最多达到七个等级，如茶叶、棉花、卷烟等。

商品质量分级在整体上综合反映了我国工业产品质量水平，有助于推动技术和管理进步，有利于促进商品更新换代和质量提高。

一、商品质量等级的划分

按照国家标准 GB/T 12707—1991《工业产品质量分等导则》的有关规定，商品质量水平划分为优等品、一等品和合格品三个等级。

（1）优等品是指商品的质量标准必须达到国际先进水平，且实物质量水平与国外同类产品相比达到近五年内的先进水平。

（2）一等品是指商品的质量标准必须达到国际一般水平，且实物质量水平达到国际同类产品的一般水平。

（3）合格品是指商品的质量按照我国一般水平标准组织生产，实物质量水平达到相应标准的要求。

商品质量等级的评定主要依据商品的标准和实物质量指标的检测结果，由行业归口部门统一负责。

优等品和一等品等级的确认，须有国家级检测中心、行业专职检验机构或受国家、行业委托的检验机构出具的实物质量水平的检验证明。合格品由企业检验判定。

二、商品品级的划分

商品品级的划分方法很多，一般有百分法和限定法两种。

1. 百分法

百分法是将商品各项质量指标规定为一定的分数，重要指标占高分，次要指标占低分。如果各项指标都符合标准要求或认为无瑕可挑的，则打满分，某项指标欠缺则在该项中相应扣分，全部合格为100分。例如，酒的评分方法如下（满分为100分）。

白酒：色10分，香25分，味50分，风格15分。

啤酒：色10分，香20分，味50分，泡沫20分。

葡萄酒：色20分，香30分，味40分，风格10分。

香槟酒：色15分，香20分，味40分，风格10分，气15分。

2. 限定法

限定法是将商品各种疵点规定一定的限量，可分为限定记分法、限定数量和程度法两种。

（1）限定记分法，是将商品各种疵点规定为一定的分数，由疵点分数的总和确定商品等级。疵点分数越高，则商品等级越低。这种方法一般在日用工业品中采用。

（2）限定数量和程度法，是在标准中规定商品每个等级限定疵点的种类、数量和程度。例如，全胶鞋有13项外观指标。鞋面起皱或麻点：一级品稍有，二级品有。鞋面砂眼：一级品不准有，在二级品中，砂眼直径不超过1.5mm、深度不超过鞋面厚度者，低筒鞋限两处，半高筒鞋限四处，但不得集中于下部，弯曲处不许有。此外，还有其他疵点限制要求。在13项外观指标中，如果一级品超过四项不符合要求者，降为二级品，二级品超过六项不符合要求者，则降为不合格品。

知识点滴

冻鸭[①]

1. 概述

冻鸭的出口品种主要分为冻北京填鸭和冻樱桃谷鸭。

冻北京填鸭的出口在我国已有很长时间。北京鸭在北京西郊饲养有两三百年的历史。北京鸭体型比普通鸭大，发育好，成长快，抗病力及环境适应性强。普通鸭的标准体重大体上为1.7kg，而北京鸭为2.5～3.0kg。北京鸭全身羽毛为白色，鸭嘴、腿、蹼均为橙黄色，饲养时每日强制2～3回填饲育肥，故名“填鸭”。

冻樱桃谷鸭是从英国樱桃谷农场引进的新品种（瘦肉型鸭，原种为北京鸭），在我国南方和北方都有饲养。它具有以下几个优点：①瘦肉率高，皮下脂肪薄；②生长速度快，饲料报酬高，按照所要求的饲料配方，饲养47～50天，商品鸭体重平均可达3kg以上，肉料比为1∶2.6～1∶2.7；③抗病力及环境适应性强，我国南方和北方都可饲养，而且死亡率极低；④旱地饲养，尤其适合在沙土地饲养。

2. 加工与卫生要求

宰前管理及卫生要求与冻猪肉相同。屠宰加工工艺流程：从挂鸭到拔毛前等各道工序，应在链条上操作。从宰杀到成品进入冻结库的时间，不得超过1.5h。

3. 出口规格

冻北京填鸭。

（1）带脏冻北京填鸭：口腔屠宰，去毛，带头、翅、爪及内脏，头部弯于翅下，裹以包头纸。肌肉发育良好，除腿、翅外，皮下脂肪布满全身。其按重量分级如下。

一级：每只净重3kg以上。

① 本文整理自中国质检网。

二级：每只净重 2.5～3kg。

三级：每只净重 2～2.5kg。

纸箱装，按重量大小分别装箱，每箱 6 只，每只装一个聚乙烯袋。

（2）去脏冻北京填鸭：口腔屠宰，腋下或肛门开膛，去毛，去内脏，带头、翅、爪，头部弯于翅下，裹以包头纸。肌肉发育良好，除腿、翅外皮下脂肪布满全身。纸箱装，按重量大小分别装箱，每箱 6 只，每只装一个聚乙烯袋。

冻樱桃谷鸭。

（1）冻西装鸭：抹脖屠宰，去毛，去爪，去头，腋下或肛门开膛去内脏，留 1/3 脖皮去脖，每只 1.6～2.2kg，200g 级差分级，每箱 6 只。

（2）冻樱桃谷鸭胸肉：分日式和法式。

日式：去骨带皮带翅根，（2～3）片/袋，分级包装，20kg/箱。

法式：去骨带皮不带翅根和其他皮肉，1 片/袋，（160～280）g/片，每片分级包装，20kg/箱。

（3）冻樱桃谷鸭小胸肉：去筋，排列整齐，2.5kg/块，塑料布包裹，4 块/箱。

（4）冻樱桃谷鸭腿肉：去骨带皮，2 片/袋，纸箱装，20kg/箱。

（5）肉串：15cm 或 13.5cm 竹签串，每串 5 块，20g/串，纸箱装，10kg/箱。

4. 产区及输出对象

我国冻北京填鸭主要产地有北京、天津、辽宁、黑龙江、浙江等省市，主要销往日本、新加坡等国家；冻樱桃谷鸭主要产地有天津、河北、河南、山东、上海等省市，主要销往日本、韩国、俄罗斯、德国、法国等国家。

5. 商品检验及卫生监督

出口冻鸭与出口冻猪肉相同，检验依据按 SN/T 0428—1995《出口冻鸭、冻鹅检验规程》进行。进口冻鸭检验按 GB 16869—2005《鲜、冻禽产品》执行。

第五节　假冒伪劣商品的识别

假冒伪劣商品，是指生产、经销的商品违反了我国现行的有关法律、法规的规定，其质量、性能指标达不到标准规定要求的商品；或是冒用、伪造他人商标，冒用优质产品标志、质量认证标志和生产许可证标识的商品；或是经销已经失去使用价值的商品。

一、生产、销售假冒伪劣商品行为的认定

2011 年原国家质量技术监督局《关于实施〈中华人民共和国产品质量法〉若干问题的意见》，认定了以下八类生产、销售假冒伪劣商品的行为。

（1）生产国家明令淘汰产品，销售国家明令淘汰并停止销售的产品和销售失效、变质产品的行为。国家明令淘汰的产品，指国务院有关行政部门依据其行政职能，按照一定的程序，采用行政的措施，通过发布行政文件的形式，向社会公布自某日起禁止生产、销售的产品。失效、变质产品，指产品失去了原有的效力、作用，产品发生了本质性变化，失去了应有使用价值的产品。

（2）伪造产品产地的行为，指在甲地生产产品，而在产品标识上标注乙地的地名的质量欺诈行为。2019 年 6 月 10 日，绍兴市柯桥区市场监督管理局根据举报线索成功查获一起伪造产地销售日化用品案，对当事人绍兴某贸易有限公司处罚没款 16.97 万元。经查，当事人绍兴某贸易有限公司于 2018 年 12 月 11 日委托李某在日本注册核准“Nusvan for aurora”商

标，并在香港注册露诗凡（香港）科技有限公司。自 2018 年 12 月 18 日起，当事人先后从东莞市某美妆服务器有限公司采购总计货值 20 000 元的产品。当事人对上述产品重新进行包装并粘贴标签及条形码，其中标签标识虚假标注原产国为日本，经销商为露诗凡（香港）科技有限公司。至查获日止，其违法所得共计人民币 40 012.4 元。

（3）伪造或者冒用他人厂名、厂址的行为，指非法标注他人厂名、厂址标识，或者在产品上编造、捏造不真实的生产厂厂名和厂址以及在产品上擅自使用他人的生产厂厂名和厂址的行为。2019 年 4 月 12 日，临澧县市场监督管理局接到四川石油管理局有限公司的投诉举报，临澧县万顺鞭炮原材料经营部销售的标示为“长征牌”注册商标，生产厂家为中国石油西南油气田分公司重庆天然气净化总厂，厂址为重庆长寿桃园新村等内容的硫黄产品为侵权产品。经核实，上述硫黄产品由浏阳市日华烟花原材料加工厂生产，未经该商标持有人许可。

（4）伪造或者冒用认证标志等质量标志的行为，指在产品、标签、包装上，用文字、符号、图案等方式非法制作、编造、捏造或非法标注质量标志以及擅自使用未获批准的质量标志的行为。质量标志包括我国政府有关部门批准或认可的产品质量认证标志、企业质量体系认证标志，以及国外的认证标志等。2019 年 4 月，常德市市场监督管理局对湖南赛科检验有限公司授权认可的分支检测机构开展检验检测机构专项执法检查，发现当事人自 2019 年 1 月以来，未按《检验检测机构资质认定管理办法》和《民用建筑工程室内环境污染控制规范》的规定开展室内环境检测，先后出具了两份室内环境检测报告作为建设单位新建 I 类民用建筑工程验收时所需的必备证明材料。经调查核实，当事人在室内环境检测参数氨的检验过程中使用了过期试剂和未经校准的仪器，而且在民用建筑工程室内环境检测布点方案、采样点数量及样品数量等方面，均不符合规范要求，无法满足、支撑相应检测的开展和判定，从而造成所出具的参数氨的检测数据结果失实。

（5）在产品中掺杂、掺假的行为，指生产者、销售者在产品中掺入杂质或者造假，进行质量欺诈的违法行为。其结果是，致使产品中有关物质的成分或者含量不符合国家有关法律、法规、标准或者合同要求。

（6）以假充真的行为，指以此产品冒充与其特征、特性等不同的他产品，或者冒充同一类产品中具有特定质量特征、特性的产品的欺诈行为。

（7）以次充好的行为，指以低档次、低等级产品冒充高档次、高等级产品或者以旧产品冒充新产品的违法行为。

（8）以不合格产品冒充合格产品的行为。不合格产品是指产品质量不符合《中华人民共和国产品质量法》第二十六条规定的产品。以不合格产品冒充合格产品是指以质量不合格的产品作为或者充当合格产品。2019 年 4 月，台州市仙居县市场监督管理局联合公安部门成功查获一起生产、销售假冒知名品牌洋酒大案，涉案案值 1 500 余万元。经查，当事人王某忠于 2018 年 11 月至 2019 年 3 月，通过微信以 200 元/箱的价格销售黑牌调配型苏格兰威士忌 102 箱、红牌调配型苏格兰威士忌 100 箱，以 1 800 元/箱的价格销售蓝牌调配型苏格兰威士忌 7 箱，销售金额共计 53 000 元。上述洋酒系当事人以“尊尼获加”黑牌、红牌、轩尼诗、人头马及部分散装的低价酒作为原料酒，通过添加色素、香精等添加剂后灌装、封装制成，经浙江宏正检测有限公司抽样检测判定为不合格产品。

知识点滴

网剑行动直指电商不正当竞争

2019 年 6 月 20 日，国家市场监督管理总局发布《关于印发 2019 网络市场监管专项行动（网剑行动）方案的通知》（以下简称《通知》）。《通知》要求，严厉打击电商不正当竞争行为。

《通知》称，以落实《中华人民共和国电子商务法》为统领，规范网络经营行为，净化网络市场交易环境，维护良好网络市场秩序，网络市场监管部际联席会议各成员单位决定于6—11月联合开展2019年网络市场监管专项行动（网剑行动）。

网剑行动的七项重点任务有：着力规范电子商务主体资格；严厉打击网上销售假冒伪劣产品、不安全食品及假药劣药；严厉打击不正当竞争行为；深入开展互联网广告整治工作；依法打击其他各类网络交易违法行为；强化网络交易信息监测和产品质量抽查；落实电子商务经营者责任。

启示：假冒伪劣商品，害人害己，严重扰乱市场经济秩序，必须严惩。

二、假冒伪劣商品的危害

近年来广大消费者及许多企业饱受假冒伪劣商品的坑害之苦。有关调查资料表明，90%以上的消费者和几乎所有名牌产品的生产企业均曾受到假冒伪劣商品的侵扰。当前，我国的假冒伪劣商品有以下几个特点。

（1）假冒伪劣商品品种多，数量大。从生产资料到生活日用品，从内销到外贸出口商品，从一般到高层次消费品，从日常生活用品到高科技产品，假冒伪劣商品几乎无处不在，尤以制作利润高、销售快的假冒名烟、名酒和药品等现象最为严重。

（2）出现区域性"产、供、销"一条龙假冒地，违法活动更具有隐蔽性、流动性。有的地方造假已形成相当规模，有的地方已形成"专业村""集散地""黑窝地"，并有人提供仓库、银行账号、代办运输服务等。这显然是有组织的犯罪活动，具有很强的再生能力和扩散能力。由于境内对造假活动打击严厉，相当一部分造假活动已形成境内外勾结，在境外制造，通过走私再偷运到境内销售的态势，人称"走私假冒商品"。

（3）假冒国外名牌的现象日益突出。

（4）重大的恶性案件增多，违法数额攀升。假冒伪劣商品对消费者及生产厂家的危害主要表现为：侵害名牌商标形象，商品真假难辨使消费者和用户望而生畏；严重影响名牌企业的经济效益；严重败坏出口商品的信誉，对我国国际贸易造成不良的影响；名牌商品被挤出市场，使合法企业面临停产甚至陷入破产倒闭的窘境等。

由于有的生产者和经销者受高利诱惑与驱动，甚至铤而走险；有的生产者和经销者在生产和经销中缺乏严格控制，管理混乱无序；法律、法规不完善，处罚偏轻及地方保护主义等，市场上出现的假冒伪劣商品屡禁不止，造成的危害严重主要表现在以下几个方面。

（1）假冒伪劣商品充斥市场，导致市场商品质量合格率下降。

（2）假冒伪劣商品屡禁不止，严重干扰市场经济秩序，危及深化改革和对外开放的顺利进行。

（3）假冒伪劣商品造成的恶性事故，产生不良的社会影响，已经成为一大社会公害。

（4）假冒伪劣商品泛滥，给国家、集体和个人造成了巨大的经济损失，消费者的合法权益受到严重损害。

（5）假冒伪劣商品影响了我国的对外贸易，既造成重大经济损失，又败坏了我国的声誉。

三、国家关于禁止生产、经销假冒伪劣商品的法律和法规

国家关于禁止生产、经销假冒伪劣商品的法律和法规主要有以下几部：《中华人民共和国产品质量法》《中华人民共和国标准化法》《中华人民共和国计量法》《产品质量监督试行办法》《中华人民共和国食品安全法》《中华人民共和国药品管理法》《中华人民共和国商标法》、全国人大常委会《关于严惩严重破坏经济的罪犯的决定》《中华人民共和国广告法》《个体工商

户条例》《锅炉压力容器安全监察暂行条例》《中华人民共和国种子法》《建筑工程质量管理条例》《中华人民共和国工业产品生产许可证管理条例》等。

四、如何识别假冒伪劣商品

假冒伪劣商品的特征很多，也非常复杂。然而，只要掌握一定规律，认准商品的商标标识，认真查看商品外包装上的标记，注意商品包装、厂名、厂址，仔细观察商品质量和商品包装，假冒伪劣商品是一定能被识别出来的。一般来说，主要有以下几种识别方法。

微视频

六部门公布农村假冒伪劣食品十大典型案例

1. 从产品包装上鉴别

产品或其包装必须具备以下标识：产品质量检验合格证；中文标明的产品名称、生产厂名和厂址；产品规格、等级、主要成分的名称和含量；限期使用的产品，应当在显著位置清晰地标明生产日期和安全使用期或者失效日期；使用不当易造成产品损坏或可能危及人身、财产安全的产品，要有警示标志或中文警示说明。

名优产品大多具备以上标识，而且包装比较科学合理，包装材料讲究，装潢、商标印刷精美，套印精确，光泽度好。而假冒伪劣商品因制造粗陋、工序简单，不具备或部分具备以上标识。应该提醒消费者的是，这些标识都是以中文体现，全部用外文表述的也属于不合格商品。

2. 从商标上鉴别

许多名优产品的商标，由于产品的质量信誉好而久负盛名，也往往成为不法分子假冒的对象。假冒注册商标有这样几种情况：一是完全假冒，名称一样，图案色彩也一样；二是图案相似，名称近似，甚至用同音字，以混淆视听；三是变换商标图案颜色或图案略有差异，名称不同。以上情况只要消费者警惕，仔细观察，是能发现漏洞的。

3. 从标志上识别

商品或其包装上的标志有多种，除了商标以外，还有质量认证标志、生产许可证标志、防伪标志等，在选购商品时应该注意选择有质量标志的商品，并要注意其印刷、制作是否精细、准确。其中防伪标志是近年来正规厂家使用比较多、防伪效果比较好的一种标志，要注意掌握真品防伪标志的特征。

4. 利用感官鉴别

感官鉴别就是利用人的感觉器官，即人的视觉、听觉、嗅觉、味觉、触觉等对商品的包装、结构、外观、色泽、气味等方面进行识别。感官鉴别又称“经验识别”。由于此种方法易受感官的敏锐程度和鉴别经验的影响，所以其结果难免带有主观性。

技能实训

【实训目的】

熟悉商品检验的基本方法。

【实训主题】

商品真假的鉴别。

【实训时间】

本章课堂教学内容结束后的双休日和课余时间，为期一周。或者指导教师另外指定时间。

【背景材料】

福建光泽“武夷山”矿泉水走进全国28个省区市

（据中国经济网2018年7月25日报道）水源取自地下近300米深处的花岗岩裂隙水，蕴涵偏硅酸、钠、钾、钙、镁等几十种矿物质及微量元素，是国际上公认的罕见的低钠低矿化度偏硅酸型优质矿泉水……2016年6月面市“出道”销售的“武夷山”矿泉水，第二年销量突破330万箱、销售额突破亿元，并成功走进全国28个省区市。2018年销量突破800万箱，销售收入突破2亿元。

这瓶“水”来自福建光泽县。光泽，地处闽江源头、武夷腹地，是国家级生态县，境内森林覆盖率达78.85%，拥有178亿立方米水资源，大气环境质量和水环境质量分别达到国家规定的一级和二级标准。

这种矿泉水，源于约1亿年前的花岗斑岩岩石中，偏硅酸含量为35～50mg/L、钠离子含量为2.6～18.8mg/L、溶解性总固体含量为40～160mg/L，是人体最易消化吸收区间，是国际上公认的罕见的低钠低矿化度偏硅酸型优质矿泉水。

现在，“武夷山”矿泉水已服务来自全球的客商嘉宾，成为“清新福建”的又一名片。

【实训过程设计】

（1）指导教师布置学生课前预习背景材料。

（2）将全班同学平均分成几个小组，每组5～6人进行讨论。小组成员每人购买一瓶矿泉水。

（3）根据“背景材料”，对小组购买的矿泉水进行鉴定，并填写表6.1。

表 6.1　矿泉水的鉴定结果

品牌	外观鉴别						口感
	瓶质量	包装	透明度	配料	执行标准		

（4）根据讨论，写出本次购买商品与鉴定商品的体会。

（5）各小组对本次实训进行总结和点评，撰写作为最终成果的《商品学实训报告》。

（6）各小组提交填写“项目组长姓名、成员名单”的《商品学实训报告》。优秀的实训报告在班级展出，并收入本课程教学资源库。

综合练习

一、名词解释

1. 商品检验　2. 感官检验法　3. 理化检验法　4. 抽样　5. 商品品级　6. 假冒伪劣商品

二、多项选择题

1. 商品检验按其检验方所处的位置，可分为（　　）。
   A. 生产检验　B. 破损性检验　C. 非破损性检验
   D. 第三方检验　E. 验收检验
2. 商品检验的依据有（　　）。
   A. 商品质量法规　B. 技术标准　C. 购销合同
   D. 产地　E. 消费者要求
3. 商品质量检验程序一般由（　　）步骤组成。
   A. 定标　B. 抽样　C. 检验
   D. 判定　E. 处理
4. 抽样应坚持的原则有（　　）。
   A. 典型性　B. 代表性　C. 适时性
   D. 先进性　E. 地区性
5. 感官检验法包括（　　）。
   A. 视觉检验　B. 嗅觉检验　C. 味觉检验
   D. 听觉检验　E. 触觉检验
6. 以下属于假冒伪劣商品的有（　　）。
   A. 限时使用而未标失效时间的商品
   B. 有检查合格证而无有关单位销售证明的商品
   C. 冒用优质或认证标志和伪造许可证标志的商品
   D. 未有中文标明商品名称、生产者和产地的商品
   E. 未注明商品的有关知识和使用说明的商品

三、简答题

1. 商品检验的意义是什么？
2. 商品质量检验的依据及基本内容有哪些？
3. 感官检验法和理化检验法各有何优缺点？
4. 什么是抽样？常见的商品抽样方法有哪些？
5. 举例说明你所熟悉的一种商品的感官检验法。
6. 什么是商品的品级？试分析几种主要商品品级划分方法的不同之处。
7. 如何识别假冒伪劣商品？

第七章　商品包装

【学习要点】

- 商品包装的概念和作用
- 商品包装的材料及其特性
- 商品包装的标志
- 商品包装的种类和特点

案例导读

浮夸的外卖包装

（据中国经济网2021年1月7日报道）“外卖的过度包装让我每吃一口都有负罪感，这不是矫情，是真实感受。”最近几天，研二学生杨子（化名）频繁在社交媒体呼吁外卖减少过度包装。“点一份炒饭，里里外外包了四层，吃完之后，餐盒加包装几乎堆满了一个垃圾桶。我们真的需要这么浮夸的外卖包装吗？没有更好的解决办法吗？”

启示：商品包装不仅可以保护商品，还可以美化商品、促进销售。但商品包装也会增加成本、造成浪费。因此，合适的商品包装才是重要的，认识和了解商品包装是商品学的一项重要研究内容。

第一节　商品包装概述

商品包装是指为有形商品在流通过程中保护商品、方便储运、促进销售，按一定的技术方法而采用的容器、材料及辅助物等的总称。它也指为了达到上述目的而采用容器、材料及辅助物的过程中施加一定技术方法的操作活动。

一、商品包装的属性及其功能

（一）商品包装的属性

现代商品包装既具有生产属性又具有艺术属性。商品包装的属性可以从以下几个方面理解。

第一，商品和包装共同组成了统一的商品体。任何一个商品包装，都是人类劳动的凝结，包括物化劳动和活劳动，是社会必要劳动的一部分。商品包装本身具有价值和使用价值，商品包装的价值包含在商品价值中，通过出售商品得到补偿。因此，商品包装具有生产属性。

第二，使用某种材料、按照一定技术方法形成的包装容器是为了在流通和消费领域实现商品的价值和使用价值，它是一种工具和手段，能提高商品价值。这同样决定了商品包装的生产属性。

第三，商品包装是商品生产的一个重要组成部分。绝大多数商品，只有经过包装工序以后才算完成生产过程，包装是任何商品生产的最后一道工序。从这种意义上讲，商品包装不仅是一种物质形态，也是一种技术、经济活动，具有生产属性。

第四，优美的包装装潢是通过画面和文字来表现的，是美化、宣传和介绍商品的主要手段。这决定了商品包装具有艺术属性。

（二）商品包装的功能

商品包装的功能主要有以下五种。

1. 保护商品

商品包装的一个重要功能就是保护包装内的商品不受损伤。为防止商品在空间位移和储存过程中由于破碎、挥发、污染、渗漏等造成数量的减少和质量的变化，包装要选用适宜的包装物料，采用相应的防护措施，从而起到保护商品的作用。

2. 方便物流

合理的包装物料、包装技术、包装标志等，不仅能够在整个物流过程中起到保护商品的作用，同时有利于物流过程中安全装卸、合理运输、科学堆码等物流作业的顺利进行。

3. 促进销售

商品的包装就是企业的面孔，是无声的推销员。精美的商品包装在一定程度上能传递商品信息，促进商品销售。商品包装表面大都标示着某种信息。例如，运输包装上标示着运输标志和储运要求等，销售包装上标示着商标、商品名称、品种、规格、产地、原料成分、性能特点、功能用途以及使用方法、保管储藏方法等有关商品的信息。一些消费品的包装上还标有建议零售价格，从而起到介绍商品、宣传商品、传递相关信息的功能。

销售包装的信息传递与促销功能的延伸就发展成广告宣传、装饰（美化）性包装。包装是商品的“外衣”，它把商品的性能特点、质量特征通过包装优美的造型、色彩、图案和合理的定位来表现、装饰和美化，常给人以美的享受，同时激发消费者的购买欲望和兴趣。尤其是在自选超级市场，包装起到无声推销员的作用。有些包装，当内装商品消费完后还被用作陈设或收藏。例如五粮液酒的十二生肖包装，有的消费者甚至为了积攒其包装而购买这种酒。

透明包装和开窗包装也有独特的信息传递功能。通过透明包装和开窗包装，消费者可以直接看到商品的形象、颜色和质地，达到利用商品本身的形态美去宣传商品和促销的目的。

4. 便利消费

企业在进行包装设计时应考虑如何方便商家经营和消费者使用。例如：包装在运输领域中应方便展销陈列、销售计价以及利用自动售货机等；在消费领域，包装应方便携带、使用、开启、存放以及重新封装等；在用后处置领域，包装应方便回收、处理等。目前市场上各种便携式结构、易开启结构、气压式喷雾结构等包装，都是便利功能的表现形式，虽然它们的价格提高了许多，但仍受到消费者的欢迎。

便利功能的延伸形式是复用功能包装和改用功能包装。复用功能是指包装内的商品用完（卸完）后，包装还可以反复使用；改用功能是指包装内的商品用完后，包装可以改作其他用途。这样不仅扩大了包装的用途，而且能长期发挥包装上广告的宣传效用。

5. 增加价值

消费者认知商品，第一要素是包装。包装的档次习惯上被认为代表着内装商品的质量和档次，人们甚至会以包装的精度高低来判定内装商品的真伪。

包装不仅保护商品体，而且有着美化商品、美化环境、传播文化的作用，并把物质与文化、精神的内涵有机地结合起来。其增加的精神内容也可以转变、体现为包装的价值，并随着商品价值的实现而得到体现。这具体表现在商品附加值的增加上。因此，一种精致、相宜的包装能反衬商品的价值，大大改善商品的形象，使消费者对商品的价值有较高的认可度，进而提高商品的价格，使商品获得增值，同时提高商品的国际竞争力，有利于对外贸易的发展和提高国家的声誉。

二、商品包装的分类

商品包装因商品流通的不同需要和商品本身的不同需要而有不同的种类。为了分析研究不同种类商品包装使用价值的特点，商品包装常按包装在流通中的作用、包装的销售市场、包装材料、包装内容物来分类。

1．按包装在流通中的作用分类

按包装在商品流通过程中的作用，商品包装分为销售包装和运输包装。

销售包装是指以一个商品作为一个销售单元的包装形式，或若干个单体商品组成一个小的整体的包装，亦称为小包装或个包装。销售包装的技术要求是美观、安全、卫生、新颖，易于携带，其印刷、装潢要求较高。销售包装一般随商品销售给顾客，起着直接保护商品、宣传商品和促进商品销售的作用，还可方便商品陈列展销和方便顾客识别选购。

运输包装是指用于安全运输、保护商品的较大单元的包装形式，又称为外包装或大包装，如纸箱、木箱、集合包装、托盘包装等。运输包装一般体积较大，外形尺寸标准化程度较高，坚固耐用，表面印有明显的识别标志，其主要功能是保护商品，方便运输、装卸和储存。

2．按包装的销售市场分类

按销售市场的不同，商品包装分为内销商品包装和出口商品包装。

内销商品包装是指用于国内市场的商品包装，出口商品包装是指用于出口商品的包装。内销商品包装和出口商品包装所起的作用基本相同，但因国内外物流环境和销售市场的不同，它们之间会存在差异。内销商品包装必须与国内物流环境和国内销售市场相适应，要符合我国的国情；出口商品包装则必须与国外销售市场相适应，满足出口国的不同要求。

3．按包装材料分类

以包装材料作为标志分类，是研究商品包装材料的主要分类方法。一般商品包装可分为纸制包装、木制包装、金属包装、塑料包装、玻璃与陶瓷包装、纤维织品包装、复合材料包装和其他材料包装等。复合材料包装是指以两种或两种以上材料黏合制成的包装，主要有纸与塑料、塑料与铝箔和纸、塑料与铝箔、塑料与木材、塑料与玻璃等材料制成的包装。

4．按包装内容物分类

以包装的内容物作为分类标志，商品包装可分为食品包装、土特产包装、纺织品包装、医药品包装、化工商品包装、化学危险品包装、机电商品包装等。

第二节　商品包装材料与包装容器

商品包装材料一般分为主要包装材料和辅助包装材料。纸和纸板、金属、塑料、玻璃、陶瓷、竹木、天然纤维与化学纤维、复合材料、缓冲材料等属于主要包装材料，涂料、黏合剂、油墨、衬垫材料、填充材料、捆扎材料、钉结材料等属于辅助包装材料。

一、包装材料应具备的性能

从现代包装功能的要求来看，包装材料应具有以下几方面的性能。

1. 保护性能

保护性能主要是指保护内装物，防止其变质、损失，保证其质量的性能。包装的保护性能主要取决于包装材料的机械强度，防潮、防水性，耐腐蚀性，耐热、耐寒性，抗老化性，透光及遮光性，透气性，防紫外线穿透性，耐油性，适应气温变化性，卫生安全性，无异味性等。

2. 加工操作性能

加工操作性能主要是指易加工、易包装、易充填、易封合以及适应自动包装机械操作、生产效率高的性能。包装的加工操作性能主要取决于包装材料的刚性、挺力、光滑度、可塑性、可焊性、易开口性、热合性、防静电性等。

3. 外观装饰性能

外观装饰性能主要是指材料的形、色、纹理的美观性，能产生陈列效果，提高商品价格和激发消费者购买欲的性能。包装的外观装饰性能主要取决于包装材料的透明度、表面光泽性、印刷适应性、防静电吸尘性等。

4. 方便使用性能

方便使用性能主要是指便于开启和取出内装物、便于再封闭的性能。包装的方便使用性能主要取决于包装材料的启闭性能、不易破裂、包装容器的结构等。

5. 节省费用性能

节省费用性能主要是指经济合理地选择包装材料，体现在节省包装材料、包装机械设备费、劳动费，降低自身重量，提高包装效率等方面。

6. 易处理性能

易处理性能主要是指包装材料要有利于生态环境保护，有利于节省资源，体现在易回收、可复用、可再生、可降解、易处置等方面。

二、主要包装材料及其性能特点

纸及纸制品、塑料及塑料制品、木材、金属材料、玻璃和复合材料是比较常见的包装材料，当前绿色包装材料也因社会需求而日益受到重视。

1. 纸及纸制品

在包装材料中，纸的用途最为广泛，其品种非常多，如牛皮纸、玻璃纸、植物羊皮纸、沥青纸、瓦楞纸板、蜂窝纸板等。它的特点是价格低、耐摩擦、耐冲击、容易黏合、质地细腻、无毒、无味、不受温度的影响、适用于包装生产机械化。但是，纸的防潮、防湿性能差。

2. 塑料及塑料制品

塑料在整个包装材料中的使用比例仅次于纸和纸板。用于包装的塑料材料主要有聚乙烯、聚丙烯、聚苯乙烯、聚氯乙烯、钙塑材料。塑料包装材料是近年来发展较快的包装材料之一。塑料包括软性的薄膜、刚性的成型材料和纤维材料，具有以下几项优点：物理机械性能优良，具有一定的强度和弹性，耐折叠、耐冲击、抗震动、防潮、防水，能阻隔气体；化学稳定性好，耐酸碱、耐油脂、耐腐蚀；比重较小，属于轻质材料，制成的包装容器重量轻，适应包装轻量化的发展需要；适合采用各种包装新技术，如真空技术、充气技术、拉伸技术、收缩技术、贴体技术、复合技术；具有优良的透明性、表面光泽性、可印刷性和装饰性，为包装装潢提供了很好的条件。

塑料作为包装材料也有其不足之处：强度不如钢铁，耐热性不如玻璃，在外界因素长时间作用下易发生老化；有些塑料在高温下会软化，在低温下会变脆，强度下降；有些塑料带有异味，某些有害成分可能渗入内装物，容易造成污染；易产生静电；塑料包装废弃物处理不当会造成环境污染等。因此，在选用塑料包装材料时要注意以上问题。

3. 木材

木材作为包装材料具有独特的优越性，几乎所有的木材都可以作为包装材料。木材具有特殊的耐压、耐冲击和耐气候的能力，并有良好的加工性能，目前仍是大型和重型商品运输包装的重要材料，也用于包装批量小、体积小、重量重、强度要求高的商品。常用的木制包装容器有木箱（包括胶合板箱和纤维板箱）、木桶（包括木板桶、胶合板桶和纤维板桶）。但由于森林资源的匮乏、环境保护要求、价值高等原因，木材作为包装材料的地位受到冲击，木制包装容器已逐渐减少，正在被其他包装容器取代。

4. 金属材料

金属材料包装所用的材料主要指钢材、铝材及其合金材料。包装用钢材包括薄钢板、镀锌薄钢板、镀锡薄钢板（俗称“马口铁”），包装用铝材有纯铝板、合金铝板和铝箔。金属材料作为包装材料有以下几项优点：具有良好的机械强度，牢固结实，耐碰撞，不破裂，能有效地保护内装物；密封性能优良，阻隔性好，不透气，防潮，耐光，用于食品包装（罐藏）能达到中长期保存的目的；具有良好的延伸性，易于加工成型；金属表面有特殊的光泽，易于进行涂饰和印刷，可获得良好的装潢效果；易于回收再利用，不污染环境。

但是，金属材料成本高，一些金属材料如钢铁的化学稳定性差，在潮湿的大气下易发生锈蚀，遇酸、碱会发生腐蚀，因而限制了其在包装上的应用。钢板通过镀锌、镀锡、镀铝、涂层，可以提高其耐腐蚀性、耐酸碱性。

刚性金属材料主要用于制造运输包装，如桶、集装箱及饮料、食品和其他商品的销售包装，如罐、听、盒。薄钢板桶广泛用于盛装各类食用油脂、石油和化工商品；铝和铝合金桶用于盛装酒类商品和各种食品；镀锌薄钢板桶主要用于盛装粉状、浆状和液体商品；铁塑复合桶适用于盛装各种化工产品及具有腐蚀性、危险性商品；马口铁罐、镀铬钢板罐、铝罐是罐头和饮料工业的重要包装容器；金属听、盒适用于盛装饼干、奶粉、茶叶、咖啡、卷烟等。

软性金属材料主要用于制造软管和金属箔，如铝制软管广泛用于包装膏状化妆品、医药品、清洁用品、文化用品及食品等，铝箔多用于制造复合包装材料，也常用于包装食品、卷烟、药品、化妆品和化学品。

5. 玻璃

玻璃是以硅酸盐为主要成分的无机性材料，玻璃用作包装材料渊源已久，目前玻璃仍是现代包装的主要材料之一。

玻璃本身的优良特性使其作为包装材料具有以下优点：化学稳定性好，耐腐蚀，无毒无味，卫生安全；密封性优良，不透气，不透湿，有紫外线屏蔽性，有一定的强度，能有效地保护内装物；透明性好，易于造型，具有特殊的宣传和美化商品的效果；原料来源丰富，价格低；易于回收复用、再生，有利于环境保护。但玻璃用作包装材料，存在耐冲击强度低、碰撞时易破碎、自身重量重、运输成本高、能耗大等缺点，这限制了玻璃的应用。

目前，玻璃的强化、轻量化技术以及复合技术已有一定发展，加强了对包装的适应性。玻璃主要用来制造销售包装容器，如玻璃瓶和玻璃罐，广泛用于包装酒类、饮料、罐头食品、调味品、药品、化妆品、化学试剂、文化用品。此外，玻璃也用于制造大型运输包装容器，用来存装强酸类产品；还用来制造玻璃纤维复合袋，用于包装化工产品和矿物粉料。

6. 复合材料

复合材料是将两种及两种以上具有不同特性的材料复合在一起，以改进单一包装材料的性能，发挥包装材料更多的优点。常见的复合材料有几十种，广泛利用的有塑料与塑料复合、塑料与玻璃复合、金属箔与塑料复合、纸张与塑料复合以及金属箔、塑料、玻璃复合等。

7. 绿色包装材料

绿色包装材料是近些年包装材料发展的新趋势。绿色包装材料按照环保要求及材料用毕后的归属大致可分为三大类：可回收处理再造的材料；可通过环境降解回归自然的材料；可焚烧回收能量、不污染大气的材料。

三、包装容器

包装容器是包装材料和包装造型相结合的产物，主要有以下几种。

1. 包装袋

包装袋是柔性包装中的重要技术，包装袋的材料是柔性材料，有较高的韧性、抗拉强度和耐磨性。一般包装袋的结构是筒管状结构，一端预先封死，在包装结束后再封装另一端，包装操作一般采用充填操作。包装袋广泛应用于运输包装、商业包装、内装、外装。包装袋一般有以下三种类型。

（1）集装袋。集装袋是一种大容积的运输包装袋，盛装重量在 1t 以上。集装袋的顶部一般装有金属吊架或吊环等，便于铲车或起重机的吊装、搬运。卸货时可打开袋底的卸货孔，即行卸货，非常方便。集装袋适用于装运颗粒状、粉状的货物。集装袋多用聚丙烯、聚乙烯等聚酯纤维纺织而成。由于集装袋装卸货物、搬运都很方便，使装卸效率明显提高，所以近年来发展很快。

（2）一般运输包装袋。一般运输包装袋的盛装重量是 0.5～100kg，大部分是由植物纤维或合成树脂纤维纺织而成的织物袋，或者由几层可挠性材料构成的多层材料包装袋，例如麻袋、草袋、水泥袋，主要用于包装粉状、粒状和个体小的货物。

（3）小型包装袋。小型包装袋又称普通包装袋，这类包装袋盛装重量较轻，通常用单层材料或双层材料制成。对某些具有特殊要求的包装袋，也有用多层不同材料复合而成的。小型包装袋的包装范围较广，液状、粉状、块状和异形物品可采用这种包装。

2. 包装盒

包装盒是介于刚性和柔性包装两者之间的包装技术。包装材料有一定柔性，不易变形，有较高的抗压强度，刚性高于包装袋。包装结构是规则几何形状的立方体，也可裁制成其他形状（如圆盒状、尖角状），一般容量较小，有开闭装置。包装操作一般采用码入或装填，然后将开闭装置闭合。包装盒整体强度不大，包装量也不大，不适合做运输包装，但适合做

视野拓展
常见的包装容器

商业包装、内包装。包装盒适合包装块状及各种异形物品。

3．包装箱

包装箱是刚性包装的重要一类，包装材料为刚性或半刚性材料，有较高强度且不易变形。包装结构与包装盒相同，只是容积、外形都大于包装盒，两者通常以 10 L 为分界。包装箱整体强度较高，抗变形能力强，包装量也较大，适合做运输包装、外包装，包装范围较广，主要用于固体杂货包装。最常见的包装箱是瓦楞纸箱和木箱。

瓦楞纸箱是用瓦楞纸板制成的箱形容器。瓦楞纸箱按外形结构分类，有折叠式瓦楞纸箱、固定式瓦楞纸箱和异形瓦楞纸箱三种；木箱是流通领域常用的一种包装容器，其用量仅次于瓦楞纸箱。木箱主要有木板箱、框板箱、框架箱三种。

4．包装瓶

包装瓶是瓶颈尺寸有较大差别的小型容器，是刚性包装中的一种，包装材料有较高的抗变形能力，刚性、韧性要求一般也较高，个别包装瓶介于刚性与柔性材料之间，瓶的形状在受外力时虽可发生一定程度的变形，但外力一旦撤除，仍可恢复为原来的形状。包装瓶的瓶颈口径远小于瓶身，且在瓶颈顶部开口；包装操作是填灌操作，填灌后将瓶口用瓶盖封闭。包装瓶的包装量一般不大，适合美化装潢，主要用于商业包装、内包装。它主要用于包装液体、粉状货品。包装瓶按外形可分为圆瓶、方瓶、高瓶、矮瓶、异形瓶等若干种。瓶口与瓶盖的封盖方式有螺纹式、凸耳式、齿冠式、包封式等。

5．包装罐（筒）

包装罐（筒）是罐身各处横截面的形状大致相同，罐颈短，罐颈内径比罐身内颈稍小或无罐颈的一种包装容器，是刚性包装的一种。包装材料强度较高，罐体抗变形能力强。包装操作是装填操作，然后将罐口封闭，可做运输包装、外包装用，也可做商业包装、内包装用。包装罐（筒）主要有以下三种。

（1）小型包装罐。这是典型的罐体，可用金属材料或非金属材料制造，容量不大，一般是做销售包装、内包装，罐体可采用各种方式装潢美化。

视野拓展

上海国际包装制品与材料展览会

（2）中型包装罐。这是典型的罐体，容量较大，一般做化工原材料、土特产的外包装，起运输包装作用。

（3）集装罐。这是一种大型罐体，外形有圆柱形、圆球形、椭球形等，卧式、立式都有。集装罐往往是罐体大而罐颈小，采取灌填式操作，灌进作业和排出作业往往不在同一罐口进行，另设卸货出口。集装罐是典型的运输包装，适合包装液状、粉状及颗粒状货物。

第三节　商品包装设计与包装技术

一、商品包装设计

商品包装设计是将美术与自然科学相结合，运用到商品的包装保护和美化方面。它不是广义的美术，也不是单纯的装潢，而是包含科学、艺术、材料、经济、心理、市场等综合要素的多功能的体现。商品包装设计的基本任务是科学、经济地完成商品包装的造型、结构和装潢设计。

（1）包装造型设计。包装造型设计又称形体设计，大多指包装容器的造型。它运用美学原则，通过形态、色彩等因素的变化，将具有包装功能和外观美的包装容器造型以视觉形式表现出来。包装容器必须能可靠地保护商品，必须有优良的外观，还需具有相适应的经济性等。

（2）包装结构设计。包装结构设计是从包装的保护性、方便性、复用性等基本功能和生产实际条件出发，依据科学原理对包装的外部和内部结构进行具体考虑的设计。一个优良的结构设计，应当以有效地保护商品为首要功能，其次应考虑使用、携带、陈列、装运的方便性，还要尽量考虑能重复利用、能显示内装物等功能。

（3）包装装潢设计。包装装潢设计是以图案、文字、色彩、浮雕等艺术形式，突出商品的特色和形象，力求造型精巧、图案新颖、色彩明朗、文字鲜明，装饰和美化商品，以促进商品的销售。包装装潢既是一门实用美术，又是一门工程技术，是实用美术与工程技术的有机结合，并汲取了市场学、消费经济学、消费心理学及其他学科的知识。

一个优秀的包装设计，是包装造型设计、结构设计、装潢设计三者有机的统一，只有这样才能充分地发挥包装设计的作用。

二、销售包装技术

商品包装技术是指为实现商品包装目的和包装要求而采用的包装方法，它直接影响包装的质量与效果。商品包装技术在销售包装和运输包装上有所不同。

销售包装技术是指销售包装操作时所采用的技术和方法。目前，商品销售包装的技术有贴体包装技术、泡罩包装技术、收缩包装技术、拉伸包装技术、真空包装技术、充气包装技术、吸氧剂包装技术等。

1. 贴体包装技术

贴体包装技术是将单件商品或多件商品置于带有微孔的纸板上，用经过加热的软质透明塑料薄膜覆盖，在纸板下面抽真空使薄膜与商品外表紧贴，同时以热熔或胶粘的方法使塑料薄膜与涂黏结剂的纸板黏合，使商品紧紧固定其中。这种技术广泛应用于商品销售包装，它有几个特点：通常形成透明包装，顾客几乎可看到商品体的全部，加上不同造型和精美印刷的彩底，大大增加了商品的陈列效果；能牢固地固定商品，有效地防止商品受各种物理机械作用而损伤，也能在销售中起到防止顾客触摸以及防盗、防尘、防潮等保护作用。贴体包装技术广泛应用于形状复杂、怕压易碎的商品，如日用器皿、灯具、文具、小五金和一些食品。

2. 泡罩包装技术

泡罩包装技术所形成的包装结构主要由两个构件组成：一个是刚性或半刚性的塑料透明罩壳（不与商品贴体），另一个是可用塑料、铝箔或纸板作为原材料的盖板。罩壳和盖板两者可采用黏结、热封合或钉装等方式组合。这种技术广泛应用于药品、食品、玩具、文具、小五金的销售包装。按照泡罩形式的不同，可分为泡眼式、罩壳式和浅盘式三类。泡眼是一种尺寸很小的泡罩，常见的如药片泡罩包装；罩壳是一种用于玩具、文具、小工具的泡罩，类似于贴体包装的形式；浅盘是杯、盘、盒的统称，主要用于食品，如熟肉、果脯、蛋糕的包装。

泡罩包装技术的效果与贴体包装技术基本一样：具有良好的陈列效果，能在物流和销售中起保护作用，可适用于形状复杂、怕压易碎的商品，可以悬挂陈列、节省货位，可以形成成组、成套包装。泡罩包装技术还有不同于贴体包装技术的特点：泡罩包装有较好的阻气性、防潮性、防尘性，用于食品时清洁卫生，可延长货架寿命；对于大批量的药品、食品、小件物品，易实现自动化流水作业；泡罩有一定的立体造型，外观上更吸引人。

3. 收缩包装技术

收缩包装技术是将经过拉伸的塑料薄膜、薄膜套或袋，在考虑其收缩率的前提下，裹包在被包装商品的外表面，以适当的温度加热，薄膜即在其长度和宽度方向上产生急剧收缩，紧紧地包裹住商品。它广泛应用于销售包装，是一种很有前途的包装技术。其特点是：所采用的塑料薄膜通常是透明的，经收缩紧贴于商品，能充分显示商品的色泽、造型，大大增加了商品的陈列效果；所用薄膜材料有一定韧性，且收缩比较均匀，在棱角处不易撕裂；可将零散的多件商品方便地包装在一起，如几罐罐头、几盒磁带等，有的借助于浅盘，可以省去纸盒；对商品具有防潮、防污染的作用，对食品起到一定的保鲜作用，有利于零售，能延长货架寿命；可保证商品在到达消费者手中之前保持密封，能防止启封、偷盗等。

4. 拉伸包装技术

拉伸包装技术用具有弹性（可拉伸）的塑料薄膜，在常温和张力作用下，裹包单件或多件商品，在各个方向上牵伸薄膜，使商品紧裹并密封。它与收缩包装技术的效果基本一样，其特点是：不用加热，适用于怕加热的商品，如鲜肉、冷冻食品、蔬菜等；可以准确地控制裹包力，防止商品被挤碎；由于不需加热收缩设备，可节省设备投资和设备维修费用，并可节约能源。

5. 真空包装技术

真空包装技术是将商品装入气密性好的包装容器，在密封前排出包装内的气体，使密封后的容器内达到一定的真空度，此法也称减压包装技术。真空包装技术的特点是：用于食品包装，能防止油脂氧化、维生素分解、色素变色和香味消失，能抑制某些霉菌、细菌的生长和防止虫害；用于食品软包装，进行冷冻后表面无霜，可保持食品本色，但也往往造成褶皱；用于轻泡工业品包装，能使包装体明显缩小（有的可缩小 50%以上），同时还能防止虫蛀、霉变。

6. 充气包装技术

充气包装技术是将商品装入气密性好的包装容器，在密封前充入一定量的惰性气体，置换内部的空气，从而使密封后容器内仅含少量氧气（1%～2%），故也称气体置换包装技术。这种技术的特点是：用于食品包装，能防止氧化，抑制微生物繁殖和害虫的发育，能防止香气散失、变色等，从而能较大幅度地延长保存期；对于粉状、液状以及质软或有硬尖、棱角的商品都能包装；用于软包装，外观不起褶皱而美观；用于日用工业品包装，能防锈、防霉。但因内部有气体，不适合对商品做进一步的加热杀菌处理。

视野拓展

常用的包装技术

7. 吸氧剂包装技术

吸氧剂包装技术是在密封的包装容器内，使用能与氧气起化学作用的吸氧剂，从而除去包装内的氧气，使内装物在无氧条件下保存。目前吸氧剂包装技术主要用于蛋糕、茶叶等的包装，还用于毛皮、书画、古董、镜片、精密机械零件及电子器材的包装。吸氧剂包装技术的特点是：可杜绝氧气的影响，防止商品氧化、变色、生锈、发霉、遭受虫蛀等；能把容器内的氧气全部除掉，可使商品在包装容器内长时间处于无氧状态；方法简便，不需大型设备。

三、运输包装技术

商品运输包装技术是指在运输包装作业时所采用的技术，常用的有以下几种技术。

（一）一般包装技术

针对商品不同的形态特点而采用的技术，是多数商品都要采用的，因而称为一般包装技术。对于不同形态的商品如何进行包装，一个中心问题是如何合理选择内外包装的形态和尺寸。所以，一般包装技术通常会涉及以下几个方面：内装物的合理置放、固定和加固，对松泡商品应压缩体积，内外包装形状、尺寸的合理选择，外包装的捆扎。

（二）缓冲包装技术

缓冲包装又称防震包装，是为减缓内装物受到冲击和震动而损坏，采取一定防护措施的包装方法。缓冲包装技术的方法主要有妥善衬垫、现场发泡、浮吊包装和机械固定等。

1. 妥善衬垫

衬垫的作用是在包装系统中，为内装物间、内装物与容器之间、包装件与地面、外物之间，受外来冲击、震动作用时，保留适当的缓冲余地和阻力。典型的衬垫方式有全面衬垫、两端与四角和八角的衬垫、侧衬垫与底衬垫等。

家用电器、精密仪器等，常用泡沫塑料衬垫；玻璃、陶瓷器皿等，常在包装箱内加瓦楞纸板衬垫，如瓦楞纸箱制成多层折叠式盛装玻璃器皿与瓷器；或用带有固定内格的塑料箱来盛装瓶装商品；精密仪器、电子产品等包装容器内常塞满防震填充剂，如胶黏丝、木纤维、纤维素填料、泡沫塑料颗粒等。

2. 现场发泡

现场发泡采用泡沫体在现场喷入外包装内成型，能将任何形状的物品包裹住，起到缓冲衬垫的作用。现场发泡适用于玻璃陶瓷制品、各种仪器、家用电器、工艺品和其他不规则商品的包装。

3. 浮吊包装

浮吊包装适用于防震要求较高的商品，如精密仪器、仪表、机电设备等。其方法是将商品放入纸盒，商品与纸盒间各面用柔软泡沫塑料衬垫，盒外用帆布包缝或装入胶合板箱，再用弹簧吊在外包装箱内，使内装物悬浮吊起，通过弹簧及泡沫塑料起缓冲作用。

4. 机械固定

机械固定可用橡胶模压件将物品的金属件连接，把橡胶模压件紧扣在包装箱内。大型工具可利用其底脚孔，经螺栓与箱底或滑木连接固定或木框固定，再将木框拴在箱板上。

（三）防潮包装技术

防潮包装技术是指采用防潮材料对商品进行包装，以隔绝外部空气相对湿度的变化对商品的影响，从而保护商品质量的方法。在具体进行防潮包装时，应注意以下几点。

（1）商品在包装前必须是清洁干燥的，不清洁处应先进行适当的处理，不干燥时应先进行干燥处理。所用缓冲衬垫材料应采用不吸湿或吸湿性小的材料，不干燥时应进行干燥处理。

（2）防潮阻隔性材料具有平滑一致性，无针孔、砂眼，无气泡及破裂等现象。

（3）当产品有尖突部并可能损伤防潮阻隔层时，应预先采取包扎等保护措施。

（4）为防止在运输途中损伤防潮阻隔层材料，应使用缓冲衬垫材料予以卡紧、支撑和固定，并尽量将其放在防潮阻隔层的外部。

（5）尽量缩小内装物的体积和防潮包装的总表面积，尽可能使包装表面积与体积的比率达到最小。

（6）防潮包装尽量做到连续操作，一次性完成包装。若中间要停顿作业，则应采取有效的临时防潮保护措施。

（7）包装场所应清洁干燥，温度不高于 35℃，相对湿度不大于 75%，温度不应有剧烈变化，以避免发生结露现象。

（8）防潮包装的封口，不论是黏合还是热封合，均须良好地密封。

（四）防锈包装技术

防锈包装技术是在运输、储存金属制品与零部件时，为防止其生锈而降低价值或性能所采用的各种包装技术和方法。在进行防锈包装操作时，应注意以下几点。

（1）作业场所的环境应尽量对防锈有利，最好在低湿度、无尘和没有有害气体的条件下进行包装。

（2）进行防锈包装时，特别应使包装内部空气的容积达到最小，这能减少潮气、有害气体和尘埃。

（3）在处理金属包装时，不要沾上指纹、留下指汗，否则要妥善地进行处理。

（4）要特别注意防止包装对象的突出部分和锐角部分的损坏，或因移动、翻倒使隔离材料遭到破坏，因此，在应用缓冲材料进行堵塞、支撑和固定等方面，要比其他一般包装更周密。

（五）防霉包装技术

防霉包装技术是为防止霉菌侵袭内装商品或霉菌的生长污染商品、影响商品质量所采取的一种防护措施，对内装商品起到防霉保护的作用。为使商品和包装不利于霉菌的生长，可以在所用的材料方面，或选用抗菌性强的材料，如金属材料；或改进材料的配方和工艺，以提高其抗霉性，如减少塑料中有利于霉菌生长的增塑剂、稳定剂等有机物质的含量；或加工时在涂布过程中加入防霉剂，杀死或抑制霉菌的生长。

（六）集合包装技术

集合包装技术是将一定数量的商品或包装件，装入具有一定规格、强度和长期周转使用的更大包装容器内，形成一个搬运单元的包装形式。集合包装包括集装箱、集装托盘、集装袋和滑片集装、框架集装与无托盘集装等，其中常见的是集装箱、集装托盘。

集装箱的出现和发展，是包装方法和运输方式的一场革命，它的出现为实现运输管理现代化提供了条件。集装箱有多种类型，按照集装箱的不同用途可分为通用集装箱与专用集装箱两大类；按照集装箱的结构形式可分为保温式集装箱、通风集装箱、冷藏集装箱、敞顶式集装箱、平板式集装箱、罐式集装箱、散装货集装箱、牲畜集装箱、折叠式集装箱、柱式集装箱、挂式集装箱、多层合成集装箱和航空集装箱等；按集装箱的制造材料可分为钢质集装箱、铝合金集装箱、玻璃钢质集装箱。图 7.1 为集装箱式样。

集装托盘又称集装盘，简称“托盘”，是为了便于运输、装卸和储存，在一件或一组货物下面附加一块垫板，板下有脚，形成插口，方便铲车的铲叉插入，便于进行搬运、装卸、堆码作业的集合包装。集装托盘兼备包装容器和运输双重作用，它的最大特点是使装卸作业化繁为简，完全实现机械化；同时可简化单体包装，节省包装费用，保护商品安全，减小损失和污染；还能够进行高层堆垛，合理利用存储空间。集装托盘按其结构形式分为平板式托盘、格式托盘、立柱式托盘、塑料垫块托盘和三合箱式托盘、滑片托盘等。图 7.2 为托盘式样。

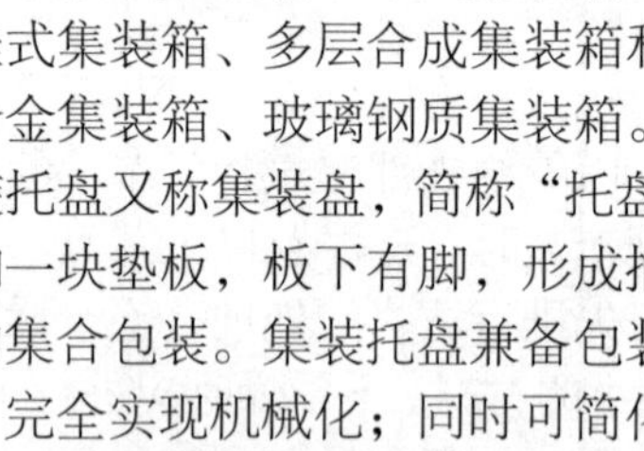

图 7.1　集装箱式样

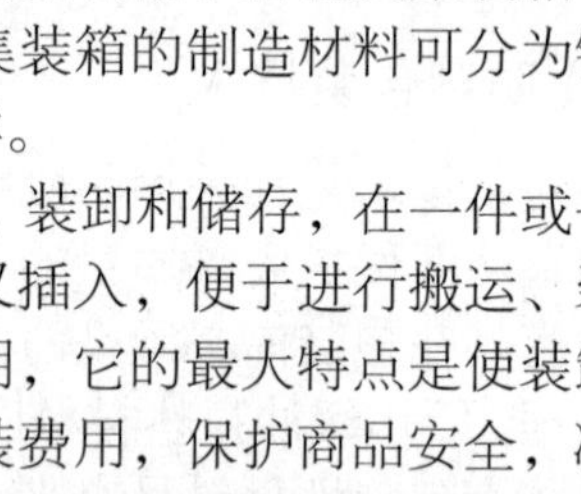

图 7.2　托盘式样

（七）危险品包装技术

危险品有上千种，按其危险性质、交通运输及公安消防部门规定，分为十大类，即爆炸性物品、氧化剂、压缩气体和液化气体、自燃物品、遇水燃烧物品、易燃液体、易燃固体、毒害品、腐蚀性物品、放射性物品。有些物品同时具有两种以上的危险性能。

（1）有毒商品的包装上要明显地标明有毒的标志。防毒的主要措施是包装严密，不漏、不透气。

（2）对于有腐蚀性的商品，要注意避免商品和包装容器发生化学变化。金属类的包装容器要在容器内壁涂上涂料，防止腐蚀性商品对容器的腐蚀。

（3）对于黄磷等易自燃商品的包装，宜将其装入壁厚不小于 1mm 的铁桶中，桶的内壁须涂耐酸保护层，桶内盛水，并使水面浸没商品，桶口严密封闭，每桶净重不超过 50kg。再如遇水引起燃烧的物品，如碳化钙遇水即分解并产生易燃乙炔气体，对其应用坚固的铁桶包装，桶内充入氮气。如果桶内不充氮气，则应装置放气活塞。

（4）对于易燃、易爆商品，如有强烈氧化性，遇有微量不纯物或受热即急剧分解引起爆炸的商品，应采用防爆炸包装。防爆炸包装的有效方法是采用塑料桶包装，然后将塑料桶装入铁桶或木箱中，每件净重不超过 50kg，并应有自动放气的安全阀，当桶内达到一定气体压力时能自动放气。

第四节　商品包装的标准化、合理化与发展趋势

一、商品包装的标准化

商品包装的标准化是指为在一定的范围内获得最佳秩序，对实际的或潜在的问题制定共同的和重复使用的包装标准。包装标准化工作就是制定和贯彻实施包装标准的全过程。目前，我国的商品包装标准主要包括建材、机械、电工、轻工、医疗器械、仪器仪表、中西药、食品、农畜水产、同电、军工等 14 大类。包装标准是以包装为对象制定的标准，具体包括以下内容。

（1）包装基础标准。该标准主要包括包装术语、包装尺寸、包装标志、包装基本试验、包装管理标准。

（2）包装材料标准。该标准包括各类包装材料的标准和包装材料试验方法。

（3）包装容器标准。该标准包括各类容器的标准和容器试验方法。

（4）包装技术标准。该标准包括包装专用技术、包装专用机械、防毒包装技术方法、防锈包装等标准。

（5）商品包装标准。商品包装标准是指为保障商品的储存、运输及销售中的安全和满足科学管理的需要，以包装的有关事项为对象所制定的标准。

（6）相关标准。该标准主要指与包装关系密切的标准，如集装箱技术条件、尺寸，托盘技术条件、尺寸，叉车规格等。

二、商品包装的合理化

商品包装的合理化既包括总体的合理化，这种合理化往往用整体物流的效益与微观包装的效益来统一衡量；也包括包装材料、包装技术、包装方式的合理组合及应用；还包括更大

范围内的如社会法规、废弃物治理、资源利用等有关问题。

（一）商品包装合理化的内容

商品包装合理化的主要内容包括以下方面：①商品包装应根据相应的标准要求，妥善保护包装内的商品，使其数量不发生减少和质量不受损伤；②包装材料及包装容器应当安全无害；③包装容量应当适中，便于物流作业；④包装标志应当简单、醒目、清晰；⑤包装费用应当与内装商品相适应；⑥包装过程中应当节省资源；⑦包装应当便于废弃物的治理，有利于环境保护。

（二）包装合理化应注意的问题

包装合理化应注意以下几个问题。

（1）防止包装不足。由于包装强度不足、包装材料不足等造成商品在流通过程中发生的损耗不可低估。

（2）防止包装过剩。由于包装强度设计过高、材料选择不当而造成包装过剩，这一点尤其在发达国家表现突出。

（3）防止包装成本过高。包装成本过高一方面是指包装成本的支出大大超过了减少损失可能获得的效益，另一方面是指包装成本在物流成本中所占的比例过大，会损害消费者的利益。

（三）影响包装合理化的因素

从电子商务物流总体角度出发，用科学方法确定最优包装。由于电子商务物流各个因素都是可变的，因此包装也在不断发生变化。要确定最优包装，必须与电子商务物流各个因素的变化相适应。对包装产生影响的因素有以下几个。

1. 产品设计

包装合理化应该从源头抓起，产品设计则是包装合理化的源头。传统工业在进行产品设计时，往往主要考虑产品的质量、性能、款式、原材料选用、成本、大小以及紧凑性等，不重视包装合理性、包装材料的节省性，以及搬动、抓取、安装、拆解、装箱、捆包、仓储、运输的方便性。

2. 装卸

不同装卸方法决定不同的包装。目前我国的铁路运输，特别是汽车运输，还大多采用手工装卸，因此包装的外形和尺寸就要适合人工操作。另外，装卸人员作业不规范也会直接引发商品损伤。广州某快递公司的总经理曾谈起这样一件案例：从国外报关进口的一个大木箱，内装精密设备，要求运输途中不能倾斜。当木箱运至客户手中时，客户肯定地认为货物已倾斜了，因为木箱外包装上有一个标识变成了红色——原来，该货物倾斜 45° 时，外包装上的标识就会变色。因此，引进先进装卸技术，提高装卸人员的素质，规范装卸作业标准等，都会相应地促进包装、物流的合理化。

3. 保管

在确定包装时，应根据电子商务物流中商品或货物的不同保管条件和方式，采用与之相适应的包装材料、包装容器、包装技术等，以保护商品或货物的质量。

4. 运输

运输工具的类型、运输距离、道路情况等因素对包装都有影响。我国现阶段存在很多种不同类型的运输方式，如航空的直航与中转、铁路快运集装箱、包裹快件、行包专列等；存在不同的运输工具，如篷布车、密封厢车等。以上不同的运输方式和不同的运输工具对包装都有着不同的要求和影响。

5. 人格因素和环保要求

除了考虑以上因素外，还要考虑人格因素和环保要求。包装的商品要适合携带、陈列、摆放，要美观、大方，兼顾装饰性，有的包装设计还要考虑人的情感性、消费心理等。包装对人体健康不能造成影响，并要便于回收和再生利用，应该强调“绿色包装”意识，提高包装的环保水平。

三、包装的发展趋势

包装作为物流的一个重要组成部分，在物流业的迅速发展过程中迎来了新的机遇和要求。

1. 智能化

物流信息化发展和管理的一个基础条件就是包装智能化，因为在物流活动过程中，信息的传递大部分是通过包装来进行的。也就是说，如果包装上信息量不足或错误，将会直接影响物流管理中各活动的进行。随着物流信息化程度的提高，包装上除了标明内装物的数量、重量、品名、生产厂家、保质期及搬运储存所需条件等信息外，还应粘贴商品条码、流通条码等，以便实现电子数据交换（EDI）。智能化的信息包装，是形成物流信息管理的有力媒介。对于一些大型的昂贵仪器设备的运输，若采用智能材料电流变流体（ERF）设计出运输包装缓冲支座，一方面可以根据流通环境的振动冲击情况实现振动冲击主动控制，起到有效的缓冲防护作用，另一方面这样的缓冲支座还可以重复利用，费用可大大降低。

2. 绿色化

从整个物流过程来看，唯有包装这一环节如此依赖于资源并影响着生态环境。包装工业要消耗大量的资源，增加商品的投入，同时包装废弃物又会导致环境污染等。但包装对产品和物流活动又是必需的，因此研究这种现代包装工业亚效应问题就成为一个重大课题，即对包装绿色化的研究。绿色包装一般应具有五个方面的内涵。

微视频
快递绿色包装

一是实行包装减量化（Reduce）。包装在满足保护、方便、销售等功能的条件下，应是用量最少的。

二是包装应易于重复利用（Reuse），或易于回收再生（Recycle）。通过生产再生制品、焚烧利用热能、堆肥化改善土壤等措施，达到包装再利用的目的。

三是包装废弃物可以降解腐化（Degradable）。包装废弃物最终不形成永久垃圾，进而达到改良土壤的目的。

Reduce、Reuse、Recycle 和 Degradable 即当今世界公认的发展绿色包装的 3R1D 原则。

四是包装材料对人体和生物应无毒无害。包装材料中不应含有有毒元素、病菌、重金属，或这些有毒物质的含有量应控制在有关标准以下。

视野拓展
《绿色包装评价方法与准则》新国标发布

五是包装制品从原材料采集、材料加工、产品制造、产品使用、废弃物回收再生，直到它最终处理的生命全过程，均不应对人体及环境造成危害。

包装绿色化可从两个方面来考虑：一方面资源的索取应尽量降低短缺和贵重资源的消耗，另一方面包装废弃物对环境污染最小或可回收和使之再生成为有用材料。基于这样的要求，人们已提出如管道运输的无垃圾包装、集装运输的活包装、智能材料 ERF 的可重复包装以及可降解材料的无污染包装等理念。

知识点滴

图 7.3 为芬兰的一款绿色包装鲑鱼罐头产品，其外包装为树皮，食用前点燃外包装，外包装燃烧完后鱼也被加热，此时即可食用。

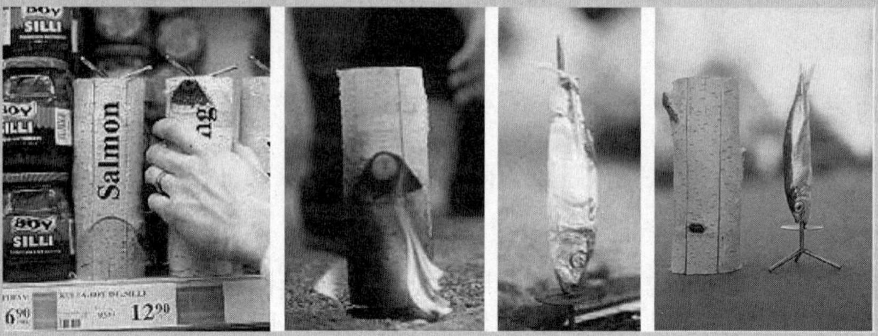

图 7.3　芬兰产树皮包装鲑鱼罐头

3. 标准化

包装标准化包括包装的规格尺寸标准化、包装工业的产品标准化和包装强度的标准化三方面的内容。这里只讨论与物流效率有密切关系的包装的规格尺寸标准化。最先决定包装规格尺寸的标准是产品本身的形状、重量及体积的大小等因素。但是，若把物流作为一个整体研究时，包装的规格尺寸又必须适应运输、装卸等要求，尽量采用与集装箱、集装托盘等集合包装相适应的规格。这正好说明包装生产（规格尺寸）决定流通，同时也体现了流通对包装生产的反作用。对于这种情况，先确定物流模数（即物流集装单元基础尺寸），然后分割物流模数得到包装的规格尺寸系列。这种包装货物的尺寸在装运时没有空间的浪费，利用集装托盘装卸时也有较好的堆码效率。

边学边练

请通过网络，查看《绿色包装评价方法与准则》，了解相关内容，并与周围同学就绿色包装的内涵进行讨论。

4. 方便化

方便功能是包装本身所应具有的，但在物流活动中的配送、流通、加工等环节，对包装的方便性提出了更高的要求，即分装、包装的开启和再封合包装，要求简便。

5. 单元化

单元化的概念包括两个方面。一是对物品进行单元化的包装，将单件或散装物品通过一定的技术手段，组合成规格尺寸相同、重量相近的标准“单元”。“单元”作为一个基础单位，又能组合成更大的集装单元。二是围绕这些已经单元化的物流容器，它们的周边设备包括工厂的工位器具的应用和制造也有一个单元化技术的含义在里面，包括标准化的规格尺寸、模块化的制造技术和柔性化的应用技术。①从运输角度来看，单元化集装所组合的组合体往往又正好是一个装卸运输单位，有利于运输和装卸，如集装托盘或其他集装方式；②从包装的角度来看，单元化是按照一定单元将杂散物品组合包装的形态。由于杂散物品难以像大型的单件物品那样进行处理，而且体积都不大、重量都不重，因此总是需要进行一定程度的组合，才能有利于使用和物流活动的开展。

6. 系统化

包装作为物流的一个组成部分，必须把包装置于物流系统加以研究。如果只片面强调节约包装材料和包装费用，虽然包装费用降低了，但由于包装质量低，在运输和装卸搬运等物流过程中还是会造成包装破损。物流大系统及其他子系统是相互联系、相互制约的，所以只有把作为物流基础的包装子系统与它们紧密衔接、密切配合，才能为物流大系统的经济效益创造最佳条件。

第五节　商品包装标志

为便于商品的流通、销售、选购和使用，商品包装上通常都印有某种特定的文字或图形，用以表示商品的性能、储运注意事项、质量水平等，这些具有特定含义的图形和文字被称为商品包装标志。它的主要作用是便于准确、迅速地识别商品，避免差错，加速流转等。

一、商品销售包装标志

商品的销售包装标志一般指附属于商品销售包装的一切文字、符号、图形及其他说明，主要包括下列内容。

1. 销售包装的一般标志

不同种类商品的销售包装标志的要求和内容也不相同。一般商品销售包装标志的基本内容包括商品名称、生产厂名和厂址、产地、商标、规格、数量或净含量、商品标准或代号、商品条码等。对已获质量认证或在质量评比中获奖的商品，应分别标明相应的标志。另外，随着对环境保护的重视，各国在商品包装方面力求对包装的再生利用，因此对可回收的包装，应该在罐盖上或包装上注明识别标记。

2. 商品的质量标志

商品的质量标志就是在商品的销售包装上反映商品质量的标志。它说明商品达到的质量水平，主要包括优质产品标志、产品质量认证标志、商品质量等级标志等。

3. 使用方法及注意事项标志

商品的种类、用途不同，反映使用注意事项和使用方法的标志也各不相同，如我国服装已采纳的国际通用的服装洗涤保养标志等。

4. 产品的性能指示标志

用简单的图形、符号表示产品的主要性能，如电冰箱用星级符号表示其冷冻室的温度范围。

5. 销售包装的特有标志

销售包装的特有标志指名牌商品在其商品体特定部位或包装上标识的让消费者更加容易

识别本品牌商品的标志。它由厂家自行设计制作，如名牌西服、衬衫、名优酒等都有独特的、精致的特有标志。

6. 产品的原材料和成分标志

产品的原材料和成分标志是指经国家专门机构检验认定后，颁发的证明产品的原材料或成分的标志。目前已实施的属于此类的标志有绿色食品标志、纯新羊毛标志、真皮标志等。

7. 商品使用说明

商品使用说明是一种由文字、符号、图示、表格等分别或组合构成，向消费者传递商品信息和说明有关问题的工具。商品使用说明是商品的组成部分，是保护消费者利益的一种标志。商品使用说明包括使用说明书、商品或包装上的使用说明和说明性标签。

二、商品运输包装标志

运输包装标志是用简单的文字或图形在运输包装外面印刷的特定的记号和说明事项，便于商品的储存、运输和装卸。运输包装标志按表现形式，可分为文字标志和图形标志；按内容和作用，又可分为运输包装收发货标志、包装储运图示标志和危险品货物包装标志等。

1. 运输包装收发货标志

运输包装收发货标志是运输过程中识别货物的标志，也是一般贸易合同、发货单据和运输保险文件中有关标志事项的基本部分。

运输包装收发货标志通常印刷在外包装上，其内容如下。

（1）分类标志（FL）：用几何图形和简单的文字表明商品类别的特定符号。

（2）供货号（GH）：供应该货物的供货清单号码（出口商品用合同号码）。

（3）货号（HH）：商品顺序编号，以便出入库、收发货登记和核定商品价格。

（4）品名规格（PG）：商品名称或代号，标明单一商品的规格、型号、尺寸、花色等。

（5）数量（SL）：包装容器内含商品的数量。

（6）重量（ZL）：包装件的重量（kg），包括毛重和净重。

（7）生产日期（CQ）：商品生产的年、月、日。

（8）生产工厂（CC）：生产商品的工厂名称。

（9）体积（TJ）：包装件的外径尺寸（体积 = 长×宽×高）。

（10）有效期限（XQ）：商品有效期至××××年××月。

（11）收货地点和单位（SH）：货物到达站、港和某单位（人）收。

（12）发货单位（FH）：发货单位（人）。

（13）运输号码（YH）：运输单号码。

（14）发运件数（JS）：发运商品的件数。

上述各项标志中，除了一定要有分类标志，其他各项可合理选用。外贸出口商品根据国外客户的要求，以中、外文对照的形式，印制相应的标志和附加标志。

分类标志的图形，收发货标志的字体、颜色，标志方式，标志位置等，在 GB/T 6388—1986《运输包装收发货标志》标准中均有具体规定，如图 7.4 所示。

2. 包装储运图示标志

包装储运图示标志根据不同商品对物流环境的适应能力，用醒目简洁的图形和文字标明在装卸、运输及储存过程中应注意的事项。GB/T 191—2008《包装储运图示标志》规定了 17 种标志，如图 7.5 所示。

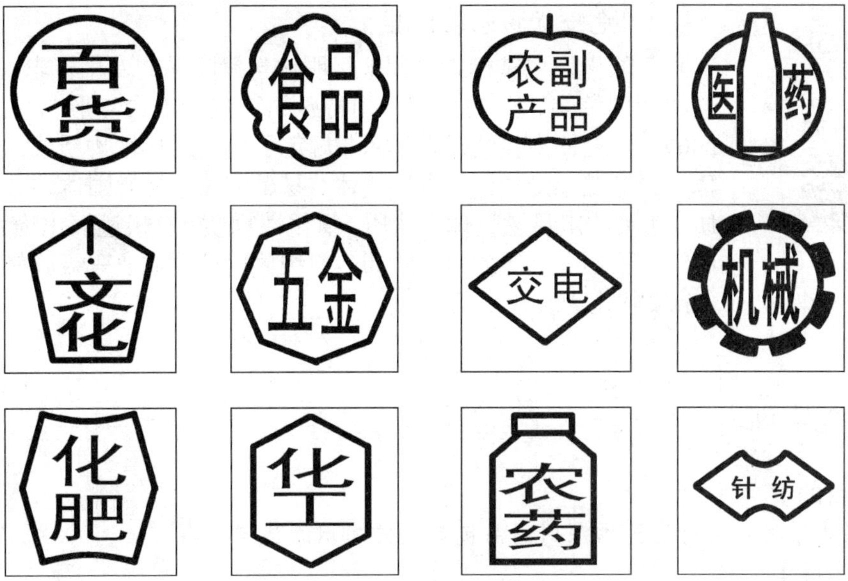

图 7.4　运输包装收发货标志

图 7.5　包装储运图示标志

视野拓展

GB 190—2009

《危险货物包装标志》

3. 危险货物包装标志

危险货物包装标志是用来标明化学危险品的专用标志。为了引起人们的特别警惕，此类标志采用特殊的彩色或黑白菱形图示。GB 190—2009《危险货物包装标志》标准规定了包括爆炸性物质或物品、易燃气体、非易燃无毒气体、毒性气体、易燃液体、易燃固体、易于自燃的物质、遇水放出易燃气体的物质、氧化性物质、有机过氧化物、毒性物质、感染性物质、一级放射性物质、二级放射性物质、三级放射性物质、裂变物质、腐蚀性物质、杂项危险物质和物品。

技能实训

【实训目的】

通过对背景材料进行讨论加深对商品包装相关知识的认识。

【实训主题】

理解商品的重要性，理解商品与市场营销的重要性。

【实训时间】

本章课堂教学内容结束后的双休日和课余时间，为期一周。或由指导教师另外指定时间。

【背景材料】

创意包装让你出奇制胜

有的产品滞销，是由难以预料的外部自然环境和需求环境的突变造成的，但并不影响其主要品质。如果能巧妙利用突变中的有利因素，创意包装，不但能使这类产品摆脱困境，而且还能让它因此更加引人注目，让人喜欢。

美国新墨西哥州有个叫杨格的果园主，因一次突降冰雹，将他果园里的苹果个个打得伤痕累累。就在大家为此唉声叹气时，杨格灵光一现，他马上按合同原价将苹果运往全国各地，与往日不同的是在每个苹果箱里放了一张小纸条，上面写着：亲爱的买主，这些苹果个个受伤。但请看好，它们是冰雹留下的杰作，这正是高原地区苹果特有的标志，品尝后你们就会知道。这一创意包装让买主将信将疑地品尝后，个个喜形于色，他们真切地感受到了高原地区苹果特有的风味。正是这种创意包装的营销，意外地使得杨格这年的苹果比以往任何一年都卖得好。

英国一家足球生产厂商的创意包装营销更让人叫绝。英国有一位妇女向法院控告，说她丈夫迷恋足球已经达到不能容忍的"疯狂"地步，严重影响了他们的夫妻关系，要求生产足球的厂商赔偿她精神损失费10万英镑。精明的厂商却利用这一离谱的案例，大造声势，借由那位妇女的指控，向人们证明该厂生产的足球魅力之大。结果，这一奇特的官司经过创意包装及传媒大肆渲染后，该厂声名远扬，产品销量一下子翻了四倍。

包装是市场的浓缩，是强有力的营销手段，而创意包装更胜一筹。如今商场风云变幻，商家难免会碰到出乎意料的外部恶劣环境。精明的商家借此积极开动脑筋，寻求和把握弱势中的有利因素，发挥创意包装营销的关键作用，达到出奇制胜的效果，有时候还能创造出新的市场奇迹。

【实训过程设计】

（1）指导教师布置学生课前预习背景材料。

（2）将全班同学平均分成几个小组，每组5～6人进行讨论。

（3）根据"背景材料"，讨论商品包装对市场营销的重要性。

（4）根据“背景材料”，讨论你对上述背景材料中的包装还有什么改进的建议。

（5）各小组选取一个国内知名品牌的商品，对该企业的商品包装的演变升级打分，提出包装合理化的发展趋势，撰写作为最终成果的《商品学实训报告》。

（6）各小组提交填写“项目组长姓名、成员名单”的《商品学实训报告》。优秀的实训报告在班级展出，并收入本课程教学资源库。

综合练习

一、名词解释

1. 商品包装　2. 销售包装　3. 运输包装　4. 集合包装　5. 商品包装标志　6. 真皮标志　7. 过度包装

二、多项选择题

1. 商品包装的主要功能有（　　）。
   A. 保护商品　B. 美化商品　C. 便利消费
   D. 促销商品　E. 形成商品使用价值
2. 商品销售包装技术主要有（　　）。
   A. 贴体包装技术与泡罩包装技术　B. 收缩包装技术
   C. 拉伸包装技术　D. 真空包装技术与充气包装技术
   E. 脱氧剂包装技术
3. 包装的发展趋势有（　　）。
   A. 智能化　B. 标准化　C. 绿色化
   D. 方便化　E. 单元化和系统化
4. 商品质量标志主要包括（　　）。
   A. 国家级　B. 国际级
   C. 商品质量等级标志　D. 产品质量认证标志
   E. 优质产品标志

三、简答题

1. 什么是商品包装？商品包装的作用是什么？
2. 销售包装和运输包装在功能上有何区别？
3. 商品包装材料应该具备哪些性能？
4. 常用的商品包装材料有哪些？写出它们性能上的特点。
5. 商品销售包装的技术有哪些？各有何特点？
6. 商品运输包装的技术有哪些？各有何特点？
7. 食品的销售标签主要包括哪些内容？
8. 商品运输包装的标志主要有哪些种类？

第八章　商品储运与养护

【学习要点】

- 商品质量变化的类型和影响因素
- 仓库温湿度及其调控方法
- 商品的霉变、虫蛀、锈蚀和老化等发生的机理及防治措施
- 食品储存中的质量变化、储存原理和储存方法

案例导读

普洱茶的储存与收藏价值

一、普洱茶的储存

在各种茶叶中，普洱茶的保存条件是较宽松的。一般家庭储存普洱茶并不困难：如果存放紧压茶，不要拆包装；如果是散茶，最好存放在紫砂罐里，只要不受阳光直射、环境清洁卫生、通风透气、湿度不太大即可，但一定要远离污染源或其他味源，如香皂、化妆品等，因为茶叶的吸附性非常强。

如果是以投资为目的大量囤积茶叶，这里给出一些小窍门，可以提高茶友对家庭储存普洱茶的品质追求。

陶缸堆陈法：取一广口陶缸，将老茶、新茶掺杂置入缸内，有包装者最好褪除，以利陈化；缸口则以木板、棉布覆盖，使其通风、不落尘、不进异物即可。陶缸堆陈法模拟一个微型茶仓，安排一个适合茶菌生长的环境，让老茶的茶菌顺利繁衍到新茶上，且让新茶的茶气刺激老茶，达到新旧同新、阴阳互补的效果。

茶气调和法：将整片茶饼拆为散茶，置入半斤、一斤装的陶罐中（勿选不透气的金属罐），静置半月后即可取用。这是因为一般的茶饼往往外围松透，中央气强。经过上述“茶气调和法”处置后，即可内外互补，享受到较高品质的茶汤。

总体来说，普洱茶的确具备投资价值，但是普洱茶的储存需要一定的条件：流通的空气、恒定的温度、适合的湿度。若能保证此三点长期稳定，那就能够品尝到自己珍藏多年的普洱茶，一定有一种惬意无比的畅快之感。

二、普洱茶的收藏价值

普洱茶因与现代人的健康生活理念极为贴合而声名鹊起。同时普洱茶越陈越香，这与其他茶品以“新嫩为贵”的理念截然不同。就像茅台陈酿一样，陈化的普洱茶在经济价值上比新茶要提升几个档次，所以普洱茶就具备了作为投资品、收藏品的条件。许多商家也非常愿意经营普洱茶。卖不完的普洱茶，存放到来年还可以再卖，这就更加拉动了普洱茶的收藏市场。

普洱茶可以长期储存和越陈越香的特点，决定了它具有收藏和投资的价值。普洱茶是后发酵茶，存放的年份越久，品质越好，这是其他茶类所不具备的特征。经营普洱茶风险较小，而且卖不出去的茶叶隔年还可以增值，商家都愿意经营。这不仅可以降低普洱茶的经营成本，而且可以带动普洱茶的收藏，促进普洱茶的消费。

启示：事实上，商品储存可以解决产销矛盾，还可能增加商品的价值。但商品在储存期间会发生质量变化，合适的养护方法会起到保护商品质量、降低损耗的作用。

第一节　商品储运概述

商品储运是商品储存和商品运输的总称。商品储存是指商品在生产和流通领域的暂时停留和存放过程，它以保证商品流通和再生产过程的需要为限度。商品运输是指运用适当的运输工具使商品发生位移的过程，商品运输实际上也是短时的储存。商品储存和商品运输是商品流通中的两个重要环节，也是商品采购和销售的根本保证。

一、商品储运的功能

商品储运是商品流通的重要环节之一，它随着物资储存的产生而产生，又随着生产力的发展而发展。现代商品储运的功能已越来越强大，其基本功能主要体现在以下几个方面。

1. 储存功能

现代社会生产的重要特征就是专业化和规模化，劳动生产率极高，产量巨大。绝大多数产品都不能被即时消费，需要经过仓储的手段进行储存，这样才能避免生产过程堵塞，保证生产过程能够持续进行。另外，生产所使用的原材料、半成品等需要有合理的储备，才能保证及时供应，满足生产的需要。

仓储本身是由生产率提高造成的，而仓储的发展又会促进生产率的提高。对于销售过程来说，仓储，尤其是季节性仓储，可以为企业的市场营销创造良机。适当的仓储是市场营销的一种战略，它为市场营销中特别的商品需求提供了缓冲和有力的支持。

2. 调节功能

储运在物流中起到了“蓄水池”的作用，人们的需求所具有的持续性与产品的季节性、批量性生产的集中供给之间，存在着时间上和空间上的矛盾。通过仓储将集中生产的产品进行储存，持续地向消费者提供，才能保证不断满足消费者的需求。

另外，集中生产的产品如果即时推向市场销售，必然造成短时期内产品供给远远大于需求，造成产品价格大幅降低，甚至因无法销售而被废弃。相反，在非供应季节，市场供应量少而价高。只有通过将产品进行储存，均衡地向市场供给，才能稳定市场，有利于生产的持续进行。

3. 保管功能

产品在消费之前必须保持其使用价值，否则将被废弃。这项任务由仓储来承担，在仓储过程中对产品进行养护、管理，防止其损坏而丧失使用价值。例如，水泥受潮易结块，结块后其使用价值就会降低，因此在保管过程中要选择合适的储存场所，采取适当的养护措施。

4. 加工功能

产品在储存期间，保管人可以根据客户的要求对产品的外观、形状、尺寸等进行流通加工，提高产品的附加价值，以促进产品的销售及增加收益。

5. 整合功能

仓库将来自多个制造商的产品或原材料整合成一个单元，进行一票装运，分别对各客户进行集中送货。其好处是可以降低运输成本，并减少由多个供应商向同一客户供货带来的拥挤和不便。

6. 分类和转运功能

分类就是将来自制造商的组合订货分类或分割成个别订货，然后安排适当的运力运送到制造商指定的个别客户。

仓库从多个制造商处运来整车货物，在收到货物后：如果货物有标签，就按客户要求进行分类；如果货物没有标签，就按地点分类，然后货物不在仓库停留直接装到运输车辆上，装满后运往指定的零售店。同时，由于货物不需要在仓库内进行储存，因而降低了货物的搬运费用，最大限度地发挥了仓库装卸设施的功能。

7. 市场信息的传感器

任何产品的生产都必须满足社会的需要，生产者需要把握市场需求的动向。社会仓储产品的变化是生产者了解市场需求极为重要的途径。仓储量减少，周转量加大，表明社会需求旺盛；反之则为需求不足。厂家存货增加，表明其产品需求减少或者竞争力降低，或者生产规模不合适。仓储环节所获得的市场信息虽然滞后，但更准确和集中，且信息成本较低。现代企业特别重视仓储环节的信息反馈，将仓储量的变化作为决定生产的依据之一。

8. 提供信用的保证

在大批量货物的实物交易中，购买方必须检验货物、确定货物的存在和货物的品质方可成交。购买方可以到仓库查验货物。由仓库保管人出具的货物仓单是实物交易的凭证，可以作为给购买方提供的保证。仓单本身可以作为融资工具，可以直接使用仓单进行质押。

9. 现货交易的场所

存货人要转让已在仓库存放的商品时，购买人可以到仓库查验商品取样化验，双方可以在仓库进行转让交割。国内众多批发交易市场，既是有商品储存功能的交易场所，又是有商品交易功能的仓储场所。

二、商品储运合理化

商品储运合理化就是用最经济的办法实现商品储运的功能。商品储运必须有一定的量，才能在一定时期内满足需要，这是商品储运合理化的前提或本质。如果不能保证储运功能的实现，其他问题便无从谈起。但是，储运的不合理又往往表现在对储存功能实现的过分强调，因而过分投入储运力量和其他储运劳动。所以，合理储运的实质是，在保证储运功能实现的前提下采用尽量少的投入。这也是一个投入产出的关系问题。

1. 商品储运合理化的标志

合理储运的内容包括储存量、储存结构、储存时间、储存网络、运输工具、运输方式选择得合理，具体标志有以下几种。

（1）质量标志。质量标志即保证被储物的质量。

（2）数量标志。在保证储运功能实现的前提下，有一个合理的数量范围。

（3）时间标志。在保证储运功能实现的前提下，寻求一个合理的仓储时间。

（4）结构标志。通过被储物不同品种、不同规格、不同花色的仓储数量的比例关系对储运合理性进行判断，尤其是相关性很强的各种货物之间的比例关系更能反映储运合理与否。

（5）分布标志。分布标志指不同地区仓储的数量比例关系，以此判断当地需求比以及对需求的保障程度，也可以此判断对整个物流的影响。

（6）费用标志。综合考虑仓储费、维护费、保管费、运费、损失费、资金占用利息支出等，才能从实际费用上判断储运合理与否。

2. 实现商品储运合理化的措施

实现商品储运合理化的措施主要有以下几点。

（1）实行 ABC 分类法。ABC 分类法是将库存货物按重要程度，细分为特别重要的库存（A 类货物）、一般重要的库存（B 类货物）和不重要的库存（C 类货物）三个等级，针对不同类型级别的货物进行分别管理和控制的方法。

（2）适度集中库存。适度集中库存是利用储存规模优势，以适度集中储存代替分散的小规模储存来实现储运合理化。

（3）采用有效的“先进先出”方式。保证每个被储物的储存期不致过长，“先进先出”是一种有效的方式，也成了仓储管理的准则之一。有效的“先进先出”方式主要有贯通式货架系统储存、“双仓法”储存、计算机存取系统储存等。

（4）提高仓容利用率。通过采取高垛、采用密集货架和窄巷道式通道等方法，合理布局，减少土地占用，提高单位储存面积利用率，降低成本。

（5）采用有效的储存定位系统。储存定位的含义是被储物位置的确定。如果储存定位系统有效，就能大大节约寻找、存放、取出的时间，减少物化劳动及活劳动，而且能防止差错，便于清点及实行订货点等的管理方式。

（6）采用有效的监测清点方法。通过先进的识别、监控系统，及时掌握储存情况，实现管理的现代化。用现代储存保养技术，改善保管条件，提高服务质量。

（7）采用集装箱、集装袋、集装托盘等储运一体化方式。实行供应链管理，减少多余的出入库等储存作业。

（8）运输网络的合理布局。在进行运输网络的布局时，应区别储存型仓库和流通型仓库，应合理设置配送中心。配送中心的设置应有利于货物直送比率的提高。

（9）选择最佳的运输方式。要在各种运输方式中进行综合比较，选择最佳的运输方式。

（10）提高运送效率。提高车辆的运行率和实载率，减少空车行驶，缩短待运时间和装载时间，提高运送效率。

第二节 商品储运管理

一、仓储作业及库存控制与管理

（一）仓储作业

仓储作业有严格的流程和规范，其作业流程如图 8.1 所示。

图 8.1 仓储作业流程

1. 入库

入库作业也称收货作业，它是仓储作业的开始。入库作业是指从商品或货物被运送到仓储中心开始，经过验单、装卸搬运、分类、编码、验收等环节，确认商品或货物后按预定的货位储存入库等一系列的工作过程。入库作业的工作质量，直接影响商品或货物的储存保管以及出库作业等工作的顺利进行。

入库作业的主要任务有：清点商品或货物的数量，检查商品或货物的质量和包装质量；合理地组织各种收货手续与程序；分清厂家、运输部门及仓储部门之间的责任。入库作业的组织过程要做到手续简便，认真把关，保证质量，缩短商品或货物的入库时间，降低入库成本，为商品或货物的有效、合理、及时储存做好充分准备。

2. 储存

储存作业的主要任务在于储存将来要使用或者要出库的货物，且经常要做库存品的检查控制，不仅要善用空间，而且要注意存货的管理。尤其是物流中心的储存与传统仓库的储存营运形态不同，更要注意空间运用的弹性及存量的有效控制。储存的目标主要有空间的最大化利用、劳动力及设备的有效使用、所有货物的随时存取、货物的有效移动和良好保护、良好的管理及沟通。

3. 出库

货物出库业务也称发货业务。它是仓库根据业务部门或存货单位开具的出库凭证，经过审核、备料、拣货、分货等作业直到把货物交给要货单位或发运部门的一系列过程。它是货物仓储作业过程的最后一个环节，也是仓储部门对外的窗口。其业务水平、工作质量在一定程度上反映仓储企业的形象，直接影响企业的经济效益和社会效益。因此，及时准确地做好出库业务工作，是仓储管理的一项重要工作。其主要有以下两个方面的工作。

一是领料单位方面，在填写出库凭证（领料单、提货单、调拨单等）时，对所领货物的品种、规格、型号、数量等项目须写清楚、准确，提取货物的方式须标注清楚。

二是仓库方面，按照程序作业，必须核对检查出库凭证的正误，按凭证上所列货物的品种、规格、型号、数量等项目组织备料，并保证货物及时、准确、完好地发放出去。

（二）库存控制与管理

库存控制与管理，是对制造业或服务业生产、经营全过程的各种物品、产成品以及其他资源进行控制和管理，使其储备保持在经济合理的水平。这是企业根据外界对库存的要求和订购的特点，预测、计划和执行的一种库存行为和对这种行为进行的控制与管理。它的重点在于解决如何订货、订购多少、何时订货等问题。库存控制管理不当会导致库存不足或过剩。库存不足将会错过销售货物的机会，甚至失去客户；而库存过剩则会加大库存的持有成本，因而如何保持一个最佳的库存是企业要考虑的重要问题。目前库存控制与管理常用的方法有ABC分类法、关键因素分析法、定量订货法、定期订货法、经济订货法、准时生产方式管理方法和物料需求计划库存管理方法等。

1. ABC分类法

ABC分类法是由美国的通用电气公司首先提出来的。该公司把这个概念用于库存管理，创立了库存 ABC 三级分析方法，即按占用的空间比例与数量比例，以及占用的成本比例之间的关系将库存分成A、B、C三类。

A类库存：存货单元累计占20%，但成本占总成本80%的物料。

B类库存：存货单元累计占20%～50%，但成本占总成本15%的物料。

C类库存：存货单元累计占50%～100%，但成本占总成本5%的物料。

字母A、B、C代表不同分类，且其重要性递减。对不同的物料采用不同的管理方法。

A类物料：应对物料进行严格的跟踪，精确地计算订货点与订货量，并进行维护。

B 类物料：对物料实施正常的控制，只有在特殊的情况下才赋予较高的重视程度，可按经济批量订购。

C 类物料：对物料尽可能简单地控制，可通过半年或一年一次的盘点来补充大量库存，给予最低的作业有限权控制。

2. 关键因素分析法

有些公司发现，ABC 分类法并不令人满意，因为 C 类物料往往得不到应有的重视。例如，经销鞋的公司会把鞋带列入 C 类物料，但是如果鞋带短缺将会严重影响鞋的销售。一家汽车制造厂商会把螺丝列入 C 类物料，但缺少一个螺丝往往会导致整条生产链停工。因此有些公司采用关键因素分析法（Critical Value Analysis，CVA）。

关键因素分析法的基本思想是把存货按照其关键性分为以下四类。

最高优先级：生产经营中的关键物品或 A 类重点客户的存货，不允许缺货。

较高优先级：生产经营中的基础性物品或 B 类客户的存货，允许偶尔缺货。

中等优先级：生产经营中比较重要的物品或 C 类客户的存货，允许合理范围内缺货。

较低优先级：生产经营中需要，但可替代性高的物品，允许缺货。

关键因素分析法比 ABC 分类法有更强的目的性。

3. 定量订货法

定量订货法是指当库存量下降到预定的最低库存量（订货点）时，按规定数量（一般以经济订货批量为标准）进行订货补充的一种库存控制方法。

4. 定期订货法

定期订货法是按预先确定的订货时间间隔进行订货补充的一种库存管理方法。

5. 经济订货法

经济订货法（Economic Order Quality，EOQ）即通过库存成本分析，求得在库存总成本最小时的每次订购批量，用以解决独立需求物品的库存管理问题。

6. 准时生产方式管理方法

准时生产方式（Just In Time，JIT）也称无库存生产方式，它是 20 世纪 50 年代日本丰田公司提出的一种库存控制与管理的现代管理思想，并取得巨大的成效。

准时生产方式是一种倒拉式管理方式，即逆着生产工序，从消费者需求开始，经过订单—产成品—组件—配件—零件或原材料过程，最后到供应商。

7. 物料需求计划库存管理方法

物料需求计划（Material Requirement Planning，MRP）是美国著名生产管理和计算机应用专家欧·威特和乔·伯劳士在对多家企业进行研究后提出来的。物料需求计划被看作以计算机为基础的生产计划与库存控制系统。其主要内容包括客户需求管理、产品生产计划、原材料计划以及库存记录。物料需求计划库存管理方法主要用于单件小批量或多品种小批量生产的制造企业。这种企业生产多种产品，每种产品经过一系列加工步骤完成。物料需求计划具体工作原理如图 8.2 所示。

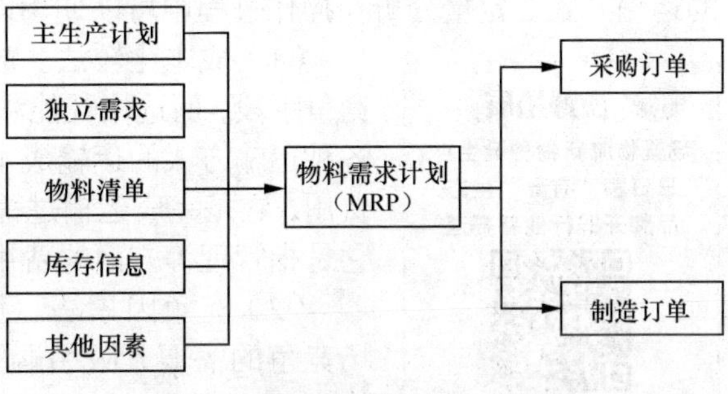

图 8.2　物料需求计划工作原理

物料需求计划的基本原理是由主生产计划和主产品的层次结构逐层逐个地求出主产品所有零部件的出产时间、出产数量。其中：如果零部件由企业内部生产，则需要根据各自的生产时间长短来提前安排投产时间，形成零部件投产计划；如果零部件需要从企业外部采购，则要根据各自的订货期来确定提前发出订货的时间、采购数量，形成采购计划。按照投产计划进行生产或按照采购计划进行采购，就可以实现所有零部件的出产计划，从而不仅能够保证产品的交货期，而且还能降低原材料的库存，减少流动资金的占用。

二、运输方式规划管理

一个现代化的综合运输体系是由铁路、公路、水路、航空、管道五种主要的运输方式以及各种相适应的配套设施组成的。每一种运输方式都有各自的特点和竞争优势。物流企业要进行综合考虑并进行合理规划，具体操作过程中可采取定性分析与定量分析。

1. 定性分析

定性分析就是根据五种运输方式的主要经济特征判定其运输速度、运输工具容量和线路、运输能力、运输成本、环境影响等。定性分析的特点是简单、实用。在涉及一些小规模运输时，可以使用定性分析进行选择。

（1）铁路运输的选择。根据铁路运输的批量大、范围广、运输速度较快、运输费用较低、受气候影响较小等特点，铁路运输比较适用于大宗、笨重货物和杂件货物的中长途运输。

（2）公路运输的选择。根据公路运输的机动灵活、适应性强、能源消耗大、成本高、对空气污染严重、占用土地多等特点，公路运输比较适合短途、零担、门到门运输，特别适合省内或者同一城市内的货物运输。

（3）水路运输的选择。根据水路运输的运输能力强、成本低、速度慢、连续性能源消耗小、土地占用少等特点，水路运输比较适合中长途大宗货物运输、海运等，特别适合国际货物运输。

（4）航空运输的选择。根据航空运输的速度快、成本高、对环境污染严重、运输途径较局限等特点，航空运输比较适合中长途及贵重货物、保鲜货物运输等。对时间要求比较高的贵重或者小件商品一般也适合采用航空运输。

（5）管道运输的选择。根据管道运输的运输能力强、占用土地少、成本低、连续性强等特点，管道运输比较适合长期稳定的流体、气体及浆化固体等的运输，如石油、天然气等的运输。

2. 定量分析

定量分析是对各种运输方式的数量特征、数量关系与数量变化进行分析，以便选择合适的运输方式。定量分析在操作过程中可以使用以下三种方法。

> **视野拓展**
> 场景物流新物种诞生！日日顺“有π”生态品牌开辟行业新赛道

（1）成本比较法。成本比较法是指运输服务中不将运输服务作为竞争手段，而选用既能满足客户需求，又能使总成本最低的运输方式。各种运输方式的运输成本通常由两类成本构成：直接成本，也称直接费用，它是完成运输过程直接发生的费用；间接成本，也称间接费用，它是指管理等方面的费用。

（2）竞争因素法。竞争因素法是指选择运输方式时充分考虑市场竞争的需要，吸引购买方将更大、更多的订单转向提供运输服务的企业。

（3）时间因素法。时间因素法是指考虑时间因素的运输方式选择，运输消费者选择合理的运输方式有利于提高总体物流的合理性。为了使运输消费者科学地选择合理的运输方式，从运输对象（旅客和货物）在整个运输过程中所消耗时间的角度出发，亦即在运输过程中考虑时间价值这一重要因素，使运输对象在实现位移的过程中所消耗的费用最小，从而达到及时、准确、安全、经济的运输目的。

总之，由于运输的需求千差万别，具体环境也各不相同，采用何种方法，要具体问题具体分析，有时是多种运输方式结合使用。

边学边练

浙江德马科技股份有限公司是一家从事自动化物流输送分拣系统、关键设备及其核心部件的研发、设计、制造、销售和服务的公司，是国内物流输送分拣装备领域的领先企业。请登录该公司网站了解其主要核心技术及产品。

第三节　商品储运期间的质量变化

商品在储运期间由于本身的性能特点以及各种外界因素的影响，可能会发生各种各样的质量变化，归纳起来有物理机械变化、化学变化、生理生化变化及生物引起的变化等。研究商品的质量变化，了解商品质量变化的规律及影响商品质量变化的因素，对确保商品安全，防止、减少商品劣变或损失有十分重要的作用。

一、商品的质量变化

商品的物理机械变化、化学变化、生理生化变化及生物引起的变化都可能引起商品的质量变化。

（一）商品的物理机械变化

物理机械变化是只改变物质的外表形态，不改变其本质，没有新物质的生成，并且有可能反复进行的质量变化现象。商品的物理机械变化是指商品在外力作用下发生的形态变化，其结果不是数量损失，就是质量降低，甚至失去使用价值。商品常发生的物理机械变化有挥发、溶化、熔化、渗漏、串味、沉淀、沾污、破碎与变形等。

1. 挥发

挥发是指低沸点的液体商品或经液化的气体商品，在空气中经汽化而散发到空气中的现象。挥发速度与气温、空气流动速度、液体表面接触空气面积成正相关关系。液体商品的挥发不仅会降低商品的有效成分，增加商品损耗，降低商品质量，有些燃点很低的商品还可能引起燃烧或爆炸；有些商品挥发的蒸气有毒性或麻醉性，容易造成大气污染，对人体有害；一些商品受到气温升高的影响体积膨胀，使包装内部压力增大，可能发生破裂。常见易挥发的商品有酒精、白酒、香精、花露水、香水、化学溶剂、医药中的一些试剂，部分化肥、农药和杀虫剂、油漆等。

防止商品挥发的主要措施是加强包装的密封性。此外，要控制库房温度，高温季节要采取降温措施，保持在较低的温度条件下储存商品。

2. 溶化

溶化是指固体商品在保管过程中，吸收空气或环境中的水分达到一定程度时，就会变为液体的现象。常见易溶化的商品有食糖、食盐、明矾、硼酸、甘草流浸膏、氯化钙、氯化镁、尿素、硝酸铵、硫酸铵、硝酸锌及硝酸锰等。

商品溶化后，商品本身的性质并没有发生变化，但由于形态改变，给储存、运输及销售带来很大不便。商品溶化与空气温度、湿度、堆码高度有密切关系。对易溶化商品应按商品性能，分区分类存放在干燥阴凉的库房内，不适合与含水量较大的商品放在一起。堆码时要注意底层商品的防潮和隔潮，垛底要垫得高一些，并采取吸潮和通风相结合的温湿度管理方法来防止商品吸湿溶化。

3. 熔化

熔化是指低熔点的商品受热后发生软化甚至变为液体的变化现象。熔化除了受气温的影响外，还与商品本身的熔点、商品中杂质种类和含量密切相关。商品熔点越低，越易熔化；商品杂质含量越高，越易熔化。常见易熔化的商品有百货中的香脂、蛤蜊油、发蜡、蜡烛；化工商品中的松香、石蜡、粗萘、硝酸锌；医药商品中的油膏、胶囊、糖衣片等。

商品熔化，有的造成商品流失、粘连包装、沾污其他商品；有的因产生熔解热而体积膨胀，使包装破裂；有的因商品软化而使货垛倒塌。预防商品熔化，应选择阴凉通风的库房储存。在保管过程中，一般可采取密封和隔热措施，加强库房的温度管理，防止日光照射，尽量减小温度的影响。

4. 渗漏

渗漏主要是指液体商品发生跑冒滴漏的现象。商品渗漏，除了与包装材料性能、包装容器结构及包装技术有关，还与仓储温度变化有关。例如金属包装焊接不严，受潮锈蚀；有些包装耐腐蚀性差；有的液体商品因气温升高，体积膨胀而使包装内部压力增大进而胀破包装容器；有的液体商品在降温情况下或严寒季节结冰，也会发生体积膨胀现象，引起包装破裂而造成商品损失。因此，对液体商品应加强入库验收、在库商品检查及温度控制和管理。

5. 串味

串味是指吸附性较强的商品吸附其他气体、异味，从而改变商品本来气味的变化现象。具有吸附性、易串味的商品，主要是因为它的成分中含有胶体物质，以及具有疏松、多孔的组织结构。商品串味，与其表面状况，与异味物质接触面积、接触时间，以及环境中异味的浓度有关。

常见的易串味的商品有大米、面粉、木耳、食糖、饼干、茶叶、卷烟等。常见的易引起其他商品串味的商品有汽油、煤油、桐油、腌鱼、腌肉、樟脑、肥皂、化妆品以及农药等。预防商品串味，应对易串味的商品采取密封包装，在储存运输中不与有强烈气味的商品同车船并运或同库储存，同时还要注意运输工具和仓储环境的清洁卫生。

6. 沉淀

沉淀是指含有胶质和易挥发的商品，在低温或高温条件下，部分物质凝固，进而发生下沉或膏体分离的现象。常见的易沉淀的商品有墨汁、墨水、牙膏、雪花膏等。预防商品沉淀，应根据不同商品的特点，防止阳光照射，做好商品夏季降温和冬季保温工作。

7. 沾污

沾污是指商品外表沾有其他脏物、染有其他污秽的现象。商品沾污，主要是由生产、储运中卫生条件差及包装不严所致。对一些外观质量要求高的商品，如绸缎、呢绒、针织品、服装等要注意防沾污，精密仪器、仪表类商品也要特别注意防沾污。

8. 破碎与变形

破碎与变形是指商品在外力作用下所发生的形态上的改变。脆性较大或易变形的商品，如玻璃、陶瓷、搪瓷、铝制品等因包装不良，在搬运过程中受到碰、撞、挤、压和抛掷而易破碎、掉瓷、变形等；塑性较大的商品，如皮革、塑料、橡胶等制品由于受到强烈的外力撞击或长期重压，易丧失回弹性能，从而发生形态改变。对易发生破碎和变形的商品，要注意妥善包装，轻拿轻放，堆垛高度不能超过一定的压力限度。

（二）商品的化学变化

商品的化学变化，是指不仅改变物质的外表形态，也改变物质的本质，并生成新物质的变化现象。商品发生化学变化，严重时会使商品完全丧失使用价值。常见的化学变化有氧化、分解、化合、老化、聚合等。

1. 氧化

氧化（包括锈蚀）是指商品与空气中的氧或其他放出氧的物质接触，发生与氧结合的化学变化。商品氧化不仅会降低商品质量，有的还会在氧化过程中产生热量，发生自燃，有的甚至会引发爆炸事故。容易发生氧化的商品品种比较多，如某些化工原料、纤维制品、橡胶制品、油脂类商品等。

锈蚀是金属制品的特有现象，即金属制品在潮湿空气及酸、碱、盐等作用下被腐蚀的现象。金属制品的锈蚀，会影响制品的质量和使用价值。

2. 分解

分解（包括水解）是指某些化学性质不稳定的商品，在光、热、酸、碱及潮湿空气的影响下，由一种物质分解成两种或两种以上物质的现象。

水解是指某些商品在一定条件下，遇水发生分解的现象。

3. 化合

化合是指两种或两种以上物质互相作用，生成一种新物质的反应。

4. 老化

老化是指高分子材料（如橡胶、塑料、合成纤维等）在储存过程中，受到光、热、氧等外界条件的作用，分子链发生降解和交联等变化，出现发黏、龟裂、变脆、强力下降、失去原有优良性能的变质现象。易老化是高分子材料存在的一个严重缺陷。

5. 聚合

聚合是指某些商品组成中的化学键在外界条件下发生聚合反应，成为聚合体而变性的现象。例如，福尔马林变性、油表面结块均是聚合反应的结果。

（三）商品的生理生化变化及生物引起的变化

生理生化变化是指有生命活动的有机体商品，在生长发育过程中，为了维持它的生命，自身所进行的一系列变化，如粮食、水果、蔬菜、鲜蛋等商品的呼吸作用、发芽、胚胎发育和后熟等。生物引起的变化是指由微生物、仓库害虫以及鼠类等生物造成的商品质量的变化。例如，工业品商品和食品商品的霉变、腐败、遭受虫蛀和鼠咬等。

1. 呼吸作用

呼吸作用是指有机体商品在生命活动过程中，由于氧和酶的作用，体内有机物质被分解，并产生热量的生物氧化过程。

呼吸作用可分为有氧呼吸和缺氧呼吸两种类型。不论是有氧呼吸还是缺氧呼吸，都要消耗营养物质，降低商品的质量。对于一些鲜活商品，缺氧呼吸往往比有氧呼吸消耗更多营养物质。

保持正常的呼吸作用，维持有机体的基本生理活动，有机体商品本身会具有一定的抗病性和耐储性。因此，鲜活商品的储藏应保证它们正常而最低的呼吸，利用它们的生命活性，减小损耗，延长储藏时间。

2. 发芽

发芽是指有机体商品在适宜条件下，冲破“休眠”状态而发生的萌芽现象。发芽的结果会使有机体商品的营养物质转化为可溶性物质，满足有机体本身的需要，从而降低有机体商品的质量。在发芽过程中，通常伴有发热、发霉等情况，这不仅会增加损耗，而且会降低质量。因此对这类商品必须控制它们的水分，并加强温湿度管理，防止发芽现象的发生。

3. 胚胎发育

胚胎发育主要指鲜蛋的胚胎发育。在鲜蛋的保管过程中，当温度和供氧条件适宜时，鲜蛋会发育成血丝蛋、血环蛋。经过胚胎发育的鲜蛋，其新鲜度和食用价值大大降低。为抑制鲜蛋的胚胎发育，必须加强温湿度管理，最好在低温下储藏或截断供氧。

4. 后熟

后熟是指瓜果、蔬菜等食品脱离母株后继续成熟的现象。瓜果、蔬菜等食品的后熟作用，能改进色、香、味以及硬脆度食用性能。但当后熟作用完成后，食品则容易腐烂变质，难以继续储藏甚至失去食用价值。因此，对于这类食品，应在其成熟之前采收并采取控制储藏条件的办法，来调节其后熟过程，以达到延长储藏期、均衡上市的目的。

5. 霉腐

霉腐是商品在霉腐微生物作用下所发生的霉变和腐败现象。在气温高、湿度大的季节，如果仓库的温湿度控制不好，储存的针棉织品、皮革制品、鞋帽、纸张、香烟以及中药材等许多商品就会生霉，鱼、蛋类商品就会腐败发臭，水果、蔬菜就会腐烂，果酒就会变酸，酱油就会生白膜。无论哪种商品，只要发生霉腐，就会受到不同程度的破坏，严重霉腐可使商品完全失去使用价值。有些食品还会因腐败变质而产生有毒物质，引起人畜中毒。对易霉腐的商品在储存时必须严格控制温湿度，做好商品防霉腐工作。

视野拓展

预防粉尘爆炸的安全防范措施有哪些

6. 虫蛀

商品在储存期间，常常会遭到仓库害虫的蛀蚀。经常危害商品的仓库害虫有 40 多种。仓库害虫在危害商品的过程中，不仅会破坏商品的组织结构，使商品发生破碎和产生洞孔，而且会排泄各种代谢废物污染商品，影响商品质量和外观，降低商品的使用价值。

边学边练

青岛海容商用冷链股份有限公司是国内冷链物流的龙头企业。请登录该公司网站，了解其主要冷链产品有哪些。

二、影响商品质量变化的因素

影响商品质量变化的因素有内因和外因两种，内因是变化的根据，外因是变化的条件。影响商品质量变化的内因主要有商品成分、结构和性质，这些内因在食品商品特性、工业品商品特性和纺织品商品特性中进行了较详细的阐述，这里只对影响商品质量变化的外因做一些重点探讨。影响商品质量变化的外因主要有空气中的氧气、日光、微生物、仓库害虫、空气温度、空气湿度、卫生条件和有害气体等。

1. 空气中的氧气

空气中含有 21%左右的氧气。氧气非常活泼，能和许多商品发生反应并对商品质量变化影响很大。例如氧气可以加速金属商品锈蚀；氧气是好气性微生物活动的必备条件，易使有机体商品发生霉腐；氧气是仓库害虫赖以生存的基础，是仓库害虫发育的必要条件；氧气是助燃剂，不利于危险品的安全储存；在油脂的酸败，鲜活商品的分解、变质中，氧气都是积极参与者。因此，在商品养护中，对于受氧气影响比较大的商品，要采取各种方法（如浸泡、密封、充氮等）隔绝氧气。

2. 日光

日光中含有紫外线、红外线等，它对商品起着正反两方面的作用。一方面，日光能够加速受潮商品的水分蒸发，杀死杀伤微生物和商品害虫，在一定程度上有利于商品的保护；但是另一方面，某些商品在日光的直接照射下，会发生质量变化，如日光能使酒类浑浊、油脂加速酸败、橡胶塑料制品迅速老化、纸张发黄变脆、色布褪色、药品变质、相机胶卷感光等。因此，要根据各种不同商品的特性，注意避免或减少日光的照射。

3. 微生物

微生物是商品霉腐的前提条件。微生物在生命活动过程中会分泌各种酶，利用它把商品中的蛋白质、糖类、脂肪、有机酸等物质分解为简单的物质再加以吸收利用，从而使商品受到破坏、变质，丧失其使用价值。同时，在微生物异化作用中，在细胞内分解氧化营养物质产生各种腐败性物质排出体外，使商品产生腐臭味和色斑霉点，影响商品外观，加速高分子材料商品的老化。

常见危害商品的微生物主要是一些腐败性细菌、酵母菌和霉菌。特别是霉菌，它是引起绝大部分日用工业品、纺织品和食品霉变的主要根源，对纤维素、淀粉、蛋白质、脂肪等物质具有较强的分解能力。

微生物的活动需要一定的温度和湿度。没有水分，它是无法生活下去的；没有适宜的温度，它也是不能生长繁殖的。掌握这些规律，就可以根据商品的含水量情况，采取不同的温湿度调节措施，防止微生物生长，以利于商品储存。

4. 仓库害虫

害虫在仓库里，不仅蛀食动植物性商品和包装，有些害虫还会危害塑料、化纤等化工合成商品。此外，白蚁还会蛀蚀仓库建筑物和纤维质商品。害虫在危害商品过程中，不仅会破坏商品的组织结构，使商品发生破碎和产生孔洞，外观形态受损，而且在活动过程中，还会吐丝结茧，排泄各种代谢废物沾污商品，影响商品的质量和外观。

商品如受害虫危害，损失都相当严重。害虫能适应恶劣环境，一般耐热、耐寒、耐饥，并具有一定的抗药性；繁殖力强，繁殖期长，产卵量多，有的一年可繁殖几代；食性广杂，具有杂食性的特点。所以，一经发生虫害，就会造成极严重的后果。

5. 空气温度

气温是影响商品质量变化的重要因素。气温能直接影响物质微粒的运动速度：一般商品在常温或常温以下，都比较稳定；高温能够促进商品的挥发、渗漏、熔化等物理变化及各种化学变化；低温容易引起某些商品的冻结、沉淀等变化；气温忽高忽低会影响商品质量的稳定性。此外，气温适宜时会给微生物和仓库害虫的生长繁殖创造有利条件，加速商品腐败变质和虫蛀。因此，控制和调节仓库内的气温是商品养护的重要工作之一。

6. 空气湿度

空气的干湿程度称为空气湿度。空气湿度的改变，能引起商品的含水量、化学成分、外形或体态结构等的变化。湿度下降，将使商品因放出水分而降低含水量，减轻重量，如水果、蔬菜、肥皂等会发生萎蔫或干缩变形，纸张、皮革制品等失水过多会发生干裂或脆损；湿度增高，商品含水量和重量相应增加，如食糖、食盐、化肥等易溶性商品结块、膨胀或进一步溶化，钢铁制品生锈，纺织品、竹木制品、卷烟等发生霉变或遭受虫蛀等；湿度适宜，可保持商品的正常含水量、外形或体态结构和重量。所以，在商品养护中，必须掌握各种商品的适宜湿度要求，尽量创造适宜的空气湿度。

7. 卫生条件

卫生条件良好是保证商品免于变质腐败的重要条件之一。卫生条件不良，不仅使灰尘、油垢、垃圾、腥臭等污染商品，造成某些外观疵点和异味感染，而且还会为微生物、仓库害虫等创造活动场所。因此，商品在储存过程中，一定要搞好储存环境的卫生工作，保持商品本身的卫生，防止商品之间的感染。

8. 有害气体

大气中的有害气体，主要来自煤、石油、天然气。煤等燃料放出的烟尘和工业生产过程中产生的粉尘、废气（如二氧化碳、二氧化硫、硫化氢、氯化氢和氮化物等气体）会对空气造成污染。

商品储存在有害气体浓度大的空气中，其质量变化明显。例如，二氧化硫气体溶于水能生成亚硫酸，当它遇到含水量较大的商品时，能强烈地腐蚀商品组成中的有机物。在金属电化学腐蚀中，二氧化硫是构成腐蚀的重要介质之一，因此，金属商品必须远离二氧化硫发源地。

第四节　仓库温湿度管理

仓库温湿度管理对商品的储存养护具有重要意义，几乎所有商品的质量变化都与空气温湿度有密切关系。要保养和维护商品质量，就需要明确和掌握如何正确地控制与调节仓库温湿度，以及维持良好的商品存储条件，以确保储存商品的安全。

一、空气温湿度的基本知识

（一）空气温度

空气温度指空气的冷热程度，又称气温。仓库温度的控制既要注意仓库内外的温度（库温和气温），也要注意储存物资的温度（垛温）。

物体温度的升降，取决于外来热能的多少和该物体比热容的大小。热能增加，温度上升；

热能减小，温度下降。

常用的温度单位是摄氏温度（℃）、华氏温度（℉）和绝对温度（K）。它们之间的换算关系为

$$t=(t'-32)\times 5\div 9$$

$$t'=t\times 9\div 5+32$$

$$T=273+t$$

式中，T、t 和 t' 分别为绝对温度、摄氏温度和华氏温度值。

（二）空气湿度

空气湿度指空气中水蒸气的含量。它常以绝对湿度、饱和湿度与相对湿度来表示。

1. 绝对湿度

绝对湿度是指单位容积的空气里实际所含的水蒸气量，一般用“g/m^3”表示。

温度对绝对湿度有直接影响。通常情况下，温度越高，水蒸气蒸发得越多，绝对湿度就越大；相反，绝对湿度就越小。

2. 饱和湿度

饱和湿度表示在一定温度下，单位容积空气中所能容纳的水蒸气量的最大限度。如果越过这个限度，多余的水蒸气就会凝结，变成水滴，此时的空气湿度称为饱和湿度。

空气的饱和湿度不是固定不变的，它随着温度的变化而变化。温度越高，单位容积空气中能容纳的水蒸气量就越多，饱和湿度也就越大。

3. 相对湿度

空气中实际含有的水蒸气量（绝对湿度）距离饱和状态（饱和湿度）程度的百分比称作相对湿度。也就是说，相对湿度是在一定温度下，绝对湿度占饱和湿度的百分比，其公式为

$$相对湿度=\frac{绝对湿度}{饱和湿度}\times 100\%$$

相对湿度越大，表示空气越潮湿；相对湿度越小，表示空气越干燥。在仓库温湿度管理中，检查仓库的湿度大小，主要是观测相对湿度的大小。

空气的绝对湿度、饱和湿度、相对湿度与温度之间有一定的内在联系。在温度不变的情况下：空气的绝对湿度越大，相对湿度越高；绝对湿度越小，相对湿度越低。在空气中水蒸气含量不变的情况下：温度越高，相对湿度越低；温度越低，相对湿度越高。

4. 露点

含有一定量水蒸气（绝对湿度）的空气，当温度下降到一定程度时，所含水蒸气就会达到饱和状态（饱和湿度），并开始液化成水，这种现象称作结露。水蒸气开始液化成水时的温度称作“露点温度”，简称“露点”。如果温度继续下降到露点以下，空气中超饱和的水蒸气就会在商品或其包装表面凝结成水滴，此现象称为“水淞”，俗称商品“出汗”。

当含有水蒸气的热空气进入仓库，遇到冷物体（如金属、地面），使冷物体周围的空气温度降到露点，则空气中的水蒸气就会凝结在冷物体表面。

二、仓库内外温湿度的变化规律

（一）大气温湿度的变化

大气的变化即自然气候的变化，大气的变化规律如下。

1．温度变化的规律

一天之中日出前气温最低，到午后两三点时气温最高。一年之内最热的月份，内陆一般在 7 月，沿海在 8 月；最冷的月份，内陆一般在 1 月，沿海在 2 月。

2．湿度变化的规律

绝对湿度通常随着气温升高而增大，随气温降低而减小。但绝对湿度不足以完全说明空气的干湿程度，相对湿度更能准确反映空气的干湿程度。

相对湿度的日变化和年变化的一般规律如下。相对湿度的日变化，主要取决于气温。当气温升高时，空气中实际水汽量逐渐远离饱和状态，相对湿度减小；当气温降低时，水汽量就逐渐接近于饱和状态，相对湿度增大。一日之中，日出前气温最低时相对湿度最大，日出后相对湿度逐渐降低，到午后两三点达到最低。在一年之内，相对湿度最高的月份一般是七、八月。

普通仓库在温湿度的管理上，要充分利用大气温湿度变化的规律，掌握好通风的时间。

知识点滴

怎样自然通风贮藏柑橘

自然通风贮藏柑橘的具体方法是：将处理后的橘果装入垫有纸或薄膜的果箱，果箱按品字形整齐码堆，每堆不超过 500kg，高不超过 7 层。贮藏期间注意通风换气（10—11 月应日夜开窗，以降温散湿。12 月—次年 2 月要进行适当的通风换气，日最低气温≤4℃时要紧闭门窗，以保温防冻），结合库内洒水等措施，尽可能使库内温度稳定在 6～12℃，湿度保持 85%～95%，方能有效地保持果实新鲜饱满。贮藏后每隔 20～30 天翻果检查 1 次，剔除有腐烂迹象及不耐贮藏的果实。翻果时要轻拿轻放，防止增加新的机械损伤，对烂果应用纸包起，轻轻放入有盖的桶内，带出库外集中深埋；对与烂果接触的果箱及好果要用蘸有 0.2%托布津等消毒液的湿抹布涂擦消毒，防止交叉污染。柑橘贮藏至 3 月以后，库内温度逐渐升高，且二氧化碳、乙烯等气体以及乙醇、乙醛等挥发性物质明显增加，管理上要尽量加强午夜以后的通风降温，必要时在地面喷洒 1%高锰酸钾液，中和有害气体，减缓果实的衰老与腐烂。这种方式可使宽皮橘贮藏到 3 月，使橙类贮藏到 5 月。

（二）库内温湿度的变化

仓库内温湿度变化规律和仓库外基本上是一致的，但是，库外气温对库内气温的影响在时间上需要有一个过程，同时会有一定程度的减弱。所以，一般库内温度变化在时间上滞后于库外，在幅度上小于库外，表现为夜间库内温度比库外高，白天库内温度比库外低。

库内温度的变化与仓库密封性也有很大的关系，同时库内各部位的温度也因库内具体情况而有所差异，工作中要灵活把握。

边学边练

假设某仓库存储的商品对温度不敏感，但对湿度敏感，希望利用自然通风尽可能降低仓库内湿度。请替仓库管理员选择紧闭门窗和开窗通风的时间（假设天气晴好），并说明理由。

夏季中午：________________________________

夏季凌晨：________________________________

冬季中午：________________________________

冬季凌晨：________________________________

三、仓库温湿度的控制与调节

为了维护仓储商品的质量完好，创造适宜于商品储存的环境，当库内温湿度适宜商品储存时，就要设法防止库外气候对库内温湿度的不利影响；当库内温湿度不适宜商品储存时，就要及时采取有效措施调节库内的温湿度。实际工作中通常采用密封、通风和吸潮相结合的方法。

1. 密封

密封，就是把商品尽可能严密地封闭起来，减小外界不良气候对商品的影响，以达到安全储存的目的。

密封方法要和通风、吸潮结合运用，如运用得当可以起到防潮、防霉、防热、防溶化、防干裂、防冻、防锈蚀、防虫等多方面的效果。

密封保管应注意的几个事项：密封前要检查商品质量、温度和含水量是否正常，如发现生霉、生虫、发热、水淞等现象就不能进行密封；发现商品含水量超过安全范围或包装材料过潮，也不宜密封；密封的时间要根据商品的性能和气候情况来决定；怕潮、易溶、易霉的商品，应选择在相对湿度较低的时节进行密封。

常用的密封方法有整库密封、小室密封、按垛密封、货架密封、按件密封等。

2. 通风

空气是从压力大的地方向压力小的地方流动的，气压差越大，空气流动就越快。

通风就是利用库内外空气温度不同而形成的气压差，使库内外空气形成对流，达到调节库内温湿度的目的。库内外温度差距越大，空气流动就越快；若库外有风，借风的压力更能加速库内外空气的对流，但风力亦不能过大（风力超过 5 级灰尘较多）。正确地进行通风，不仅可以调节与改善库内的温湿度，还能及时地散发商品及包装的多余水分。

按通风的目的不同，通风可分为利用通风散热（或增温）和利用通风散潮两种。

（1）利用通风散热。有些商品怕热，但对空气湿度要求不严，如玻璃或塑料桶装的化妆品，以及其他易挥发的液体商品，在湿度高的季节里，只要库外温度低于库内温度，就可以进行通风散热。

（2）利用通风散潮。要根据库内外温度、绝对湿度与相对湿度的对比，在正确判断的基础上才能确定能否通风。由于商品的吸湿性能主要与相对湿度有关，而在一定的湿度下，相对湿度的变化又是由绝对湿度决定的，因此利用通风来降低库内相对湿度时，必须以绝对湿度为依据来对比库内外情况。当库外绝对湿度低于库内时，才能进行通风。为了散发商品包装苫垫材料的水分或地面潮气而进行的通风，必须有干燥的空气，才能达到预期的效果。因此，应在库内相对湿度大于库外，库外相对湿度最小（最好在 70%以下）的条件下进行通风。

3. 吸潮

在梅雨季节或阴雨天，当库内湿度过高，不适宜商品保管，而库外湿度也过高，不宜进行通风散潮时，可以在密封库内用吸潮的办法降低库内湿度。吸潮方法，常采用去湿机吸潮和吸潮剂吸潮两种。

去湿机吸潮是用去湿机把库内的湿空气通过抽风机吸入去湿机冷却器内，使它凝结为水而排出。去湿机一般适宜于储存棉布、针棉织品、贵重百货、医药仪器、电工器材和烟糖类的仓库吸潮。

吸潮剂吸潮是利用一些具有强烈吸湿性能的物质来吸收空气中的水分而达到去湿的目的。仓库中通常使用的吸潮剂有生石灰、氯化钙、硅胶等。

除上述几种调控温湿度的方法外，还可以用气幕隔潮、空调器调温、加湿器加湿等方法调控温度或湿度。

第五节　商品的养护

商品在储存过程中，由于各种外界因素的作用，会发生多种质量变化，如霉变、虫蛀、锈蚀、老化、溶化（熔化）、挥发、破损与变形等。下面重点介绍商品的霉变、虫蛀、锈蚀和老化等发生的机理及防治措施。

一、商品的霉变及防治

商品的霉变是由于霉腐微生物在商品上进行新陈代谢，将商品中的营养物质转变成各种代谢物，引起商品生霉、腐烂、产生异味等质量变化的现象。

对商品影响较大的霉腐微生物主要有细菌、霉菌、酵母菌。细菌主要是破坏含水量较大的动植物食品，酵母菌主要引起含有淀粉、糖类的物质发酵变质，两者对日用工业品也有影响。引起商品霉变的霉腐微生物主要是霉菌，霉菌又有曲霉、毛霉、青霉、根霉之分，霉菌对商品破坏的范围较大。霉腐微生物对商品的危害包括其生长繁殖破坏商品和排泄物污染商品两种情况。

（一）霉腐微生物的生长条件

霉腐微生物的生长繁殖需要一定的条件，当这些条件得到满足时商品就容易发生霉变。霉腐微生物的生长需要下列外界环境条件。

（1）湿度。当湿度与霉腐微生物自身的要求相适应时，霉腐微生物就生长繁殖旺盛；反之，则处于休眠状态或死亡。各种霉腐微生物生长繁殖的最适宜相对湿度，因微生物不同而略有差异。多数霉菌生长的最低相对湿度为80%～90%。在相对湿度低于75%的条件下，多数霉菌不能正常发育。因而通常把75%这个相对湿度称为商品霉变的临界湿度。

（2）温度。霉腐微生物的生长繁殖有一定的温度范围，超过这个范围其生长会滞缓甚至停止或死亡。高温和低温对霉腐微生物生长都有很大的影响。低温对霉腐微生物生命活动有抑制作用，能使其休眠或死亡；高温能破坏菌体细胞的组织和酶的活性，蛋白质产生凝固作用，使其失去生命活动的能力，甚至会很快死亡。霉腐微生物中大部分是中温性微生物，其最适宜的生长温度为20～30℃，在10℃以下不易生长，在45℃以上停止生长。

（3）光线。日光对多数微生物都有影响，主要是日光中的紫外线能强烈破坏微生物细胞和酶。多数霉腐微生物经日光直射1～4h就能大部分死亡。

（4）空气成分。有些微生物特别是霉菌，需要在有氧条件下才能正常生长，二氧化碳浓度的增加不利于微生物生长，甚至导致其死亡。也有一些微生物是厌氧型的，它们不能在有氧气或氧气充足的条件下生存。通风可以防止部分商品霉变，主要是防止厌氧型微生物引起的霉变。

（二）常见的易霉变商品

霉腐微生物的生长需要一定的条件，由于商品本身的特点，有些商品比较容易达到这些条件，有些商品很难达到这些条件，前者容易发生霉变，后者则不容易发生霉变。一般来说，含糖、蛋白质、脂肪等有机物质的商品在养护不当时最易发生霉变。常见易发生霉变的商品如下。

（1）食品类商品。食品类商品中容易发生霉变的有糖果、糕点、饼干、罐头、饮料、酱醋和香烟等。这些商品的原料、再制品、半制品和成品都易沾染微生物而发生霉变。此外，食品包装材料和商标纸发霉的情况也并不少见。这不仅影响商品的外观，也影响其内在质量。

（2）纺织原料及其制品。棉、毛、麻、丝等天然纤维及其制品，在一定的温湿度条件下，很容易生霉。化纤织品也会滋生霉腐微生物，属于会发生霉变的商品。

（3）纸张及其制品。各种纸张及其制品含有大量的纤维素，能够被微生物利用，当温度和湿度适宜时极易发生霉变。

（4）橡胶和塑料制品。橡胶内含有微生物可以利用的营养成分，同时无论是橡胶还是塑料制品，在加工过程中都加入了添加剂，其中有些添加剂容易被霉腐微生物危害，造成商品霉变。

（5）日用化学品。在日用化学品中，最易发生霉变的是化妆品。由于其配料大多是甘油、硬脂醇、单硬脂酸甘油酯、白油及水等，是许多微生物的良好培养基地，所以它是一类很容易发生霉变的商品。

（6）皮革及其制品。皮革是由蛋白质组成的，表面修饰时又添加了一些微生物可利用的营养成分，一旦温湿度适宜，微生物就会在上面繁殖，从而对皮革及其制品产生严重的破坏作用。尤其在春夏季节，特别是梅雨季节，皮革及其制品容易长霉。

（7）工艺美术品。工艺美术品的种类繁多，所涉及的原料很广，如竹制品、木制品、草制品、麻制品等。由这些原料制造的工艺美术品在运输、储藏过程中都可能发生霉变。

此外，一些文娱和体育用品、光学仪器、电子产品、电器产品、录音带、录像带、感光胶片、药品等，在适宜的温湿度条件下也容易发生霉变。

（三）商品霉变的防治

商品在某些霉腐微生物的作用下，易引起商品生霉、腐烂或腐败的现象。因此，必须采取适当的方法，对商品霉变进行防治。

1. 加强库存商品的管理

通过加强库存商品的管理来防治霉变主要应做好以下工作。

（1）加强入库验收。易霉变商品入库，首先应检验其包装是否潮湿，商品的含水量是否超过安全水分。

（2）加强仓库温湿度管理。根据商品的不同性能，正确地运用密封、吸潮及通风相结合的方法，控制好库内的温湿度。特别是在梅雨季节，要将相对湿度控制在不适宜于霉菌生长的范围内。

（3）选择合理的储存场所。易霉变商品应尽量安排在空气流通、光线较强、比较干燥的仓库，并应避免与含水量大的商品储存在一起。

（4）合理堆码，下垫隔潮材料。商品堆垛不应靠墙靠柱。

（5）商品进行密封。

（6）做好日常的清洁卫生工作。

2. 化学药剂防霉

防霉最主要的方法是使用防霉剂。防霉剂能使微生物菌体蛋白凝固、沉淀、变性；破坏酶系统，使酶失去活性，影响细胞呼吸和代谢；改变细胞膜的通透性，使细胞破裂、解体。低浓度防霉剂能抑制霉腐微生物生长，高浓度就会使其死亡。

有实际应用价值的防霉剂需具有以下特点：低毒、广谱、高效、长效、使用方便和价格低廉；适应商品加工条件、应用环境，与商品其他成分有良好相容性，不降低商品性能，在储存、运输中稳定性好等。

防霉剂的使用方法主要有以下几种：①添加法，将一定比例的防霉剂直接加入材料或制品中；②浸渍法，将制品在一定温度和一定浓度的防霉剂溶液中浸渍一定时间后晾干；③涂布法，将一定浓度的防霉剂溶液用刷子等工具涂布在制品表面；④喷雾法，将一定浓度的防霉剂溶液均匀地喷洒在材料或制品表面；⑤熏蒸法，将挥发性防霉剂的粉末或片剂置于密封包装内，通过防霉剂的挥发成分防止商品生霉。

3. 商品防霉的其他方法

商品防霉常用的其他方法有以下几种。

（1）气调储藏防霉。在密封条件下，通过改变空气成分，主要是创造低氧（5%以下）环境，抑制微生物的生命活动和生物性商品的呼吸。

（2）紫外线防霉。目前应用的紫外线灯辐射的是253.8μm的紫外线，其灭菌作用强而稳定。但紫外线穿透力弱，易被固形物吸收，因而其使用范围受到限制。

（3）微波防霉。微生物吸收微波后亦引起温度升高，使蛋白质凝固，菌体成分被破坏，水分汽化排出，促使菌体迅速死亡。

（4）红外线防霉。微生物吸收红外线，使细胞内温度迅速上升，造成蛋白质凝固，核酸被破坏，菌体内水分汽化微生物脱水死亡。

（5）低温储藏防霉。低温对微生物生长具有抑制作用，用冷库储藏商品可防止霉变。

（6）干燥防霉。

对已经发生霉变但可以救治的商品，应立即采取措施，以免霉变继续发展，造成更加严重的损失。根据商品性质可选用晾晒、加热消毒、烘烤等办法。

二、仓库的害虫与防治

（一）仓库内害虫的来源

仓库害虫原本是农业害虫，其主要来源有以下几种：①商品入库前已有害虫潜伏在商品之中，随商品一起进入仓库。②商品包装中有害虫隐藏。③运输工具带入的害虫。④仓库内有害虫隐藏。⑤环境不卫生、不清洁，有害虫滋生。⑥邻近仓库或邻近货垛储存的具有害虫商品的感染。⑦农业害虫的侵入。

（二）常见的易虫蛀商品

容易虫蛀的商品，主要是一些由营养成分含量较高的动植物原料加工制成的商品，主要有以下几种：①纺织品，特别是毛丝织品。②毛皮、皮制品，包括皮革及其制品、毛皮及其制品等。③竹藤制品。④纸张及纸制品，包括纸张及其制品和很多商品的纸制品包装。⑤木材及其制品。

（三）仓库害虫的防治

商品中发生虫害如不及时采取措施进行杀灭，常会造成严重损失。仓库害虫防治的方法主要有以下几种。

1. 杜绝仓库害虫来源

要杜绝仓库害虫的来源和传播，必须做好以下几点：①商品原材料、商品包装的杀虫、防虫处理；②入库商品的虫害检查和处理；③仓库的环境卫生及备品用具的卫生消毒。

2. 药物防治

使用各种化学杀虫剂，通过胃毒、触杀或熏蒸等作用来杀害虫，是当前防治仓库害虫的主要措施。常用的防虫、杀虫剂有以下几种。①驱避剂。驱避剂的驱虫作用是利用易挥发并具有特殊气味的具有毒性的固体药物，使挥发出来的气体在商品周围经常保持一定的浓度，从而达到驱避害虫的目的。②化学药剂杀虫。化学药剂杀虫主要通过触杀、胃毒作用杀灭害虫。触杀剂和胃毒剂很多，常用于仓库及环境消毒的有敌敌畏、敌百虫等。③熏蒸剂。杀虫剂的蒸气通过害虫的气门及气管进入体内而引起中毒死亡，起到熏蒸作用。具有熏蒸作用的杀虫剂称熏蒸剂。用熏蒸的方法杀虫有成本低、效率高等优点。

仓库害虫的防治方法，除了药物防治外，还有高低温杀虫、缺氧防治、辐射防治以及各种合成激素杀虫等。

三、商品锈蚀的防治

金属在环境的作用下所引起的破坏或变质称金属的锈蚀。金属锈蚀可以分为化学锈蚀和电化学锈蚀。化学锈蚀是金属与环境介质直接发生化学作用而产生的损坏，在锈蚀过程中没有电流产生。电化学锈蚀是金属在介质中由于发生电化学作用而引起的损坏，在锈蚀过程中有电流产生。

电化学锈蚀要比化学锈蚀更普遍。金属电化学锈蚀的原理和金属原电池的原理是相同的，即当两种金属材料在电解质溶液中构成原电池时，作为原电池负极的金属就会被锈蚀。根据原电池理论，形成腐蚀电池必须具备三个基本条件：电位差存在；有电解质溶液；不同电位的金属接触。若能避免、破坏或抑制这三个条件中的任何一个，就可以抑制腐蚀电池的工作，防止金属发生电化学锈蚀。

1. 金属制品锈蚀的原因

就金属锈蚀的原因分析，既有金属本身的因素，也有大气中各种因素的影响。

（1）金属材料本身的原因。金属的化学性质越稳定、金属材料纯度越高，金属的耐锈蚀性就越强。研究得知，集中应力和变形部位，锈蚀速度往往增加，原因是这些部位的电位下降，从而引起电极电位不均而加速锈蚀。

（2）外界的因素。金属制品锈蚀与外界因素有直接关系，如受温度、湿度、氧气、有害气体、商品包装、灰尘等的影响。

空气的相对湿度通常被认为是影响金属锈蚀的最重要因素，它直接影响金属表面水膜的形成和保持时间。空气的相对湿度越高，金属表面越容易形成电解液膜，金属就越容易被锈蚀。储存金属商品的库房，如能将相对湿度控制在临界相对湿度以下，储存的金属即使长期存放也难以被锈蚀。

温度对金属锈蚀影响很大。当温度剧烈下降时，水蒸气会在金属表面凝成水滴或液膜，从而加速锈蚀。大气温度升高，在其他条件相同的情况下，锈蚀反应的速度也会加快。

2. 金属制品的防锈

金属制品的防锈，主要是针对影响金属锈蚀的外界因素进行的。

（1）控制和改善储存条件。金属商品储存的露天货场要尽可能远离工矿区，特别是远离化工厂，应选择地势高、不积水、干燥的场地。

较精密的五金工具、零件等金属商品必须在仓库内储存，并禁止与化工商品或含水量较高的商品同库储存。

（2）涂油防锈。在金属制品表面涂（或浸或喷）一层防锈油脂薄膜。防锈油脂薄膜分为软膜防锈油和硬膜防锈油两种。

（3）气相防锈。一些具有挥发性的化学药品在常温下会迅速挥发，并使空间饱和，这些挥发出来的气体物质吸附在商品表面，可以防止或延缓商品的锈蚀。常用的气相防锈有气相防锈纸防锈、粉末法气相防锈和液相法气相防锈三种形式。

四、商品老化的预防

塑料、橡胶、纤维等高分子材料商品，在储存和使用过程中性能逐渐变差，致使最后丧失使用价值的现象称为“老化”。老化是一种不可逆的变化，它的特征是商品外观、物理性能、机械性能、电性能、分子结构等方面发生变化。

1. 商品老化的内在因素

影响高分子材料商品老化的内在因素主要有以下几种。

（1）高分子材料老化的主要原因是材料内部结构存在易于引起老化的弱点，如不饱和的双键、大分子上的支链等。

（2）其他组分对老化有加速作用。塑料中的增塑剂会缓慢挥发或促使霉菌滋生，着色剂会产生迁移性色变，硫化剂用量增多会产生多硫交联结构，降低橡胶制品的耐氧化能力等。

（3）杂质对老化的影响。杂质是指含量虽然很少，但对制品耐老化性能有较大影响的有害成分。其来源是单体制造、聚合时带入的，或配合剂带入的。

（4）成形加工条件对老化的影响。加工时由于温度等条件的影响，使材料结构发生变化，影响商品的耐老化性能。

2. 商品老化的外部因素

影响高分子材料商品老化的外部因素有很多，主要有日光、热、氧气和臭氧等。

（1）日光。日光中的紫外线是引起高分子材料老化最主要的因素。紫外线会引起高聚物的光化学反应，首先引起表层高聚物的老化，并随着老化时间的推移而逐步向内层发展。因此在大气环境中，材料受光面积的大小和单位面积上所接受的光强度的大小，对材料老化的速度有很大的影响。

（2）热。热是促使高分子材料老化的重要因素。因为温度升高会使分子的热运动加快，从而促使高分子材料大分子的氧化裂解或交联反应的产生。氧化裂解的结果可使高分子材料的分子量减小，强度、伸长率下降；而交联反应的结果可使分子量增大，刚性提高等。

（3）氧气和臭氧。氧气是一种活泼气体，在接近地面的大气层中氧气约占空气体积的21%，能和许多物质发生氧化反应。高分子材料的老化，实际上也是在热的参与下或者在光的引发下进行的氧化反应。氧气可以使某些高分子材料的抗张强度、硬度、伸长率等性能产生严重的变化。所以氧气是引发高分子材料老化的又一重要外因。

臭氧对高分子材料的作用与氧气一样，主要起氧化作用，臭氧的化学活性比氧气高得多，因此其破坏性比氧气大。

此外，水分和湿度、昆虫的排泄物等也对商品的老化有加速作用。

3. 商品防老化方法

根据影响商品老化的内外因素不同，高分子材料商品的防老化可采用以下一些方法。

（1）材料改性，提高商品本身的耐老化性能。材料改性的方法很多，应用较多的有共聚、减少不稳定结构、交联、共混合改进成型加工工艺以及后处理等。

（2）物理防护。抑制或减小光、氧气等外因对商品影响的方法有涂漆、涂胶、涂塑料、涂金属、涂蜡、涂布防老化剂溶液等。

（3）添加防老剂。能够抑制光、热、氧气、臭氧、重金属离子等对商品产生老化作用的物质称防老剂。在制品中添加防老剂，是当前国内外商品防老化的主要途径。防老剂的种类主要有抗氧剂、紫外线吸收剂、热稳定剂。

此外，加强管理、严格控制仓储条件，也是商品防老化的有效方法。

第六节　食品的储存与保鲜

在食品商品储存过程中如果忽视管理，不仅会增加损耗，降低质量，而且在受到微生物污染后还会危及人体健康。因而根据食品的储存性能、质量变化规律，采取措施防止食品变质，保持食品的新鲜是十分重要的。

一、食品储存中的质量变化

食品在储存中往往由于本身的特性和外界环境的影响，会发生各种变化，其中有属于酶引起的生理生化和生物变化，有属于微生物污染造成的变化，还有属于外界环境温度、湿度影响而出现的化学和物理变化等。所有这些变化都会使食品质量和数量受到损失。下面主要介绍食品储存中由微生物引起的变化。

食品含有丰富的营养物质，具有微生物繁殖的良好条件。商品在储存中往往由于微生物的污染而发生腐败、霉变和发酵等生物变化。

1. 腐败

腐败多发生在富含蛋白质的动物性食品中，如肉类、禽类、鱼类、蛋制品等，植物性食品中的豆制品也容易发生腐败。引起食品腐败的主要微生物是细菌，特别是能分泌体外蛋白质分解酶的腐败细菌。

2. 霉变

霉变是霉菌在食品中繁殖的结果。霉菌能分泌大量的糖酶，因此富含糖类的食品容易发生霉变，如粮食、糕点、饼干、淀粉制品、水果、蔬菜、茶叶、卷烟等。霉变的食品，不仅会使营养成分损失、外观因霉菌的寄生被污染，而且会使食品带有霉味。如果被含毒素的黄曲霉污染，还会产生致癌性的黄曲霉毒素，所以食品储存中要防止霉变。

3. 发酵

发酵在食品发酵工业中有广泛的应用，但是在食品储存中能引起食品的变质。发酵是在微生物的酶作用下，使食品中的单糖发生不完全氧化的过程。食品储存中常见的发酵有酒精发酵、醋酸发酵、乳酸发酵和酪酸发酵。

（1）酒精发酵。含糖分的食品（如水果、蔬菜、果汁、果酱、果蔬罐头等）在储存中发生酒精发酵后会产生不正常的酒味。水果、蔬菜在严重缺氧的条件下由于缺氧呼吸的结果，也会产生酒味，这都表明它们的质量已发生变化。

（2）醋酸发酵。某些食品（如果酒、啤酒、黄酒、果汁、果酱、果蔬罐头等）因醋酸发酵可以完全失去食用价值。

（3）乳酸发酵。食品在储存中发生乳酸发酵不仅会使风味变劣，而且还因乳酸能改变食品的 pH 值，造成蛋白质发生凝固、沉淀等变化。鲜奶的凝固就是一例。

（4）酪酸发酵。酪酸发酵是食品中的糖在酪酸菌的作用下产生酪酸的过程。食品储存中因酪酸发酵产生的酪酸，会使食品带有令人讨厌的气味。例如鲜奶、奶酪、豌豆等食品变质时就会产生酪酸气味。

二、食品的储藏方法

（一）低温储藏

食品低温储藏，即降低食品的温度，并维持低温或冻结状态，以便阻止或延缓食品的腐败变质，从而达到较长时期内储藏食品的目的。

1. 食品低温储藏

食品的变质腐败主要是由食品内酶所进行的生化过程（如新鲜果蔬的呼吸过程）和微生物生命活动所引起的破坏作用所致。而酶的作用、微生物的繁殖以及食品内所进行的化学反应速度都受到温度的影响。大多数酶的适宜活动温度为 30～40℃，温度下降，酶的活性就会被抑制，将温度维持在−18℃以下，酶的活性就会受到很大程度的抑制。同时任何微生物都有其正常生长和繁殖的温度范围，温度越低，它们的活动能力也就越弱。0℃时微生物的繁殖速度与室温时相比已非常缓慢，短期储藏食品的温度通常在 0℃左右。−10～−7℃时只有少数霉菌尚能生长，而所有细菌和酵母几乎都停止生长，所以−12～−10℃就可作为食品较长期储藏的安全储温。

2. 食品的冻藏

冻结易腐食品的储藏，应尽可能阻止食品中的各种变化，以达到长期储藏食品的目的。冻结食品的储藏工艺条件主要是温度，其次是空气相对湿度和空气流速。

冻藏是先将食品在低温下冻结，然后在保持冻结状态的温度下储藏的方法。冻藏是易腐食品长期储藏的主要方法。食品的冻结方法可分为缓冻与速冻两种。

缓冻，是指将食品放于冻结室内（室温一般为−40～18℃）进行冻结的方法。常在冻结室内冻结的食品有牛肉、猪肉、箱装家禽、盘装整条鱼、大容器或桶装水果。这是比较古老的方法，也是费用较低、速度较慢的冻结方法。

速冻，是指迅速冷冻使食品形成极小的冰晶，冰晶分布与原料中液态水分布相近，对细胞组织结构损伤很小，从而最大限度地保留食品原有的天然品质，且能保存较长时间的冻结方法。速冻食品的品质总是高于缓冻食品。

（二）加热灭菌储存

利用加热杀灭食品中的绝大部分微生物和破坏食品中酶的活性来储存食品的方法，被称为加热灭菌储存法。经过加热灭菌处理的食品，必须同时采用密闭和真空包装并及时冷却降温，才能长期储存，否则由于微生物的二次感染或者储存温度过高还会使食品变质。加热灭菌的方法有高温灭菌法和巴氏消毒法。

高温灭菌法主要用于罐头食品和蒸煮袋装食品，其加热温度一般为 100～120℃，也有超高温达 135℃以上的。在 70～80℃的条件下，对于绝大多数细菌与真菌，经过 20～30min 即可死亡。但是，能产生孢子的真菌、能产生芽孢和荚膜的细菌耐热性很强，必须在 100℃以上的高温经 30min 甚至几个小时的处理才能死亡。因此，为了彻底灭菌，保证食品的卫生质量，罐头食品多采用高温灭菌。灭菌时如温度较高，灭菌时间可以相对缩短。

巴氏消毒法常用于不适于高温加热或做短期储存的食品，如鲜奶、果汁、果酒和清凉饮料等。按照加热温度和时间的不同，其又分为高温短时间灭菌和低温长时间灭菌。前者一般采用的温度为80～90℃，加热十几秒至1min；后者一般采用的温度为60～65℃，加热30min。巴氏消毒法采用的加热温度低，往往对食品的营养成分破坏较小，但食品灭菌不彻底，不能长期储存。

（三）干藏

食品脱水干制，是为了能在室温条件下长期储藏，以延长食品的供应时间，平衡产销高峰，交流各地特产，储备供救急、救灾和战备用的物资。食品脱水后重量减轻，体积缩小。最常见的干燥方法有滚筒干燥、喷雾干燥、架式真空干燥、输送带式真空干燥、柜式干燥、窑房式干燥、隧道式干燥等。以上均属人工干制法，它们都需要专用的干燥设备。此外，还有自然干制法，即晒干、风干和阴干等。

（四）化学防腐保鲜

食品的化学储藏就是在食品生产和储运过程中使用化学制品（化学添加剂或食品添加剂）来提高食品的耐藏性和尽量保持其原有品质的措施。其优点是：只需在食品中添加化学制品（如化学防腐剂、生物代谢物或抗氧剂等），就能在室温下延缓食品腐败变质，与罐藏、冷冻储藏、干藏等相比具有简便、经济的特点。食品采用化学储藏所用的防腐剂或添加剂必须对人体无毒、无害。这些化学制品可分为抗菌剂和生物代谢产物。用于处理易腐食品的化学制品主要有以下几种。

（1）二氧化硫。二氧化硫是强力的还原剂，可以减少植物组织中氧气的含量，抑制氧化酶和微生物的活性，从而能阻止食品变质、变色和维生素C的损耗。

（2）山梨酸及其钾盐。其能有效地控制肉类中常见的霉菌，作为防腐剂可用于处理鱼肉制品、鱼贝干燥品、果酱及甜酸渍制品，也可用于新鲜果蔬的储前处理。

（3）苯甲酸和苯甲酸钠。它们是有效的杀菌防腐剂，常用于储藏高酸性果汁、果酱、饮料糖浆及其他酸性食品，并常与低温配合使用。将用其处理后的食品与冷藏相结合，能使食品的储藏期大大延长。

（4）抗生素（抗菌素）。某些微生物在新陈代谢中能产生一种对其他微生物有杀害作用的物质，称为抗生素。例如，金霉素、氯霉素和土霉素、枯草菌素、乳酸链球菌素等，其抗菌效能为普通化学防腐剂的100～1 000倍，但这种抗菌效能是有选择性的。乳酸链球菌素等部分抗生素因能在肠道中被无害降解，被允许在食品中使用。

（5）植物杀菌素。它是各种植物中含有的抗菌物质。杀菌素只能取自新鲜的植物，当它们从刚被破碎和磨碎的植物中取得时其杀菌作用最强。目前已经研究了芥菜籽（油）、辣根及生姜汁等用于食品的防腐保鲜。

此外，为了延缓或阻止氧气所导致的氧化作用，食品保鲜还常添加一些抗氧剂，目前常见的抗氧剂主要用于防止食品异味的褐变。

（五）气调储藏

果蔬在储藏期间的呼吸作用是果蔬衰老、品质下降的一个主要原因。近年来，气调储藏技术得到了广泛重视。气调储藏是通过改变库房或容器内气体成分的含量，利用比正常空气的氧含量低，二氧化碳和氮含量高的气体环境，配合适宜的温度，来显著抑制果蔬的呼吸作用，延缓变软、变质及其他衰老过程，从而延长果蔬的储藏期限，减少干耗和腐烂，保持鲜活质量。气调储藏方法主要有以下几种。

（1）自发或自然气调法。将果蔬储于一个密封的库房或容器内，由于果蔬本身的呼吸作用，不断消耗库房和容器内的氧气而放出二氧化碳，因此在一定时间后，氧气逐渐减少，二氧化碳逐渐增加，当两者达到一定的比例时，即会造成一个抑制果蔬本身呼吸作用的气体环境，从而达到延长果蔬储藏期的目的。

（2）人工气调法。人工气调法是指人为地使封闭空间内的氧含量迅速降低，二氧化碳含量升高，几分钟至几小时就进入稳定期。人工气调法有：①充氮法，封闭后抽出储藏室内大部分空气，充入氮气，由氮气稀释剩余空气中的氧气，使其浓度达到所规定的指标，有时充入适量二氧化碳也可立即达到要求的浓度；②气流法，把预先由人工按要求指标配制的气体输入专用的储藏室，以代替其中的全部空气，在以后的整个储藏期间，始终连续不断地排出部分内部气体，充入人工配制的气体，使内部气体组成稳定在规定的指标范围内。

（3）混合法或半自然降氧法。实践表明，采用快速降氧法（即充氮法）把含氧量从 21%降到 10%比较容易，而从 10%降到 5%就要耗费较前者约多两倍的氮气。为了降低成本，可先充氮气，把氧气迅速降到 10%左右，然后依靠果蔬本身的呼吸作用来消耗氧气，直至降到规定的空气组成指标范围后，再根据气体成分的变化来调节控制。

（六）减压储藏

减压储藏是气调储藏的进一步发展，它把储藏场所的气压降低，造成一定的真空度。其原理是：通过降低气压，使空气中各种气体组分的分压都相应地降低，创造出一个低氧分压的条件，从而起到类似气调储藏的作用。

减压储藏库的气密性要求比气调储藏库更高，否则达不到减压的目的，这样将使减压储藏库的造价提高。虽然当前生产还未普及应用该方法，但由于它能克服气调储藏中的许多缺点，所以仍然是果蔬储藏中的一种先进而理想的方式。

（七）辐射储藏

食品辐射储藏就是利用射线的辐射能量，对新鲜肉类及其制品、水产品及其制品、蛋及其制品、粮食、水果、蔬菜、调味料，以及其他加工产品进行杀菌、杀虫、抑制发芽、延迟后熟等处理，使其在一定期限内不发芽、不腐败变质、不发生品质和风味的变化，以增加食品的供应量和延长储藏期，从而可以最大限度地减小食品的损失。

辐射储藏方法与其他储藏方法相比有其独特的优点：与化学防腐保鲜法相比，它无化学残留物质；与加热灭菌储存法相比，它能较好地保持食品的原有新鲜品质；与食品低温储藏法相比，它能节约能源。所以辐射储藏是一种较好的储藏食品的物理方法之一。但是辐射储藏方法不完全适用于所有食品，要有选择性应用。

（八）电子保鲜储藏

电子保鲜储藏器，就是运用高压放电，在储存果品、蔬菜等食品的空间产生一定浓度的臭氧和空气负离子，使果品、蔬菜生命活体的酶钝化，从而降低果品、蔬菜的呼吸强度。

电子保鲜储藏器，从分子生物学角度，可将果品、蔬菜看成是一种生物蓄电池，当受到带电离子的空气作用时，果品、蔬菜中的电荷就会起到中和的作用，使其生理活动出现类似“假死”现象，呼吸强度因此而减小，有机物消耗也相对减小，从而达到保鲜储藏的目的。

常见的食品储藏方法及其对微生物的作用如表 8.1 所示。

表 8.1　常见的食品储藏方法及其对微生物的作用

序号	食品储藏方法	对微生物的作用
1	冷藏（低温状态与储藏）	低温以抑制生长
2	冷冻（冻结状态与储藏）	低温并降低水分活性以抑制生长
3	干制、熏制、糖渍	降低水分活性，明显地降低和抑制微生物的生长

续表

序号	食品储藏方法	对微生物的作用
4	真空或缺氧“气调”包装、高二氧化碳的“气调”包装	氧分压降低可以抑制专性需氧菌和兼性厌氧菌的生长，二氧化碳对一些微生物有特别的抑制作用
5	加酸	降低 pH 值，抑制细菌生长繁殖
6	酒精发酵	提高酒精的浓度
7	乳化	在乳液中，水被高度分散，与食品的营养成分有明显的界面区分
8	乳酸与醋酸发酵	降低 pH 值，并且所产生的乳酸与醋酸均可起到抑菌作用
9	加入防腐剂	抑制特定的菌属
10	巴氏消毒和杀菌	用足够的热量使微生物失活，以达到允许的水平
11	辐射	以足够剂量的射线使微生物失活
12	无菌加工	防止二次污染
13	消毒	把包装材料和食品组分分别用热、射线或化学工业药品处理，以减少微生物的污染

技能实训

【实训目的】

通过对背景材料进行讨论加深对商品养护相关概念的认识。

【实训主题】

理解商品的使用价值；培养节约资源的意识。

【实训时间】

本章课堂教学内容结束后的双休日和课余时间，为期一周。或者指导教师另外指定时间。

【背景材料】

木制家具养护常识

（1）使用摆放时应该注意，不要放在过于潮湿或者过于干燥的地方。例如，不能放在靠近火炉、暖气等高温高热处，或者放在过于潮湿的地下室等地方，以免产生干裂或霉变等。

（2）如果放在地势较低的屋内，地面潮湿，须将家具适当垫高，否则容易受潮气腐蚀。

（3）搬运或移动家具时应轻拿轻放，不能生拉硬拽，以免损伤榫卯结构。桌椅类不能抬面，容易脱落，应该从桌子两边和椅子面下抬；柜子最好卸下柜门再抬，可以减少重量，同时也避免柜门活动。如需移动特别重的家具，可用软绳索套入家具底盘下提起再移动。

（4）家具表面避免长期放置过于沉重的物品，特别是电视、鱼缸等，否则会使家具变形。桌面上不宜铺塑料布之类不透气的材料。

（5）房间内如地板不平，时间长了会导致家具变形，避免办法是用小木头片垫平。

（6）家具表面应避免与硬物摩擦，以免损伤漆面和木头表面纹理。例如放置瓷器、铜器等装饰物品时要特别小心，最好在其下垫一块软布。

（7）避免把家具放在朝南的大玻璃窗前，阳光长期直接照射会使家具过于干燥，也会使其褪色。

（8）热水杯等不能直接放置在家具表面，会留下不容易去除的痕迹。有颜色液体（如墨水）要避免洒在家具表面。

（9）不用湿抹布或粗糙的抹布揩擦硬木家具，特别是老家具。应用干净柔软的纯棉布，加少许家具蜡或者核桃油，顺着木纹来回轻轻擦拭。

【实训过程设计】

（1）指导教师布置学生课前预习背景材料。

（2）将全班同学平均分成几个小组，每组5～6人进行讨论。

（3）仿照“背景材料”，学生每人收集一个生活日用品的养护常识，在小组里交流讨论。

（4）根据讨论，谈谈我们平时的商品养护有哪些值得改进的地方。

（5）各小组对本次实训进行总结和点评，各小组提交填写“项目组长姓名、成员名单”的《商品学实训报告》。优秀的实训报告在班级展出，并收入本课程教学资源库。

综合练习

一、名词解释

1. 商品储运 2. 挥发 3. 溶化 4. 熔化 5. 渗漏 6. 串味 7. 沉淀 8. 沾污 9. 破碎与变形 10. 商品的化学变化 11. 氧化 12. 分解 13. 化合 14. 老化 15. 聚合 16. 呼吸作用 17. 后熟作用 18. 霉腐 19. 虫蛀 20. 空气温度 21. 空气湿度 22. 绝对湿度 23. 饱和湿度 24. 相对湿度

二、多项选择题

1. 化学杀虫法按其作用于害虫的方式不同，主要有（　　）、（　　）和（　　）三种方法。

A. 熏蒸法　　B. 触杀法　　C. 充氮降氧法
D. 胃毒法　　E. 低温法

2. 食品储存中常见的发酵有（　　）。

A. 酒精发酵　　B. 酪酸发酵　　C. 麦芽发酵
D. 乳酸发酵　　E. 醋酸发酵

3. 抑制或减小光、氧气等外因对商品影响的方法有（　　）。

A. 涂漆　　B. 涂胶　　C. 涂塑料
D. 涂金属　　E. 涂蜡

4. 商品常发生的物理变化有（　　）。

A. 挥发　　B. 溶化、熔化　　C. 渗漏、串味
D. 沉淀、沾污　　E. 破碎与变形

三、简答题

1. 商品储存过程中常见的质量变化有哪些？
2. 影响库存商品质量变化的因素主要有哪些？
3. 库内、库外温湿度的变化有哪些规律？
4. 什么是相对湿度？相对湿度与温度、绝对湿度、饱和湿度的关系如何？
5. 霉腐微生物的生长要求哪些条件？什么样的商品容易发生霉腐？
6. 商品防霉腐主要有哪些方法？
7. 仓库害虫有哪些特点？主要有哪些来源？
8. 哪类商品易发生虫蛀？
9. 影响金属商品锈蚀的因素有哪些？常见的防锈方法有哪些？
10. 影响高分子材料商品老化的因素有哪些？常见的防老化方法有哪些？
11. 食品受微生物污染易发生哪些变化？
12. 食品的储存原理是什么？
13. 食品储存保鲜的方法有哪些？各有什么特点？

第九章　服务商品

【学习要点】

- 服务商品概念及其分类
- 服务商品质量及其构成
- 服务商品质量的测量
- 旅游服务商品分类及其建设

案例导读

山西：培育“冬游山西”品牌 提升旅游服务质量和水平

（据经济日报-中国经济网2019年12月25日报道）近日，山西省人民政府办公厅发布《山西省人民政府办公厅关于全面提升旅游服务质量和水平的实施意见》（以下简称《意见》）。《意见》提出，到2022年，山西省旅游产业发展环境、市场环境、消费环境进一步优化，“安、顺、诚、特、需、愉”六字要诀全面落实，游客满意度得到显著提升，文化旅游服务成为山西服务的重要代表。

《意见》提出，将通过龙头景区带动、产品业态创新、公共服务提升、服务要素优化、市场环境提升、政策措施保障等“六大行动”，进一步提升山西省旅游品质，推动旅游业高质量发展。

《意见》提出，将持续深入推动国有景区门票降价，体现国有景区的公益属性。鼓励政府定价景区每年从11月1日至次年3月31日，门票价格优惠20%，国有及国有控股景区可根据市场供求状况实行5折优惠。鼓励各景区在执行国家及省门票价格优惠政策的基础上，自行制定多种形式的惠民措施，吸引中外游客来山西体验冰雪旅游、温泉康养、民俗年等，培育“冬游山西”品牌。各市和重点旅游县要围绕旅游观光、休闲度假、康体养生、商务会展等旅游业态，大力发展一批特色鲜明、主题突出、品质优良的精品旅游饭店，丰富住宿产品供给。规范旅游民宿市场，推动星级旅游民宿品牌化发展。指导旅游住宿企业落实卫生、服务、质量、安全等方面的标准，促进旅游住宿业规模不断扩大、品质不断提升。

《意见》明确，以五台山、云冈石窟、平遥古城等龙头性景区为重点，加大对旅游景区公共服务设施的资金投入，推动景区设施设备更新换代、产品创新和项目升级。鼓励各地深度挖掘地方饮食文化，引导餐饮企业开展品牌化、连锁化经营，壮大餐饮产业规模，传承、推广与宣传一批山西餐饮老字号。充分利用省内特色旅游资源和非物质文化遗产大省优势，发挥非物质文化遗产传承人、工艺美术大师等领军人才作用，加大对文创企业创新创意支持力度，拓宽文创产品展示和销售渠道。

启示：“安、顺、诚、特、需、愉”六字要诀全面落实，游客满意度得到显著提升，文化旅游服务将成为山西服务的重要代表。打造良好的服务商品需要研究市场学、心理学、社会学、经济学、公共关系学以及商品的性能、用途、质量、发展前景等诸多方面。有需要就有市场，了解服务商品，提高服务商品质量，同样是商品学的研究内容。

第一节　服务与服务商品概述

服务是一种非常复杂的社会现象，其表现形式千姿百态，涉及范围很难界定，迄今为止，尚未有一个权威性的定义能被人们普遍接受。服务的含义、服务商品的内涵和特性，构成服务管理研究的概念基础。

一、服务概念的界定

服务，就是满足社会或他人（含自己）需求的活动。服务与社会分工紧密相连。最初的服务是简单的，但随着社会分工越来越细，人们之间的交流与合作也日益频繁，服务的重要性越来越突出，服务的内容越来越丰富，服务的领域也越来越广泛。人们对服务概念的理解与界定也在不断地深入和发展。

我们认为：服务是一种顾客作为共同生产者创造顾客感知价值的、随时间消逝的无形经历。这个定义可以从以下几个方面来理解。

（1）定义中使用的“顾客”是服务的接受者，但不一定是最终消费者。因为服务消费存在与物质商品消费同样的情况，即购买商品的顾客不一定是最终消费者。例如：家庭主妇作为顾客，其购买行为许多都是为了家庭成员的消费；父母为子女购买教育、保险服务，子女才是教育、保险服务的最终消费者。服务与物质商品不同的是，物质商品效用只对消费者起作用，让消费者获得利益和满足，而服务不仅为消费者提供和创造价值，对购买但未消费的顾客也产生作用和价值。

（2）定义中使用的“作为共同生产者”是指服务生产的各项投入中，顾客是最重要的投入。对服务接受者来说，所要的是生产后服务的结果，也就是直接或间接地使服务接受者本人或拥有的物品形态所发生的变化。他们为发生在自己身上或者自己的所有物上的结果而付费，而不是为单项的各种生产投入，如设施和辅助物品（表面上购买的商品）付费。

（3）定义中使用的“创造顾客感知价值”是强调服务过程和表现的目的和核心。顾客在接受服务的同时，实际上是在参与、加入一系列活动，置身于与相关人员和有形资源的接触和互动之中。这种接触和互动是行为和情感的交互作用，并使他们的心情、感受、需求、满意度产生变化。服务正是通过交互双方或多方参与的各种活动、一系列过程和不同表现，以便捷、专业、愉悦、省时、舒适或健康的形式创造核心价值和附加价值，让顾客体验并获得满足。

（4）定义中使用的“随时间消逝的”是强调在创造服务价值时，时间起到的重要作用。因为服务是生产与消费同时进行的，服务失败了，可以采取纠正的措施，但失去的时间无法弥补，服务出现次品将无法挽回。服务随时间消逝是服务重要的本质之一。

（5）定义中使用的“无形经历”是指服务结果是顾客的主观判断和感觉。服务的效用或服务消费的结果有时是在一定的时间后才能显现的，这些效用和结果可能持续发挥作用，也可能不持续发挥作用。有时接受服务的直接效果并不理想，却由此会获得更多间接利益。服务效果完全取决于顾客的“主观结果”。顾客对服务质量的评价，是服务管理的核心，服务的过程质量与结果质量同样重要。

二、服务商品的构成

从消费者的角度来看，服务是一种商品，是一系列商品和服务的组合。管理者要识别这些商品及其属性。

1. 服务套餐

服务是服务接受者在特定时间内与服务人员、其他客人、物质环境、服务提供过程进行接触和互动中获得的一种总体体验。这种总体体验被称为服务套餐，主要内容包括实物商品、服务、企业形象、消费体验。我们营销的不是单纯的服务和实物，而是包括体验在内的能够使客人满意的服务套餐。

服务套餐是指提供给消费者所有的商品、服务和体验的总和，也是为消费者提供的服务价值。服务套餐的概念可以让管理者将各种不同的项目加以组合，并以单一价格推出以满足消费者个体和群体的不同需求，为消费者打造最完美的体验。例如，酒店可以提供不同的服务套餐，如图 9.1 所示。

2. 核心服务和辅助性服务

服务套餐包括核心服务和辅助性服务，如图 9.2 所示。核心服务是消费者主要寻求的利益，辅助性服务是作为附加好处而提供的次要服务项目。提供核心服务是企业经营的主要目的，核心服务在提供服务过程中占据举足轻重的地位。安全和便捷是满足消费者需求的主要核心内容之一。辅助性服务是一系列配套的商品、服务和体验，这些辅助性商品、服务和体验与核心服务结合起来，可以起到“杠杆作用效应”，在消费者的心里营造出高价值的感受。以酒店为例，核心服务为一间干净整洁、设施齐全的客房，而辅助性服务则包括客房以外的所有额外服务，如叫醒、早茶、咖啡、报纸、洗衣、擦鞋以及机场迎送等服务。消费者主要通过辅助性服务来选择提供相似服务的酒店。

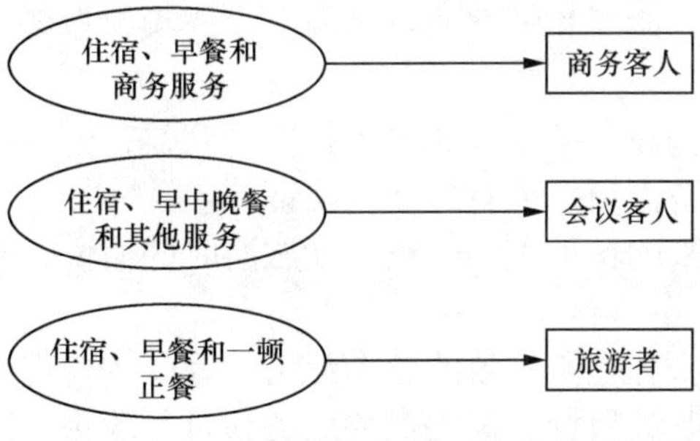

图 9.1 酒店为不同客人提供的服务套餐

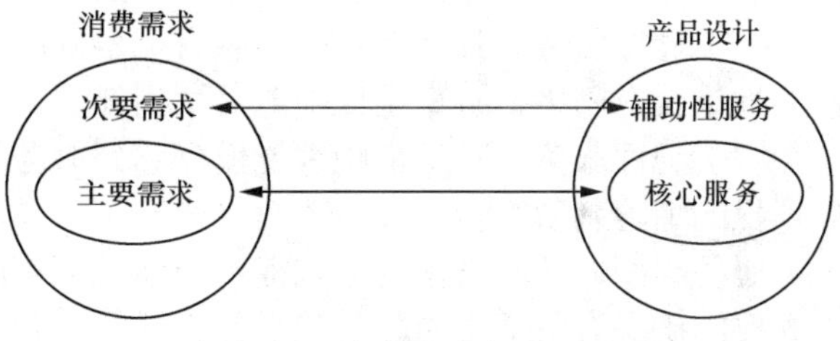

图 9.2 消费需求与产品设计

3. 服务商品——有形与无形的统一体

所有的服务商品都是以服务要素和商品要素组合的形式提供给消费者的。不涉及商品要素的“纯”服务很少，如图 9.3 所示。管理者要了解无形与有形要素的组合，更要清楚各要素之间是如何相互作用、相互保持补充以及如何生产、营销和管理这些要素的。其中因为无形要素比有形要素更具有竞争对手很难模仿的特点，所以也更容易影响消费者对服务质量的看法以及由此产生的心目中的企业形象。因此，管理者要特别重视需要关注的服务要素，强化消费者对优质服务的感知。

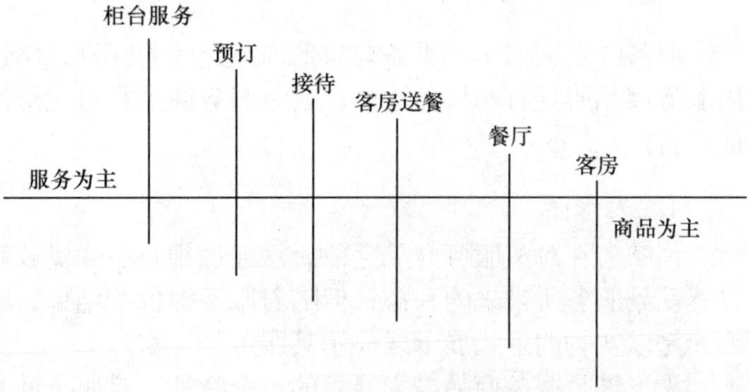

图 9.3 服务与商品统一体

4. 服务商品整体概念

彼得斯（Peters）1987 年引用莱维特提出的服务商品整体概念用以说明顾客识别服务提供商之间差异的方式，通常包括以下四个方面。

（1）基本服务。基本服务是核心服务，是服务有形部分，指“硬件”。例如，饭店的住宿服务。

（2）预期服务。预期服务是核心服务的服务等级标准，指“软件”。例如，五星级饭店服务。

（3）增量服务。增量服务是额外服务，指“配套”服务。例如，五星级饭店邀请著名笑星欢度圣诞节。

（4）潜在服务。潜在服务是期望之上或之外的各种服务，指“额外”服务，如五星级饭店提供会员俱乐部。

顾客购买的是服务所能提供的全部价值，而不是服务和商品本身。顾客并不购买商品和服务的各种属性和特点，而是购买整体商品和服务所给予他们的利益或体验。

5. 服务包

服务是一个由在支持性设施内使用辅助物品实现的显性和隐性利益构成的“包”。服务的多重维度是服务传递系统设计和控制的核心。服务包（Service Package）是指在某种环境下提供的一系列商品和服务的组合。该组合包括以下四个部分。

（1）支持性设备。其是指在提供服务前必须到位的物质资源，如高尔夫球场、饭店的客房等。

（2）辅助物品。其是指顾客购买服务时需要同时购买和消费的物质商品，或顾客自备的物品。例如，高尔夫球杆、餐厅的菜品和酒水等。

（3）显性服务。其是指可以用感官觉察到的、构成服务基本或本质特性的利益，如旅游目的地是否有网络，游览过程中能否学到知识，导游人员是否有导游资格证等。

（4）隐性服务。其是指顾客能模糊感到服务带来的精神上的收获，如旅游时的愉悦、娱乐项目的惊险刺激等。

服务组织的任务就是为顾客提供与他们期望的服务包所一致的整个经历。因此，管理者首先要明确顾客所期望的服务包是什么样子，并以此为目标，对提供的服务包进行改进。以廉价旅馆为例；支持性设备是一幢楼房，有简单的家具；辅助物品减少到最小限度，仅有肥皂和纸；显性服务是床的舒适程度和服务人员热情的服务；隐性服务可能是休息一晚后充沛的精力和愉快的心情。偏离这个服务包，反倒会破坏顾客对廉价旅馆的印象，导致服务失败。

三、服务商品的特征

服务的定义揭示了服务与有形商品之间的区别，将这些区别进一步研究，从而归纳总结出服务商品所具有的特殊性质，就是服务商品具有无形性、同步性、异质性、易逝性四个方面的特征。

1. 无形性

消费者在购买服务商品之前无法通过视觉、味觉或触觉感受服务，在服务消费中尽管可以感受到服务所带来的利益，但随着服务提供的结束，服务商品本身也就不复存在了。供应商无法以实物的形式展示或显示其服务。

无形性是服务商品最为显著的一个特征，是服务商品不同于有形商品的关键差别。它可以从两个不同的层次来理解。首先，服务的很多元素看不见、摸不着，无形无质。其次，顾客在购买服务之前，往往不能肯定他能得到什么样的服务。因为大多数服务都非常抽象，很难描述。

2. 同步性

有形商品在从生产、流通到最终消费的过程中，往往要经过一系列的中间环节，生产和消费过程具有一定的时间间隔。而服务商品则与之不同，它具有同步性的特点，即服务人员向顾客提供服务时，也正是顾客消费服务的时刻，二者在时间上不可分离。

3. 异质性

异质性是指服务商品无法像有形商品那样实现标准化，每次服务带给顾客的效用、顾客感知的服务商品质量都有可能存在差异。这是因为各服务商品之间的不同取决于它们对人力或技术的依赖程度；服务商品质量在不同服务企业之间、不同服务提供者之间以及同一服务提供者在不同时间内提供的服务质量也是有差异的。此外，服务商品质量的差异有时候还难以通过引入高技术来降低，相反，可能还会使服务商品质量出现高异质的情况。

4. 易逝性

易逝性是大多数服务商品的一个显著特性，并且与无形性有密切的联系。易逝性是指服务商品无法储存，因此只有出现顾客需求的时候才会产生。服务商品的生产在任何时候都是由需求决定的。服务商品不能像有形商品那样依靠存货来缓冲以适应需求变化。在商品的制造过程中，存货可以用来分离生产工序；对服务业来讲，这种分离是通过顾客等候实现的。库存控制是制造业中的主要问题，而在服务运营中，与之对应的问题是等候或排队。

在旅游接待业中，不可储存商品的典型例子包括酒店的客房和餐馆的餐位，如果没有被及时使用，那么就失去了销售的商机。同样，如果民航客机的舱位没有坐满，那么空舱位造成的零收入将会构成无法挽回的损失。即使随后的航班由于需求激增而出现舱位爆满的现象，前面航班空舱位造成的损失也是无法弥补的。一般而言，服务生产的能力未能有效地利用就意味着无法挽回的损失。

第二节　服务商品的分类

一、托马斯分类法

美国哈佛大学教授托马斯（Thomas）认为，服务商品可以划分为两种类型：一类是设备提供的服务商品，另一类是人工提供的服务商品，如图 9.4 所示。

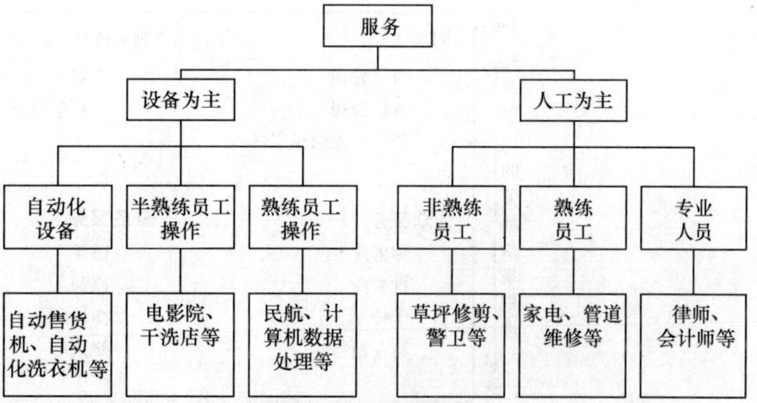

图 9.4　服务商品类型

以人工为主提供服务的组织通常是劳动密集型服务组织，以设备为主提供服务的组织通常是资本密集型服务组织。两类组织可以相互转变，不少服务组织提供的服务既可以是人工的也可以是设备的。例如，银行的取款业务，既可以使用自动柜员机，也可以由营业员提供储蓄业务。资本密集型服务组织与劳动密集型服务组织应采用不同的策略。

表 9.1　根据顾客与服务体系接触程度划分的服务商品体系

接触程度	服务体系	生产程序设计灵活性
接触程度高	**纯服务体系**	生产程序设计灵活性大
↑	保健中心	↑
	旅馆	
	公交公司	
	餐馆	
	学校	
	私人服务	
	混合服务体系	
	银行储蓄所	
	计算机公司办事处	
	房地产公司办事处	
	邮政所	
	殡仪馆	
	准制造体系	
	银行总行	
	计算机公司总部	
	批发公司总部	
	邮政总局	
	制造业	
	耐用品生产厂家	
	食品加工厂	
	矿业公司	
接触程度低	化工厂	生产程序设计灵活性小

二、蔡斯分类法

美国亚利桑那大学教授蔡斯（Chase）根据顾客与服务体系接触程度划分的服务商品体系如表 9.1 所示。

服务体系接触程度指顾客必须待在服务现场的时间与服务体系为顾客提供服务的时间之比。在服务过程中，这个比率越高，顾客与服务体系之间的接触程度也就越高。

在接触程度高的服务体系中，顾客参与服务过程，会影响服务需求时间、服务的性质和服务的质量，这类服务体系较难控制，较难提高生产率。在接触程度低的服务体系中，顾客与服务体系之间的相互交往很少发生，或相互交往时间相当短暂。在服务过程中，顾客对服务几乎没有什么影响，这类服务体系可以实现与工业企业类似的生产效率。

服务体系可以分为三类：纯服务体系、混合服务体系和准制造体系。纯服务体系的主要业务活动需要顾客直接参与，混合服务体系是面对面的服务工作与后台辅助工作结合在一起，准制造体系与顾客几乎没有面对面互动。

三、施曼纳分类法

美国印第安纳大学商学院教授罗杰·施曼纳（Roger Schmenner）认为可以根据影响服务传递过程性质的两个主要维度——服务组织的劳动密集程度、服务人员与顾客相互交往的程度和服务定制化（个性化）程度对服务进行分类，并设计了一个服务过程矩阵，如图 9.5 所示。

服务人员与顾客相互交往的程度和服务定制化（个性化）程度：低 → 高

服务组织的劳动密集程度	低	高
低	**服务工厂：** 航空公司 运输公司 酒店、度假风景区	**服务作坊：** 医院 机动车修理厂
高	**大众服务：** 零售商 批发商 学校 商业银行	**专业服务：** 医生 律师 会计师 建筑师

图 9.5　服务过程矩阵

垂直维度是劳动力成本与资本成本的比率。因此，资本密集型服务，如航空公司和医院提供的服务位于图 9.5 的上方，因为它们在设施设备上的投资大大高于其劳动力支出；劳动密集型服务，如学校和律师提供的服务则位于图 9.5 的下方，因为两者的劳动力消耗高于其资本需求。

水平维度是服务双方的交互及服务的定制化程度。交互及服务定制化程度高的服务，如医院提供的服务，医生与病人必须在诊断与治疗阶段充分沟通、了解、交互才能取得令人满意的效果。病人也希望被当作个性化的人来看待，希望得到与自己相符的定制化服务，交互及服务定制化程度低的服务，如在麦当劳就餐，吃的是制成品，服务双方发生的交互很少，定制化程度也很低，但并不代表服务水平低。

施曼纳将图 9.5 中的四个象限赋予不同的名称：服务工厂、服务作坊、大众服务和专业服务。

（1）服务工厂。提供标准化的服务，具有较高的资本投资，更像一个流水线工厂。这类服务设施的操作方式和服务工厂基本相同。航空公司、运输公司、酒店、度假风景区都是服务工厂。

（2）服务作坊。在高资本环境下经营，有更多定制化服务。医院、机动车修理厂都是这类组织。

（3）大众服务。顾客在劳动密集的环境中接受标准化的服务。许多传统的服务组织，如零售商、批发商、学校、商业银行都提供大众服务。

（4）专业服务。如果顾客是在劳动密集的环境中接受非标准化服务，服务人员与顾客相互交往的程度和服务定制化（个性化）程度提高，大众服务就变成专业服务，顾客会得到经过专业服务培训的专家提供的定制化服务，如医生、律师、会计师、建筑师都提供专业服务。

四、罗伍劳克分类法

瑞士洛桑国际管理发展学院教授罗伍劳克（Lovelock）从服务活动的性质、服务组织与顾客的关系和服务传递性质、服务定制与判断、服务供需关系、服务的可获性和服务交互性质等多个角度对服务进行细致的分类，并根据不同类别的服务制定了相应的管理方法。

1. 依据服务活动的性质分类

服务活动的性质主要是由两个维度决定的：服务的直接接受者以及服务的有形性。根据这两个维度分类可以得到四种可能的服务类型，如图 9.6 所示。

服务的有形性 \ 服务的直接接受者	人	物
有形活动	（1）作用于人体的服务 健康护理 客运 美容 健身 餐馆	（2）作用于物品或其他财产的服务 货运 工业设备的修理和维护 洗衣 园艺和草坪护理 兽医服务
无形活动	（3）作用于人精神的服务 旅游服务 教育 广播 信息服务	（4）作用于无形资产的服务 银行 法律服务 会计 保险

图 9.6　依据服务活动的性质分类

（1）为顾客人身服务的有形活动，如医疗、个人保健、外科手术、美容、度假、酒店、民航客运等服务。

（2）为顾客的物品或其他有形财产服务的有形活动，如房屋装修、货运服务。

（3）针对顾客精神的无形活动，如医疗心理咨询、教育辅导。

（4）为顾客无形资产服务的无形活动，如保险、投资咨询。

医疗服务是对顾客人身的有形和无形的服务。类属同一类问题的服务，会面临相似的问题，也有可能共享某些问题的解决方案。

2. 依据服务组织与顾客的关系和服务传递性质分类

服务组织与顾客的关系

		会员关系	非正式关系
服务传递性质	持续传递	（1）不间断服务 保险 电话服务 银行业 协会	（2）不间断服务 广播电台 高速公路 灯塔
	间断交易	（3）间断性服务 旅行服务 通行证 月票	（4）间断性服务 银行 法律服务 邮递服务

图 9.7　依据服务组织与顾客的关系和服务传递性质分类

依据服务组织与顾客的关系和服务传递性质两个维度，可将服务划分为四种类型，如图 9.7 所示。

（1）对会员（或近似会员）顾客的不间断服务。

（2）对大众的不间断服务。

（3）对会员（或近似会员）顾客的间断性服务。

（4）对大众的间断性服务。

3. 依据服务定制与判断分类

由于服务的生产和消费是同时进行的，顾客常常是过程的参与者，服务组织有机会按照顾客的具体要求提供定制化服务来满足不同顾客的需求。服务组织管理人员可从以下两个方面考虑服务定制化程度，如图 9.8 所示。

顾客定制化程度

		高	低
服务人员为满足顾客需求行使判断的程度	高	（1）高判断高定制 专业服务 旅游服务 特色餐馆 外科 美容师 教育（辅导）	（2）高判断低定制 学校教育 面对大量群体的食堂服务 预防性健康计划
	低	（3）低判断高定制 电话服务 宾馆服务 零售银行 家庭餐馆	（4）低判断低定制 公共交通 快餐店 餐具的常规维修 电影院 体育比赛

图 9.8　依据服务定制与判断分类

（1）服务操作体系是否能够提供定制化服务。

（2）服务人员需要对顾客的具体需求作出主观判断。

从这两个维度可以将服务分为以下四类。

（1）高判断高定制，即高度定制化并要发挥服务人员自主性的服务。此类服务不仅要求高度定制化，而且要求服务人员作出大量的主观判断来确定服务方法。在与顾客的接触中，服务人员不只是对顾客的要求做出（被动的）反应，而是应经常积极地引导顾客消费。例如引导顾客接受咨询、法律、医疗等服务，控制权在服务人员手中。例如，特定情况下病人的生命完全掌握在外科医生的手中。服务人员必须接受全面的培训，掌握专业知识，善于判断，以便为顾客提供优质的服务。这类服务可称作“知识密集型服务”。

（2）高判断低定制，即要求服务人员发挥自主性的标准化服务。服务人员为不同的顾客提供相同的服务时，需灵活地决定服务方法。例如，教师为每个学生提供相同的服务，但教授每一门课程的教师可以自行决定各自的教学方法。

（3）低判断高定制，即不要求服务人员发挥自主性的高度定制化服务。服务给予顾客多种选择，服务过程也相当灵活。例如高档餐馆和旅馆给予顾客多种选择。

（4）低判断低定制，即不要求服务人员发挥自主性的标准化服务。此类服务相当标准化。

第三类和第四类服务中，服务控制权在顾客手中，服务人员扮演操作人员或命令执行者的角色。他们需要回答顾客简单的问题，服务行为需要符合顾客的要求。

4. 依据服务供需关系分类

依据服务需求的波动程度和供给受服务能力的限制程度，可以将服务分成四类，如图 9.9 所示。

（1）需求波动大，高峰期通常不会出现供不应求的服务。

（2）需求波动小，通常不会出现供不应求的服务。

（3）需求波动大，高峰期常常出现供不应求的服务。

（4）需求波动小，但企业自身能力不足的服务。

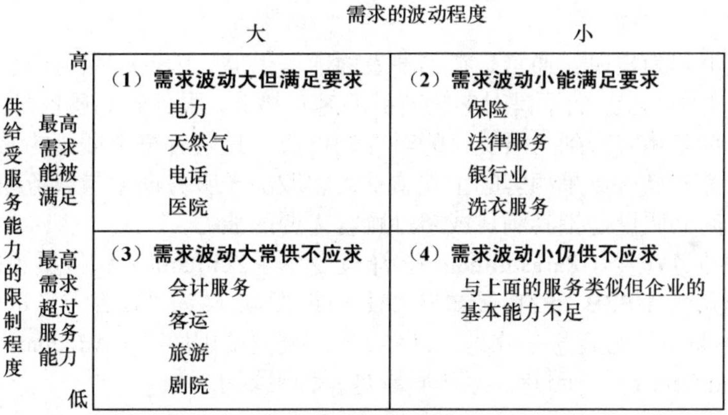

图 9.9　依据服务供需关系分类

虽然服务组织的需求量波动很大，又无法利用存货减少供需矛盾，但仍可以通过营销活动做好需求管理工作，提高赢利能力。第一类组织应尽力增大高峰期之外的需求量；第二类组织必须决定是不断增大需求量，扩大生产能力，还是应该保持现状；第三类组织始终需要稳定需求量，使供需一致，淡季的时候需要刺激需求量，旺季的时候需要减少需求量。第四类组织始终需要扩大生产力，改进企业的各项工作，以适应市场的需要。

5. 依据服务的可获性和服务交互性质分类

依据服务的可获性和服务交互性质，可以将服务分为以下六类，如表 9.2 所示。

表 9.2　依据服务的可获性和服务交互性质分类

顾客与服务企业交互的性质	服务网点	
	单一场所	多个场所
顾客去服务场所	景点 宾馆	公共汽车站 快餐连锁店
上门服务	出租车 家政服务	邮递 紧急修理服务
远程服务	信用卡服务 电视台	广播网 电话公司

（1）需要顾客到单一场所购买的服务。

（2）顾客可以到多个场所购买的服务。

（3）由服务提供者到指定场所进行的服务。

（4）由服务提供者到多个场所进行的服务。

（5）由单一场所向顾客提供的远程服务。

（6）由多个场所向顾客提供的远程服务。

对顾客来说，到某一个服务点接受服务，可能会很不方便。假如服务组织在若干个服务网点为顾客服务，就可方便顾客购买，降低顾客消费成本，但也会引起服务标准的不一致和质量控制问题。有些服务对象是无法移动的，服务人员必须提供上门服务，这种服务通常费用很高；许多服务并不需要顾客与服务组织直接接触，双方可以通过邮件或通信设备完成交易。

上述几种分类并不是绝对不变的，各类服务是相互交叉的，而且随着市场和技术等因素的发展，某些服务可能会由一种类型转变为与其他的一种或多种类型共存的形式。这四种分类的可贵之处在于，它向服务管理者展示了服务视角的多维化。管理者可以从不同的角度对服务进行认识，在制定服务战略时要考虑多方面的因素，从多个角度发掘自身的竞争优势。

第三节　服务商品质量

服务商品属于行为表现，通常是在消费者面前提供的。因此，服务商品质量在很大程度上是一种体验的主观感受，而不是对实物商品的客观检验。服务商品质量是由消费者确定的，服务商品质量意味着顾客得到与所支付的对等的价值，是一种符合期望的质量。综合各种观点，我们认为服务商品质量是顾客的主观感受，它取决于服务期望与服务绩效的对比。从组织角度看，服务商品质量是指其满足或超过顾客需要的能力。

美国学者帕拉苏拉曼（Parasuraman）、泽丝曼尔（Zeithaml）和贝里（Berry）被称为美国的服务管理研究组合 PZB。PZB 最初将“服务期望”定义为“服务应当是什么样的”，1991 年 PZB 将“服务期望”的概念一分为二，界定为“恰当的服务”（Adequate Service）和“理想服务”（Desired Service）。因此，服务质量是一种平均水平。

一、服务商品质量的构成

PZB 提出服务商品质量是顾客期望与感知的对比，感知服务（体验服务）由服务的技术质量、职能质量、形象质量和真实瞬间构成。服务商品质量指的是顾客总的感知服务质量。

1. 技术质量

技术质量也称产出质量，是指服务的结果，即顾客从服务过程中最终得到的东西。例如，医院为患者解除病痛，宾馆为旅客提供的房间和床位，饭店为顾客提供的菜肴和饮料，航空公司为旅客提供的飞机舱位。对于技术质量，顾客比较容易感知，也便于评价。例如，宾馆设备是否舒适，饭店的菜肴是否可口，航空公司的舱位是否宽敞。

2. 职能质量

职能质量也称过程质量，是指服务传递的过程中顾客所感受到的服务人员在履行职责时的行为、态度、穿着和仪表等给顾客带来的利益和享受。职能质量完全取决于顾客的主观感受，难以进行客观的统一评价。技术质量与职能质量构成了感知服务质量的基本内容。

3. 形象质量

形象质量是指企业在社会公众心目中形成的总体印象。它包括企业的整体形象和企业所在地区的形象两个层次。顾客通过视觉识别系统、理念识别系统和行为识别系统多个侧面认识企业形象。企业形象质量是顾客感知服务质量的过滤器。如果企业拥有良好的形象质量，些许失误会得到顾客的谅解；如果失误频繁发生，则必然会破坏企业形象；倘若企业形象不佳，则企业任何细微的失误都会给顾客造成很坏的印象。

视野拓展

"上海服务"加速向高质量迈进

4. 真实瞬间

真实瞬间是服务过程中顾客与企业进行服务接触的过程。这个过程发生在一个特定的时间和地点，这个瞬间是企业向顾客展示自己服务商品质量的良机。同时，真实瞬间也是服务商品质量展示的有限时机，一旦时机过去，服务交易结束，企业也就无法改变顾客对服务商品质量的感知。如果在这一瞬间服务商品质量出了问题，企业无论做什么也无法补救。真实瞬间是服务商品质量构成的特殊因素，这是有形商品质量所不包含的因素。顾客光顾一家服务组织时，他要经历一系列真实瞬间。例如，乘坐飞机时，乘客从抵达机场开始，直到离开机场为止，要经历许多这样的瞬间。服务生产和传送过程应计划周密，执行有序，防止棘手的真实瞬间出现。如果出现失控状况并任其发展，出现质量问题的危险性就会大大增加。一旦真实瞬间失控，服务商品质量就会退回到一种原始状态，服务过程的职能更是会深受其害，使质量进一步恶化。

二、服务商品质量的特点

服务商品质量和有形商品质量有很大的不同，具有以下几个特点。

1. 服务商品质量具有很强的主观性

服务商品的生产有顾客介入，必须根据顾客的要求来生产，顾客说服务商品质量是什么，就是什么。服务商品质量是顾客感知的对象，而不是设计者和操作者所感觉的质量的好与坏。服务商品质量更多地要按顾客的主观认识加以衡量和检验。

2. 服务商品质量具有极强的差异性

不同的时间、不同的服务提供者所提供的服务是不同的，即使同一个服务提供者在不同的时间提供的服务商品质量也存在差异；不同的顾客，乃至同一个顾客在不同的时间对服务商品质量的感知也是不同的。服务商品质量发生在服务生产和交易的过程之中，顾客的素质，如文化修养、审美观点、兴趣爱好和价值取向等，直接影响着他们对服务的需求和评价，而同一位顾客的品位还会改变和提高，因而服务商品质量也应随之而改变和提高。

3. 服务过程质量比产出质量更重要

顾客感知服务商品质量是由顾客所追求的产出质量（技术质量）和过程质量（职能质量）两个方面组成的。有形商品的质量是可以用一些特定的标准来加以度量的，消费者对有形商品的消费在很大程度上是结果消费。服务则不同，顾客对服务的消费，不仅仅是对服务结果的消费，更重要的是对服务过程的消费。服务结果与服务过程相辅相成、不可或缺，忽视任何一个方面都会给服务商品质量带来灾难性后果。基于前人所做的大量研究，得出这样的结论：如果服务商品的产出质量是可以接受的，那么，过程质量在总的顾客感知中常常要比产出质量重要得多。无论接受什么服务，能够让人们对交易过程有深刻印象的是服务过程，组织与顾客的人际接触是最具影响力的因素。服务商品质量的提高需要内部形成有效的管理和支持系统。

4. 顾客感知服务商品质量是在服务提供者与服务接受者的互动过程中形成的

与有形商品不同，在绝大多数情况下，服务的生产和消费是无法分割的，服务商品质量是在服务生产和服务消费的互动过程之中形成的。因此，互动性是服务商品质量与有形商品质量一个非常重要的区别。

5. 形象是影响顾客感知服务商品质量的重要因素

如果在顾客心目中企业形象是好的，那么如果顾客遇到不满时，都会由于企业形象起到某些程度的抵消作用。当然，如果问题连续出现，企业形象最终会受到损害。如果企业形象不佳，质量问题很容易被感知得比实际更糟。

三、服务商品质量的评价要素

PZB 提出了服务商品质量的评价要素，他们确定了顾客按相对重要性由高到低来判断感觉中的服务商品质量的五个基本方面：可靠性、敏感性、保证性、移情性、有形性。

1. 可靠性

可靠性是指企业可靠地、准确地履行服务承诺的能力。可靠的服务是顾客所希望的，它意味着服务以相同的方式无差错地准时完成。许多以优质服务著称的企业都是通过可靠的服务来建立自己信誉的。例如，麦当劳的顾客会发现，去除文化背景因素，无论在美国还是在中国，顾客都能吃到具有同一质量水平的汉堡包。可靠性实际上要求企业避免在服务过程中出现差错，因为服务差错给企业带来的不仅是经济损失，而且可能意味着失去很多潜在顾客。

2. 敏感性

敏感性也称响应性，是指帮助顾客并迅速提供服务的愿望，是顾客感觉到的服务企业的态度，即企业随时准备愿意为顾客提供快捷、有效的服务。对于顾客的各种要求，企业能否给予及时的满足将表明企业的服务导向，即是否把顾客的利益放在第一位。同时，服务传递的效率则从侧面反映了企业的服务质量。研究表明，在服务传递过程中，让顾客等候，特别是无原因的等候，会对顾客质量感知造成不必要的消极影响。出现服务失败时，迅速解决问题会给质量感知带来积极影响。在误点的航班上提供补充饮料可以将乘客潜在的不良感受转化为美好的回忆。

3. 保证性

保证性是指员工所具有的知识、礼节以及表达自信与可信的能力。服务人员的友好态度与胜任工作的能力，能够增强顾客对企业服务商品质量的信心和安全感。当顾客同一位友好、和善且学识渊博的服务人员打交道时，他会认为自己找对了公司，从而获得信心和安全感。友好心态和胜任能力二者是缺一不可的。服务人员缺乏友善的态度自然会让顾客感到不快，而如果他们对专业知识懂得太少也会使顾客感到失望，尤其是在服务商品不断推陈出新的今天，服务人员更应该拥有较高的知识水平，给顾客以专家的感觉。

4. 移情性

移情性是设身处地为顾客着想和对顾客给予特别关注的能力和愿望。移情性有以下特点：接近顾客的能力（可接近性和便捷性），敏感地和有效地理解顾客需求（甚至是私人方面的特殊需求）并予以满足，做到换位思考，使整个服务过程富有人情味。

5. 有形性

有形性是指服务的实体设施、设备、环境、工作人员外表以及服务中与顾客的实体接触等有形证据。由于服务是无形的体验，本质上是一种行为过程而不是某种实物，具有不可感知的特性，所以顾客在很大程度上借助这些与服务有着密不可分关系的有形设施设备、环境美化与卫生、服务人员的仪容仪表、各种指示符号与标志、价目表等来把握服务质量，从而作出自己的判断和评估。另外，有形的环境条件是服务人员对顾客更细致的照顾和关心的有形体现。例如，旅客乘坐某航空公司的班机，清洁、典雅的机舱和美丽、大方的空姐不仅展示出该航空公司的服务水准，顾客在评估其服务商品质量时自然会给予较高的评价。充分利用有形性有两个方面的作用：一是提供有关服务商品质量本身的有形线索，二是直接影响顾客对服务商品质量的感知。

顾客主要从以上五个方面将预期的服务和接受的服务相比较，最终形成自己对服务商品质量的判断。期望与感知之间的差距是服务商品质量的量度，既可能是正面的，也可能是负面的。

四、服务商品质量的评价模型

对服务商品质量的评价，目前常用的有感知服务质量模型、服务质量差距模型。

1. 感知服务质量模型

1982 年，格罗鲁斯（Gronroos）第一次提出了顾客感知服务质量的概念，构建了感知服务质量模型，如图 9.10 所示。他的研究基本上是建立在消费者研究理论基础之上的，而且借鉴了许多消费者研究理论。顾客感知服务质量被定义为顾客对服务期望与实际服务绩效之间的比较。当实际服务绩效大于服务期望时，顾客感知服务质量是良好的；反之，则顾客感知服务质量是较差的。从而将服务商品质量与有形商品质量从本质上区别开来。

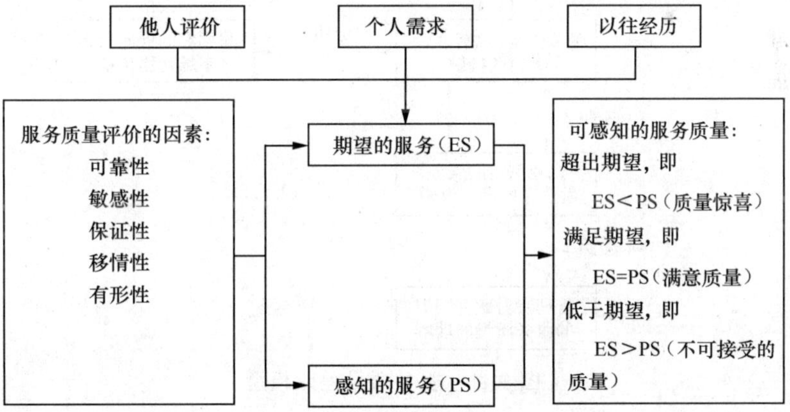

图 9.10　感知服务质量模型

2. 服务质量差距模型

PZB 在顾客感知服务质量概念的基础上，对服务商品质量的构成要素及其评价方法进行了更深入的研究。PZB 通过对若干服务行业的实证研究，于 1985 年构建了服务质量差距模型（The Gaps Model of Service Quality），提出了五种服务质量差距，如图 9.11 所示。通过这种模型可以分析质量问题的起源，从而协助服务企业管理者采取措施改善服务质量。

（1）差距 1——管理者认知差距：指顾客对服务的期望与管理者对顾客期望的认知之间

的差距。最直接、最明显的差距往往是顾客想要得到的服务与管理者认为顾客希望得到的服务两者之间的差异。

（2）差距 2——服务质量规范差距：指管理者对顾客期望的认知与企业制定的服务质量标准之间的差距。即使管理者已经准确理解了顾客的需求，有时也不能将其融入制定的服务质量标准中。

（3）差距 3——服务传送差距：指服务质量标准与企业实际所提供的服务之间的差距。存在这一差距意味着企业向顾客提供的服务未能达到企业制定的服务标准。

（4）差距 4——市场信息传播差距：指企业进行外部市场沟通时承诺的服务与企业所提供的实际服务之间的差距，即承诺—兑现差距。

（5）差距 5——感知的服务质量差距：即格罗鲁斯提出的顾客对服务的期望与顾客对服务的感知之间的差距。这一差距实质上是前四个质量差距之和。

图 9.11 中，模型的上半部分与顾客有关，下半部分与服务提供者有关。顾客对服务质量的期望是口碑传播、个人需要和过去的经历等几方面因素共同作用的结果，同时还受到企业与顾客外部沟通时所做的营销宣传的影响。顾客实际感知的服务就是顾客对服务的体验，它是服务组织一系列内部决策和活动的结果。管理者对顾客预期服务的理解决定了企业所制定的服务质量标准，一线员工按照服务质量标准向顾客交付服务：顾客则根据自身的体验来感知服务的生产和传递过程。该模型还指出，营销传播对顾客的感知服务和预期服务都会产生影响。

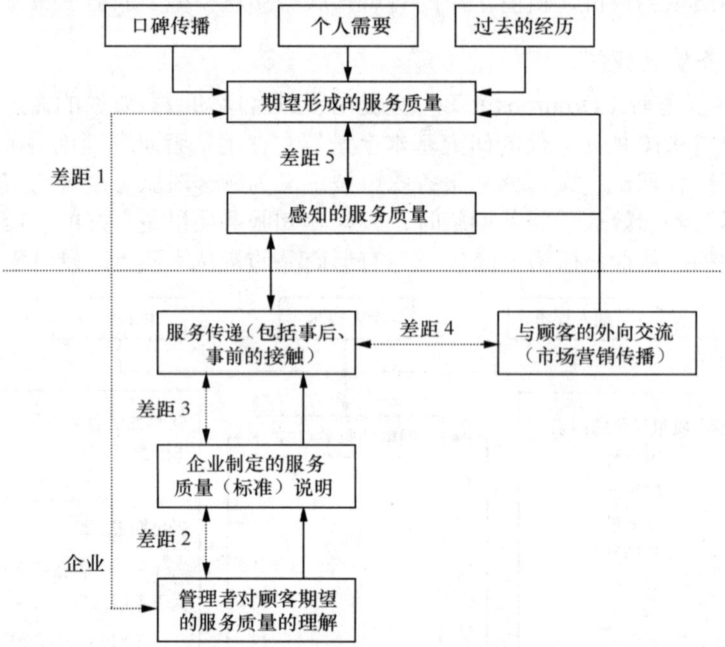

图 9.11　服务质量差距模型

该模型向希望改进服务质量的管理者传递了一个清晰的信息：弥合质量差距的关键在于弥合差距 1～4，并使其持续处于弥合状态。由于差距 1～4 是一个或多个差距的存在，顾客感知的服务质量会有缺失。服务质量差距模型可以作为服务组织试图改进服务质量和服务营销的基础框架。

五、服务商品质量测量

对服务商品质量进行测量难度极大，因为服务商品包含许多无形因素和心理因素，难以设定精确的量化标准，所以需要采取特殊的方法来实现这一评估。

1. SERVQUAL 模型简介

顾客感知服务质量差距模型（SERVQUAL 模型）是目前从顾客角度评价服务商品质量最有影响力的模型。该模型于 1988 年由 PZB 提出，是一份包括 22 个测试问题的调查问卷，被应用于服务业评价顾客感知服务商品质量。

根据研究，PZB 提出了服务质量五维度的观点，这五个维度分别是可靠性（Reliability）、敏感性（Responsiveness）、保证性（Assurance）、移情性（Empathy）、有形性（Tangibles），并根据这五个维度设计了包括 22 个测试问题的调查问卷，建立了感知质量评价方法。这种方法的工作原理就是根据服务质量差距模型对顾客的期望和实际服务体验分别进行评估，然后对比两种评估的结果，找到其中的差距而得到最后的对服务商品质量的评价。

视野拓展

SERVQUAL 调查问卷的期望质量调查问卷

在 SERVQUAL 模型被建立起来以后，许多学者都对它的信度和效度在很多行业进行了多次测量。尽管在很多测量中，SERVQUAL 量表都表现出了较强的信度和效度，但是仍然有不同的呼声存在。卡曼（Carman）指出：SERVQUAL 模型的稳定性虽然较好，但是其五个维度并不都是中性指标，对不同的行业并不具有完全的适用性。有的学者将 SERVQUAL 模型改进为 $Q=I(P-E)$，其中，I 表示服务质量属性的重要程度。而博尔顿（Bolton）和德鲁（Drew）更关注服务经历对服务商品质量的影响，他们指出：顾客现在的看法是建立在上一次服务商品质量的感知基础之上的，服务经历也许会改变他们未来对服务商品质量的态度。

具有代表性的服务质量评价模型还有 SERVPERF 模型、Q 矩阵评价模型，基于心理学标准的比较评价模型、价值曲线评价模型等。本书主要介绍 SERVQUAL 模型，不再介绍其他几种模型。

2. 服务商品质量测量的程序

服务商品质量测量一般采取评分量化的方式进行，其具体程序如下。

（1）测量顾客的预期服务质量（ES）。

（2）测量顾客的感知服务质量（PS）。

（3）确定服务质量（SQ），即服务质量=预期服务质量−感知服务质量。

对服务质量评分量化的具体步骤如下。

（1）选取服务质量的评价标准：可靠性、敏感性、保证性、移情性、有形性。

（2）根据各条标准在所调查的服务行业的地位确定权数：9、7、6、4、2 等。

（3）对每条标准设计 4～5 个具体问题：先进的设备、同情心、穿着得体、整洁等。

（4）制作问卷。

（5）发放问卷，请顾客逐条评分。

（6）对问卷进行综合统计。

（7）分别测算出预期服务质量和感知服务质量。

（8）求出差距值。差距值越大，表明感知服务质量与预期服务质量差距越大，服务质量差；相反，则服务质量好。

（9）“（－）”表示对这些表述的评分是反向的，在数据分析前应转换为正向得分。

3. 服务商品质量测量的范围

服务商品质量的内容很广，总的来看由五大要素组成。以医疗服务商品质量为例，其服务商品质量范围明显超出照料患者的含义，它还包括医疗服务对家庭与社会的影响。

（1）服务内容。服务业门类广泛，每一种服务都有其特定的服务内容。例如，旅游业为旅游者提供食、住、行、游、购、娱等服务，医疗服务为人们提供诊断、开方、手术、保健等服务。

（2）服务过程。服务过程是指完成服务提供的方法或服务提供的顺序。例如，通过问卷调查来测量服务中的事件顺序是否恰当。

（3）服务结构。这里是指有形设施布局结构和服务组织结构设计的匹配，其中人员资格是重要的质量因素。

（4）服务结果。服务结果是顾客对服务质量的最终评估。通过与行业平均水平的对比来监控，同时服务人员对自己表现的满意度也是服务结果的重要部分。

（5）服务影响。这里是指服务对顾客的长期影响，包括对社会和社区造成的影响。例如，教育机构对某地升学率提高的贡献，医疗服务对社会成员平均寿命延长所作出的努力等。

第四节　服务商品检验

服务商品的特殊性决定了服务商品质量检验不可能像有形商品那样进行。一般来说，可采用顾客满意度来进行检验。

一、顾客满意度和顾客满意战略

从服务提供者的角度出发，服务质量意味着服务特性对组织规定与要求的符合程度，这种经营导向的典型做法是关注生产率和内部效率，其效果反映在以最小的成本获得最大的产出方面；从顾客角度出发，服务质量意味着服务达到或超过其期望的程度，其效果反映在顾客满意度方面。顾客导向的定义与服务提供者导向的定义的一大关键区别，在于前者意识到不同顾客会对同样的服务感知到不同的质量水平。因此，服务质量被称作感知服务质量，其定义为所提供的服务达到或超过顾客期望的程度。顾客满意度是顾客对产品或服务性能，以及对产品或服务本身的评价，它给出了（或者正在给出）一个与消费的满足感有关的快乐水平，包括低于或者超过满足感的水平。顾客的满意度越高，顾客与服务提供者之间的关系就会越牢固。也就是说，满意的顾客忠于服务组织，与组织会建立稳固的关系。接着服务组织又会为这些顾客提高服务质量，而这会进一步加强组织与顾客的关系。

顾客满意（Customer Satisfaction，CS）战略（CS 战略）的核心思想是：组织的全部经营活动都要从满足顾客需要出发，以提供满足顾客需要的商品作为组织的责任和义务，以顾客满意作为组织的经营目的，从而营造适合组织生存发展的良好的内外部环境。

（一）横向层面的顾客满意战略

在横向层面，顾客满意战略包括以下五个方面的满意内容。

（1）组织满意：即组织经营理念带给内外顾客的满足状态，包括经营宗旨满意、经营哲学满意和经营价值观满意等。

（2）行为满意：即组织全部的运行状况带给内外顾客的满足状态，包括行为机制满意、行为规则满意和行为方式满意等。

（3）视听满意：即组织具有的可视性和可听性的外在形象带给内外顾客的满足状态，包括组织标志（名称和图案）满意、标准字满意、标准色满意以及上述三个基本要素的应用系统满意等。

（4）有形产品满意：即组织有形产品带给内外顾客的满足状态，包括产品质量满意、产品功能满意、产品设计满意、产品包装满意、产品品位满意和产品价格满意等。

（5）服务满意：狭义的服务满意，即组织服务带给内外顾客的满足状态，包括服务绩效满意、服务质量保证体系满意、服务的完整性和方便性满意以及情绪和环境满意等。

（二）纵向层面的顾客满意战略

在纵向层面，顾客满意战略包括三个逐次递进的满意层次。

（1）效用满意层次：即顾客对组织服务本身的一些属性，如服务的效果、质量、设计和品种等所产生的满意。

（2）感受满意层次：即顾客对组织服务的形式层和外延层，如服务的有形展示、促销分销、售后反馈等所产生的满意。

（3）社会满意层次：即顾客在对组织服务消费的过程中所体验到的社会利益维护程度，主要指顾客整体（全体公众）的社会满意程度。它要求在对组织服务消费的过程中，要具有维护社会整体利益的道德价值、政治价值和生命价值。

二、顾客满意度的衡量

服务组织盛行以顾客为尊、顾客至上、顾客满意为导向的经营策略，这里的顾客既指外部顾客，也指内部顾客。经常引述的一项数据是：开拓一位新顾客的成本是维持一位旧顾客成本的六倍。以顾客满意为导向，深刻认识顾客的价值，带来了一场组织价值观的革命。高的顾客满意度才能提高忠诚顾客的保有率，忠诚的顾客对组织具有非常重要的价值。正确衡量顾客满意度具有重要意义。

（一）顾客满意度模型

1989 年，美国密歇根大学商学院质量研究中心费耐尔博士总结了理论研究成果，提出把顾客期望、购买后的感知、购买的价格等多方面的因素组成一个计量学的逻辑模型，即费耐尔逻辑模型。这个模型把顾客满意度的数学运算方法和顾客购买商品或服务的心理感知结合了起来。以此模型运用偏微分最小二次求解所得出的指数，就是顾客满意度指数（Customer Satisfaction Index，CSI）。费耐尔博士的研究成果是迄今为止非常成熟和被广泛运用的顾客满意度指数理论。

自 1990 年美国政府推出美国顾客满意度指数（ACSI）后，一些国家的专家、学者也开始介入，并不断完善顾客满意的研究技术，顾客满意开始得到普遍关注。目前，许多发达国家已经制定了国家性指数，从宏观的水平评估和追踪消费者的满意情况。顾客满意度的研究在这些国家已经不仅仅是研究它对企业服务的指导意义，甚至是将顾客满意度指标视同为生产力水平和物价指数这些传统的标准，认为其可以成为评估国家经济是否健康的工具。

美国顾客满意度指数模型基于这样一个理论，即顾客满意度同顾客在产品购买前的期望和在产品购买中及购买后的感受有密切关系，并且顾客的满意程度或低或高将会导致两种基本结果：顾客抱怨和顾客忠诚。美国顾客满意度指数使用的是一种由多重指标（问题）支持的六个潜在变量（概念）组成的模型，如图 9.12 所示。

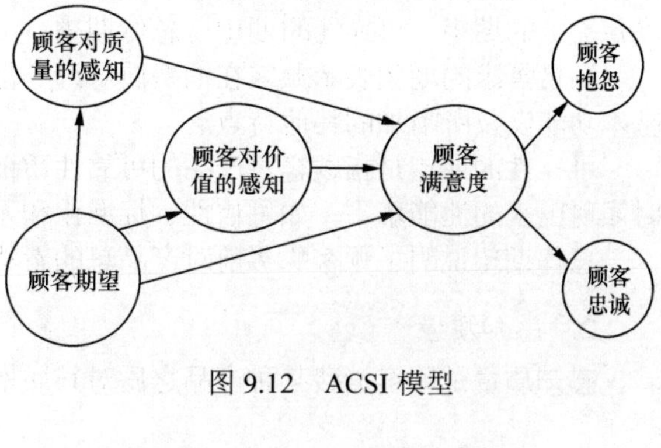

图 9.12　ACSI 模型

美国顾客满意度指数模型显示，在六

个潜在变量中，顾客期望、顾客对质量的感知和顾客对价值的感知是三个前提变量，顾客满意度、顾客抱怨、顾客忠诚是三个结果变量，前提变量综合影响并决定着结果变量。展开来说就是顾客满意度是由顾客在购买和使用产品的经历中，产生对产品质量和价值的实际感知，并将这种感知同购买前或使用前的期望值做比较，而得到的感受和体验所决定的。若顾客满意度低就会产生顾客抱怨以致投诉，而顾客满意度高就会产生顾客忠诚。同时，如果重视并妥善处理顾客投诉，化解顾客的抱怨，同样可以提高顾客忠诚度。

（二）美国顾客满意度的特点

美国顾客满意度作为一个旨在对经济产出的质量和业绩作出准确测评，并能对经济收益进行预测，为经济决策提供可靠信息的新型综合指标，作为针对各类测评对象的综合顾客满意程度的一个普遍适用而又具可比性的测量尺度，它的测评方法具有以下基本特点。

（1）保证所收集数据的准确性。

（2）有效性，即测评方法本身具有较强的判断能力。美国顾客满意度的调查问卷采用1～10级制，使测评有效性相应得到了增强。

（3）可靠性。测评的可靠性受到测评数据的平均值和标准差的综合影响，能综合反映调查抽样方案、调查手段、问卷或问题的设计、测量方法或工具以及数据输入处理等测评的总体质量。

模型中的顾客满意度和其他构成成分代表了多种无法直接测量的顾客评价，为此，顾客满意度采用多重指标的方法将综合顾客满意程度作为一个潜在变量来测量。因此，其结果能普遍用于企业、行业、部门、地域和国家间的比较。作为一个对顾客满意程度进行综合测量的尺度，顾客满意度指数测量所使用的方法不仅能说明顾客的消费体验，而且必须是具有前瞻性的。

（三）美国顾客满意度的变量

模型中的结构变量是由相关的一组测评变量的数据通过加权求和得到的，而测评变量的数据则是通过实际调查获得的。下面对美国顾客满意度的变量进行介绍。

1. 顾客期望

顾客期望是顾客在消费某种商品之前对其质量的综合估计，通常它反映了来源于顾客以前对该品牌的产品的消费或使用的直接经验，包括来源于相关的广告、亲友推荐甚至小道消息等间接渠道的非经验性信息，也反映了顾客对该品牌未来质量水平的预期。如果顾客先前形成的经验传递给顾客的信息是积极的，则顾客就会预想他们将购买的产品的质量是较高的；反之，顾客的预想就会较低。因此，顾客期望是该品牌以往市场业绩和形象的综合表现。

顾客对质量的认识主要包括满足需求和可靠性两个方面，有些顾客注重产品满足个性化需要的程度，而有些则注重可靠性。因此，用以下三个测评变量（显变量）来表达顾客期望：满足需求的期望、可靠性的期望、总体期望。

满足需求的期望表示顾客在消费前对产品是否满足自己特定需求的期望。其包括产品的基本功能以及所附加的其他特点。

可靠性的期望是指顾客对产品的可靠性质量特征的期望。可靠性是指产品在实现其功能时表现出来的性能水平，如可信性、标准化和无缺陷或故障频率的程度等。

总体期望说明了顾客购买前对产品总的看法，它综合了满足需求和可靠性两方面的因素。

2. 感知质量

感知质量是顾客消费某种产品之后对其质量的综合感受。它是建立在实际消费过程基础上的主观感受，有时同产品的符合性质量不完全一致，并且在一定程度上还受到顾客自身主观因素的影响。

感知质量的三个测评变量与顾客期望的三个测评变量相对应：满足顾客个人需求的程度、对可靠性的感知、总体感知。

3. 感知价值

感知价值体现了顾客在综合考虑质量和价格两个因素之后对所得利益的主观感受。模型中这一结构变量的设置使得其对不同的企业、行业和部门之间的测评结果增加了可比性。

感知价值表现为以下两个测评变量。

（1）给定价格下对质量的感知。通常顾客都会以所支付的价格为基准，通过比较实际感知质量和顾客认为该价格下应该具有的质量水准来评价他所得到的价值。一般而言，实际感知质量越高，感知价值越大；而价格越低，感知价值也越大。

（2）给定质量下对价格的感知。顾客也会以所得到的产品的感知质量为标准，通过比较实际支付价格和顾客认为该质量等级所对应的价格标准来评价感知价值。

这两个测评变量所反映的侧重点并不相同。给定价格来评价质量时，顾客的注意力集中在产品的质量上，此时只要是高质量的产品就会得到认同；而给定质量来评价价格时，刚好相反，顾客的注意力集中在价格上，价格越低越能得到认同。这两个测评变量可以反映顾客是受质量驱动（往往收入较高）还是受价格驱动（通常收入较低），通过分析，对组织的产品开发或营销活动具有指导意义。

4. 总体满意度

总体满意度对应了我们要测定的顾客满意度指数。它体现为三个测评变量。①实际感知与期望之间的差异。从心理的角度而言，这是影响顾客满意程度的重要因素。②实际感知与理想产品之间的差别，即以同一范畴内顾客心目中的理想产品作为基准对测评产品实际感知的评价。这个变量同时指出了产品质量进一步改进、提高的潜力。③总体满意度。总体满意度是指顾客在综合各方面因素后对产品质量的总体感受。

5. 顾客忠诚

顾客忠诚的测定可用于了解和研究产品的赢利能力及市场趋势。顾客忠诚可以由以下两个测评变量来描述。

（1）重复购买可能性。顾客对产品感到满意就会产生一定程度上的顾客忠诚，在行动上表现为对该产品的重复购买。满意度越高，忠诚度也就越高，重复购买的倾向也就越大。相反，不满意的顾客可能会降低重复购买的可能性，甚至成为竞争对手的顾客。

（2）价格变化的容差。如果顾客满意度较高，则他们对价格上涨的承受能力较强；反之，则承受能力较弱，少许涨价，就可能使他们放弃重复购买。

对于满意顾客，价格下降并不是吸引其保持忠诚的主要因素；相反，对于不满意顾客，降价往往是促使其保持忠诚的主要因素。

上述关于顾客忠诚的行为描述不一定符合具有垄断特征行业的情况。在垄断市场中，顾客很少甚至根本没有选择产品的余地，这时消费的价格弹性很小，频繁的重购现象反映的是虚假的忠诚和被掩盖的低满意度。

6. 顾客抱怨

顾客满意程度越高，抱怨越少、越轻微；顾客满意程度越低，抱怨越多、越严重。顾客抱怨越多、越严重，越会影响顾客的忠诚度。而如果顾客没有抱怨，也不表明顾客就非常满意或忠诚度很高。一旦顾客产生了比较严重的抱怨（包括投诉），而组织漠然视之，不做妥善处置，则会导致顾客与组织的关系恶化，从而通过口碑传播，影响其他顾客的满意度和忠诚度。如果组织高度重视对顾客抱怨的处理，不但会取得顾客的谅解，还可能会提高顾客的满意度或忠诚度。

该结构变量反映了顾客对购买的商品从抱怨（含投诉）的程度及对抱怨或投诉的处理的角度所得的感受并折射的满意程度。顾客抱怨包括以下两个测评变量：抱怨或投诉的程度、商品的提供者处理抱怨或投诉的效果。

第五节　旅游服务商品

旅游服务商品是指旅游企业为配合旅游整体商品的出售，为旅游者提供方便、安全、愉快和享受的体验，直接提供的劳务服务或间接策划管理服务的一种旅游商品形态。

一般认为，物质商品是出卖所有权，出卖后便归购买者所有并可以带走的；而旅游服务商品出卖的是非物质实体的服务，是不出卖所有权并带不走的，购买者带走的只是享受、体验和回味。

旅游服务商品同样具有价值和使用价值。旅游服务商品的价值，是指劳务服务和服务策划、组织、管理中，所凝结的无差别的社会必要劳动量。旅游服务商品的使用价值，是指带给旅游者的方便、体验与享受的功能。

可见，旅游服务就是一种商品，是旅游商品不可分割的重要的组成部分。

一、旅游服务商品的特征

旅游服务商品的特殊性决定了旅游服务商品具有与其他商品不同的特征。

1. 服务性

服务性，是指旅游服务商品为游客提供方便周到服务的特性，即直接或间接为游客提供劳务服务或组织、策划、管理服务，或提供便利，或解决疑难，或为游客的旅游创造更好的条件。这是旅游服务商品最基本的特性。应该说，旅游服务的主动性、亲切性、文化性、品位性、周到性、质量性都是其他任何类型的服务所不及的，特别是旅游的金钥匙所提供的服务。

2. 生产与消费的同步性

生产与消费的同步性，是指旅游服务商品的生产过程与消费过程是同步的。例如，游客的游览观赏消费，从开始到结束，与经营者自始至终提供的游览观赏服务是同步的。

3. 不可储存性

不可储存性，是指旅游服务商品的不可储存、不可带走的特征。因为服务的生产与消费是同步的，消费结束，生产也就终止，服务商品是不可能储存的。

4. 时效性

时效性，是指旅游服务在特定时间内才能发挥作用、产生效果的特性。例如，导游服务、交通服务和饭店住宿服务等，都是在特定时间内发挥作用，都有特定的时效性特征。

5. 差异性

差异性，是指经营商提供的服务，具有因人而异的个性化特征。因为服务对象各种各样，其兴趣、爱好、信仰、文化、习俗都存在差异，而服务的目的是满足旅游者需求，因此旅游经营者必须因人而异，提供差异性、个性化的旅游服务。

6. 文化性

文化性，是指服务人员的服务理念、行为和形象，都应具有较好的文化品位。无论着装、语言、表情、微笑，都应展现一定的文化修养。再说文化是旅游的灵魂，无论可见性服务还是不可见性服务，无论景区、景点的布局、设施，还是组织、策划和管理，都应具有较高的文化品位。文化品位越高，旅游服务商品的质量就越高，游客的文化精神感受就越深。

7. 不易测度性

不易测度性，是指旅游服务商品质量判断的测度具有难以量化的特性。只能通过游客体验定性评价，而不同游客的体验不同，评价亦难以统一。例如同一时间、同一导游的服务，既可能得到老年游客的表扬，又可能受到青年游客的批评，可见旅游服务商品具有不易测度的特性。

二、旅游服务商品的类型

旅游服务商品，按其内容、性质、特征划分，有以下不同类型。

（一）按服务内容划分的旅游服务商品

按服务内容的不同，旅游服务商品分为旅行社服务商品、团队旅游服务商品、散客旅游服务商品、出入境旅游服务商品、导游服务商品、旅游饭店服务商品、旅游交通服务商品、休闲旅游服务商品、专项旅游服务商品、娱乐旅游服务商品。

1. 旅行社服务商品

旅行社服务商品，是指旅行社为满足游客的旅游需求，为游客设计旅游线路、安排活动、提供全陪或地陪服务的一种旅游商品形态。具体表现为可见性的劳务服务和不可见性的组织策划与管理服务。

2. 团队旅游服务商品

团队旅游服务商品，是指旅行社专门为团队游客的旅游活动，提供可见性面对面的劳务服务和不可见性的旅游设计、策划、协调、安排等间接服务的一种旅游商品形态。

3. 散客旅游服务商品

散客旅游服务商品，是指旅行社为国内外旅游散客、背包散客、自助游散客的旅游活动，提供可见性面对面的直接服务和不可见性的设计、策划、协调、组织、安排等间接服务的一种旅游商品形态。

4. 出入境旅游服务商品

出入境旅游服务商品，是指旅行社专门为出境、入境的游客办理旅游签证、护照、通行证，提供可见性面对面的直接服务和不可见性的协调、安排、代理等间接服务的一种旅游商品形态。

5. 导游服务商品

导游服务商品，是指旅行社或景点、景区的导游人员，针对游客游览、观赏的具体需求，直接提供的可见性服务，如导游人员陪同游览、讲解，提供安全、生活关照等，以及不可见性的导游策划、组织、协调、安排等间接服务的一种旅游商品形态。

导游服务又分为国际导游服务（领队）、全程导游服务（全陪）、地方导游服务（地陪）、固定职业导游服务、自由职业导游服务和业余导游服务等。

6. 旅游饭店服务商品

旅游饭店服务商品，是指饭店为旅游者提供的住宿、餐饮、娱乐、生活、安全的直接服务，以及不可见性的相应间接服务的总和。

7. 旅游交通服务商品

旅游交通服务商品，是指交通部门为旅游者空间位移提供交通工具，以及配套的可见性和不可见性的直接与间接服务的一种旅游商品形态。

8. 休闲旅游服务商品

休闲旅游服务商品，是指经营者为满足国内外休闲旅游者的需求，提供可见性和不可见性的直接与间接服务的一种旅游商品形态。

9. 专项旅游服务商品

专项旅游服务商品，是指经营者为满足游客开展专项旅游活动的需求，提供相适应的可见性直接服务、安全服务、设施服务以及不可见性的策划、组织、协调、安排和管理等间接服务的一种旅游商品形态。

10. 娱乐旅游服务商品

娱乐旅游服务商品，是指经营者针对娱乐游客的具体需求，提供可见性和不可见性娱乐服务的一种旅游商品形态。例如，游客因博彩娱乐要到澳门旅游，或因观看《印象·刘三姐》表演要到阳朔旅游，经营者就需要针对游客的具体需求提供相应的服务。

（二）按服务性质划分的旅游服务商品

按服务性质的不同，旅游服务商品分为常规性旅游服务商品、个性化旅游服务商品和金钥匙旅游服务商品。

1. 常规性旅游服务商品

常规性旅游服务商品，是指旅行社、饭店和交通三大旅游行业，针对旅游者的具体需求，各自提供的规范化、标准化、程序化的可见性和不可见性服务的一种旅游商品形态。

2. 个性化旅游服务商品

个性化旅游服务也称超常服务。个性化旅游服务商品，是指旅游企业针对旅游者需求的个性化差异，分别提供可见性和不可见性服务的一种旅游商品形态。例如，为少数民族旅游者提供符合其民族习俗的住宿和餐饮服务。

3. 金钥匙旅游服务商品

金钥匙旅游服务商品，是指金钥匙（Concierge）专业服务组织成员，以尽善尽美的服务理念，最高的服务质量，最高的文化品位，想客人之所想，急客人之所急，主动为客人提供全方位、尽善尽美的服务，使客人获得惊喜和超值享受的一种旅游商品形态。

（三）按服务特征划分的旅游服务商品

按服务特征的不同，旅游服务商品分为可见性旅游服务商品、不可见性旅游服务商品和旅游服务商品。

1. 可见性旅游服务商品

可见性旅游服务商品，是指经营者为游客提供的可以看得见的或能亲身感受到的直接服务的一种旅游商品形态。

细分可见性旅游服务商品主要有以下几种类型。

（1）面对面的可见性旅游服务商品。面对面的可见性旅游服务商品，是指旅游服务人员直接与游客接触，面对面地提供热情、完美可见性服务的一种旅游商品形态。例如，服务人员展现其外在高雅的着装、仪容、仪表、态度、语言、服务技巧、姿态，以及发自内心的主动性、真诚性、友谊性、涵养性等素质。综合起来，体现为服务的仪态、用语和技巧三个方面。

（2）静态的可见性旅游服务商品。静态的可见性旅游服务商品，是指企业的静态实体形象所展现的经营理念、宗旨而又看得见的直接服务的一种旅游商品形态。例如，旅游景观、企业名称、品牌、标志、营销口号、广告、旅游指南、旅游地图等。

（3）动态的可见性旅游服务商品。动态的可见性旅游服务商品，是指企业的动态活动形象所展现的看得见的直接服务的一种旅游商品形态。例如，旅游咨询、经营活动、展览、促销、新闻发布、联谊活动等。

2. 不可见性旅游服务商品

不可见性旅游服务商品，是指旅游企业为旅游市场提供的一般看不见但能被人感觉得到的一种旅游商品形态。这种商品虽不易察觉，却是服务商品不可缺少的组成部分，如旅游企业服务的理念、策划、组织、协调、监督、培训等，都是与服务密切关联的，是一种不可缺少的间接性不可见的旅游服务商品。

3. 旅游服务商品

可见性与不可见性旅游服务商品，展现了直接和间接的服务特征，并形成了旅游服务商品的整体形象。

不可见性旅游服务商品属于一种理念特征的服务商品，可见性旅游服务商品则是受服务理念支配的行为形象商品，二者综合构成旅游服务商品的整体形象。

三、旅游服务商品建设

旅游服务商品建设，是企业以确保经济利益为前提，以满足游客需求为导向，以文化品位为核心，以功能性和有用性为着力点，对可见性服务和不可见性服务策划、设计、开发、整合的行为和过程。

旅游服务商品建设应遵循以下几项原则。

1. 市场导向的原则

市场导向的原则，是指旅游服务商品建设要以旅游市场需求变化为依据的原则，即从市场需求变化出发设计、提供旅游服务商品。为此应进行市场调查，了解各种游客的不同需求，预测其发展变化，再根据企业的实际条件策划、开发、设计适销对路的旅游服务商品。

2. 文化品位的原则

文化品位的原则，就是指旅游服务商品建设以文化为核心，具有一定文化品位的原则。

文化是旅游的灵魂，服务商品必须具有一定的文化品位，才能满足游客的文化精神需求。文化品位是通过服务人员的服务理念、行为和高质量的文化内涵展现的。旅游服务商品建设必须从塑造其文化品位出发。

3. 灵活差异的原则

灵活差异的原则，就是满足不同游客不同需求的个性化原则。游客因年龄、身份、地位、文化、信仰、性格、爱好不同，旅游需求就存在差异，旅游服务商品必须针对游客的需求差异，提供个性化服务。

4. 游客至上的原则

游客至上的原则，是指旅游企业要把满足游客需求放在至高至上的位置，并提供最佳服务。游客是旅游行业生存发展的“衣食父母”。旅游服务从内容、方式、质量、文化、特色、时间安排等各个方面，都要想游客之所想，急游客之所急，一切以游客至上为原则。

5. 微笑的原则

微笑的原则，是指服务人员接待游客要微笑服务的原则。

微笑展示真诚、文明、礼貌、尊重、欢迎和友谊，是主客沟通的桥梁，也是宾至如归的“欢迎词”，是服务人员文化修养的展现，是情感信息的传递，更是“游客至上”服务原则的完善。微笑，要发自服务人员的内心，出自对工作的热爱，要笑得自然、大方、得体、高雅而有文化品位。没有真诚服务的理念，就没有真诚服务的微笑。

喜来登花了 3 亿美元组织全球调查，考察什么是旅游业经营的核心内容，最后的结论是微笑服务，可见微笑服务在旅游服务商品中的重要地位。

四、旅游服务商品的质量规范

为保证旅游服务商品达到一定的质量要求，就必须有相应的旅游质量规范。

1. 国家法定旅游服务规范

国家法定旅游服务规范是指国家及各省、自治区、直辖市行业主管部门制定和颁布的旅游质量规范和标准，也是旅游服务商品市场运行的法定准则。旅游服务商品的法定准则，也可以说是旅游服务文化品位的法定质量规范。

2. 旅游服务商品常规服务规范

旅游服务商品常规服务规范是指服务人员在服务过程中应遵守的行为规范，即服务质量、标准和程序的行为规范。服务质量指符合国家法定的服务规范，服务标准指衡量服务行为的准则，服务程序指服务的先后顺序。

3. 旅游企业服务质量规范

旅游企业服务质量规范是指旅游企业对游客提供的服务要符合国家相应法律的规范要求和企业自身制定的工作管理条例与服务细则的规范要求。

4. 服务形象规范

服务形象指服务人员服务的理念形象、服务的行为形象和服务的视觉形象。

服务的理念形象指企业和员工服务观念的思维形象。例如，建国饭店的服务理念是“温暖如家”，沃尔玛的服务理念是“顾客第一，员工第一”。

服务的行为形象是指企业和员工在服务理念的指导下，所展现的服务职责、标准、程序、个性化等服务的行为规范。

服务的视觉形象是指企业和员工在服务理念的指导下，所展现的可见的外观形象，如企业的象征符号、建筑物、设施品位、造型陈列、宣传广告、员工着装、服务言行等。

五、酒店金钥匙服务

CONCIERGE（法语）被译为酒店里的“礼宾司”。1929 年 10 月 6 日，11 位来自巴黎各大酒店的礼宾司聚集，建立了金钥匙组织的雏形。1952 年 4 月 25 日，成立欧洲金钥匙，1972 年其发展成一个国际性组织。

国际金钥匙组织全球会员形成网络，具有跨地区、跨国界的优势。

微视频
中国金钥匙
发展回顾

1. 酒店金钥匙服务理念

酒店金钥匙服务理念主要通过以下方面体现。

（1）服务宗旨，在不违反法律和道德的前提下，为客人解决一切困难。

（2）为客人排忧解难，尽管不是无所不能，却是竭尽所能，有强烈的服务意识和奉献精神。

（3）为客人提供满意加惊喜的个性化服务。

（4）工作口号是“友谊、协作、服务”。

（5）金钥匙的人生哲学，即在客人的惊喜中找到富有乐趣的人生。

2. 金钥匙服务

国际金钥匙的服务标志为两把交叉的金钥匙，代表两种服务职能：一把用于开启酒店综合服务的大门，另一把用于开启城市综合服务的大门。

金钥匙服务人员身着一身考究的西装或燕尾服，衣领上别着一对交叉的“金钥匙”领徽，永远彬彬有礼，笑容满面，机敏缜密。客人从进住酒店到离开酒店，都会受到无微不至的关怀。

金钥匙有“一条龙”服务：客人订房后，酒店人员到机场、车站、码头迎接客人；迎宾入住；介绍城市情况和旅游信息；介绍餐饮；联系旅游；代客购物，告知购物信息和地点等；客人离店，代购车、船、机票，帮助托运行李，还可代订下一站住宿酒店，甚至落实客人所需的相应服务。

金钥匙对游客而言，是酒店内外综合服务的总代理，是游客可以信赖的人，是对游客充满友谊的忠实朋友，是解决游客麻烦问题的人，是提供个性化服务的专家，是更高层次服务艺术的体现。

技能实训

【实训目的】

认识服务商品。

【实训主题】

加深学生对服务商品质量及提高服务商品质量的理解和运用。

【实训时间】

本章课堂教学内容结束后的双休日和课余时间，为期一周。或者指导教师另外指定时间。

【背景材料】

艺术与设计博物馆的质量评估

艺术与设计博物馆是芬兰赫尔辛基的一家私人小博物馆，建立于20世纪初，一直致力于展示艺术与设计方面的新成就。每年博物馆要举办三四个大型展览，平时还有一些小型展示会和馆藏展览。博物馆内设有一个小咖啡厅和一个小礼物店。

起初参观者主要是专业设计人员，且大多为中年妇女。但随着展出的日益增多和博物馆名气扩大，来自社会其他阶层的参观者也多起来了。博物馆近期进行了一次内部装修，并聘请了一位客户联络经理，加大博物馆的宣传力度，最近一年的广告费已超出过去几十年的总和。这些努力取得了明显的成效，前来参观的人数已达10万人，这个规模在赫尔辛基只有5%的博物馆能达到。

博物馆的经费有60%由政府拨款，40%必须由营业收入来填补。营业收入的来源有门票收入和咖啡厅以及礼物店的收入，另外还有一些与展览活动相关的其他收入。它的主要竞争对手是赫尔辛基的一些专业型博物馆。

为提高服务质量，增强竞争力，博物馆决定建立一个质量评估系统，发现质量问题。该系统运用了SERVQUAL模型的基本方法和服务质量差距模型。

首先，博物馆设计了SERVQUAL调查表，用以了解顾客对博物馆服务的期望和实际感受。该调查表的格式与计分方法与本章前文所列相同，具体内容则根据博物馆的服务特点另行设计，具体如下。

（1）门票服务：①容易得知门票价格的信息；②门票价格物有所值；③购票时不需等候很长时间；④能通过互联网和电话提前购票。

（2）信息服务：①展览区域标志明显；②抵达博物馆时，有足够的媒体传送展览信息；③信息能用顾客所熟悉的语言表达；④有讲解导游服务；⑤展品的信息传送很充分；⑥对展品的讲解十分清楚明白；⑦有多种讲解媒体（如录像讲解）；⑧有自助服务设备；⑨很容易从员工那儿得知额外信息；⑩员工能热情友好地为顾客提供信息帮助。

（3）经历与环境：①参观路线很清晰；②走廊很宽敞；③照明充足；④有令人愉快的背景音乐；⑤展品摆放整齐，易区分；⑥有机会与展品进行互动式交流；⑦可触摸、闻、倾听展品。

（4）设施设备：①设施设备上有明显标志；②洗手间容易找到，也很卫生；③食品质量不错；④食品和饮料的品种较多；⑤小礼品很符合顾客需要；⑥小礼品物有所值。

（5）满意度：①服务能满足顾客需求；②整个服务很出色；③顾客愿意再次光临；④顾客愿意向亲戚朋友推荐这个博物馆。

有2/3的顾客填写了调查表。博物馆对这些信息进行了分析，找到涉及服务质量五个方面的差距，即顾客的期望和实际感受之间的差距。质量问题主要集中在讲解语言的多样性、设施标志的明显度和参观过程的互动性。

SERVQUAL模型是有效的评估服务质量的方法。建立以SERVQUAL模型为依据的质量评估系统能帮助服务组织了解服务质量的实际状况，并以此确定主要质量问题，采取针对性改进措施。

【实训过程设计】

（1）指导教师布置学生课前预习阅读背景材料。

（2）将全班同学平均分成几个小组，每组5～6人进行讨论。各小组就近选择市场进行调研。

（3）根据“背景材料”，博物馆设计的SERVQUAL调查表依据是什么？

（4）根据“背景材料”，如何利用SERVQUAL调查表进行服务质量的测量？

（5）各小组对本次实训进行总结和点评，撰写作为最终成果的《商品学实训报告》。

（6）各小组提交填写“项目组长姓名、成员名单”的《商品学实训报告》。优秀的实训报告在班级展出，并收入本课程教学资源库。

综合练习

一、名词解释

1．服务　2．服务套餐　3．服务包　4．服务商品　5．服务商品质量　6．感知服务质量模型　7．服务质量差距模型　8．旅游服务商品　9．酒店金钥匙服务

二、多项选择题

1．服务商品的构成包括（　　）。

A．服务套餐　B．服务包　C．概述部分

D．核心服务和辅助性服务　E．服务商品整体

2．服务商品的分类方法主要有（　　）。

A．托马斯分类法　B．蔡斯分类法

C．施曼纳分类法　D．罗伍劳克分类法

E．泰罗分类法

3．服务质量包括（　　）。

A．技术质量　B．职能质量　C．形象质量

D．真实瞬间　E．原材料质量

4．服务商品质量的评价要素有（　　）。

A．可靠性　B．敏感性　C．保证性

D．移情性　E．有形性

三、简答题

1．你是如何理解服务内涵的？

2．利用哪些尺度可以对酒店或餐馆的服务业绩进行评价？

3．质量差距的五个方面有哪些？

4．可靠性是否是服务质量最重要的一个方面？

5．讨论解决质量差距1的可能的解决办法。

6．讨论解决质量差距2的可能的解决办法。

7．讨论解决质量差距3的可能的解决办法。

8．讨论解决质量差距4的可能的解决办法。

9．为什么测量服务商品质量很困难？针对某一服务商品说明测量的内容。

10．你是如何认识服务商品分类的？文中列举的分类角度对你有何启示？

11．旅游服务商品具有哪些特征？

12．旅游服务商品类型该如何划分？

13．旅游服务商品质量规范有哪些类型？

第十章　食品类商品

【学习要点】

- 食品的分类与营养卫生
- 糖、酒类商品
- 茶叶类商品
- 无公害食品、绿色食品、有机食品的概念及相关规定

案例导读

“人造肉”大火

（据仪器信息网2020年1月3日报道） 2019年初至今，“人造肉”概念一直受到舆论较多关注。2019年4月，雀巢宣布在欧洲和美国相继推出“人造肉汉堡”。5月，人造肉公司 Beyond Meat 在纳斯达克上市，成为“人造肉”第一股，引起舆论对“人造肉”即将上市、“人造肉”将取代传统肉类的热议。“人造肉”的概念被热炒，“人造肉”的潜力以及给行业带来的影响也获得较多关注。中秋节前，人造肉馅月饼上市，再次掀起舆论热潮。

有人称，“人造肉”有可能代替传统肉类。然而，目前“人造肉”的价格相对较贵，且人们对其接受程度还不够；此外，全球对植物肉产业链的监管并不完善，立法也有空白，国外部分做“人造肉”的添加剂，在我国也是禁止使用的。因此，说它能取代传统肉类还为时过早。“人造肉”未来将如何发展，让我们拭目以待！

启示：“人造肉”可以吃吗？“网红”食品靠谱吗？益生菌真的有用吗？在过去的生活中，你关注过哪些食品？它们给你带来了什么困扰？食品安全关系到人民群众的身体健康和生命安全。本章通过科普食品安全知识，为你了解食品和食品安全提供帮助。

第一节　食品的分类及营养知识

食品是指为了适应人们的饮食习惯和爱好，具有人体所需的营养成分或能满足人们某种嗜好的天然产物或工厂利用各种动物、植物、食物为原料，经过不同的加工处理，制成形态、风味、营养价值不同的加工品。

一、食品的分类和营养

自然界的天然可食性资源原本就很丰富，加上它们的再加工产品，使食品商品的种类非常丰富。

1. 食品的分类

对食品科学分类，有助于我们深入研究和认识各种食品的质量。以下依据一些常见的标志对食品进行分类。

（1）按国家标准分类。国家标准 GB/T 7635.1—2002 将加工食品分为六类：①肉和肉类加工食品，如鲜、冷却、冻的肉等或可食用内脏及其附产品等；②加工及储藏的鱼等水产品及其制品，如鲜、冰鱼片，其他鱼肉等；③加工或储藏的蔬菜，如冰冻的马铃薯、糖渍菜等；④果汁及蔬菜汁，如蔬菜汁、水果饮料等；⑤加工与储藏的水果与坚果，如冰冻草莓、炒松子等；⑥动植物油脂，如牛脂、植物油等。

（2）按食物来源分类。根据来源不同，食品可分为植物性、动物性、矿物性三类。

（3）按食品在膳食中所占比重分类。民间经常根据食品在膳食结构中比重的大小，将其分为主食和辅（副）食。在我国，主食主要指谷物类、豆类、薯类，辅食指果蔬类、肉奶禽蛋类、水产品类以及它们的加工品。

（4）按原料来源及经营习惯分类。这是非常常用的分类方法。据此，食品分为十二大类：粮食类、油脂类、蔬菜水果类、肉食禽蛋类、糖业糕点类、烟酒饮料类、豆制品类、水产品类、乳及乳制品类、菌产品类、调味品类和其他类。

（5）按其他依据分类。随着食品工业的发展，新产品层出不穷，给食品分类带来了许多新课题。

近年来，为强调食品的营养、功能与卫生安全方面的特性，在食品的生产和经营行业，人们常常给食品作出以下分类：按消费对象，把食品分为婴幼儿食品、中老年食品、运动员食品、宇航员食品等；按是否使用特殊加工方法，把食品分为强化食品、膨化食品和一般食品；按功能，将食品分为疗效食品、保健食品、其他各类功能性食品等；按食品生产方法及其与人和环境的关系，将食品分为有机食品、绿色食品和无公害食品；按食品摄入体内后的代谢状况，将食品分为酸性食品和碱性食品。

2. 食品的营养

食品中含有的营养素有糖类、脂肪、蛋白质、膳食纤维、维生素、无机盐和水七大类。供给人体能量的蛋白质、糖类和脂肪被称为三大营养素。有一些人体不能合成，或合成速度较慢，不能满足人体的需要，必须由外界供给的小分子物质被称为必需营养素，如必需氨基酸、脂肪酸、维生素、无机盐和水等。水和空气一般不作为食物，但也是人体新陈代谢过程中不可缺少的物质。

二、糖类

糖类是供给热能的营养素中最主要和最经济的一种，能给人体提供能量，糖还能构成机体组织。所有的神经组织和细胞及体液中都含有糖类，人体内糖源不足时，会引起心慌、头昏、浑身出冷汗、昏厥等症状。此外，脂肪在体内的正常代谢必须有糖类的存在，糖类的这一作用被称为抗生酮作用。某些药物，如吗啡、水杨酸和磺胺类等排泄时，需与葡萄糖的氧化产物葡萄糖醛酸结合形成复合物并排出体外从而解毒。因此，人患肝脏疾病时可适当多吃一点单糖和双糖，促进肝细胞的再生，增强肝脏的解毒功能。

根据糖分子结构复杂程度的不同，糖可分为单糖、双糖和多糖。

1. 单糖

单糖是分子结构最简单而且不能再水解的糖类。常见的单糖主要有葡萄糖、果糖和半乳糖，它们的分子式是 $C_6H_{12}O_6$，属于同分异构体。单糖一般为结晶体，有甜味。若蔗糖的甜度为 100，则果糖为 173，葡萄糖为 74，半乳糖和麦芽糖约为 32。单糖都具有还原性，易溶于水，不经消化过程即可直接被人体吸收利用。

葡萄糖是略带甜味的易溶于水的白色粉状结晶，人体中的葡萄糖主要来源于淀粉的水解，血糖即是血中的葡萄糖。血糖浓度保持相对恒定对机体各部分功能的正常发挥有很重要的意义。人体脑、神经等组织和器官在低血糖时表现得最为敏感。

果糖是易溶于水的黄白色结晶，吸湿性强，甜度高。果糖的代谢一般不受胰岛素的制约，糖尿病人可适量食用果糖。果糖的来源主要是水果和蜂蜜，尤以蜂蜜中含量最多，这也是蜂蜜较甜的原因。绵白糖甜度高于蔗糖是因为加入了 2.5%葡萄糖和果糖的转化糖。

半乳糖在自然界很少以游离态存在，一般以双糖和多糖的形式存在，如乳糖和琼胶等。半乳糖与葡萄糖结合成乳糖的形式存在于乳汁中，半乳糖是被人体吸收最快的单糖，它可以促进人体对钙的吸收，是婴儿生长发育的重要营养物质。

2. 双糖

双糖是由两分子单糖脱去一分子水缩合而成的化合物，与人体关系密切的双糖有蔗糖、麦芽糖和乳糖，它们也是同分异构体，分子式为 $C_{12}H_{22}O_{11}$。双糖多为结晶体，易溶于水，一般不能直接被人体吸收，必须经过酶的水解作用生成单糖后，才能被人体吸收利用。

蔗糖广泛存在于植物的根、茎、叶、花和果实内，尤其在甘蔗和甜菜中含量最多。成品蔗糖即白糖是易溶于水、有甜味的白色晶体。蔗糖在稀酸或酶的作用下会水解为一分子葡萄糖。

麦芽糖在动植物体中含量很少，但植物种子发芽时在酶的作用下分解淀粉会生成麦芽糖，尤其以大麦芽中含量较多，因而得名。麦芽糖在酸或酶的作用下会水解为两分子葡萄糖。

乳糖是哺乳动物乳汁中的主要成分，通常人乳约含 7%，牛、羊乳约含 5%。乳糖难溶于水，甜度较低，在酸或酶的作用下会水解为一分子葡萄糖和一分子半乳糖。乳糖对婴儿的营养意义很大，它既能保持肠道中正常菌类的生长又能促进钙的吸收，所以在婴儿食品中可添加适量的乳糖。但随着年龄的增长，人体中的乳糖酶会迅速减少，因此成年人不宜多食乳糖含量多的食品。

3. 多糖

多糖是由若干个单糖分子脱去水缩合而成的高分子化合物。多糖一般无甜味，不能形成结晶，无还原性，在酸或酶的作用下会水解为单糖。常见的多糖有淀粉、糊精等。

淀粉分直链淀粉和支链淀粉两种，尽管两者都是由葡萄糖组成的，但前者的分子由α-1、4 糖苷键结合而成，后者由α-1、4 糖苷键和α-1、6 糖苷键两种键连接而成。淀粉酶将淀粉水解为葡萄糖后被人体吸收进入血液循环，但这一过程需要一定的时间，血糖水平上升较慢，且不易达到极限，因此人体不会突然出现血糖过多的现象。所以人们适量食用含淀粉多的食物后并不会导致得糖尿病，并且在任何情况下均能较好地适应。人类活动所需要的能量主要由粮食中的淀粉提供。

糊精也是由多个葡萄糖分子组成的，其来源于淀粉，一般通过液化型淀粉酶或稀酸处理淀粉得到。通常，糊精的分子量约为淀粉的 1/5。糊精在人体内被酶分解为葡萄糖后被吸收利用。糊精易溶于水，而且在食品中具有很强的保水性。所以，在食品制作中常用它来增稠、稳定或保水，从而使食品感官性状良好，有利于人体消化吸收。

微视频
多糖是什么？

糖类一般占每日总供热量的 60%～70%，这主要取决于人们的饮食习惯和经济条件。糖类的主要来源是谷类和根茎类食品，如粮食和薯类中含大量的淀粉和少量单糖、双糖，蔬菜、水果中含有少量单糖、双糖，各种糕点、糖果及食糖也含有大量糖类。

三、脂类

脂类是人体重要组成部分，又是食品中三大营养素之一。脂类包括脂肪和类脂两大类。脂肪是一种热能较高的营养素，存在于人体内的脂肪就是储存能量的仓库。脂类是构成体内多种细胞的重要成分，体脂主要分布于皮下和内脏周围，能减缓机械冲击，从而保护人体的各种组织和器官。皮下脂肪不易导热，可防止热量散失而保持体温，这也是脂肪多的人比脂肪少的人耐寒的原因之一。脂肪摄取量不足，会引起脂溶性维生素缺乏。食物中重要的脂类有脂肪、卵磷脂和胆固醇。

1. 脂肪

脂肪不溶于水，比水轻。脂肪在酸、碱或酶的作用下会水解为脂肪酸和甘油。脂肪酸有若干种，一般分为两类：一类为饱和脂肪酸（有低级和高级饱和脂肪酸之分），另一类为不饱和脂肪酸。脂肪的物理性质与其所含脂肪酸的种类有关。含不饱和脂肪酸较多的脂肪熔点低，在常温下呈液态，如各种植物油。含不饱和脂肪酸较少而含高级饱和脂肪酸较多的脂肪熔点高，在常温下多呈固态，如猪、牛、羊的脂肪。

微视频
卵磷脂的作用

2. 卵磷脂

卵磷脂是一种在动植物中分布非常广的甘油酯，植物的种子，动物的卵、神经组织中都含有卵磷脂，而在蛋黄中含量最多，因而得名。卵磷脂作为乳化剂协助胆固醇的代谢，防止内脏脂肪堆积过多。卵磷脂在体内水解时可产生磷脂酸和胆碱，它对人体内信息的传递和储存有着重要的意义。卵磷脂常用作食品的乳化剂、抗氧化剂和营养添加剂，其制品可由精炼植物油的副产品获得。

3. 胆固醇

胆固醇是人体的重要组成成分，它不仅参与血浆蛋白的合成，也是细胞膜的重要成分，还可转化为胆汁酸盐、肾上腺皮质激素、性激素等许多具有重要生理功能的化合物。人体内的胆固醇大部分由糖类和脂肪代谢合成，少量需要从食物中获取。当人体内胆固醇超过正常的数值，就会使血浆胆固醇过量而沉积，容易引发动脉硬化、冠心病、高血压等疾病。胆固醇主要来源于动物性食品，植物性食品胆固醇含量极少。植物性食品中含有的植物固醇，如谷固醇、豆固醇和麦角固醇等，它们可抑制胆固醇的吸收。多食含必需脂肪酸和卵磷脂的食品也能使血浆胆固醇降低。在饮食中增加维生素 C 和膳食纤维，对降低血液中胆固醇有较好的效果。

脂类的来源主要是烹调用油，包括植物油和动物油。

知识点滴

胆固醇高的危害

现在大家的生活水平都提高了，也越来越禁不住各种美食的诱惑了，这就很可能使大家的胆固醇过高，从而给身体带来危害。

（1）胆固醇过高会损害人的骨骼以及牙齿，很可能会造成骨质疏松，还会使牙间隙变大，使得防御细菌侵入的功能失调，从而使人们患上牙周疾病。

（2）人体内的胆固醇超过正常值以后，会加大患上心血管疾病的可能。因为胆固醇会使心脏动脉变窄，从而引发心脏疾病。而且胆固醇越高，风险就越大，人们中风的可能性就会越高。

（3）胆固醇过高会缩短人的寿命，特别是对男性危害巨大。如果男性体内的胆固醇过高，就会加大患上前列腺癌的概率，还会导致肾衰竭等严重的肾病。

人体内的胆固醇过高给身体带来的危害是巨大的，会引起很多严重的疾病，如心脑血管疾病、前列腺癌等，甚至危及生命。

四、蛋白质

蛋白质是生命活动中最重要的物质基础，是塑造一切细胞和组织的重要组成成分。儿童在生长发育期间，即处于人体的创建时期，此时蛋白质的供给起着决定性作用。缺乏蛋白质会影响儿童发育，使婴儿变成“大头娃娃”。同时，人体又不间断地进行着新陈代谢，人体内的蛋白质每天约有3%进行更新，肝脏内的蛋白质每10天更新一次，肌肉内的蛋白质每180天更新一次，并随时可能出现因损伤和疾病等造成的组织蛋白的分解，这些都需蛋白质来补充修复。蛋白质在人体内构成一些重要物质，如激素、酶、抗体、血红蛋白、肌肉蛋白、血浆蛋白和遗传物质等，对人体具有特殊的调节作用。

激素是由分散全身各处的一些内分泌腺，如脑垂体、甲状腺、肾上腺、胰岛和性腺等分泌的特殊蛋白质。激素能加速或抑制人体的代谢过程，从而影响特定的生理功能。

人体中新陈代谢的化学反应绝大多数是由酶催化的。酶的催化效率极高，可催化体内生物化学反应。

机体对外界的一些有害因素具有一定的抵抗力。对感冒、病毒性肝炎、痢疾等引入的病毒、细菌，机体可产生一定的抗体，使人体获得免疫力，减轻或消除病原体对人体的毒害作用。

血红蛋白对氧的运输作用使机体各组织细胞充分获氧，以维护各种功能。机体的一切机械运动都与肌肉蛋白有关。血浆蛋白能维持血液正常的胶体渗透压，从而使血液保持一定量的水平而正常运转。

核蛋白及其相应的核酸是遗传的重要物质基础。

机体消耗的热能有一部分是由蛋白质供给的，但一般不将蛋白质作为热能的主要来源，因为长期的高蛋白膳食既不经济又不易被消化，还会因其代谢过程中产生的含氮废物（如尿素、尿酸、肌酸、氨等）给肝脏和肾脏带来负担，所以不提倡为供能而过多摄取蛋白质。

蛋白质的食品来源有两大类：一类是动物性食品，如蛋、奶、鱼、肉等；另一类是植物性食品，如豆制品、粮食、薯类等。

五、膳食纤维

不能被人体消化吸收的多糖类和木质素统称为膳食纤维。膳食纤维可分为不溶性膳食纤维和可溶性膳食纤维两大类。不溶性膳食纤维主要有纤维素、半纤维素和木质素。可溶性膳食纤维主要有果胶、树胶、琼脂、羧甲基纤维素、活性多糖类等。

微视频

认识膳食纤维

不溶性膳食纤维不能被人体消化吸收，对人体没有直接营养作用，但在人体新陈代谢中有着重要意义。膳食纤维可以促进肠道蠕动，减少有害物质与肠壁的接触时间，尤其是果胶吸水膨胀后，有利于粪便排泄，可以预防便秘、直肠癌、痔疮及下肢静脉曲张；促进胆汁酸的排泄，抑制血清胆固醇及甘油三酯的上升，可以预防动脉粥样硬化和冠心病等心血管疾病的发生；能促进人体胃肠吸收水分，延缓葡萄糖的吸收，改善耐糖量，增加饱腹感，可以作为糖尿病人的食品；改善神经末梢对胰岛素的感受性，降低对胰岛素的要求，可调节糖尿病人的血糖水平；减少胆汁酸的再吸收，预防胆结石的形成。

可溶性膳食纤维中的活性多糖类在人体生理上有许多特殊功能：刺激抗体的产生，增强人体的免疫功能；一些活性多糖类具有抗肿瘤活性，对癌细胞具有很强的抑制作用；延缓衰老；抗疲劳；降血脂、防血栓、保肝、抵抗放射性物质的破坏及增加白细胞等。

常见的膳食纤维主要有纤维素和半纤维素。

1. 纤维素

纤维素存在于所有的植物细胞壁中，其分子是由许多葡萄糖分子连接而成的，但它是由β-1、4 糖苷键结合形成的。由于人体中水解纤维素的酶活性较低，所以人体不能消化纤维素。但大肠中的微生物可分解纤维素，并代谢产生一些低级脂肪酸、乳酸和气体（如 H_2、CO_2、CH_4 等），这些代谢物很少被人体利用。

在一般的烹饪和食品加工中，纤维素的结构不会被破坏，若在高温、高压和稀酸存在的条件下，其可水解为葡萄糖。

2. 半纤维素

半纤维素与纤维素共存于植物的细胞壁中，而半纤维素常存于木质化部分。通常把用17.5%的氢氧化钠溶液提取的多糖统称为半纤维素。半纤维素被稀酸水解生成的单体有葡萄糖、果糖、半乳糖、阿拉伯糖、木糖、鼠李糖及糖醛酸等。半纤维素包括均一多糖和混合多糖两部分，两者都不能被人体消化吸收，但都与纤维素一样可被肠道微生物分解。

膳食纤维的来源有谷物纤维、豆类纤维、水果蔬菜、微生物纤维、植物胶、多聚糖等。

六、维生素

维生素是维持人体正常功能所必需的一类低分子有机物。维生素存在于天然食物中，它们在机体内不提供能量，机体摄入极少的数量即可满足正常的生理需要，但绝对不可缺少，而它因在体内合成的量较少，所以必须由食物供给。

维生素通常分为脂溶性和水溶性两大类。脂溶性主要有维生素 A、维生素 D、维生素 E、维生素 K 等，水溶性有维生素 B、维生素 C 等。

> **微视频**
> 维生素的分类和作用

1. 维生素 A

维生素 A 能参与调节视网膜感光物质——视紫质的合成，维持正常视觉，缺乏时易患夜盲症；保持上皮组织的健康，增强抗病力，缺乏时使皮肤、黏膜等上皮组织细胞萎缩、角化甚至坏死；促进机体蛋白的合成，加速生长发育，缺乏时会导致肌肉及内脏器官萎缩，体脂减少，发育缓慢，容易感染疾病。

维生素 A 的食物来源主要有各种动物肝脏、鱼肝油、乳类、禽类、绿色及黄色蔬菜水果等。如果摄入过量则会产生厌食、过度兴奋、头发稀疏、肌肉僵硬和皮肤瘙痒等，仅通过普通膳食一般不会产生摄入过量现象。

2. 维生素 D

维生素 D 有利于促进肠道对钙、磷的吸收，有利于钙化，维护骨骼、牙齿的正常结构与功能。缺乏时，儿童易引起佝偻病，成人易引起骨质软化，尤其是孕妇和乳母更易发生。

维生素 D 的食物来源主要有各种动物肝脏、禽蛋等，奶类含量较少，以奶为主食的婴儿补充适量的维生素 D 对其生长发育有利，但不可过量。成人经常接受日照就是补充维生素 D 的最好方式。如果维生素 D 摄入过多，则会引起血钙过高、血管及其他器官不必要的钙化。

3. 维生素 E

维生素 E 有调节性腺功能、维持正常发育等作用，具有抗氧化及抗衰老的功效。

维生素 E 的食物来源主要有小麦、黄豆、豌豆、玉米油、绿色蔬菜、肉、蛋、奶。

4. 维生素 K

维生素 K 有利于促进肝脏合成凝血酶原，促进血凝。

维生素 K 在绿色蔬菜中非常丰富，蛋黄、豆油、猪肝中含量也较高。

5. 维生素 B_1

维生素 B_1 作为辅酶参与糖的代谢，维护胃肠功能，帮助消化，维护心脏和脑组织的正常结构和功能。成人维生素 B_1 缺乏症的主要临床表现特征是出现多发性神经炎、肌肉萎缩及水肿。

维生素 B_1 的食物来源主要有谷类、豆类、酵母、动物内脏等。

6. 维生素 B_2

维生素 B_2 是机体内许多重要辅酶的组成成分，这些辅酶是活细胞进行氧化反应所必需的物质，对促进生长、维持健康有益。维生素 B_2 缺乏时易患口腔溃疡、舌炎、角膜炎、白内障等疾病。

维生素 B_2 的食物来源主要有动物内脏、蛋黄、奶类、酵母、豆制品、粗米面、蔬菜、水果等。

7. 维生素 C

维生素 C 作为供氢体和受氢体参与氧化还原反应；促进胶原蛋白合成，有利于细胞间质的形成；促进抗体的形成，增强抵抗力；帮助机体解毒。维生素 C 缺乏时会出现伤口、溃疡不易愈合，毛细血管受损、通透性增大，皮下及肌肉出血等情况。

维生素 C 的食物来源主要有蔬菜、水果，新鲜的绿色蔬菜和酸味水果中含量更丰富。

七、矿物质

食品经高温（550～600℃）燃烧后，在不挥发的残留物中存在的各种元素统称为矿物质。在人体存在的几十种元素中，除碳、氢、氧、氮四种元素以外的元素都属于矿物质，这些元素除了少量参与有机物的组成，大多数都是以无机盐的形式存在的。矿物质占体重的 4%～5%。体内含量在 0.01%以上的元素称为常量元素，如钙、磷、硫、氯、钠、钾、镁七种元素；含量低于 0.01%的元素称为微量元素，如铁、锌、铜、碘、锰、钼、钴、硒、铬、镍、锡、硅、氟、钒十四种元素。矿物质是构成机体的重要成分，可以调节渗透压，维持体内酸碱平衡，参与体内的生物化学反应，维持神经和肌肉细胞的正常兴奋性。

食物中重要的矿物质主要有钙、碘、铁、锌、硒等。

1. 钙

钙是人体中含量最多的矿物质，成人体内约含 1 200g，占体重的 1%～2%。人体的钙 99%存在于骨骼和牙齿中，1%存在于软组织、细胞外液及血液中。钙是构成骨骼和牙齿的重要成分，能调节心脏、神经、肌肉的兴奋性。当血钙含量低时，易引起心跳加快，出现神经兴奋性增强，导致手足抽搐，即“抽风”症状；当血钙含量高时，则会引起心脏、呼吸衰竭。钙对许多酶有激活作用，钙还参与血液的凝固。当儿童缺乏钙时易患佝偻病，老人缺乏钙时则易引起骨质软化。

食物中钙的来源以奶类制品较佳，含量高且易被吸收。虾皮、海带、芝麻酱、豆制品中也含有较多的钙。食物中草酸、植酸、过多的脂肪和粗纤维不利于钙的吸收，补钙时应补充适量的维生素 D、食醋、乳酸、氨基酸来帮助钙的吸收。

2. 碘

人体内的碘中有 20%存在于甲状腺中。碘在人体内主要是参与甲状腺激素的生成，调节三大营养素的合成与分解代谢，促进生长发育，提高神经系统的兴奋性等。当碘缺乏时，易引起缺碘性甲状腺肿大，碘过量会引起碘中毒。

碘主要来源于水、食物和食盐。食物中含碘较多的有海带、紫菜、海鱼虾等。

3. 铁

身体中约 2/3 的铁存在于血红蛋白，对氧气和二氧化碳的正常运输具有重要作用。铁还参与细胞色素氧化酶、过氧化氢酶的组成，调节氧化还原反应，维持正常代谢。铁缺乏时会出现缺铁性贫血。

人体内铁的来源：一是体内衰老的或被破坏的含铁细胞中的铁可被反复利用；二是从食物中摄取，主要有肝、肾、蛋黄、瘦肉、豆类、补铁调味品、粮食和蔬菜水果等。

4. 锌

锌主要存在于骨骼、皮肤、毛发中，头发的含锌量一般用来表示体内锌的营养水平。锌是许多酶组成的一部分，锌参与核酸和蛋白质的合成，促进生长发育，增强免疫功能，调节胰岛素的活性，维持正常味觉，促进伤口愈合。体内缺乏锌时，会造成少年性发育不良，生长缓慢，味觉障碍和伤口愈合缓慢等。

锌主要来源于动物性食品，肉类、水产类食品含锌量较高。植物性食品中豆类含锌量较高，谷类次之，蔬菜含锌量较低。

5. 硒

硒主要存在于心、肝、肾、指甲、头发等部位。硒参与多种酶的催化反应，对保护细胞膜、维护人体心肌功能有较大的作用。硒缺乏时容易患克山病。

硒主要来源于海产品、动物内脏、肉类、豆类、谷类等，蔬菜、水果中含量较低。

八、水

水是人体的重要组成成分，其含量约占人体体重的 2/3，成人每天与外界有 2～2.5L 的水交换以维持体内水平衡。食品中的营养成分只有在水中才能被人体吸收；水可作为润滑剂减小体内摩擦；水可作为载体输送营养物质，输出代谢产物；血液中的水分可随循环调节体温。因此，人的生命活动离不开水，水的重要性在特定情况下胜过其他营养素。

人体中 50%的水来自液体食品，如饮用水、饮料、汤汁、稀饭等；40%来源于固体食品，如饭、菜、水果等；10%由糖类、蛋白质、脂肪进行生物氧化产生。

九、食品卫生与食品安全

食品类商品最起码的质量要求应是对人体健康有利无害。20 世纪中叶以来，人们已逐步认识到食品卫生的重要性。如今，采取各种有效措施确保食品卫生，已成为全世界共同重视和关注的问题之一。辨别食品污染类型和污染途径，有利于对症下药，维护食品安全。

视野拓展

食品安全热点事件

（一）食品安全问题

关于食品安全问题，世界卫生组织（WHO）的相关定义大致是：食品中有毒有害物质对人体健康造成影响的公共卫生问题。这里有两个关键词“食品中有毒有害物质”“对人体健康造成影响”，即这两个关键词同时存在便构成食品安全问题。食品安全问题在全世界受到广泛关注。食品安全问题会影响大家的健康，会造成重大经济损失，可能还会导致严重后果。

（二）食品的污染途径及其防治

食品的污染途径主要有生物性污染、化学性污染和放射性污染三种。

1. 食品的生物性污染及其防治

食品的生物性污染是指食品在生产、运输、贮藏、销售和烹调等各个环节中，受到致病微生物和寄生虫及虫卵的污染。

如果食用被一些有害生物污染的食品，很容易引起各种疾病，如肠道炎症、呼吸道疾病、寄生虫病等，甚至会导致癌症，危及生命。各种生物致病源中，黄曲霉毒素就是一种严重的致癌毒素。

黄曲霉素是一种常见霉菌——黄曲霉菌的代谢产物，它的毒性很大，可以破坏肝脏功能，并可诱发肝癌、胃癌、直肠癌等。它对食品的污染是人类健康的大敌。黄曲霉毒素耐热，一般的烹调加热处理是不可能将其破坏除去的。

防治食品生物性污染的主要措施是加强食品卫生监督，提高食品卫生的科学管理水平，改善食品加工、贮藏、运输、销售等环节的卫生条件和环境条件等。例如，防止黄曲霉毒素的污染，得力的措施就是改善食品的贮藏环境，防止食品发生霉变。

2. 食品的化学性污染及其防治

食品的化学性污染是指食品在生产、加工、贮藏、运输和烹调过程中被有害化学物质污染。其污染源主要有以下几个。

（1）化肥农药残留的污染。由于农业上广泛和过量使用农药、化肥，对食品产生直接或间接的污染。而这些化学物质对食品乃至人体健康的危害究竟有多大，人们在实际生活中对此的认识是不断加深的。国家现对一些农药的使用条件、范围作了明确规定，以此来防止食品污染；对越来越多食品规定了各种化学有害成分的残留量标准，有效地控制了食品污染。

（2）重金属的污染。工业生产中的“三废”是造成食品重金属污染的主要途径。对人体危害较大的重金属是汞、铅等。重金属进入人体后，与蛋白质结合生成不溶性盐而使蛋白质变性，使人体出现中毒症状。我国食品卫生标准对有害重金属允许含量均有规定。

（3）食品添加剂的污染。食品添加剂主要有防腐剂、抗氧化剂、护色剂、漂白剂、稳定和凝固剂、膨松剂、着色剂、香料等。食品添加剂有天然与人工合成两类。对于食品添加剂的允许使用种类，我国有严格的国家标准。

食品添加剂的使用原本是为了改进食品品质、方便加工和储存，但随着科学的进步，人们逐渐认识到食品添加剂使用不当会对人体造成危害。例如，防腐剂苯甲酸可引起过敏性哮喘；某些香料也可引起呼吸系统过敏性反应，出现荨麻疹、关节痛等症状。还有一些食品添加剂会诱发癌症，如腌腊肉制品中所加的硝酸盐、亚硝酸盐。它们虽然能使食品增色，也能防腐防霉，但亚硝酸盐可与蛋白质代谢的中间产物——仲胺生成亚硝胺，亚硝胺有很强的致癌性。

3. 食品的放射性污染

相对于生物性和化学性污染而言，放射性污染可以说是物理性污染。食品的放射性污染主要来自放射性物质的开采、冶炼以及国防、医疗、生产中的应用与排放。放射性物质会污染大气、水、土壤和食物，人类会因呼吸、皮肤接触和进食等途径受其危害。放射性污染发生的概率大大低于生物性污染和化学性污染。

（三）无公害食品、绿色食品、有机食品

随着温饱问题的解决和生活水平的提高，人们对食品的要求也日益提高，无公害食品、绿色食品、有机食品成为热度较高的名词。

1. 无公害食品

无公害食品是指产地环境、生产过程和产品质量符合国家有关标准和规范的要求，经认证合格获得认证证书并允许使用无公害农产品标志的未经加工或者初加工的食用农产品。无公害食品的定位是保障基本安全，满足大众消费。它是政府为保证广大人民群众饮食健康的一道基本安全线。

无公害食品认证分为产地认定和产品认证，产地认定由省级农业行政主管部门组织实施，产品认证由农业农村部农产品质量安全监管司组织实施，获得无公害食品产地认定证书的产品方可申请产品认证。

2. 绿色食品

绿色食品并非指绿颜色的食品，它是指符合环保要求，对生态无害，不含剧毒农药和对人体有害化肥的蔬菜、水果及各种食用后不影响人体健康的食品。简单地说，它是无污染、安全、优质、营养类食品的统称。

绿色食品标志作为特定的产品质量证明商标，已由中国绿色食品发展中心在国家市场监督管理总局注册，从而使绿色食品标志专用权受《中华人民共和国商标法》保护，这样既有利于约束和规范企业的经济行为，又有利于保护广大消费者的利益。

绿色食品标志已在国家市场监督管理总局注册的有四种形式，如图 10.1 所示。

图 10.1　绿色食品标志

绿色食品标志是经中国绿色食品发展中心注册的质量证明商标，按国家商标类别划分的第 29、30、31、32、33 类中的大多数产品均可申报绿色食品标志，如第 29 类的肉、家禽、水产品、奶及奶制品、食用油脂等，第 30 类的食盐、酱油、醋、米、面粉及其他谷物类制品、豆制品、调味用香料等，第 31 类的新鲜蔬菜、水果、种子、活生物等，第 32 类的啤酒、矿泉水、水果饮料及果汁、固体饮料等，第 33 类的含酒精饮料。新近开发的一些新产品，只要经中华人民共和国国家卫生健康委员会（以下简称“国家卫生健康委员会”）以“食”字或“健”字登记的，均可申报绿色食品标志。经国家卫生健康委员会公告的既是食品又是药品的品种，如紫苏、菊花、白果、陈皮、红花等，也可申报绿色食品标志。药品、香烟不可申报绿色食品标志。按照绿色食品标准，暂不受理蕨菜、方便面、火腿肠、叶菜类酱菜的申报。

微视频
认识有机食品

3. 有机食品

有机食品国外最普遍的叫法是 Organic Food，在其他语种中也称生态食

品、自然食品等。有机食品是指来自有机农业生产体系，根据有机认证标准生产、加工，并经独立认证机构认证的农产品及其加工产品。它包括粮食、蔬菜、水果、奶制品、畜禽产品、蜂蜜、水产品、调料等。有机食品标志采用人手和叶片为创意元素：含义一是一只手向上持着一片绿叶，寓意人类对自然和生命的渴望；含义二是两只手一上一下握在一起，将绿叶拟人化为自然的手，寓意人类的生存离不开自然的呵护，人与自然需要和谐美好的生存关系。有机食品概念的提出正是这种理念的实际应用。人类的食物从自然中获取，人类的活动应尊重自然规律，这样才能创造一个良好的可持续发展的空间。有机食品标志如图 10.2 所示。

图 10.2　有机食品标志

在有机食品生产加工过程中，禁止使用农药、化肥、激素、抗生素、食品添加剂等人工合成物质，并且禁止使用基因工程技术及该技术的产物及其衍生物；有机食品生产和加工过程中必须建立严格的质量管理体系、生产过程控制体系和追踪体系，一般需要 2～3 年转换期；有机食品必须通过合法的有机食品认证机构的认证，有机食品的认证要求定地块、定产量。因此，生产有机食品要比生产其他食品难得多，需要建立全新的生产体系和监控体系，采用相应的病虫害防治、地力保持、种子培育、产品加工和储存等替代技术。

第二节　酒

一、酒的分类

酒的品种繁多，分类的方法也有多种。日常生活中常用的酒的分类方法有以下几种。

按酿制方法，酒可以分为蒸馏酒、发酵原酒和配制酒。

（1）蒸馏酒是指以糖或淀粉质为原料，经糖化、发酵、蒸馏制成的酒，如我国的白酒，国外的白兰地、威士忌酒等。其特点是酒精度较高，刺激性较强。

（2）发酵原酒（或称压榨酒），它是指用谷物、果汁等为原料，经发酵而得的低度酒，如啤酒、葡萄酒、果酒等。其特点是酒精度较低，刺激性较弱，并具一定的营养价值。

（3）配制酒是指将白酒或食用酒精与一定比例的糖料、香料、中药等配制而成的酒，如竹叶青酒、五加皮酒等。其特点是酒内含有一定的糖分和固形物，有一定的药用价值。

按酒精含量的不同，酒可分为高、中、低度酒三种。高度酒的酒精度在 40 度以上，如高度白酒、白兰地等。中度酒的酒精度在 20～40 度，如低度白酒和配制酒。低度酒的酒精度在 20 度以下，如葡萄酒、果酒、啤酒、黄酒等。

按经营习惯，酒可分为白酒、黄酒、啤酒、葡萄酒、果酒、配制酒等。

二、酒的主要品种

酒的品种极为丰富，我们接触较多的有白酒、啤酒、葡萄酒、黄酒、果酒和配制酒等。

（一）白酒

白酒又称烧酒、白干，它是以高粱、玉米等含淀粉较多的粮食或薯类为原料，以酒曲为糖化剂，用蒸馏法制成的高度酒，酒精度一般在 40 度以上。白酒在酒类中占有重要位置，具有独特风格，酒液澄清透明，香气宜人，口味醇厚柔绵，甘润清冽，回味悠久。白酒的主要成分是水、酒精以及少量的脂类、高级醇类、醛类、甲醇等。

白酒通常按香型分类，也可按发酵状态分类。

1．按香型分类

按香型不同，白酒可分为清香型、浓香型、酱香型、米香型和复香型。

清香型又称汾香型，其酒气清香芬芳、醇厚绵软，酒味纯正，余味爽净，以山西汾酒为代表，其他如西凤酒、衡水老白干等。

浓香型又称窖香型，其酒气芬芳浓郁、绵柔甘冽、香味协调、回味悠久，以四川五粮液为代表，其他如剑南春、古井贡酒、洋河大曲等。

酱香型又称茅香型，它酱香突出、幽雅细致、回香绵长，酒体醇厚，以贵州茅台酒为代表，其他如郎酒、武陵酒等。

米香型蜜香清柔、入口绵甜、回味怡畅，以桂林三花酒为代表，其他如广西全州湘山酒、黑米酒等。

复香型又称兼香型、其他香型，即兼有两种以上香型的白酒类型，如董酒、老龙口酒、白沙液等。

2．按发酵状态分类

按发酵状态，白酒可分为固态白酒、半固态白酒、液态白酒。

固态白酒是采用固态糖化、固态发酵及固态蒸馏的传统工艺酿制而成的白酒。固态白酒分为大曲酒、小曲酒、麸曲酒、混曲酒及其他糖化剂酒。大曲酒是以大曲为糖化发酵剂酿制而成的；小曲酒是以小曲为糖化发酵剂酿制而成的；麸曲酒是以麸曲为糖化剂，加酵母发酵酿制而成的；混曲酒是以大曲、小曲或麸曲等为糖化发酵剂酿制而成的；其他糖化剂酒是以糖化酶为糖化剂，加酿酒酵母发酵酿制而成的。

半固态白酒是采用固态培菌、糖化，加水后，于液态下发酵、蒸馏的传统工艺酿制而成的白酒。

液态白酒是主要采用液态糖化、液态发酵、液态蒸馏而酿制成的白酒。

（二）啤酒

啤酒是以麦芽、水为主要原料，经过糖化、加入啤酒花，再经过发酵酿制的原汁酒，是酒类中酒精含量较低的酒，酒精度一般在 3.5 度左右。啤酒含有大量的二氧化碳，同时还含有多种营养成分，如糖类、蛋白质、氨基酸、维生素等，素有“液体面包”之称。其主要特点是营养丰富，且营养成分易被人体消化吸收，发热量高，可健脾开胃，增进食欲。

啤酒有多种分类方法，通常可按麦汁浓度、颜色深浅、杀菌与否分类，另外还有一些特种啤酒。

1．根据麦汁浓度分类

啤酒根据其麦汁浓度的不同，可分为低浓度、中浓度和高浓度啤酒三种。

低浓度啤酒发酵前麦汁浓度通常只有 6～8 度，酒精含量约为 2%（按重量计），较适合作为夏天的清凉饮料。但它的稳定性差，需注意控制保存温度和保存期。

中浓度啤酒麦汁浓度在 10～20 度，尤以 11～12 度较为普遍，酒精含量约为 3.5%，这是啤酒中产量最多的品种。

高浓度啤酒麦汁浓度在 14～20 度，酒精含量约为 5%，这种啤酒的稳定性较好，适宜储存和远销。

2. 根据颜色深浅分类

根据颜色的深浅，啤酒可分为黄啤酒和黑啤酒。

黄啤酒或称浅色啤酒，颜色呈浅黄色，口味较清爽，啤酒花香气较突出。这是啤酒中主要的品种。

黑啤酒或称深色啤酒，颜色呈咖啡色，富有光泽，用焦香麦芽作为原料，麦汁浓度较高，发酵度较低，固形物含量较高，口味比较醇厚，有明显的麦芽香。

3. 根据杀菌与否分类

根据杀菌与否，啤酒可分为鲜啤酒和熟啤酒。

鲜啤酒也称生啤酒或扎啤。鲜啤酒未杀菌，味道鲜美，营养价值高，桶装或散装，适宜地产地销，但稳定性较差，保存期短。

熟啤酒。经过杀菌处理即为熟啤酒。其稳定性较好，一般可保存 60 天以上，装瓶或装罐的熟啤酒可保存半年以上。

4. 特种啤酒

除以上的啤酒分类方法外，还有一些啤酒在原辅材料或生产工艺方面有某些重大改变，改变了原有的风味，具有独特风格，我们将其称之为特种啤酒，主要有以下几种。

干啤酒，其原麦汁浓度在 10%左右，实际发酵度在 72%以上，是成品色泽浅、苦味轻、口味爽净、低糖低热量的啤酒，含糖量一般在 0.5%～1.5%。

低醇啤酒，酒精含量为 0.6%～2.5%的啤酒。

小麦啤酒，它是以小麦麦芽为主要原料（占总原料的 40%以上）酿制的啤酒。

浑浊啤酒，在成品中含有一定量活酵母，有一定浑浊度的啤酒。

冰啤酒，它是在酿制过程中经过冰晶化处理的啤酒。

（三）葡萄酒

葡萄酒是以葡萄为原料经压榨和发酵酿制的低酒精度发酵酒。其酒精度一般为 7～24 度。葡萄酒具有天然色泽和水果香气，同时还具有酒的醇香。葡萄酒的主要成分有酒精、水、糖类、有机酸、无机物质、含氮物质、果胶质和各种维生素等人体不可缺少的营养成分；葡萄酒中的微量元素参与人体的新陈代谢；葡萄酒含有少量铁，具有补血作用；葡萄酒含有的肌醇、烟酸、多酚等成分可以软化血管，对心血管疾病患者很有好处。

葡萄酒的种类很多，一般按下列几种方法分类。

按酒液色泽不同，葡萄酒可分为红葡萄酒、白葡萄酒和桃红葡萄酒（桃红、玫瑰红或红等）。红葡萄酒是以红色或紫色葡萄为原料，采用皮肉混合发酵法制成的。其含糖量较高，酸度较低，酒味甜美微酸。白葡萄酒是以黄绿色葡萄或红皮白肉葡萄的汁为原料，一般采用皮肉分离发酵法制成的。其含糖量较低，酸度稍高，酒味酸甜适口，醇厚芬芳。桃红葡萄酒选用皮红肉白的酿酒葡萄进行皮汁短时间混合发酵，达到色泽要求时进行皮渣分离，继续发酵后酿成桃红葡萄酒。

按含糖量不同，葡萄酒可分为干葡萄酒（含糖量 4%以下）和甜葡萄酒（含糖量 4%～14%）。干葡萄酒味酸，清怡爽口。甜葡萄酒有明显的甜味。在国外还有半干葡萄酒、半甜葡萄酒之分。

按瓶中压力葡萄酒分为平静葡萄酒、起泡葡萄酒。平静葡萄酒在 20℃时，二氧化碳压强小于 0.05MPa。起泡葡萄酒在 20℃时，二氧化碳压强等于或大于 0.05MPa。

按添加剂的种类不同，葡萄酒可分为以下几类：起泡葡萄酒，在其中人工加入二氧化碳，则称为加气起泡葡萄酒；利口葡萄酒，在葡萄原酒中加入白兰地、食用精馏酒精或葡萄酒精以及葡萄汁、浓缩葡萄汁、含焦糖葡萄汁等，酒精含量为15%～22%；加香葡萄酒，以葡萄酒为酒基，浸泡芳香植物（或添加浸提物）而成的，酒精含量为11%～24%。

按饮用时间，葡萄酒可分为餐前葡萄酒、佐餐葡萄酒、餐后葡萄酒。餐前葡萄酒，也称开胃酒，如味美思及雪莉葡萄酒；佐餐葡萄酒，在吃饭时饮用，通常由一般葡萄酿制而成；餐后葡萄酒，其酒精度和糖度均较高，在吃甜点时饮用。

按葡萄来源不同，可分为家葡萄酒、山葡萄酒。家葡萄酒以人工培植的葡萄酿制而成；山葡萄酒以野生山葡萄酿制而成。

（四）黄酒

黄酒又称料酒，是以糯米、黍米、玉米等含淀粉类粮食为主要原料，经酒药、麦曲糖化、发酵而酿成的低酒精度压榨酒。其酒精度一般为11～20度。黄酒是我国最古老的一类饮料酒，因其多数品种呈黄色，故名为黄酒。黄酒以其酒精度适中、营养丰富、品质优异、风味独特而驰名中外。其主要成分有酒精、水、糖分、糊精、高级醇、氨基酸、维生素等。

根据酿酒原料、工艺及成品风格的不同，黄酒可分为江南黄酒、福建黄酒、北方黄酒三大类；按照黄酒的糖分不同，黄酒可分为干型黄酒、半干型黄酒、甜型黄酒、半甜型黄酒、浓甜型黄酒五种。

黄酒的主要品种有以下几种。

（1）绍兴加饭酒。绍兴加饭酒的酒精含量为16%，糖度为1%，属于半干型黄酒。因在生产时增加糯米饭而得名。绍兴加饭酒酒液黄亮有光，香气芬芳馥郁，滋味鲜甜醇厚，久藏不坏，越陈越香，当地又把它称作“老酒”，是绍兴黄酒的代表。

（2）福建陈缸酒。福建陈缸酒产于福建省龙岩县龙岩酒厂。其酒精含量为15%，糖度为27%，属于甜型黄酒。酒液呈鲜艳透明的红褐色，有琥珀的光泽，香气醇郁芬芳，糖度高却无甜型黄酒的黏稠感，饮后余香绵长，经久不息。该酒的香气是由红曲香、药曲香、米酒香在酿造过程中形成的混合香。

（3）即墨老酒。即墨老酒的酒精含量为12%，属于甜型黄酒，是用山东负有盛名的黍米酿制而成的。其酒液黑褐而略带紫红，晶明透亮，浓厚挂杯，饮用时香馥醇和、甘甜爽口、无刺激感，饮后微苦而有余香。

（五）果酒

果酒是以新鲜水果或水果汁为原料，经全部或部分发酵酿制而成，酒精含量为7%～18%的发酵酒。果酒大多以果实名称命名。我国的果酒都属于甜酒型，酒精度一般为14～15度，主要有山楂酒、橘子酒、苹果酒、杨梅酒、海棠酒、草莓酒、梨酒、黑豆蜜酒、桑葚酒等。

（六）配制酒

配制酒是以发酵酒、蒸馏酒或食用酒精为酒基，加入可食用的辅料或食品添加剂，进行调配、混合或加工制成的，是已改变了其原酒基风格的饮料酒。

根据加入的香料和药料的不同，我国配制酒可以分为露酒和药酒两大类。

（1）露酒。露酒用白酒或食用酒精、葡萄酒或黄酒作为酒基，与一定比例的天然果实、鲜花、香料、糖料、食用色素等配制而成，如红果酒、玫瑰酒、青梅酒等。

（2）药酒。药酒用食用酒精、葡萄酒或黄酒浸泡各种药材配制而成，酒精度在20～40度，具有一定的滋补和疗效功能。其种类很多，如竹叶青酒、人参酒、虎骨酒、枸杞酒等。

知识点滴

国际著名酒品

（1）白兰地（Brandy）。白兰地最早起源于法国，是以新鲜水果（主要是葡萄）或果汁为原料，经发酵、蒸馏、储存、调配制成的蒸馏酒，酒精度为38～44度，白兰地品质较好者首推干邑。干邑是法国南部城市“Cognac”的音译，该地区出产的白兰地称为干邑白兰地，有“白兰地之王”的美称。

（2）威士忌（Whisky）。“威士忌”一词源自凯尔特人古语中的“Uisge Beatha”，意为“生命之水”。其以麦芽、谷物为原料，经糖化、发酵、蒸馏、储存、调配而成，酒精度为40～44度，是呈琥珀色、微辣、醇香的蒸馏酒，可分为麦芽威士忌、谷物威士忌、调配威士忌等。苏格兰威士忌以其口感、香味享誉世界，是全球销量较高的威士忌。

三、酒的感官鉴定方法

酒的鉴定除理化检验外，主要靠感官，不同的酒有不同的关注重点。

啤酒的感官鉴定主要注意以下几方面。

（1）透明度。酒液透明，无悬浮物。

（2）气味与口味。有啤酒花的香气和爽口苦味。如果有明显的酸味、馊味、铁腥味、老熟味、浓重甜味及其他异味则为不合格产品。

（3）泡沫。泡沫细腻洁白，产生密集，消失缓慢。如果啤酒倒入杯中后，泡沫消散很快，泡沫粗黄、不挂杯则为不合格产品。

葡萄酒的感官鉴定主要注意以下几方面。

（1）色泽。应具有天然色泽，清亮透明，不浑浊。

（2）香气。应有天然的水果香气，陈酒还应具有浓郁的酯香，不应有其他杂味。

（3）滋味。酸甜适口，口感醇厚，软润爽口。

白酒的感官鉴定主要注意以下几方面。

（1）色泽。无色，透明，无悬浮物和沉淀物。

（2）香气。酒液醇香，芳香扑鼻，饮后回味无穷。

（3）滋味。酒液味道醇厚，不苦酸，无怪味，无强烈刺激味。

第三节　茶叶与饮料

一、茶叶

茶叶发源于我国西南山区，自秦汉时期，就与中国人结下了不解之缘。茶叶不仅是我国重要的农副产品，也是休闲消费、人际交往、对外贸易的重要商品，其中凝结着深厚的中国文化。茶叶、可可、咖啡是世界性的三大饮料，而茶叶则是历史非常悠久、适用范围非常广、喜饮人数非常多的又不具有副作用的保健饮料。

（一）茶叶的化学成分

茶叶的化学成分十分复杂，主要有茶多酚、咖啡因、芳香油、糖类、氨基酸、矿物质、维生素、水分等。

（1）茶多酚。茶多酚是具有涩味的一种多酚类混合物，由儿茶素类、黄酮、花青素类、酚酸等缩合而成。茶多酚的功效有降低血脂、抑制粥样动脉硬化、降低血糖、抗氧化、抗衰老、杀菌消炎、抗突变等。茶多酚是容易被氧化的化合物，红茶的颜色和滋味就是茶多酚氧化聚合的结果，新鲜嫩叶茶多酚含量高于老叶。

（2）咖啡因。咖啡因为白色针状的晶体，无臭味，而稍有苦味。咖啡因有促进中枢神经兴奋、健心利尿、帮助消化、解毒等功效。新鲜嫩叶咖啡因含量高于老叶。

（3）芳香油。它是赋予茶叶香气的主要成分，是由醛类、酮类、酯类、醇类组成的柠檬黄色的油状物组成的。芳香油容易挥发，所以新茶香气优于陈茶。

（4）氨基酸。高级茶含有的氨基酸多于低级茶，绿茶中含量最高。氨基酸有强心、利尿、松弛血管的作用。

（5）维生素。茶叶含有较丰富的维生素 C，它能防止坏血病，促进脂肪氧化，降低胆固醇，茶叶中还含有维生素 A、维生素 B、维生素 D、维生素 E 等。

（二）茶叶种类

我国茶叶种类繁多，按茶叶加工方法，茶叶主要可分为绿茶、红茶、青茶、花茶和黑茶。

1. 绿茶

绿茶是我国茶叶中产量较大的一种，约占世界绿茶产量的 70%，花色品种之多，也居世界前列。我国绿茶以香浓、味醇、形美、耐冲泡闻名，深受消费者欢迎。根据加工方法，绿茶分为炒青、烘青、晒青、蒸青。

微视频
茶叶的分类

绿茶的加工工序为：鲜叶—杀青（炒或蒸）—搓捻—干燥（炒干、烘干或晒干）—绿毛茶。

绿茶的品质特点是：干茶色绿，味道清香，鲜醇爽口，浓而不涩，其冲泡后具有清汤绿叶。例如，杭州“西湖龙井”就以“色绿、香郁、味甘、形美”四绝著称，其他如江苏的“洞庭碧螺春”、安徽的“黄山毛峰”、福建的“天山烘绿”、湖北的“恩施玉露”等都是绿茶中的名品。

2. 红茶

红茶也是我国茶叶中产量较大的一种，其中工夫红茶以做工精细而闻名，畅销国内外。

红茶为发酵茶，即茶叶中的茶多酚在酶的作用下发生了氧化，其加工工序为：鲜叶—萎凋—揉捻—发酵—干燥。

红茶的品质特点是：干茶色泽乌黑油润，冲泡后汤色红艳明亮，叶底红亮，香味如甜花香或蜜糖香。

红茶包括小种红茶，如福建的“正山小种”具有红汤红叶，味似桂圆汤；工夫红茶，如云南的“滇红”、安徽的“祁红”、福建的“闽红”等都有条索紧细、香气纯正、滋味醇厚、叶底呈古铜色的特点；碎红茶，具有汤色明亮，味“强、浓、香、鲜”的特点。

3. 青茶

青茶又称乌龙茶，属半发酵茶。它是介于红茶与绿茶之间的茶类。

青茶的加工工序是：晒青—摇青—晾青—杀青—初揉—初烘—包揉—复烘—烘干。

青茶的品质特点是：干茶外形条索粗壮，色泽青灰有光，茶汤橙黄清澈，香味浓郁，滋味浓爽。

在青茶中：“武夷岩茶”采制技术最精细，质量也最好，具有外形粗壮、紧实，色泽油润，红点明显，不带梗，香味浓而持久，叶底红色比例多于铁观音的特点；闽南青茶，如“安溪铁观音”，具有条索粗壮、色泽黑绿乌亮、汤色金黄、滋味浓厚、入口微苦而后转甜的特点；广东青茶，如潮安的“凤凰单丛水仙”，具有条索卷曲紧密而粗壮、色泽青褐、汤色黄绿、滋味爽醇的特点；台湾青茶，如“白毫乌龙”，呈铜褐色，具有汤色橙红、滋味醇和的特点。

4. 花茶

花茶是我国特有的茶类，属再制品。它是用成品茶作为原料，加入鲜花熏制而成的。花茶的品种很多，产地主要集中在江苏、福建、浙江、安徽等省，都是以鲜花的名称来命名的，主要有茉莉花茶、珠兰花茶、玉兰花茶、玳玳花茶等。

花茶的品质特点是：香气鲜灵，浓郁清高，滋味浓醇鲜爽，汤色清澈、淡黄、明亮，叶底细嫩、匀净、明亮。

5. 黑茶

黑茶又称紧压茶，是用较粗老的原料，长时间堆积发酵而成的，是藏族、蒙古族、维吾尔族等少数民族人们日常生活的必需品。

黑茶一般经杀青—揉捻—渥堆—干燥等工序压制而成。黑茶根据形状分为砖茶、饼茶、圆茶、方茶等。

黑茶的品质特点是：色泽黑褐油润，汤色橙黄或橙红，香味纯正不苦涩，叶底黄褐粗大。黑茶的品种主要有湖南黑茶、湖北老青茶、四川边茶、滇桂黑茶。其中以云南普洱散茶和方茶最为出名，畅销国内外。

（三）茶叶的基本特性

茶叶具有吸湿性、吸附异味性和陈化性三个基本特性。

茶叶中的一些成分，如糖类、蛋白质、茶多酚、果胶质等有机成分都是亲水性的。茶叶干燥后形成多孔性组织，使茶叶具有较强的吸附性，能够吸收水分和其他气味。茶叶吸收水分会使茶叶含水量增加，降低茶叶品质。茶叶如吸收异味，香气和滋味就会变差，严重的还会失去饮用价值。茶叶一般都以新茶质量最好。茶叶在存放过程中，挥发性的芳香油会慢慢消失，色泽会变暗、变深，茶味淡薄，茶叶中的茶多酚和可溶性固形物含量也明显下降，这种现象被称为茶叶陈化。茶叶陈化会使茶叶的品质不断降低。存期越长，茶叶陈化的程度越严重。

（四）茶叶的保管方法

仓库保管适宜长期储存。储藏方法不当会影响茶叶质量，所以储藏时应注意以下四点：第一，地势要较高，排水容易；第二，仓库门窗力求严密，与外界有较好的隔绝，仓库周围没有恶劣的气味；第三，温度不得超过30℃，相对湿度在65%以下；第四，防霉、防虫、防鼠害。

在零售现场，应把小包装的茶叶放在干燥、清洁和具有一定封闭性条件的容器内，将容器堆放在干燥、无异味的场所，并防止日晒。高档茶叶应放在密闭的铁皮罐中存放，抽氧充氮，避光冷藏保管，即预先将茶叶水分干燥至4%～5%，装入不透气、不透光的容器中，进行抽氧充氮密封，并存放在专用的茶叶冷库中。用此法保管茶叶3～5年仍可保持茶叶的色、香、味，而不会发生茶叶陈化。

（五）茶叶的感官鉴别方法

茶叶的鉴别以感官为主。

1. 茶叶质量的外形鉴定

茶叶质量的外形鉴定包括条索、嫩度、色泽、净度四项指标，主要反映原料鲜叶的老嫩程度和制茶工艺是否恰当。

条形茶叶的外形称为条索。观察茶叶条索的紧松、曲直、匀整、轻重，条索紧细的茶叶质量好，条索粗大轻飘的茶叶质量差。各类茶的外形特征为：红茶、绿茶、花茶以条索紧细、圆直、均匀、重量重者为好，粗松开口者较差；扁形茶以扁平、挺直为好；青茶以条索肥壮、紧细、质重、均匀者为好；黑茶要求外形符合规格要求，块形完整，表面、边角整齐光滑，不龟裂、不掉面、不残缺，厚薄均匀，无茶梗露出，压印端正清晰。

茶叶嫩度的感官鉴定。嫩度是指茶叶芽头多少、叶质老嫩、条索的光润度和锋苗的比例，芽头多、叶质细嫩、锋苗多为好，粗松、叶质老则质量较差。其鉴定主要依靠手指触觉，方法是将浸泡过的湿叶倒在盘子上排平，柔软、肥厚、细嫩、细紧的为较好，粗老、粗松、瘦薄的为较差。

茶叶色泽的感官鉴定。色泽是指茶叶的颜色和光泽。色泽调和一致，明亮光泽、油润鲜活的茶叶质量较好；色泽较杂，枯暗无光的茶叶质量较差。

茶叶净度的感官鉴定。净度是指茶叶中杂质含量的多少。茶叶中的杂质有两类，一是茶类杂质（梗、籽、片、末等），二是非茶类杂质（杂草、树叶、泥沙、石子等）。正品茶叶中不允许夹有任何杂质，副品茶叶中不能含有非茶类杂质。

2. 茶叶的内质鉴定

鉴定茶叶的内质时，先从审茶盘中不同部位称取 3～5g 茶样放在 150mL 杯中，用沸水冲泡 5min，然后将茶水倒进审茶碗中，叶底先留在杯中。打开杯盖，先嗅杯中的香气，再看汤色、品尝滋味，最后看茶叶的嫩度、色泽和净度。

茶叶香气的鉴定。鉴定香气是指用嗅觉来评审香气的纯正度、强弱和持久度，以及是否有烟、焦、霉味或其他异味。鉴定的方法是：不要把杯盖完全打开，半开半掩，闻后仍旧盖好。首先是热嗅，主要嗅香气的高低，分辨是新茶还是陈茶，有无烟熏气味或霉味。其次是温嗅，主要辨别香气的强弱，有无特殊的香气。第三是冷嗅，主要看香气能否持久，有无异味等。例如，高级红茶要具有甜香，细嫩鲜叶制成的绿茶要有栗子香，青茶则两者兼而有之，花茶香气则要求纯正、持久、鲜灵。

茶叶汤色的鉴定。汤色是指茶叶内含物被开水冲泡出的汁液所呈现的色泽。茶叶的汤色主要取决于茶多酚和叶绿素的变化。经过发酵的茶叶，茶多酚受不同程度的氧化聚合而产生数量不等的茶红素、茶黄素和茶褐素。红茶的汤色以红鲜明亮者优，绿茶的汤色以碧绿清澈者优，青茶以橙黄明亮者优，花茶以浅黄明亮者优，沱茶、普洱茶则以黄亮者优。

茶叶滋味的鉴定。滋味是指茶叶经热水冲泡后，大部分可溶性有效成分进入茶汤形成的味道。茶叶的滋味是茶多酚、咖啡因、氨基酸、糖等多种成分的综合反映，另外茶叶的香气也与滋味密切相关。鉴定茶叶滋味主要辨别茶汤滋味的浓淡、强弱、鲜爽、醇和、甜苦等。鉴定的方法是：从审茶碗里舀一匙茶汤送入口中，不要直接咽下，用舌头在口腔内打转 2～3 次后再吐出。质量好的茶叶，其滋味稍有些苦涩之感，但很快就有回甜清爽的感觉。质量好的花茶醇厚甘甜，与绿茶相似，因鲜花香气明显，滋味更加鲜爽；黑茶则以醇厚者为优。

茶叶叶底的鉴定。叶底是指浸泡后的茶叶。它能反映茶叶原料的老嫩、色泽、净度。质量好的红茶，其叶底细嫩、多芽、红艳，有明亮的铜板色。质量好的绿茶，叶底细嫩、整齐，叶肉厚而柔软，有明亮的橄榄色。质量好的青茶，叶底为绿叶红镶边，其叶脉、叶缘部分为红色，其余为绿色，叶肉厚软。花茶叶底以黄绿均匀者为优。

3. 新茶与陈茶的鉴别

茶叶外观。新茶干硬疏松，色泽新鲜；陈茶紧缩暗软。

茶叶叶片。新茶比较干燥，手指捻动易变成粉末；陈茶软而重，不易捻碎，茶叶含水量超过 10%就失去了饮用价值。

茶叶茶梗。新茶茶梗一折即断；陈茶茶梗不易折断。

茶叶汤色。新茶汤色澄清而香气足；陈茶汤色为褐色，香味差。

二、饮料

饮料是指以水为基本原料，采用不同的配方和制造方法生产出供人们直接饮用的液体食品。饮料除了给人提供水分，它还含有糖、酸、乳及各种氨基酸、维生素、无机盐等营养成分，对人体所需的营养素起到补充作用。

（一）饮料的分类

饮料一般可以分为含酒精饮料、无酒精饮料和其他饮料三类。

1. 含酒精饮料

含酒精饮料属于发酵饮料，是用蔗糖、面包和啤酒花经酒精酵母发酵制得，酒精含量在1%以下，含有少量糖的饮料。这种饮料既有一般清凉饮料的性质，又有发酵饮料的特点，除清凉爽口、消暑解渴、提神助兴外，还有特殊的风味和香气，并具有多种有益的功能，如各种格瓦斯等。

2. 无酒精饮料

无酒精饮料又称清凉饮料、软饮料。目前市场上销售的饮料品种繁多，通常可以分为碳酸饮料、果蔬汁饮料、保健饮料、矿泉水饮料和固体饮料等。

碳酸饮料是人工配制并充入二氧化碳而成的饮料，通常称为汽水。其主要原料是水、甜味剂、酸味剂、香精、着色剂和二氧化碳等。根据含糖量分为：可溶性固形物含量不低于 9.0%，并不添加任何甜味剂的全糖碳酸饮料；可溶性固形物含量不低于 4.5%，允许添加甜味剂的低糖碳酸饮料。碳酸饮料分为果味型、果汁型、可乐型和低热量型。

（1）果味型饮料是以食用香精为主要赋香剂以及原果汁含量低于 2.5%的碳酸饮料。这类汽水营养价值不大，只起到清凉解渴的作用，属于普通汽水，如橘子汽水、柠檬汽水等。

（2）果汁型饮料是原果汁含量不低于 2.5%的碳酸饮料。其以各种鲜果汁为原料，与蔗糖、柠檬酸等配制而成。它具有水果特有的色、香、味，营养丰富，如杨梅汽水、橙汁汽水、菠萝汽水、混合果汁汽水等。

（3）可乐型饮料是指含有焦糖色素、可乐香精、水果香精或类似可乐果、水果香型的辛香和果香混合香气的碳酸饮料。其具有枣红色泽和特有的香味，属于浓香型饮料，如可口可乐、百事可乐、非常可乐等。无色可乐可不含焦糖色素。

（4）低热量型饮料是以甜味剂全部或部分代替糖类的各种碳酸饮料，其热量每 100mL 不高于 75kJ。

果蔬汁饮料的主要原料是果蔬汁，取自新鲜水果和蔬菜，一般可以分为天然果蔬汁、带肉果蔬汁、浓缩果蔬汁三类。

（1）天然果蔬汁，是指新鲜果蔬经过压榨处理后直接得到的原汁，它不加任何其他成分。

（2）带肉果蔬汁，是指含有均匀细致果肉的一类饮料，它是将新鲜果蔬打浆、磨细，并经过一系列的处理得到的。

（3）浓缩果蔬汁，是以原果蔬汁为原料，一般不加糖或加少量食糖浓缩而成。目前生产的果蔬汁以柑橘汁、苹果汁、番茄汁、红豆汁和浆果类果蔬汁为多。一般来说，混合型果蔬汁优于单种果蔬汁。

保健饮料是一种以增进人体健康为宗旨的饮料。根据保健饮料的性质和效用，可以分为强化饮料、疗效滋补饮料、运动饮料、花粉饮料四类。

矿泉水饮料的水源水要求是从地下深处自然涌出或经钻井采集的，含有一定量的矿物质、微量元素或其他成分。水源的卫生防护和水质监测有严格的技术要求，如溶解性总固体在1 000mg/L以上，或含游离二氧化碳在250mg/L以上。矿泉按温度分为冷泉（常温）、温泉（40℃左右）、热泉（70℃以上），按化学成分可分为碳酸泉、硫酸泉、氡泉、氟泉、铁泉、其他泉。

固体饮料是将各种原料调配、浓缩、干燥而成，或将各种原料粉碎、混合后制成的固体。固体饮料不能直接饮用，用水冲调后才可饮用，主要品种有麦乳精、橘子精、菠萝精等。

3. 其他饮料

其他饮料主要包括：以牛奶作为原料加入配料制成的乳性饮料，如果汁牛奶、巧克力牛奶等；用乳类、蛋、糖、稳定剂等原料配制、冷冻而成的乳品，如冰激凌、雪糕、冰棍等；以牛乳、羊乳的脱脂乳等为原料，将其杀菌后加入乳酸菌，经发酵而制成的具有特殊风味的乳制品，它的营养价值高于一般饮料，如酸乳、活性乳等；用植物蛋白、微生物蛋白制成的饮料，其蛋白含量在2.5%以下，如豆乳、果汁豆乳等。

（二）饮料的质量鉴别

饮料的质量鉴别通常可从以下几方面进行。

（1）从标签内容判断质量。饮料产品标签上应注明品名、生产日期、保质期、主要原料辅料和生产厂名、厂址等；判定该饮料是否在保质期内，如已超出保质期，则质量无保证，不宜购买；判断该饮料是否名副其实。例如，乳饮料应标明非乳脂固形物含量、植物蛋白饮料应标明植物蛋白固形物含量、天然矿泉水则应标明矿化成分表和规定指标。

（2）从外观判断质量。果味型饮料不应出现絮状物；塑料瓶装与易拉罐汽水手捏不软、不变形，罐装饮料如出现“胖听”，则说明饮料内微生物繁殖产生大量气体，不宜饮用；各种包装饮料均不应有渗漏现象；果茶类饮料及其他一些饮料，如太黏稠、太鲜红或颜色异常，表明增稠剂和色素过量。

（3）从气味和味道判断质量。各种饮料都有其相应的香气和滋味，无异味，无刺鼻感。

（4）从实质判断质量。果味饮料应清澈透明，无杂质，不浑浊；果汁饮料因加入果汁和乳浊香精，会有浑浊感，但应均匀一致，不分层，无沉淀和漂浮物；固体饮料不应有结块、潮解和杂质。

第四节　酱油、食醋

酱油是一种红棕色、氨基酸含量较高、营养价值丰富的复合调味品，是餐桌上不可缺少的佐餐食品。

食醋是以淀粉质为主要原料，在微生物的作用下，经过一系列生物化学反应的一种复杂的生物化学过程，酿制的含有醋酸、乳酸、糖、氨基酸等成分的调味品。食醋除具有杀菌、防腐作用之外，还具有保健和美容作用。经常饮用食醋可预防感冒，对治疗高血压、冠心病等均有效。

一、酱油

1. 酱油产品分类

酱油的分类方法较多，通常可按以下几种方法分类。

（1）酱油按生产原料分类。酱油的生产原料有以下几种：我国大部分工厂以豆粕和大豆为主要原料；南方大豆缺乏的地区，也以豌豆、葵花子饼、花生饼、棉子饼等为原料；广东、福建等地以海产小鱼或小虾为原料；也有以牛奶蛋白质为原料的。

（2）按加工方法，酱油可分为以下几类。①酿造酱油。以大豆或脱脂大豆、小麦或麸皮为原料，经过微生物发酵制成的具有色、香、味的液体调味品。②改制酱油。改制酱油也称花色酱油或配制酱油，是以酱油为原料，再配以辅料制成的，具有辅料的特殊风味，如虾子酱油、蘑菇酱油、五香酱油、云南甜酱油等。③配制酱油。配制酱油是以酿造酱油为主体，与酸水解植物蛋白调味液、食品添加剂等配制而成的液体调味品。

（3）按物理状态，酱油可分为液体酱油、固体酱油和粉末酱油。液体酱油呈液体状态；固体酱油把液体酱油配以蔗糖、精盐、助鲜剂等原料，用真空低温浓缩的方法加工定型制成；粉末酱油是将酱油直接干燥而制成的。固体酱油和粉末酱油均具有运输方便、便于储存的优点。

微视频
酱油的酿制过程

（4）按酱油的颜色，酱油可分为浓色酱油和淡色酱油。浓色酱油又称老抽，颜色呈深棕色或棕褐色。淡色酱油又称白酱油、生抽，颜色为淡黄色，供一部分出口和加工特殊食品使用。

（5）根据成品中含盐量，酱油可分为含盐酱油和忌盐酱油。含盐酱油是在生产过程中加入食盐而酿造的酱油。忌盐酱油是为肾病患者的特殊需要而制成的渗析膜减盐酱油，食盐含量只有普通酱油的1/2，保存时要注意防霉变质。

2. 酱油的感官质量鉴别

酱油的质量因原料的种类、配方、酿造工艺不同而有所差别。

（1）色泽。优质酱油：色泽为红褐色，鲜艳，有光泽，不发乌。劣质酱油：无光泽、发乌，一般多为添加色素过多所致。

（2）液态。优质酱油：液态澄清，浓度适当，无沉淀物，无霉花、浮膜。劣质酱油：浓度较低，黏稠度较小，因此流动稍快；存放很久后摇动瓶子时，酱油变浑浊，有沉淀，有霉花、浮膜。

（3）气味。优质酱油：具有酱香或酯香等特有的芳香味，无其他不良气味。劣质酱油：无酱油的芳香或香气平淡，且有焦糊、酸败、霉变和其他令人厌恶的气味。

（4）滋味。优质酱油：味道鲜美适口而醇厚，柔和味长，咸甜适度，无异味。劣质酱油：有苦、涩、酸等不良异味和霉味，醇味薄，没有酱香味。

二、食醋

微视频
酿醋过程

1. 食醋的分类

食醋通常可按以下几种方法分类。

食醋根据生产原料分类：以高粱为原料的山西老陈醋，以糯米为原料的镇江香醋，以大米为原料的江浙玫瑰米醋，以白酒为原料的丹东白醋，以糯米、红曲、芝麻为原料的福建红曲老醋，以凤梨或香蕉为原料的凤梨醋或香蕉醋等。

食醋按酿制工艺可分为固态发酵食醋、麸醋和液态发酵食醋。固态发酵食醋以粮食及其副产品为原料，采用固态醋酸发酵而成。例如，老陈醋是以高粱为主要原料，以大曲为发酵剂，采用固态醋酸发酵，经陈酿而成的食醋。麸醋是以麸皮为主要原料，以醋曲为发酵剂，采用固态发酵工艺酿制而成的食醋。液态发酵食醋则是以粮食、糖类、酒类、果类为原料，采用液态醋醪发酵酿造而成的食醋。

食醋按加工方法可分为酿造食醋、改制食醋和配制食醋。酿造食醋是单独或混合使用各种含有淀粉、糖的物料或酒精，经微生物发酵酿制而成的液体调味品。改制食醋以食醋为原料，再配以辅料制成，具有辅料的特殊风味，如蒜汁醋、姜汁醋等。配制食醋是以酿造食醋为主体，与冰乙酸、食品添加剂等混合配制而成的调味食醋。

食醋按颜色可分为浓色陈醋、米醋和白醋。浓色陈醋是经烤醅、陈酿，颜色呈深棕色或棕褐色的食醋。米醋是以淀粉质为原料，经发酵酿制的淡黄色的酸性调味品。白醋是以酒精为原料，经醋酸菌作用制成的食醋。

根据食醋成品的含酸量，食醋可分为高度食醋和低度食醋。高度食醋醋酸含量高于5.0g/100mL。低度食醋醋酸含量高于 3.5g/100mL，低于 5.0g/100mL。

2. 食醋的感官质量鉴定

食醋的感官质量鉴定需要注意以下几方面。

（1）色泽。优质食醋呈琥珀色、棕红色或白色；劣质食醋色泽不正常，发乌、无光泽。

（2）液态。优质食醋液态澄清，无悬浮物和沉淀物，无霉花、浮膜，无醋鳗、醋虱或醋蝇；劣质食醋液态浑浊，有大量沉淀，有片状白膜悬浮，有醋鳗、醋虱或醋蝇。

（3）气味。优质食醋具有食醋固有的气味和醋酸气味，无其他异味；劣质食醋失去了固有的香气，具有酸臭味、霉味或其他不良气味。

（4）滋味。优质食醋酸味柔和，稍有甜味，无其他不良异味；劣质食醋有刺激性酸味，有涩味、霉味或其他不良异味。

3. 酿造醋与配制醋的鉴别

酿造醋是以淀粉质（高粱、糯米、大米等）为主要原料，经发酵酿制成醋，再经过滤消毒而成。酿造醋液体浓稠，色泽清澈，无沉淀。酿造醋含有乙酸乙酯、乳酸乙酯等多种发酵香味成分，营养丰富，醋香浓郁，气味柔和，酸中带甜，口味醇厚。

配制醋用食用冰醋酸加水配制而成，液体稀薄，有透明感，色泽暗红，因为掺有香精，香精味浓，有较强的刺激性酸味，回味稍有苦味。

4. 优质食醋

山西老陈醋以优质高粱为主要原料，经蒸煮、糖化、酒化等工艺，再以高温快速醋化，温火焙烤和“夏伏晒、冬捞冰”陈酿而成。它具有色泽黑紫，液体清亮，酸香浓郁，食之绵柔，醇厚不涩，越陈越香，久放不腐的特点。

镇江香醋以优质糯米为主要原料，经酿酒、制醅、淋醋、晒露四大工艺酿制而成。镇江香醋呈深褐色，色泽光亮，香气芬芳，口味酸而不涩，香而微甜，浓稠醇厚。它具有色、香、酸、醇、浓的特点。

四川麸醋以麸皮、小麦、大米为主要原料，用泉水为溶剂，配以多种中药发酵而成。麸醋色泽黑褐，酸味浓厚，酯香浓郁，稍带鲜味，是一种风味独特的调味品。

福建红曲醋是以优质糯米、红曲、芝麻为原料，经液体发酵，三年陈酿而成。它具有色泽棕黑，酸而不涩，酸中带甜，芝麻香气浓郁的特点。

第五节　乳及乳制品

乳也称乳汁，是哺乳类动物为哺育下一代，从母体乳腺中分泌的一种乳白色乳液。乳是具有高营养价值、价格低廉的天然食物，也是人类的重要食品。乳及乳制品中的营养素对儿童、老、弱、病残人均有很重要的生理学意义，对提高人类身体素质具有重要意义。乳制品也称乳品，是指以乳为主要原料加工制成的各种食品的总称。

一、乳的化学成分

无论哪种哺乳动物的乳，其化学成分按物质类别来看都是基本相同的，都含有水、蛋白质、乳脂肪、乳糖、矿物质、维生素、生物活性物质等。但不同种类的乳中，各类成分的含量略有不同。以牛乳为例，牛乳的化学成分大致如下。

（1）水分。牛乳中的水分含量通常为87%左右，最高可达90%，最低为80%，牛乳的水分是牛乳中其他成分的分散介质。母牛产犊后7天以内的乳称为初乳，初乳有特殊气味。干物质中蛋白质和无机盐含量较高，且含大量免疫球蛋白和维生素，营养价值高。

（2）乳脂肪。从乳中分离出来的脂肪称为白脱油或黄油、奶油，乳及乳制品之所以具有美妙的风味和广泛的用途均与乳脂肪密切相关。乳中脂肪含量通常在3.5%左右，但由于牛的种类和品种的不同，会有一定的差异。乳脂肪含有20种以上脂肪酸，其中必需脂肪酸含量较多，营养价值较高。

（3）蛋白质。乳中的蛋白质按其存在状态可分为溶解的和悬浮的两大类。乳中的蛋白质含量为3%～4%，其中酪蛋白占2.8%左右，白蛋白占0.5%左右，球蛋白占0.1%左右。牛乳蛋白质由20余种氨基酸组成，是一种完全蛋白质。

（4）乳糖。乳糖是乳中特有的最稳定成分，在普通的牛乳中，其含量通常为4%～6%。乳糖是由半乳糖和葡萄糖组成的，不溶于水，但可溶于乳汁的水分中。婴儿消化道内缺乏乳糖酶，当饮用牛乳时，产生腹泻症状，称为“乳糖不耐受”，故应提倡母乳喂养。

（5）无机盐类。乳中的无机盐类含量为0.7%左右，主要有钙、钾、钠、磷、硫等。牛乳中可溶性钙约占总钙的30%以上，是补钙的最佳食品。

（6）维生素。牛乳中含有人体所需要的多种维生素，其中维生素A和维生素B高于一般食品，除维生素C外，大多数热稳定性较高。牛乳中维生素D含量较少，若作为婴儿食品应予强化。

（7）酶类。乳中含有过氧化酶、还原酶、淀粉酶、乳糖酶、磷酸酶等。

（8）其他物质。乳中还含有磷脂、胆固醇等。

二、乳制品的分类

按乳制品的产品形态和生产工艺不同，通常将乳制品划分为奶粉、炼乳、奶油等。

（一）奶粉

奶粉是以鲜乳为原料，经消毒杀菌，在一定真空度下浓缩干燥而成的淡黄色粉状制品。与鲜乳相比，它具有耐储存，携带、运输、食用方便等特点。奶粉在鲜乳供应不是很便利的时候作为鲜乳的替代品，在人们的生活中占有很重要的地位。如今，鲜乳供应越来越便利，奶粉逐渐发展成一种功能性营养品。奶粉主要有以下几种。

1. 全脂奶粉

全脂奶粉是以牛乳或羊乳为原料，经浓缩、干燥制成的粉状产品。它基本保持了牛奶的营养成分，适合全体消费者食用，但最适合中青年消费者。

2．脱脂奶粉

脱脂奶粉是以牛乳或羊乳为原料，经分离脂肪、浓缩、干燥制成的粉状产品。它是牛奶脱脂后加工而成，口味较淡，适合中老年、肥胖者和不适合摄入脂肪的消费者食用。

3．调味奶粉

调味奶粉是以牛乳或羊乳（或全脂奶粉、脱脂奶粉）为主料，添加调味料等辅料，经浓缩、干燥（或干混）制成的，乳固体含量不低于70%的粉状产品。

4．特殊配制奶粉

特殊配制奶粉适合有特殊生理需求的消费者，这类配制奶粉都会根据不同消费者的生理特点，去除了乳中的某些营养物质或强化了某些营养物质（也可能二者兼而有之），故具有某些特定的生理功能，如婴幼儿奶粉、中老年奶粉、低脂奶粉、糖尿病奶粉等。

5．婴幼儿奶粉

一般来说，婴儿是指年龄在12个月以内的孩子，幼儿是指年龄在1～3岁的孩子，因此这种奶粉一般分阶段配制，分别适合0～6个月、6～12个月和1～3岁的婴幼儿食用。它根据不同阶段婴幼儿的生理特点和营养要求，对蛋白质、脂肪、糖类、维生素和矿物质五大营养素进行了全面强化和调整。

6．孕产妇奶粉

孕产妇奶粉参照中国人每日所需营养标准，合理强化孕妇、产妇必需的铁、锌、钙、维生素D、维生素C、维生素E、叶酸等多种维生素和微量元素。

7．中老年奶粉

中老年奶粉调整了脂肪、蛋白质和糖类的比例，并强化了维生素和微量元素等营养强化剂，具有中老年保健作用。中老年奶粉是专为中老年人所设计的奶粉，最突出的特点是在降低脂肪含量的同时，还添加了多种不饱和脂肪酸，使奶粉中饱和脂肪酸、不饱和脂肪酸与多不饱和脂肪酸的比例合理化。除此以外，中老年奶粉中还添加了包括钙、维生素D_3、维生素A和维生素E在内的多种营养成分。

（二）炼乳

炼乳是鲜乳的浓缩制品，是主要以鲜乳为原料，经杀菌消毒、蒸发、浓缩、冷却而得到的黏稠状浓乳。

炼乳分甜炼乳（加糖炼乳）和淡炼乳（不加糖炼乳）两种，其中甜炼乳销量最大。在原料牛乳中加入15%～16%的蔗糖，然后将牛乳的水分加热蒸发：浓缩至原体积的40%左右时，即为甜炼乳；浓缩至原体积的50%时，不加糖者即为淡炼乳。

（三）奶油

奶油也称奶酪、黄油、白脱油，主要分为鲜制奶油、酸制奶油、连续式机制奶油、重制奶油等几种。奶油是从鲜乳中分离出的乳脂肪，是经成熟、搅拌、压缩所制成的乳制品。它是一种高脂肪性食品（脂肪含量80%以上），热量高，同时还含有维生素A、维生素D、维生素E等，既是西餐的配料，又是制造糖果、糕点的原料。

三、乳及乳制品的感官质量要求

鲜乳、奶粉、炼乳和奶油的感官质量要求有所不同。

1. 鲜乳

鲜乳感官质量通常有以下要求。

（1）色泽。鲜乳的色泽应为乳白色或略带微黄色，不得有其他颜色。如果奶液发白、稀薄、不易挂杯，取一滴放在玻璃片上，乳滴不成形，易流散，则是掺水奶。

（2）气味和滋味。刚挤出的牛乳中含有糖类和挥发性脂肪酸，因而略带甜味，并有乳的特有香气。

（3）组织。鲜乳应均匀、不分层、无沉淀、无凝块、无杂质。鲜乳上有水状物析出的是陈奶。鲜乳煮开后表面有奶皮（乳脂）的是优质牛奶，表面呈豆腐花状的是变质牛奶。

2. 奶粉

奶粉感官质量通常有以下要求。

（1）气味和滋味。正常的奶粉应具有消毒牛乳的香味，无其他杂味；凡气味中带有苦味、腐败味、发霉味、化学药品和石油产品气味等，一律为不合格品。

（2）组织状态。正常奶粉应呈干燥的粉末状，无凝块或团块。如果将袋装奶粉用手指捏住包装袋来回摩擦：纯奶粉质地细腻，会发出“吱吱”声；掺假奶粉由于掺有白糖、葡萄糖等，颗粒较粗，会发出“沙沙”声。

（3）色泽。正常的奶粉应呈浅乳黄色，而且色泽应均匀一致。如果出现显著黄色或淡白色可能是原料乳不新鲜或掺入蔗糖过多所致。

（4）冲调性。将奶粉倒入25℃的水中：水面的奶粉很快润湿并下沉，完全溶解，无团块和沉淀者为优品；掺假奶粉不经搅拌即能溶解或发生沉淀，它没有天然乳汁的香味和颜色，如果掺入白糖、菊花晶和炒面等，明显特征是有结晶、无光泽，呈白色或其他不自然颜色，颗粒大，在冷水中不经搅拌也能很快溶解或沉淀。

3. 炼乳

炼乳感官质量通常有以下要求。

（1）气味和滋味。优质炼乳味甜而纯，有明显的牛乳滋味，无外来的气味和滋味。有不纯正的滋味和较重异味的为劣质炼乳。

（2）组织状态。优质炼乳黏稠度适中，黏稠度以很易从刮铲上流下为准，质地均匀一致，口尝时感觉不到乳糖结晶的存在，整个炼乳中不得有气泡存在。凝结成软膏状，冲调后脂肪分离的明显为劣质炼乳。

（3）色泽。优质炼乳整体色泽应均匀一致，白中略带乳脂的色泽。如果呈肉桂色或淡褐色则为劣质炼乳。

4. 奶油

奶油感官质量通常有以下要求。

（1）色泽。优质奶油的颜色均匀一致，呈微黄色。色泽不均匀，表面有霉斑，表层有水分析出者为劣质奶油。

（2）盐分。优质奶油盐分正常、均匀、一致，盐粒未能溶解则会形成砂状奶油。

（3）黏稠度。优质奶油具有一定的黏稠度和适当的可塑性与延展性。

（4）组织状态。优质奶油切断面应细致均匀，当液态油较多而脂肪结晶少时则会形成黏性奶油。

（5）风味。优质奶油芳香纯正，如果出现“鱼腥味”则是由磷酸酯水解生成三甲胺造成的，应进行灭菌。

（6）水分。优质奶油切断面应无水珠。

技能实训

【实训目的】

通过对背景材料进行讨论加深对茶叶商品的认识。

【实训主题】

有机茶的生产、销售与安全监管。

【实训时间】

本章课堂教学内容结束后的双休日和课余时间，为期一周。或者指导教师另外指定时间。

【背景材料】

新安源有机茶

新安源银毫是安徽省黄山市休宁县的特产，属绿茶类针型茶，主要产于我国绿茶“金三角”中的全国十大名茶“屯绿”原产地的黄山脚下。这里群山环抱，山清水秀，常年云雾缭绕，生态环境得天独厚，被誉为绿色仙境，特别适合茶树生长。新安源银毫在加工过程中运用了精湛的创新工艺，采其一芽一叶，嫩叶经杀青、理条、整形、做形、初烘、筛分、提香复烘形成成品。其品质特点是：形似银针，绿如翡翠，白毫显露；汤色翠绿、清澈明亮，滋味醇厚清爽，幽含浓郁花香，回味甘甜，唇齿留香。新安源银毫为新安源有机茶中之极品，主要供国内销售及部分外销。

【实训过程设计】

（1）指导教师布置学生课前预习背景材料。

（2）将全班同学平均分成几个小组，每组5～6人进行讨论。各小组就近选择市场进行调研。

（3）根据“背景材料”，对超市的有机茶进行调查，收集产地、品牌、包装等信息。

（4）根据收集的资料，讨论有机茶将来的发展趋势如何，如何进行监管，目前我国关于有机茶产品标志的规定是什么样的。

（5）各小组对本次实训进行总结和点评，撰写作为最终成果的《商品学实训报告》。

（6）各小组提交填写“项目组长姓名、成员名单”的《商品学实训报告》。优秀的实训报告在班级展出，并收入本课程教学资源库。

综合练习

一、名词解释

1. 营养成分　2. 茶叶陈化　3. 酿造酱油　4. 酿造食醋　5. 配制食醋　6. 碳酸饮料　7. 蒸馏酒　8. 黄啤酒　9. 黑啤酒　10. 生啤酒　11. 全脂奶粉　12. 脱脂奶粉　13. 无公害食品　14. 绿色食品　15. 有机食品

二、多项选择题

1. 低度啤酒的质量特征有（　　）。

A. 原麦汁浓度在 8 度左右　　B. 酒精度在 3 度左右
C. 酒精度在 2 度左右　　D. 酒精度在 12 度左右
E. 酒精度在 4 度左右

2. 黄山毛峰属（　　）。
A. 炒青茶　　B. 晒青茶　　C. 烘青茶
D. 珠茶　　E. 绿茶

3. 乳中含有（　　）等。
A. 过氧化酶　　B. 还原酶　　C. 淀粉酶
D. 乳糖酶　　E. 磷酸酶

4. 关于茶叶仓库保管，以下说法正确的有（　　）。
A. 仓库门窗力求严密　　B. 温度不得超过 30℃
C. 相对湿度在 65%以下　　D. 防霉、防虫、防鼠害
E. 地势较高，排水容易

三、简答题

1. 如何识别各类食品的标签中所标注的项目内容？
2. 食品中的主要营养成分有哪些？
3. 糖类的生理功能及单糖、双糖的主要特点是什么？
4. 脂类的生理功能有哪些？
5. 膳食纤维在人体内的作用有哪些？
6. 维生素是如何分类的？其功能各是什么？
7. 水和矿物质在人体内的作用是什么？
8. 试述茶叶的化学成分和种类，以及如何鉴定茶叶的质量。
9. 简述饮料的分类及饮料质量鉴定方法。
10. 试述茶叶的种类鉴别和新茶与陈茶的鉴别。
11. 简述如何区分各种不同香型的白酒。
12. 简述酱油、食醋的分类方法和酱油、食醋质量的鉴别方法。
13. 简述鲜乳的化学成分和乳制品的鉴定方法。

第十一章　日用工业品商品

【学习要点】

- 各种日用工业品的组成和特点
- 塑料制品的分类和质量要求
- 玩具、箱包的分类及质量要求
- 服装的分类及质量要求
- 洗涤用品、牙膏的种类及质量要求
- 化妆品的分类及质量要求
- 选用各种日用工业品的方法
- 各种日用工业品的保管、保养方法

案例导读

日用工业品的市场分类

日用工业品是指满足人们日常使用的工业产品，俗称日用百货。日用工业品是人们日常生活中不可缺少的一大类商品，其种类繁多。在商品流通领域，按照经营习惯，日用工业品一般包括以下几类。

（1）清洁用品：扫帚，刷子，抹布，地拖，磨光用具，垃圾桶，垃圾铲，冰箱除臭剂，去污剂，锅具清洁用品，洗窗用具等。

（2）洗浴用品：肥皂，浴室海绵，浴室用垫，浴室用镜，毛巾，毛巾架，牙膏，牙刷等。

（3）护理用品：梳子，化妆袋，化妆刷，化妆镜，发刷，剃须用品，护肤用品，护齿用品，按摩用品，护甲用具，护足用具，香水等。

（4）一般家庭用品：雨伞，太阳伞，民用手套，劳保手套，盆，桶，衣夹，衣架，洗衣篮，衣叉，钩，熨衣板，鞋架，鞋盒，鞋柜，烟具，打火机等。

（5）日用器皿：不锈钢器皿，玻璃器皿，搪瓷器皿，其他材料器皿等。

（6）餐桌及厨房用品：餐具，餐巾，餐布，刀叉，餐桌用蜡烛，餐桌装饰，开瓶器，瓶塞钻，开罐器，火锅器具，水壶，厨房及专业刀具等。

（7）箱包：日用箱，公文箱，包袋类，其他箱包及配件等。

（8）玩具：婴儿玩具，电动或遥控及发条类玩具，动作类玩具，游戏益智类玩具，毛绒及布制玩具，骑乘类玩具，玩具乐器，充气玩具，其他玩具及玩具零配件等。

……

启示：日用工业品种类繁多、用途广泛，其质量要求、经营特点、保管条件及使用要求等方面有很大不同。掌握日用工业品的相关商品学知识，对我们的生活是非常有利的。

第一节　塑料制品

一、塑料的组成和分类

塑料是一种以高分子的合成树脂为主要成分，在一定的温度和压力下塑制成型，当外力解除后，能在常温下保持形状不变的材料。塑料和合成橡胶、合成纤维是现代生活中不可缺少的三大合成材料。

微视频
塑料带来的污染

（一）塑料的组成

塑料的组成有以下几种。

1. 合成树脂

合成树脂是以煤、石油、天然气以及一些农产品为主要原料，由具有一定条件的低分子化合物，通过化学或物理方法加工而成的高分子化合物。合成树脂中的大分子结构使其能在一定温度下具有较好的黏结能力，能把塑料所有的组成成分黏结在一起。合成树脂是塑料的黏结剂。合成树脂是塑料的主要成分，塑料中合成树脂的含量一般占总量的 40%～100%，是决定塑料工艺性质和性能特点的内在因素。

2. 塑料助剂

在塑料中加入一些塑料助剂的目的主要是改善加工性能、提高使用性能和降低成本等。塑料助剂在塑料中所占比例较少，但对塑料制品的质量有很大影响。不同种类的塑料，因为成型加工方法和使用条件不同，所需塑料助剂的种类和用量也不同。常见的塑料助剂有增塑剂、稳定剂、润滑剂、阻燃剂、发泡剂、着色剂、交联剂以及填料等。

（二）塑料的分类

塑料的种类很多，可按多种方式进行分类。

根据塑料受热加工时的性能，可将其分为热固性塑料和热塑性塑料两大类。

（1）热固性塑料。这种塑料在一定条件下受热加工成型时能发生不可逆的化学变化。其制品不能再进行软化和重新加工，即使在更高的温度下，也不能熔化，只会炭化，它的大分子为体型网状结构。常见的热固性塑料有酚醛塑料、脲醛塑料、密胺塑料等。

（2）热塑性塑料。这种塑料在一定条件下受热加工成型时不发生根本性的化学变化，其制品可以再进行软化和重新加工，它的大分子为长链型或支链型结构。常见的热塑性塑料有聚乙烯、聚丙烯、聚氯乙烯、聚丙乙烯、有机玻璃、硝酸纤维素塑料等。

微视频
塑料的分类

根据塑料性能和应用范围，可将其分为通用塑料、工程塑料和特种塑料三大类。

（1）通用塑料。通用塑料一般是指产量大、用途广、价格便宜的民用塑料，主要有聚乙烯、聚丙烯、聚氯乙烯、聚丙乙烯、酚醛塑料、脲醛塑料、密胺塑料等，占塑料总量的 80%。

（2）工程塑料。工程塑料一般是指能代替金属材料制造机器零件和化工设备的工业用塑料，其机械性能、耐热性能等均优于普通塑料，主要有聚碳酸酯、聚甲醛、聚酰胺、聚四氟乙烯、ABS 塑料等。

（3）特种塑料。特种塑料一般指具有特种功能（如耐热、自润滑等），应用于特殊要求的塑料，如耐热类塑料、耐腐蚀类塑料、降解类塑料、导电类塑料以及智能化塑料等。

根据塑料的毒性，可将其分为有毒和无毒两大类。

根据塑料树脂成分多少，可将其分为单一组分和多组分两大类。

根据塑料的可燃程度，可将其分为易燃性塑料、可燃性塑料和难燃性塑料三大类。①易燃性塑料遇明火剧烈燃烧，不易熄灭，如硝酸纤维素塑料等。②可燃性塑料遇明火燃烧，无自熄性，但燃烧速度较快，如聚乙烯、聚丙烯等。③难燃性塑料在较强的明火中可以燃烧，离火后很快熄灭，如聚氯乙烯、酚醛塑料等。

二、塑料制品的质量要求和鉴别

（一）塑料制品的质量要求

塑料制品的种类繁多，结构和性质复杂。日用塑料制品的质量要求主要是指对塑料制品的外观和物理机械性能方面提出的要求，对于部分塑料制品，还要考虑对其化学性能或卫生性能的要求。

1. 塑料制品的外观质量要求

塑料制品的外观质量要求是对塑料制品的外形结构、表面缺陷等方面的要求。一般要求塑料制品外形不应有翘曲、缺角，尺寸要符合一定的偏差规定。装配塑料制品的部件尺寸要相互配合得当，中空塑料制品要厚薄均匀。塑料制品的色泽要求鲜明，不应有变色、色调不匀、平光、银纹等现象。

塑料制品的表面缺陷和可能产生的外观疵点主要有裂印、水泡、杂质点、拉毛、起雾、肿胀、小孔、麻点等。

由于塑料制品的品种和加工方法等不同，各种塑料制品产生的表面缺陷和外观疵点也不同，具体可以按照各种塑料制品产品标准的规定进行要求。

2. 塑料制品的内在质量要求

内在质量要求是对塑料制品物理机械性能的要求，由此来测定塑料制品的适用性和耐用性。由于塑料制品的种类多、用途广，涉及日用塑料制品的性能指标主要有比重、拉伸强度、冲击强度、撕裂强度、硬度、耐热性、耐寒性、收缩性、透明性、透湿性、透气性、耐磨性及耐老化性等。对于某一具体塑料制品，应根据类型和用途特点等来确定其内在质量要求。

3. 塑料制品的卫生安全性要求

卫生安全性要求是对某些用途的塑料制品，如食品袋、玩具等的特定要求。这些塑料制品必须无毒、无味等。

另外，还有塑料制品的防老化、环保等方面的要求。

（二）塑料制品的鉴别

常用的塑料制品鉴别方法主要有外观鉴别法、相对密度鉴别法和燃烧鉴别法等。

1. 外观鉴别法

外观鉴别法主要是通过塑料的外观特征，如色泽、透明度、光滑度、手感、表面硬度及放入水中的现象等来判断和区分塑料的种类。

一看，先看塑料制品的色泽、透明度。透明的塑料制品有聚苯乙烯和有机玻璃等，半透明的塑料制品有低密度聚乙烯、聚氯乙烯、纤维素塑料、聚丙烯和不饱和树脂等，不透明的塑料制品有高密度聚乙烯、聚氨酯塑料以及各种有色塑料。

二听，用各种塑料制成的硬质物品敲击时，发出的声音不同。用聚苯乙烯敲击时声音清脆如金属声，用有机玻璃敲击时声音发闷，用聚氯乙烯敲击时声音发闷。

三摸，手摸各种塑料制品时，手感不同。手摸聚乙烯时有石蜡滑腻感，质地柔软、能弯曲；手摸聚丙烯时有润滑感但无滑腻感，质地硬挺有韧性。

2. 相对密度鉴别法

各种塑料都有不同的相对密度。利用这一特性，可将不同种类的塑料制品直接投入具有一定相对密度的溶液中，以鉴别不同种类的塑料制品。各种通用塑料的相对密度如表 11.1 所示。

表 11.1　各种通用塑料的相对密度　（单位：kg/m^3）

塑料名称	相对密度	塑料名称	相对密度
聚丙烯	0.902	有机玻璃	1.18～1.19
低密度聚乙烯	0.901	醋酸纤维	1.22
高密度聚乙烯	0.941	聚氯乙烯	1.30
聚苯乙烯	1.01	酚醛塑料	1.34～1.45

3. 燃烧鉴别法

不同的塑料燃烧时，会产生不同的化学反应，表现出不同的反应状态。根据塑料燃烧时所产生的现象特征，可以鉴别塑料的种类。各种常见塑料燃烧的现象特征如表 11.2 所示。

表 11.2　塑料燃烧的现象特征

塑料名称	燃烧难易	离火后情况	气味	火焰特点	燃烧时变化状态
聚乙烯	易燃	继续燃烧	烧蜡烛的气味	上端黄色、下端蓝色	熔融滴落
聚氯乙烯	难燃	离火即灭	刺激性酸味	尖部黄色、底部绿色有白烟	软化
聚丙烯	易燃	继续燃烧	石油味	上端黄色、底部蓝色有少量黑烟	熔融、滴落膨胀
聚苯乙烯	易燃	继续燃烧	特殊臭味	橙黄色、浓黑烟	软化、起泡
有机玻璃	易燃	继续燃烧	水果香味	浅蓝色、顶部白色	熔化、起泡
尼龙	可燃	缓慢熄灭	特殊烧羊毛焦味	蓝色、顶端黄色	熔融、滴落
赛璐珞	极易燃	继续燃烧	无味	黄色	迅速完全燃烧
酚醛塑料	难燃	熄灭	苯酚臭味	黄色	颜色变深有裂纹
脲醛塑料	难燃	熄灭	甲醛刺激气味	黄色、顶端蓝色	燃烧处变白开裂
密胺	难燃	熄灭	甲醛刺激气味	淡黄色	膨胀有裂纹、燃烧处变白

第二节　玩具和箱包

一、玩具

玩具泛指可用来玩的物品，通常与儿童或宠物有关。玩具在人类社会中常常被作为一种寓教于乐的物品，不仅适合儿童，也适合青年和中老年人，它是打开智慧天窗的工具。

1. 玩具的种类

玩具的种类很多，可按不同的方式进行分类。

（1）按所用原料，玩具可分为塑料类玩具、毛绒类玩具、木制类玩具等。

（2）按玩具作用，玩具可分为益智类玩具、休闲类玩具、陈设装饰类玩具以及旅游纪念类玩具等。

（3）按年龄，玩具可分为儿童玩具和成人玩具等。

（4）按使用性能，玩具可分为发条类玩具、电动类玩具、电子类玩具等。

（5）按加工方法，玩具可分为塑胶类玩具、填充类玩具、模型类玩具等。

2. 玩具标准

自 1986 年发布 GB 6675—1986《玩具安全》以来，我国已发布了多项国家标准和行业标准，建立了较健全的玩具标准体系。这些有关玩具安全、质量的标准对我国玩具行业的发展、技术水平的提升、产品安全质量的提高、保护儿童身心健康和扩大出口等起着不可忽视的、积极的促进与保障作用。

GB 6675.1—2014《玩具安全 第 1 部分：基本规范》对玩具标准体系有重大影响，此标准颁布后，相关标准均进行了修订，如 GB 9832—2007《毛绒、布制玩具》、GB 14746—2006～GB 14749—2006《儿童自行车安全要求》《儿童三轮车安全要求》《儿童推车安全要求》《婴儿学步车安全要求》等。

3. 玩具的年龄组标识

年龄组标识是玩具的重要属性之一，是用来向顾客提供选择的指南。任何玩具的使用要求中都应标明最低的使用年龄。玩具的年龄组标识有各种各样的形式和表示方法，可以使用肯定或否定语气的句子，如“适合 6 岁以上儿童使用”“不适合 3 岁以下儿童使用”等。

4. 玩具的材料质量

玩具是由各种材料制成的，常见材料有塑胶、毛绒、金属和木材等。由于玩具的使用对象大多是儿童，因此特别需要重视材料的清洁度，否则容易通过玩耍时的直接接触或吸吮等途径对儿童造成伤害。所有材料目视检查应干净、无污染。

5. 玩具的选择及使用

玩具是孩子日常生活中接触非常多的物品，也是孩子认知学习的入门，对孩子的心理发育和智力开发有重要的作用。一般在选购玩具时应遵循以下原则。

（1）选择质量好的玩具，拒绝“三无”产品。玩具的材料应无毒无害，且不易损坏和不宜过小。有毒涂料会对孩子造成慢性中毒，过小的玩具容易被孩子吞下，对孩子造成伤害。

（2）看使用说明。一看适用年龄范围，一般都要在使用说明中标明该玩具的适用年龄范围。二看安全警示语，生产厂家会通过安全警示语提醒玩具隐含的一些危险，如“打开包装后，请立即将包装塑料袋弃置”“非救生用品，只能在浅水中使用”“不适用于 3 岁以下儿童”等。购买及使用玩具时，一定要仔细阅读安全警示语，避免误用玩具的危险发生。三看有效日期，有些产品规定在有效期内使用。四看使用方法，复杂的玩具，如儿童自行车、学步车、学习机等，应有详细的使用方法及注意事项，在选购时应注意这一点。五看组装程序图。组装玩具不论是由成人组装还是由儿童自行组装，都应有组装程序图。

（3）自行检验。对玩具的边缘及棱角应用手检测是否锋利和尖锐。对固定在软体毛绒玩具上的小零件，应检查是否安装牢固。对玩具的整体结构进行检查，看是否存在不稳定的因素。童车产品，应注意其锁定装置或制动装置是否开关灵活有效。

（4）维护保养。一要看使用说明，一般需要维护保养的玩具，在使用说明中应标明维护保养的方法，尤其是复杂的玩具或婴儿玩具。婴儿玩具应注意是否有清洁或消毒的方法，如是否可以水洗或高温消毒等。二要定期进行检查，对童车及三岁以下儿童使用的玩具，应特别注意进行定期检查，检查内容如紧固件（如螺丝钉）是否松动，童车的锁定装置及制动装置是否失灵，毛绒玩具上的小零件（如眼睛、鼻子等）是否松脱，塑料玩具的外壳是否破裂以致引起其他危险等。三要定期保养，充电玩具应注意过充导致的寿命减少及过热爆炸的危险。干电池用完应及时取出。童车应定期进行加润滑油、防锈等保养工作，毛绒玩具应定期清洗，减少细菌滋生等。

二、箱包

箱包是对用来装东西的各种袋子和包的统称。

1. 箱包的种类

箱包的种类繁多，主要有旅行箱包、休闲箱包、运动箱包、商务箱包及专业箱包等。

（1）旅行箱包。旅行箱包主要有背包、衣箱、拉杆箱和滑轮式箱包等。

（2）休闲箱包。休闲箱包主要有手袋、腰包、背包和化妆包等。

（3）运动箱包。运动箱包主要有野营包、球类包和滑雪包等。

（4）商务箱包。商务箱包主要有公事包、计算机包和背包等。

（5）专业箱包。专业箱包主要有学生包、相机包和医用包等。

2. 箱包的质量要求

一般要求箱包的轮廓要清晰、两角对称、箱面均匀一致、结构合理，箱口安装牢靠、箱包里面要端正；箱包配件要与箱体配套、协调，电镀层无焦痕、划痕和起泡、漏镀等现象，箱锁开启要灵活，拉链要滑顺，拉杆要顺畅等，箱包负重部位要牢固；箱包选材要合理，做工要精细结实，装饰要光洁明亮并与箱包颜色协调等；产品标志要规范，按照国家有关规定应在产品及产品包装上注明产品名称、等级、材质、规格（型号）、厂名、厂址、联系电话、执行标准等信息。

3. 箱包的选择和使用

选购箱包时应注意：一是选择大型超市、商场出售的知名企业生产的产品；二是注意产品标志；三是要考虑性价比等。

（1）挑选皮箱时要一看二查。一看是指查看皮箱轮廓，好的皮箱应外表饱满、端正，各部位无明显凹凸，箱盖与箱底合拢处无间隙，外箱面无起泡，无划痕、褶皱等，箱内箱面允许有少量的褶皱；二查是指查看箱内布层是否平整清洁，缝制针脚是否均匀，缝迹是否整齐，箱外附件是否光洁无锈蚀，镶嵌是否牢固结实等。

（2）手提包、旅行包和坤包的挑选。在挑选手提包、旅行包和坤包时要：一看款式造型是否美观潇洒、庄重大方，二看装饰是否光洁明亮，三看面料质量及做工是否精细结实，四看拉链色泽是否与面料相协调等。

第三节　日化类商品

视野拓展

肥皂的起源

一、肥皂

肥皂是脂肪酸金属盐的总称，通式为 RCOOM（式中 RCOO 为脂肪酸根，M 为金属离子）。日用肥皂中的脂肪酸碳数一般为 10～18 个，金属主要是钠或钾等碱金属，也有用氨及某些有机碱（如乙醇胺、三乙醇胺等）制成特殊用途的肥皂。广义上，油脂、蜡、松香或脂肪酸等和碱类起皂化或中和反应所得的脂肪酸盐，皆可称肥皂。肥皂能溶于水，有洗涤去污作用。肥皂又称香皂、盥洗皂、金属皂和复合皂。

1. 肥皂的分类

肥皂是指用油脂与碱经过皂化反应制成的高级脂肪酸盐，并辅以各种原料而成的产品。

（1）根据肥皂的定义，可分为：碱金属皂，如钠皂、钾皂；有机碱皂，如丝光皂；金属皂，它一般不溶于水，不能用于洗涤，主要用于工业。

（2）根据肥皂的硬度，可分为：硬皂，主要是钠皂；软皂，主要是钾皂。

（3）根据肥皂使用领域，可分为家庭用皂和工业用皂。

2. 肥皂的原料

肥皂的原料主要有油脂、合成脂肪酸、碱、辅助原料和填料等。

（1）油脂。油脂是制造肥皂的基本原料，包括植物油脂和动物油脂等。

（2）合成脂肪酸。它是以石蜡为原料经氧化制得的高级脂肪酸，使用合成脂肪酸制作肥皂的目的是节约天然油脂。合成脂肪酸皂的质量不如天然的油脂皂。

（3）碱。制造肥皂的碱主要是氢氧化钠，其次是碳酸钠、碳酸钾、氢氧化钾。其作用是与油脂进行皂化反应而制成肥皂。

（4）辅助原料和填料。其主要有泡花碱、碳酸钠、抗氧化剂、杀菌剂、松香、荧光增白剂、着色剂和香料等。

3. 肥皂的品种及特性

常见的肥皂有以下几种。

（1）洗衣皂。洗衣皂通常称为肥皂，主要用于洗涤衣物，也适用于洗手等。肥皂的主要原料是天然油脂、脂肪酸与碱生成的盐。肥皂在软水中去污能力强，但在硬水中因其与水中的镁离子、钙离子生成不溶于水的镁皂、钙皂，去污能力会明显降低，还容易沉积在基质上，难以去除。另外，在冷水中其溶解性差。

（2）香皂。香皂是指具有芳香气味的肥皂。香皂质地细腻，主要用于洗手、洗脸、洗发、洗澡等。制造香皂时要加入香精，香精性质温和，对人体无刺激，使用时香气扑鼻，并能去除机体的异味。用香皂洗涤衣物能使衣物保持一定时间的香气。

（3）透明皂。因其感官好，既可以当香皂用，又可以当肥皂用。其脂肪酸含量介于肥皂和香皂之间，采用纯正浅色的原料，如牛油、椰子油和松香油等，以及甘油、糖类和醇类等透明剂制作而成。

（4）药皂。药皂也称抗菌皂或去臭皂。由于在药皂的制作过程中加入了一定量的杀菌剂，因此有消毒、杀菌、防止体臭等作用。药皂常用于洗手、洗澡等。

（5）液体皂。液体皂是近年来受到消费者欢迎的一个新品种。用于皮肤的液体皂呈中性，与人体皮肤 pH 值较接近，对皮肤无刺激性，能产生泡沫并有黏度，也有一定的去污能力。

4. 肥皂的质量要求

肥皂质量指标及要求有以下三方面。

（1）肥皂的感官质量指标。肥皂的感官质量指标主要有以下几项：在外观方面，洗衣皂硬度适中，不发黏、不分离、不开裂，香皂细腻均匀，无裂纹、气泡、斑点，不出现剥离、冒汗等现象；在色泽方面，洗衣皂色泽均匀洁净，香皂色泽均匀稳定；在形状方面，洗衣皂形状端正、收缩均匀，不得有歪斜、变形、缺边、缺角等现象，香皂可以压成各种形状，也不得有歪斜、变形、缺边、缺角及字迹模糊等现象；在气味方面，洗衣皂无不良气味，香皂具有各种天然或合成香料配成一定类型的持久香味。

（2）肥皂的理化质量指标。洗衣皂和香皂的理化质量指标分别如表 11.3 和表 11.4 所示。

表 11.3　洗衣皂的理化质量指标

项目	指标	
	Ⅰ型	Ⅱ型
干皂质量分数≥（%）	54	43
氯化物质量分数（以 NaCl 计）≤（%）	0.7	1.0
游离苛性碱质量分数（以 NaOH 计）≤（%）	0.3	0.3
乙醇不溶物≤（%）	15	—
发泡力（5min）≥（mL）	400	300

表 11.4　香皂的理化质量指标

指标名称	优级	一级	二级	三级
总脂肪酸含量（%）	80	80	80	80
游离碱≤（%）	0.05	0.05	0.05	0.05
开裂≤（%）	2	3	4	5
糊烂≤（20±℃，mm）	2.0	2.0	3.0	3.0
脂肪酸凝固点（℃）	37.0～43.0	37.0～43.0	37.0～43.0	37.0～43.0
剖面白心气泡≤	1	2	3	4

（3）肥皂包装的质量指标。肥皂包装外观要求是图案清晰，字迹清楚，形状端正，色泽均匀，无不良异味。包装箱外部标志应有：商品名称和商标；干皂含量及每连（块）标准重量；每箱连（块）数、毛重、净重和体积；制造厂名及厂址；生产批号及生产日期；箱体牢固，无挤压变形、破损、水渍、印迹。

5. 日用肥皂质量的鉴别

优质肥皂的质量要求：外观图案、字迹清晰，形状端正，色泽均匀，香味定型而持久，无油脂酸败等异味，皂体表面无显著斑点，不发黏，洗衣皂不冒霜，香皂无裂纹。

劣质肥皂主要通过眼观、手摸、鼻嗅等方法来进行检验，质次现象主要有以下几个方面。①三夹板，指皂块断面有裂层，轻轻扭动易裂成三块的现象。②软烂黏板，指用手轻轻一捏即塌陷。③冒霜，指肥皂出现一层白粉或针状结晶，像一层白霜。④冒汗，指肥皂表面冒出一滴滴水珠的现象。⑤糊烂和开裂，指肥皂由于放在积水的皂盒中，接触水分，而发生了糊烂现象；经水浸泡后，糊烂的地方再干燥，便产生了开裂现象。⑥变色，指一块洁白的肥皂或色泽鲜艳的肥皂，在放置一段时间后，出现泛黄、发黑或光泽暗淡的现象。

6. 肥皂的保管

肥皂应储存于干燥通风的仓库内，避免受冻、受热、暴晒，堆放应垫高离地面 20cm 以上，以免受潮，纸箱堆垛最高不超过 15 箱，防止压坏底层纸箱，每垛间隔 20cm 左右。肥皂运输时，必须轻装轻卸，有遮盖物，并要求防止受潮、受冻和暴晒。

二、合成洗涤剂

合成洗涤剂主要是由表面活性剂和各种辅助剂按一定比例配置而成。

表面活性剂是一种能在低浓度下降低溶剂表面张力的物质。表面活性剂是洗涤剂的主要成分，它能改变体系界面状态，从而产生润湿或反润湿、乳化或破乳化、起泡或消泡、增溶等一系列作用。

辅助剂，是指在去污过程中能增加洗涤剂作用的辅助原料。它们可以使洗涤性能得到明显改善或降低表面活性剂的使用量，是洗涤剂的重要组成部分。

（一）合成洗涤剂的分类

合成洗涤剂的用途广、品种多，它有许多分类方法，具体如下所述。

（1）按使用领域分类，合成洗涤剂可分为家庭用洗涤剂和工业用洗涤剂两大类。①家庭用洗涤剂用量大，占合成洗涤剂总量的 80%以上。②工业用洗涤剂主要用于纺织印染行业中原料、织物等清洗，也用于金属表面油物、涂料的清洗等。

（2）按使用目的分类，合成洗涤剂可分为衣用洗涤剂、发用洗涤剂、皮肤用洗涤剂、食品工具、设备洗涤剂等。①衣用洗涤剂主要包括一般洗涤剂、干洗剂、织物柔顺剂和各种面料洗涤剂等。②发用洗涤剂属于化妆品类，主要用于洗涤和护理头发。③皮肤用洗涤剂主要有沐浴露、洗面奶、洗手液及口腔清洗剂等。皮肤用洗涤剂有一部分属于化妆品类。④食品工具、设备洗涤剂是以清洁剂等物质配制而成专门用以清洗食品工具、设备以及蔬菜、水果等的洗涤剂。

（3）按物理形状分类，合成洗涤剂可分为块状洗涤剂、液体洗涤剂、粉状洗涤剂和膏状洗涤剂等。

（4）按污垢洗涤难易分类，合成洗涤剂可分为重垢型洗涤剂和轻垢型洗涤剂两种。①重垢型洗涤剂是指产品中含有大量的多种辅助剂，用来去除难以脱落的污垢。②轻垢型洗涤剂是指产品中含很少或不含辅助剂，用来去除容易脱落的污垢。

（5）按使用原料分类，合成洗涤剂可分为使用天然原料的洗涤剂和使用人造原料的洗涤剂。

（二）合成洗涤剂的主要品种

合成洗涤剂主要有以下几种。

1. 洗衣粉

洗衣粉主要用于清除衣物上的污垢，它由表面活性剂、离子交换剂、抗再沉积剂、荧光增白剂、碱性辅助剂、填充剂等组成，有的产品还加入漂白剂、酶和香精、色素等。洗衣粉根据视比重的不同，分为普通型和浓缩型。普通型洗衣粉适合手洗和机洗，而浓缩型洗衣粉碱性稍高，适合洗衣机使用。近年来，由于洗衣粉中的三聚磷酸钠随洗涤废水和生活污水一起排入河流湖泊，部分湖泊水的富营养化程度加深，所以洗衣粉标准中又分成有磷和无磷两类，其中无磷洗衣粉适合禁磷地区使用。除了上述区别外，衡量洗衣粉性能的指标有去污力、表面活性剂和辅助剂含量、洗衣粉在水中的酸碱度（pH 值）、多次洗涤后衣服上的灰分含量等。去污力是洗衣粉的重要指标。

2. 液体洗涤剂

液体洗涤剂由各种表面活性剂组成，有些产品还加入了一些辅助剂和溶剂等。

（1）餐具洗涤剂，是厨房中常用的一种典型的轻垢型液体洗涤剂。它是开发较早、数量很大的一种液体洗涤剂。餐具洗涤剂按照功能可分为单纯洗涤和消毒洗涤两种。它由两种以上表面活性剂组成，有重金属和甲醇含量等卫生要求。餐具洗涤剂根据表面活性剂含量可分为高、中、低三档。国内的餐具洗涤剂，表面活性剂含量居中，为 15%～20%。

（2）织物柔软剂。有些衣物在洗涤后会失去原有的柔软性，发硬、发直，手感和外观都变得很差。它的主要作用是降低纤维间的静摩擦系数，保持纤维柔软的手感。棉织物柔软剂大都含阳离子表面活性剂，它们与天然织物有较好的结合力，使织物柔软丰满；合成纤维柔软剂含烷基酰氨基的疏水化合物。

（3）衣料用液体洗涤剂，主要用来去除油脂和类似油脂的污垢。无辅助剂的液体洗涤剂，表面活性剂含量高；含有辅助剂的液体洗涤剂，表面活性剂含量低。

3. 洗衣片剂

洗衣片剂是近年来发展较快的一种新型产品，它是由粉状洗涤剂与成片辅助剂混合压制而成的，具有超浓缩、用量少、去污强、使用和携带方便等特点。

（三）合成洗涤剂的质量要求

对于一般的合成洗涤剂的质量有以下几项要求。

1. 感官质量指标

感官质量指标主要有色泽和气味、稳定性、流动性和吸潮结块性等指标。

色泽和气味，粉状洗涤剂要求白净，不得混有深黄色或黑色粉末，添加色料的，其色泽应均匀一致；液体洗涤剂要求清澈透明，不浑浊；浆状洗涤剂要求均匀，无结晶和分层现象。各种洗涤剂气味应正常，无异味。稳定性是指洗涤剂在外界条件影响下，有无泛红变臭等变质现象。流动性和吸潮结块性，粉状洗涤剂要求具有较好的流动性和较差的吸潮结块性。

2. 理化质量指标

表面活性剂的含量以百分比表示，其含量高低关系到洗涤剂类型和去污力的强弱；皂化物含量越小越好；pH 值要求丝毛用洗涤剂呈中性，棉麻用洗涤剂呈碱性；去污力和生物降解率越大越好；合成洗涤剂中成分应对人体无害、对皮肤刺激性小、对环境无公害等。

对餐具洗涤剂，国家标准 GB 9985—2000 规定：甲醇含量≤1mg/kg，砷含量≤0.05mg/kg，重金属含量（以铅计）≤1mg/kg，不得检出荧光增白剂，活性物含量≥15%，pH 值≤10.5 等。

GB/T 13171.1—2009《洗衣粉（含磷型）》和 GB/T 13171.2—2009《洗衣粉（无磷型）》有关规定：命名方法规定，HL 表示含磷，WL 表示无磷，A 表示普通，B 表示浓缩，如“WL-B”表示无磷型浓缩洗衣粉；技术要求包括材料要求，即各类型洗衣粉应使用生物降解度不低于90%的表面活性剂，且公认降解中对环境是安全的（如四聚丙烯烷基苯磺酸盐、烷基酚聚氧乙烯醚不应使用）；理化性能，即各类型洗衣粉的理化性能应符合表 11.5 所示的规定。

表 11.5　各类型洗衣粉的理化性能指标

项目	含磷洗衣粉（HL）		无磷洗衣粉（WL）	
	HL-A 型	HL-B 型	WL-A 型	WL-B 型
外观	不结团的粉状或粒状			
表观密度（g/cm³）≥	0.30	0.60	0.30	0.60
总活性物含量（%）≥	10		13	
其中：非离子表面活性剂质量分数（%）≤	—	6.5	—	8.5
总五氧化二磷质量分数（%）	≥8.0		≤1.1	
游离碱（以 NaOH 计）质量分数（%）≤	8.0	10.5		
pH 值（0.1%溶液，25℃）≤	10.5	11.0		

使用性能，即各类型洗衣粉的使用性能应符合表 11.6 所示的规定。各类型洗衣粉经检测后符合新标准要求的在洗衣粉品牌的包装上要打上国标“GB”标志。

表 11.6　各类型洗衣粉使用性能指标

项目		含磷洗衣粉（HL-A 型）	无磷洗衣粉（WL-B 型）
全部规定污布 [a, b]		标准洗衣粉去污力	
循环洗剂性能	相对标准粉沉积灰分比值≤	2.0	3.0
	洗后织物外观损伤	不重于标准洗衣粉	

a. 规定污布为 JB-01、JB-02、JB-03，均要求大于标准洗衣粉去污力

b. 试验溶液浓度：标准粉为 0.2%，HL-A 型和 WL-A 型试样为 0.2%，HL-B 型和 WL-B 型试样为 0.1%

3. 包装质量要求

小包装箱不得松动或鼓盖，必须放平码齐。小包装箱上应有标志：产品名称、类别型号、商标图案、厂名厂址、性能及保管说明。大包装箱上应有标志：产品名称及牌号、净重及内装小包装袋数、厂名厂址、装箱日期、箱体体积以及“防止受潮”“轻装轻放”等。洗衣粉小包装净含量应符合原国家质量监督检验检疫总局令〔2005〕第75号《定量包装商品计量监督管理办法》公布的要求。

洗衣粉包装上通常有数字型号和文字两种性能标志。

（1）表示性能的数字型号标志一般以表面活性剂含量来表示其型号。例如：30型表示其表面活性剂含量为30%，属于高档洗衣粉，可以洗涤毛料和丝绸；20型表示其表面活性剂含量为20%，属于低档洗衣粉，可以洗涤棉麻织物等。

（2）表示性能的文字标志主要分为高泡型、低泡型、漂白型、加酶型和增艳型。

（四）合成洗涤剂质量感官鉴别

优质洗涤剂感官鉴别：粉状洗涤剂洁白，无深黄色和黑褐色粉末；着色洗涤剂，颜色浅淡均匀；液体洗涤剂清澈透明，不浑浊；浆状洗涤剂，浆实均匀，无结晶和分层现象。各种洗涤剂无异味，不发黏或结块，流动性好，不易吸潮结块，便于使用、包装和保管。

劣质洗涤剂感官鉴别：小包装袋上的商标或图案模糊，无生产厂名、类别型号、性能及使用保管说明；隔袋观察粉粒泛红色，或粉中混有黑色、深黄色粉粒；用手轻搓洗衣粉袋，感到颗粒不均，甚至黏结成团；取少量粉粒放在倾斜面上，不会自由滑下，同时把其放在冷水或温水中，长时间不溶化；液体洗涤剂倒出液体时，过稀或过稠，对光观察有分层和沉淀物。

三、牙膏

牙膏是日常生活中常用的清洁用品，有着悠久的历史。随着科学技术的不断发展，工艺装备的不断改进和完善，各种类型的牙膏相继问世，产品的质量和档次不断提高。现在牙膏品种已由单一的清洁型牙膏，发展成品种齐全、功能多样的多功能型牙膏，满足了不同层次消费水平的需要。

（一）牙膏的组成

牙膏的成分主要包括摩擦剂、洁净剂、胶粘剂、防腐剂、芳香剂和水。另外，为了加强预防龋齿及牙周病的作用,还可在普通牙膏的基础上加入一定比例的氟化物或其他某些药品，制成氟化物牙膏及其他的药物牙膏。

（二）牙膏分类及主要品种

目前，市场上销售的牙膏主要有普通牙膏（洁齿牙膏）和药物牙膏两大类。

1. 普通牙膏

普通牙膏主要成分包括摩擦剂、洁净剂、润湿剂、防腐剂、芳香剂，具有一般牙膏共有的作用。如果牙齿健康情况较好，选择普通牙膏即可。

2. 药物牙膏

近年来，药物牙膏发展很快，品种较多，按其功能主要分为以下几种。

（1）防龋齿药物牙膏。其特效成分可降低口腔内乳酸对牙釉的侵蚀，使牙齿的牙釉具有耐酸、坚硬、抗磨等性能，对“蛀牙”有防治作用。含氟牙膏具有防龋齿功能，但会有副作用，使用不当可能导致氟牙症，儿童不宜使用含氟牙膏。

（2）消炎止血药物牙膏。其主要用于防治牙周炎、牙龈出血等口腔疾病。牙周炎、牙龈炎的症状一般是牙龈出血，牙周沟加深，牙周组织发炎、萎缩，致使牙根松动，咀嚼无力。使用消炎止血药物牙膏，主要是抑制牙结石和菌斑的形成。这类牙膏使用的药物主要有草珊瑚、两面针、田七等。

（3）脱敏药物牙膏。其主要用于防治牙齿对冷、热、酸、甜等出现的过敏性疼痛。这类牙膏的有效成分被牙釉、牙本质吸收后，能降低牙体硬组织的渗透性，增强牙组织的缓冲作用，增强牙周组织的防病能力，达到脱敏效果。防酸牙膏、脱敏牙膏均属此类。

此外，还有满足不同消费者需要的消除牙结石药物牙膏、加酶药物牙膏、防感冒牙膏等各类牙膏。

（三）牙膏的质量要求

牙膏的质量要求主要有感官要求、理化指标和卫生指标。

1. 感官要求

感官要求主要有色泽一致；膏体湿润、均匀、细腻；香味应“香、甜、清、爽”（香表示香味纯正，甜指果味香精气味，清是清凉，指添加了薄荷香精的清凉感，爽指香精无杂味、爽口）；软管端正，管尾封轧应牢固整齐，帽盖螺纹应与软管紧密配合，软管图案和字迹清楚，套色整齐，色泽鲜明；小包装纸盒图案印刷清晰，套色准确，盒身挺直端正，不易被破坏；中包装纸盒及大包装纸盒应干燥，尺码内外大小配合。

2. 理化指标

理化指标主要有稠度、挤膏压力、泡沫量、pH 值、稳定性等。

（1）稠度。它反映了膏体的性状，一般要求适度。如果太稀，则说明牙膏胶体被破坏了，牙膏横卧放后，膏体会自动流出管外，既不卫生又影响质量；但如果稠度过高，牙膏不易分散，在口腔中会因刷不开而脱落，会影响使用效果。

（2）挤膏压力。这实际上指的是一个使用指标，它反映了膏体黏稠情况，也反映了所使用的牙膏膏体的软硬程度。挤膏压力过大不易将膏体挤出，挤膏压力太小同样存在膏体太稀的问题。

（3）泡沫量。它是了解发泡去污效果的一个重要指标。一般来说，泡沫量大比较好，易去除口腔污垢，但不宜太大，否则漱口时不易漱净，会残留一些表面活性剂的味道，对口腔有一定的刺激。

（4）pH 值。它指的是膏体酸碱度，pH 值过高或过低都对口腔有刺激作用。我国大多数牙膏产品的 pH 值为偏碱性。

（5）稳定性。其试验是将牙膏放在−8℃的冰箱内 8h 后取出，再放入 50℃恒温培养箱内 8h 后取出，在室温下放置 4h 后，观察膏体是否正常，从中可以反映出膏体配方的合理性、原料品质和加工工艺的情况。

3. 卫生指标

最关键的卫生指标是安全性，因为牙膏直接进入口中，如果卫生指标不符合要求则将直接影响人们的身体健康。卫生指标包括细菌总数，大肠菌群、绿脓杆菌、金黄色葡萄球菌、重金属铅和砷的含量。

（四）牙膏质量感官鉴别

牙膏质量感官鉴别方法如下。

（1）取制造批次不同的牙膏各两三支，首先试挤，看是否出现发硬挤不出或稍一挤膏体便大量涌出，过分稀薄而不成条状，以及膏体上有很多类似小蜂窝的孔洞等不正常现象。质量良好的牙膏，应能很自然地挤出，并形成正常的圆条状，在阳光反射下应细腻、光滑、色白和洁净，无杂质和发黑现象。

（2）准备一张薄的毛边纸，将不同批次的牙膏分别挤出，排列在纸上成行。一方面对比各牙膏的色泽和条形；另一方面从纸的背面察看有牙膏的地方有无渗水情况，并察看其渗水程度，如渗水程度越低，色泽光亮的，就说明膏体混合适度，品质好。用手指将挤在纸上的牙膏轻轻摊开，膏体越均匀、越细腻的牙膏越好。

（3）将牙膏挤出管少许，以舌舔之，香味纯正，无刺舌碱性和酸性等使人感觉不快的味道为好。

四、化妆品

化妆品是指以涂搽、喷洒或其他类似的方法，散布于人体表面任何部位（皮肤、毛发、指甲、口唇等），以达到清洁、消除不良气味、护肤、美容和修饰目的的日用化学工业产品。

（一）化妆品的分类

化妆品种类繁多，一般有以下几种分类方式。

（1）按使用目的，可将化妆品分为清洁用化妆品、基础化妆品、美容化妆品、香化用化妆品、护发和美发用化妆品等。

（2）按使用部位不同，可将化妆品分为黏膜用化妆品、头发用化妆品、指甲用化妆品、口腔用化妆品等。

（3）按用途不同，可将化妆品分为特殊用途化妆品、非特殊用途化妆品等。特殊用途化妆品主要包括祛斑类、防晒类、烫发类、染发类、育发类、脱毛类、健美类、美乳类和除臭类化妆品。除以上用途的其他类化妆品，都称为非特殊用途化妆品。

（4）按产品形态不同，可将化妆品分为液态化妆品、固态化妆品等。

（5）按产品酸碱性不同，可将化妆品分为酸性化妆品、碱性化妆品。酸性化妆品含有酸性成分，使化妆品呈酸性，能够起到收敛皮肤、抑制汗液和皮脂分泌的作用。碱性化妆品含有碱性成分，使化妆品呈碱性，具有软化皮肤、提高皮肤含水量、使有效成分容易渗透的作用。

（6）按原料来源不同，可将化妆品分为天然化妆品、合成化妆品。天然化妆品是指以自然界植物、水果等提取物为原料制成的化妆品。它又分为纯粹天然化妆品和相对天然化妆品。在人工化妆品还没有问世前，人们就已经直接用一些水果、蔬菜或其他食品来保养皮肤，因此，人们称它们为天然化妆品，即我们现在所称的纯粹天然化妆品。相对天然化妆品是相对于含有多种工业化学成分的人工化妆品而言的，它主要采用的是天然原料，但在其制造过程中需要加入香料和防腐剂等。当今已经进入“绿色”时代，天然化妆品越来越受到人们的青睐。合成化妆品是指由各种不同作用的原料经过配置加工而成的产品。因为价格低廉，在保证使用安全可靠的合成原料的前提下，合成化妆品仍在化妆品市场上占据主要地位。

（二）化妆品主要品种

最常使用的化妆品主要有以下几类。

1. 膏霜类化妆品

膏霜类化妆品是一种常见的护肤用品，主要作用是保护皮肤，增进容貌美观等。按其乳化性质可分为 W/O 型（即油包水型）和 O/W 型（即水包油型）两种。按其形状也可分为两种：一种是呈半固体状态不能流动的固态膏霜，如雪花膏、润肤霜、冷霜等；另一种是呈液体状态能流动的液态膏霜，如各种乳液。

2. 防晒类化妆品

防晒类化妆品就是在产品中加入能够吸收或散射紫外线的物质，以达到保护皮肤的目的的化妆品。防晒类化妆品剂型有多种，如乳液、膏霜、油剂、水剂、棒、凝胶及气雾剂等，主要品种有防晒营养霜、防晒膏和防晒液等。其中防晒营养霜是一种既能保护皮肤和防御日晒，又能滋养皮肤的保护膏霜。

SPF 值即日光防护指数或防晒指数，代表了防晒类化妆品的实际防晒功效。它是建立在人体测定的基础上，根据中波紫外线照射皮肤，产生红斑的情况，而计算出的一个量化指标（经防护的皮肤出现的红斑所需的最小照射剂量，或最短时间与未经防护皮肤出现红斑所需的最小照射剂量或最短时间的比值）。SPF 值越高，表明防护功效越好。

《关于防晒化妆品 SPF 值测定和标识有关问题的通知》（卫法监发〔2003〕43 号）明确在中国对防晒化妆品的检测只能是“人体法”，明确了防晒产品防晒效果的标识：SPF 值低于 2 时不标识防晒效果，SPF 值在 2～30 时产品标签标识 SPF 值，SPF 值高于 30 且减去标准差后仍高于 30 的，可在产品标签上标识 SPF30+。

3. 香水类化妆品

香水具有芬芳浓郁的香气，其基本成分是酒精和香精，香水其实是香精的酒精溶液。香水可以因酒精和香料的浓度不同而分成几个等级，一般来说，香水有香精、香水、淡香水、古龙水、清淡香水五个等级。不同等级的香水其持久性不同。目前市面上销售的香水以淡香水（EAU DE TOILETTE）和香水（EAU DE PAEFUM）为主，通常情况下均把这里的淡香水和香水统称为香水，也有把香水称为香氛的。香水的等级如表 11.7 所示。

表 11.7　香水的等级

	香精	香水	淡香水	古龙水	清淡香水
持续时间	5～7h	5h 以内	3h	1～2h	1h 以内
香精浓度	15%～30%	10%～15%	5%～10%	2%～5%	2%以下
酒精浓度	70%～85%	80%以上	80%	80%	80%以下

4. 香波类化妆品

香波以表面活性剂为主体复配而成，除可清洁人的头皮和头发外，还具有另外一些功能，如洗后头发感觉良好，易于梳理（干梳和湿梳），刺激性小，能保护头发，促进头发的新陈代谢，消除头屑，抑制皮脂的过分分泌等。

头发有油性、干性和中性之分。油性头发使用的香波，其表面活性剂含量较高，脱脂能力较强。干性头发使用的香波，其表面活性剂含量相对较低，或通过增减调理剂来加以调节，以达到合适的洗涤效果。

5. 定型和染发类化妆品

一是摩丝，泡沫状定发型的化妆品。它能使头发乌黑光亮，手感光滑，容易梳理。其主要成分是水溶性高分子化合物，作用是在头发表面形成很薄的高分子膜，增加头发的刚性，使发型富有立体感，不易变形。二是染发剂。其基本要求是染色时不影响皮肤，不损害头发结构，染色要迅速，色彩鲜艳且牢固。它的种类繁多，一般染发剂可分为三类：植物染发剂、半持久性染发剂和持久性染发剂。

6. 剃须化妆品

剃须化妆品是专供男性剃须时使用的化妆品，包括剃须皂、剃须膏、剃须前洗液和剃须后洗液等。剃须膏是剃须前用于泡胀、软化胡须，使之易于刮剃的化妆品，能减小皮肤与剃刀口间的摩擦，防止表皮损伤。剃须膏主要成分有表面活性剂、消毒剂、清凉剂等。目前，国产剃须膏有泡沫剃须膏和无泡剃须膏两种。

（三）化妆品质量要求

化妆品最基本的要求就是任何化妆品不能妨碍人体皮肤的分泌、排泄及呼吸等生理作用，保持皮肤原有的 pH 值，并尽可能避免过度干燥或油腻对皮肤造成伤害。

1. 化妆品包装及标签的要求

化妆品的包装材料应无毒、清洁，包装应整洁美观，封口严密不泄漏。直接印在化妆品容器上或用标签粘贴在容器上的产品说明，以及文字、图表等形式的其他有关说明都必须符合规定。化妆品标签除标有产品名称外，还应注明厂名、厂址、生产企业卫生许可证编号，小包装或说明书上应该注明生产日期和有效期限。特殊用途的化妆品还应注明批准文号。对含药物的化妆品或可能引起不良反应的化妆品还应注明使用方法和注意事项等。

2. 感官质量要求

化妆品感官质量要求主要表现为色泽、气味、形状等方面的要求。由于化妆品的种类繁多，感官质量要求有所不同。一般来讲，色泽上要求无色固状、粉状、膏状及乳状化妆品洁白有光泽，液状化妆品应清澈透明，有色化妆品色泽应均匀一致、无杂色；气味上要求具有芬芳的香气，香味可根据不同的化妆品呈不同的香型，但必须持久、无强烈的刺激性。固状化妆品软硬适宜，粉状化妆品粉质细腻，膏状化妆品稠度适当、质地细腻，液状化妆品清澈均匀、无颗粒杂质等。

3. 卫生安全性要求

化妆品的卫生安全性要求化妆品没有异味，对皮肤和黏膜没有刺激和损伤，无感染性，使用卫生安全。《化妆品卫生规范》规定了化妆品禁用的物质，有 421 种化学物质和 75 种动植物来源的物质禁止用作化妆品的原料或化妆品的组成成分；《化妆品卫生规范》还规定了化妆品中限用的物质，如规定了汞、铅、砷和甲醇等有害物质的限量，汞的限量为 1mg/kg，铅的限量为 40mg/kg，砷的限量为 10mg/kg，甲醇的限量为 2 000mg/kg；限用的防腐剂有 55 种（类），限用的着色剂共计 157 种等。

另外，特殊用途的化妆品质量要求既要符合化妆品的要求，又要符合药品的规定。进口化妆品必须经国家商检部门检验，合格者方准进口。

第四节　服装商品

所谓服装，就是指包裹人体各部位的物体的总称，既包括各种装饰品，又包括人体的着装状态。人类的生活离不开服装，服装的基本功能为实用功能。但是随着人类文明的不断进步，服装内涵的不断丰富，服装的社会、文化生活的功能也得到丰富和强化，服装可以帮助人们表达身份、地位、工作性质以及文化修养、审美观念和兴趣爱好等，如审美功能、标志功能等也逐步被人们重视。

一、服装的材料

服装材料、款式和工艺是服装的三大要素，服装材料在服装的制作中是最基本的物质条件，发挥重要的作用。服装材料可分为服装面料和服装辅料两大类。服装面料是体现服装立体特征的材料，服装辅料则是指服装面料以外的一切辅助性材料。服装材料的种类繁多，主要有纤维制品、皮革制品和杂制品等。

（一）服装面料

作为服装的要素之一，面料不仅可以诠释服装的风格和特性，而且还直接左右服装的色彩、造型的表现效果。在服装世界里，服装的面料五花八门、日新月异。服装面料是指用来制作服装的材料，是由各种纺织纤维经过纺织形成的不同织物。

1. 棉织物

棉织物是各类棉纺织品的总称，多用来制作时装、休闲装、内衣和衬衫。其优点是轻松保暖、柔和贴身，吸湿性、透气性、卫生性较好；其缺点则是易缩、易皱，外观上不挺括美观，须时常熨烫。纯棉织物由纯棉纱线织成，织物品种繁多，花色各异。纯棉织物可按染色方式分为原色棉布、染色棉布、印花棉布、色织棉布四大类。

原色棉布主要有普通布面、细布、粗布、帆布、斜纹坯布、原色布等。

色织棉布是指把纱或线先经过染色，后在机器上织成的布，如条格布、被单布、绒布、线呢、装饰布等。

印花棉布是指印染上各种各样颜色和图案的布，如平纹印花布、印花斜纹布、印花哔叽、印花直贡等。

色织棉布主要有硫化蓝布、硫化墨布、士林蓝布、士林灰布、色府绸、各色卡叽、各色华呢等。

2. 麻织物

麻织物是以亚麻、苎麻、黄麻、剑麻、蕉麻等各种麻类植物纤维制成的一种布料。一般被用来制作休闲装、工作装，目前多以麻织物制作普通的夏装。它的优点是强度极高、吸湿、导热、透气性甚佳，缺点则是穿着不甚舒适，外观较为粗糙、生硬。麻织物主要种类有苎麻布、亚麻布、毛麻花呢、涤麻花呢等。

3. 丝织物

丝织物又称丝绸，它是以蚕丝为原料纺织而成的各种丝织物的统称。与棉织物一样，它的品种很多，特性各异。丝织物可被用来制作各种服装，尤其适合用来制作女士服装。它的优点是轻薄、合身、柔软、滑爽、透气，色彩绚丽，富有光泽，高贵典雅，穿着舒适，享有“纤维皇后”的美称；缺点则是易生褶皱，容易吸身，不够结实，褪色较快。

按原料不同，丝织物可分为全真丝织物、人造丝织物、柞蚕丝织物、合纤长丝织物及其交织物等。

按用途不同，丝织物可分为衣着用绸、装饰用绸、工业用绸、医药用绸和国防用绸等。

按组织不同，丝织物可分为平纹织物、斜纹织物、缎纹织物等普通组织织物和特殊的绉织物、绒织物、纱罗织物等。

按品种不同，丝织物可分为绫、罗、绸、缎、纱、绢、绡、纺、绨、绉、葛、呢、绒、锦、绣十五大类。其中纱、罗、绢、纺、绸、绨、葛等为平纹织物，锦与缎比较光亮，呢和绒比较丰厚，纱及绡比较轻薄。

4. 毛织物

毛织物又称为呢绒或毛料，它是对用各类羊毛、羊绒织成的织物的泛称，通常适用于制作礼服、西装、大衣等正规、高档的服装。毛织物外观光泽自然，颜色莹润，手感舒适，品种风格多。用毛织物制作的衣服，防皱耐磨，手感柔软，高雅挺括，富有弹性，保暖性及吸湿性强。它的缺点主要是洗涤较为困难，不太适用于制作夏装。毛织物可分为精纺呢绒、粗纺呢绒和长毛绒三类。

精纺呢绒用精梳毛纱织制，所用原料纤维较长而细，梳理平直，纤维在纱线中排列整齐，纱线结构紧密。精纺呢绒的经纬纱常用双股36～60公支的毛纱。品种有花呢、华达呢、哔叽、啥味呢、凡立丁、派力司、女衣呢、贡呢、马裤呢和巧克丁等。精纺呢绒大多质地较薄，呢面纹路清晰，光泽自然柔和、有漂光，形状挺括，手感柔软，弹性丰富。紧握呢料后松开，基本无褶皱，即使有轻褶皱也可在很短时间内消失。

粗纺呢绒用粗梳毛纱织制。因纤维经梳毛机处理后直接纺纱，使得纱线中纤维排列不整齐，结构蓬松，外观多茸毛。粗纺呢绒的经纬纱通常采用单股4～16公支的毛纱。品种有麦尔登、海军呢、制服呢、法兰绒和大衣呢等。粗纺呢绒大多质地厚实、呢面丰满、色泽柔和，呢面和绒面类不露纹底，纹面类织纹清晰而丰富、手感温和、挺括而富有弹性。

长毛绒是经纱起毛的立绒织物。在机上织成上下两片棉纱底布，中间用毛经连接，对剖开后，正面有几毫米高的绒毛，手感柔软，保暖性强。其主要品种有海虎绒和兽皮绒。

5. 皮革

皮革是经过鞣制而成的动物毛皮面料。它多用以制作时装。皮革可以分为两类：革皮，即经过去毛处理的皮革；裘皮，即处理过的连皮带毛的皮革。

皮革的优点是轻盈保暖，雍容华贵。它的缺点是价格昂贵，储藏、护理方面要求较高，故不宜普及。用作服装的皮革，主要有绵羊皮、山羊皮、牛皮、猪皮，另外还有一些稀有动物皮，如鹿皮、袋鼠皮等。一般绵羊皮的粒纹细致，手感柔软，高档绵羊皮有丝绸一样的感觉；牛皮的纤维紧密，强度高，通常压上荔枝花纹；猪皮的花纹清晰，结实耐用。

6. 化学纤维织物

化学纤维织物是利用天然的高分子物质或合成的高分子物质，经化学工艺加工而取得的纺织纤维总称。按原料和生产的方法，化学纤维分为再生纤维与合成纤维两大类。它们共同的优点是色彩鲜艳、质地柔软、悬垂挺括、滑爽舒适，缺点则是耐磨性、耐热性、吸湿性、透气性较差，遇热容易变形，容易产生静电。化学纤维织物适合制作各类服装。

再生纤维是化学纤维中生产量较大的品种，它是利用含有纤维素或蛋白质的天然高分子物质，如木材、蔗渣、芦苇、大豆、乳酪等为原料，经化学和机械加工而成。例如，人造棉、人造丝、人造毛、虎木棉、富强棉等都属于再生纤维。

合成纤维也是化学纤维中的一大类，它是石油化工工业和炼焦工业中的副产品，如涤纶、锦纶、腈纶、维纶、丙纶、氯纶等都属于合成纤维。

7. 混纺织物

混纺织物是将天然纤维与化学纤维按照一定的比例，混合纺织而成的织物，可用来制作各种服装。它的长处是既吸收了棉、麻、丝、毛和化纤各自的优点，又尽可能地避免了它们各自的缺点，而且在价格上相对低廉，所以大受欢迎。混纺织物如涤棉布、涤毛华达呢等。

（二）服装辅料

服装辅料是指在服装中除了服装面料以外的一切辅助性材料的总称。服装辅料主要包括填料、里料、衬料、纽扣、拉链、线、花边以及商标、标签等。服装辅料对服装起着辅助和衬托的作用，辅料与面料共同构成服装，并共同实现服装的功能。现代服装特别注重辅料的作用以及其与面料的协调搭配，辅料对现代服装的影响力也越来越大，成为服装材料不容忽视的重要部分。

1. 填料

填料是指秋冬服装中的填充物，在夹里与面料之间，起保暖作用。可用来做服装填料的有动物纤维、植物纤维和化学合成纤维功能性填料等，如驼毛、驼绒、丝绵、羽绒、裘皮、棉花、腈纶、定型棉、中空涤纶棉等。

2. 里料

里料是指在服装加工过程中，用来制作服装夹里的料子，通常又称里子或夹里。一般用于中高档服装、有填料的服装以及面料需要加强支撑的服装。其作用是使服装坚牢挺括、美观，增加厚度，提高保暖性及穿着光滑方便等。里料的种类繁多，主要有美丽绸、纺绸、袖里绸、尼龙纺、羽纱、软缎及近年来流行的针织经编网眼布等。

3. 衬料

衬料是位于面料与里料之间的服装材料，可以是一层或几层，通常又称衣衬。衬料是服装的“骨骼”和支撑，对衬托体形、完善服装造型有重要作用。衬料主要包括衬布与衬垫两种。

衬布是指在服装衣领、袖口、袋口、裙裤腰、衣边及西装胸部加贴的衬料。衬布一般含有胶粒，通常称为黏合衬。衬布主要有有纺衬布（梭织与针织）与无纺衬布两大类。各种衬布与面料黏合后既要具有柔软、舒适、挺括、保形性好、洗后不变形的特点，又要能充分体现各类服装的个性风格。衬垫是指为了体现肩部造型在肩部使用的垫肩及为增加服装挺括饱满风格在胸部使用的胸衬，一般没有胶。

衬料是服装的“骨骼”，能够增强服装的强力，并使服装饱满美观；另外衬料的使用还可以增强服装的可缝纫性能，使之易于进行缝纫操作。

4. 其他辅料

服装其他辅料，如拉链、纽扣、线带等也是服装必不可少的组成部分，这些辅料在满足服装性能的同时，已经在朝着高科技、功能性、保健性和绿色环保的方向发展。

二、服装标准

服装标准是服装生产、检测、销售以及选购时的依据和法规。服装标准涉及服装的原料、设计、生产加工，成衣的检验、安全、使用说明、规格系列等方面的内容。

1. 服装号型标准

服装号型标准是为了适应服装生产的工业化、销售市场的规范化以及方便消费者而制定的服装规格尺寸统一标准。我国的服装号型标准已制定多年，但真正推广始于 1992 年。服装号型标准的实行及推广应用，无论是对服装单位的服装设计和生产还是对消费者购买成衣都起着极大的统一规范和指导作用。服装生产单位可以以号型标准为依据来确定服装的部位尺寸和推档档差，生产出符合人体体型的服装。而消费者则可以方便地挑选出适合自己体型的服装。

服装号型标准是依据对大量人体体型的测量和数据的统计分析进行制定的，它会根据人群体型的变化每隔数年修订一次。现行的服装号型标准是 2009 年 8 月 1 日开始实行的 GB/T 1335.1—2008 服装号型（男子）、GB/T 1335.2—2008 服装号型（女子），以及 2010 年 1 月 1 日开始实行的 GB/T 1335.3—2009 服装号型（儿童）。

（1）服装号型的定义。服装的号是指人的身高，以 cm 为单位，是设计和选购服装长短的依据。服装的型是指人的上体胸围和下体腰围，以 cm 为单位，是设计和选购服装肥瘦的依据。

（2）服装体型分类。服装体型是以人的胸围与腰围的差数为依据来划分的，并将人的体型分为四类，用 Y、A、B、C 表示。其中，A 为一般体型，B 为微胖型，C 为胖体型，Y 为胸大腰细体型。四种体型划分的依据如表 11.8 所示。

表 11.8　四种体型划分依据　（单位：cm）

体型分类代号	Y	A	B	C
男子胸围与腰围差数	17～22	12～16	7～11	2～6
女子胸围与腰围差数	19～24	14～18	9～13	4～8

（3）号型标志。按照标准要求，服装上必须标明号型，套装中的上、下装应分别标明号型。号型的表示方法为号与型之间用斜线分开，后接体型分类代号。例如：上装 160/84A，其中 160 为身高，代表号，84 为胸围，代表型，A 为体型分类；下装 160/68A，其中 160 为身高，代表号，68 为腰围，代表型，A 为体型分类。

（4）服装号型系列。号型系列是服装批量生产中规格制定和购买成衣的参考依据。号型系列以各体型中间体为中心，向两边依次递增或递减组成。服装规格亦以此系列为基础按需要加放松量进行设计。身高以 5cm 分档组成号系列，胸围以 4cm 分档组成型系列，腰围可以 4cm 或 2cm 分档组成型系列。身高与胸围、腰围搭配分别组成 5.4 号型或 5.2 号型系列。

（5）服装号型应用。由于每个消费者的身体尺寸与服装号型划分的档次不一定完全吻合，这就存在靠档的问题。作为消费者，应了解自己的号型和体型类别，也就是正确测量自己的净身高、净胸围和净腰围，再用胸围减去腰围，确定自己的体型类别。选购服装时应选择与自己号型相近的服装。若无与自己号型完全一致的服装时，可根据服装特点向上或向下靠档。例如，目前女上装常采用的号型系列为 155/80A、160/85A、165/88A 等，若您的实际号型为 163/85A，就应向 160/84A 靠或向 165/88A 靠，从而挑选到合体的服装。

我国人体信息数据库的调查显示，不同地区人群的身高、腰围、胸围等体型的均值有显著差异。我国原有的服装号型已不能满足人体体型变化的需要，可能会在以后修订标准时将服装号型从原先的 4 种增加到 7 种。

2. 服装产品标准

服装产品标准的内容有以下几项：主题内容与使用范围，引用标准，号型规格，技术要求，检验方法，检验工具，检验规则，标志、包装、运输及储存等。其中技术要求和检验方法是检验服装的依据和手段，检验后按检验规则进行等级判定。由此可见，服装产品标准的主要内容是技术要求。

服装产品标准中技术要求的一般内容有材料规定、成品主要部位规格允许偏差规定、成品理化性能规定、对条对格规定、外观疵点规定、缝制规定、外观质量规定、整烫规定。另外该要求还对拼接、色差、纬斜、商标位置等方面都作出了规定。

3. 服装使用说明标准

服装使用说明标准的主要内容包括：商标和制造单位；服装号型规格；采用原料成分及必要时还应标明特殊辅料的成分；产品的特殊使用性能，如阻燃性、防蛀及防缩等；洗涤条件，包括说明能否水洗、水洗的方法及水温；洗涤剂的选择、脱水方法、能否干洗及干洗剂的选择；熨烫说明；储藏条件、方法等。

GB/T 15557—2008《服装术语》规定了服装及服饰行业常用的术语、定义或说明。本标准适用于服装和服饰设计、生产、技术、贸易及其相关的领域。

4. 服装的基本安全标准

纺织品在印染和后整理等过程中要加入各种染料和化学药剂，可能会含有或产生对人体有害的物质。当有害物质残留在纺织品上并达到一定量时，就会对人的皮肤乃至身体健康造成危害。GB 18401—2010《国家纺织产品基本安全技术规范》规定了下列五项指标。

（1）可分解芳香胺染料。这类染料在人体正常代谢所发生的生化反应条件下，可能分解出致癌芳香胺。任何纺织品都不得使用可分解芳香胺染料。

（2）游离甲醛。含甲醛的织物在穿着时，部分水解产生的游离甲醛会释放出来，损害人体，刺激皮肤，引发呼吸道炎症和多种过敏症。

（3）pH 值。人体皮肤表面呈弱酸性以防病菌侵入，如纺织品的 pH 值过高，不仅会刺激皮肤，还会使病菌易侵入皮肤。

（4）色牢度。色牢度不强时，染料会从纺织品转移到皮肤上，在细菌的生物催化作用下发生还原反应，诱发癌症或引起过敏。

（5）异味。《国家纺织产品基本安全技术规范》规定，样品开封后，如检测出霉味、高沸程石油味（如汽油、煤油味）、鱼腥味、芳香烃气味中的一种或几种，则判为“有异味”。

三、服装的质量标志

1. 商标

服装商标实际上就是服装的牌子。它是服装生产企业、经销企业专用于本企业生产的服装的标志。其形式有文字商标、图形商标，以及文字和图形相结合的组合商标。商标又是服装质量的标志，服装作为一种商品，必须订有表示该服装质量的相应商标。

2. 吊牌

吊牌是对服装进一步说明的标志。服装吊牌的国家标准规定如下。

（1）标签上必须有制造者的名称、地址，进口商品必须标明原产地以及代理商、进口商的中国注册名称和地址。

（2）标签上必须有商品名称，名称真实，符合国家标准。

（3）标签上必须有商品的型号和规格，标志必须符合国家标准。

（4）标签上必须要有商品所采用的原材料的成分和含量。

（5）标签上必须标明商品的洗涤方法，有符号和简单明了的文字说明。

（6）标签上必须要有商品的使用期限，以及使用和储藏的注意事项。

（7）标签上必须要有商品所执行的国家标准编号。

（8）标签上必须要有商品的质量等级和商品质量检查合格证。

（9）所有的服装类商品必须要有耐久性标签，牢固地缝制在商品上，色牢度好，不怕洗涤、热烫，文字清晰、醒目，位置在常规的地方，便于消费者寻找。

3. 使用说明标志

使用说明标志是指在成品服装或服装包装上以不同方式标注的使用说明及图形符号，是服装质量标志的重要组成部分。服装成品的使用说明一般包括品名，厂名厂址，号型，面、里、衬、填充料成分及含量百分比，洗涤方法（保管说明），产品采用的标准编号，质量等级，合格证等内容。其中号型标志、成分及含量标志、洗涤方法标志应缝合在产品上。使用说明标志能指导消费者根据服装材料，采用正确的洗涤、熨烫、干燥、保管方法。

4. 质量认证标志

按照规定的程序，由具备资格的认证机构对企业的质量体系进行审核，并对相关产品进行检验，以证明企业能够持续稳定地生产符合特定的标准或技术条件的产品，并取得认证证书和认证标志使用权。凡是使用认证标志的产品，实际上是向消费者提供一种明示担保，表明产品质量是符合规定标准的。但质量认证不是所有服装生产企业都能通过和履行的，因此质量认证标志是推荐性质量标志。服装的主要质量认证标志有纯羊毛标志、麻纺标志和高档丝绸认证标志等。

5. 安全要求标志

自 2011 年 8 月起，我国实施服装产品的强制性国家标准《国家纺织产品基本安全技术规范》，使新纺织产品有了更多安全指标的要求。生产企业符合该规范的服装，要标明“GB 18401—2010”的标志，没有取得相关安全标志的服装将被禁止销售。

四、服装质量检验

服装质量检验是指借助一定的手段和方法，通过对服装质量指标项目的测试，并将测试结果同规定要求（质量标准或合同要求）进行比较，由此作出合格或优劣与否的判断过程。服装质量检验是质量管理的重要环节，也是满足消费者要求的手段。

（一）服装质量检验的主要内容

1. 外观质量检验

产品整洁、平服，折叠端正，左右对称，各部位熨烫平整，无漏烫，无死褶，产品无线头、无纱毛，各部位符合标准要求。线与面料相适应，包括色泽、质地、牢度、缩水率等方面，两者应大致相同，以保证服装的内在质量与外观质量。纽扣的色泽应与面料色泽相称。

2. 规格尺寸检验

服装号型设置，必须按“服装号型系列”标准的有关规定进行，规格尺寸以标准所允许的公差范围为限。

3. 色差检验

色差规定是对原料的要求，即对服装面料的要求。服装产品的色差检验，其工具是借用“色牢度褪色样卡”。该样卡是原纺织工业部制定的国家标准之一。样卡由五对灰色标样组成，分为五个等级。五级代表色牢度最好，色差等于零，四级至一级代表色牢度相对递增的程度，一级表示色牢度最差。

4. 疵点检验

服装成品的疵点可以分为：原料疵点、尺寸偏差及其他。疵点按其对服装质量的影响可分为次要疵点、主要疵点和重要疵点。次要疵点可被接受，主要疵点必须进行修补或当作次品出售，重要疵点只能作为次品出售。

5. 缝制质量检验

服装缝制质量检验项目主要有：缝制密度检验；面料对格、对条检验；拼接范围检验，以及扣眼、扣位是否对齐；衣里是否平服，与面料搭配是否松紧适度等。

6. 理化性能检验

服装成品理化性能检验项目主要有：干、水洗收缩率，干、水洗后起皱级差，主要缝接部位强力，复黏合衬剥离强度，面料耐洗色牢度等。

（二）服装质量检验的方法

1. 感官检验

感官检验经常用于服装的色泽检验、手感检验、外观疵点检验等。用视觉检验色泽，要求在特定的照明条件下（如特制的日光灯）对产品进行目测鉴别，借助光线检验服装的外观疵点。织物的弹性、保暖性等都可以通过手感来辨别。

2. 仪器、仪表检验

使用仪器、仪表检验比较准确，常用的仪器有显微镜、厚度仪、密度仪、气流仪等。服装的强度、伸长率及穿着特性都可以由仪表测得。仪器还能模仿人的感觉，检验服装的色泽、疵点数等，提高检验准确度。

3. 化学分析法检验

采用化学分析法可以检验服装的组成和性能，定性和定量分析材料的成分和含量。化学分析法还可以测试材料的耐化学性能，如水解性、耐酸碱性等。

五、服装的选购

不同服装的选购注意事项有所不同，通常需要注意以下几个问题。

1. 注意查看产品的使用说明

使用说明（即产品标志）是一种向消费者传达产品性能、质量状况、使用方法等信息的工具，服装产品使用说明由扣在服装上的吊牌和缝在服装上的标志组成。要注意查看吊牌上该服装的生产者或销售者的单位及地址、质量等级状况、标注的产品名称及产品现状。当前一般服装产品质量划分为优等品、一等品、合格品。重点查看缝在服装上的三个标志。

（1）查看号型规格是否表达清楚，以及与穿着者的体型是否相适应。对于丝绸服装、轻薄型服装，最好选择稍宽松些，以防止穿着时缝迹部位爆裂或纱线滑移；对于弹力服装和束身服装，选择时要模拟穿着时以不产生压抑感为前提。

（2）查看服装材料（面料、辅料等）采用的材质组成描述是否清晰齐全。因为不同材质的服装具有不同的性能、价值。一般内衣或贴身穿用的服装材质最好选用纯棉或棉混纺的材质，纯棉产品穿着舒适透气，不宜选购纯化纤类（如纯涤纶）的内衣产品。

（3）查看服装有无洗涤方法的信息，这是指导消费者保管好服装的关键。因不同风格、特性的服装在使用、洗涤、维护处理上是有所区别的，处理得当能使服装在较长的时期内保持外形美观并经久耐穿。

2. 手摸、眼看服装的外观质量

消费者要根据需要、穿着的经验，所标注的材质、质量等级等信息对服装进行验收，查看标注的内容与产品的真实现状是否相符。主要从面料的手感，布面的瑕疵、色差、污渍，缝制、拉链、纽扣的牢固程度进行观察。

（1）外观上，面料有无明显织疵，服装各部位有无明显色差，条格有无明显不对称，配件有无变质和不牢固，黏合衬部位有无起泡、脱胶、渗胶。

（2）缝制上，领子是否服帖对称，肩部是否平服，袖子是否圆顺，下摆是否顺直，前后衣片是否起吊。

3. 注意服装的穿着安全

服装面料在印染和后整理等过程中需加入各种染料、辅助剂、整理剂等，尤其是棉、麻、丝面料的服装产品，穿用时易起皱，尺寸稳定性较差，所以现在有些服装经过免烫、防皱、防缩等特殊工艺整理，以达到在一定时期内洗后免熨的效果。但在这些整理中所用的整理剂，可能会对人的皮肤乃至人体健康造成不同程度的危害，所以一般对选购回来的服装及标明免烫、防皱、防缩之类的服装产品，尤其是直接接触皮肤的衣服，穿用前最好水洗一次（标注干洗的服装除外）。

4. 高档服装的质量鉴别方法

对于高档服装，选购时要特别注意以下几项。

（1）观察衣片下摆是否平行，袖笼深浅是否得当。鉴别方法是扣住上衣的第一粒纽扣，保持自然姿态面对镜子观察左右衣片，若两侧门襟止口相互重叠平行，下摆与地面平行，就可判定衣服基本合格。

（2）观察两侧门襟长度及胸部是否合格，前胸部应饱满、圆顺，女装前胸部应呈锥形体。

（3）检查服装是否有全衬、挺胸衬及下截衬，是否有里袋及垫肩。

（4）观察衣服的前身、后背的面料纹路、纱向是否歪斜，兜和盖的面料纱向是否一致，斜料是否左右对称，面料衬布、线、锁口线的色泽是否一致。

（5）高档服装的质量标志一般要有品名、厂名、厂址、号型和注册商标，特别要注意认准名牌厂家的注册商标。

六、服装的保养

为使服装的功能得以充分发挥，平时必须做好服装的保养工作，因此应了解服装的保管保养知识，如污垢种类、去污方法、洗涤程序、服装整烫、服装保管等方面的内容。

（一）服装的污垢和去污

1. 服装的污垢

服装在人们穿着使用的过程中，必然会沾上污垢。脏衣服如不换洗，不但影响服装的外观，而且会影响服装的弹性、透气性、保暖性和降低服装的色牢度。污垢分解会产生有害于人体的成分，并为细菌及微生物提供繁殖的条件，从而危害人体健康。污垢按照来源不同可分为两种：一是身体污垢（体内及皮肤的分泌代谢物和排泄物，如汗液等），二是体外的污垢（人们生活和工作环境以及各种活动所致，如砂土、墨水、油污等）。污垢按照性质不同可分为三种：水溶性污垢、油溶性污垢和固微粒污垢。这些污垢常以混合状态黏附在服装上，较难洗掉的是油溶性污垢。

2．服装的去污

服装有了污垢就必须进行清洗，不同的织物其洗涤方法、要求会有所不同。

洗涤方法一般分为干洗和湿洗两种。干洗又称化学清洗法，即利用化学洗涤剂经过清洗、漂洗、脱液、烘干、脱臭、冷却等工序，最后达到去除污垢的目的。湿洗即水洗，又分为手工洗和洗衣机洗，湿洗相对于干洗要简单一些。干洗和湿洗各有特点，应根据衣物的材料种类，服装的类型、颜色，织物的组织结构等因素进行选择。

在服装洗涤去污过程中，注意识别服装上的洗涤标志，服装使用说明基本图形符号如图 11.1 所示。

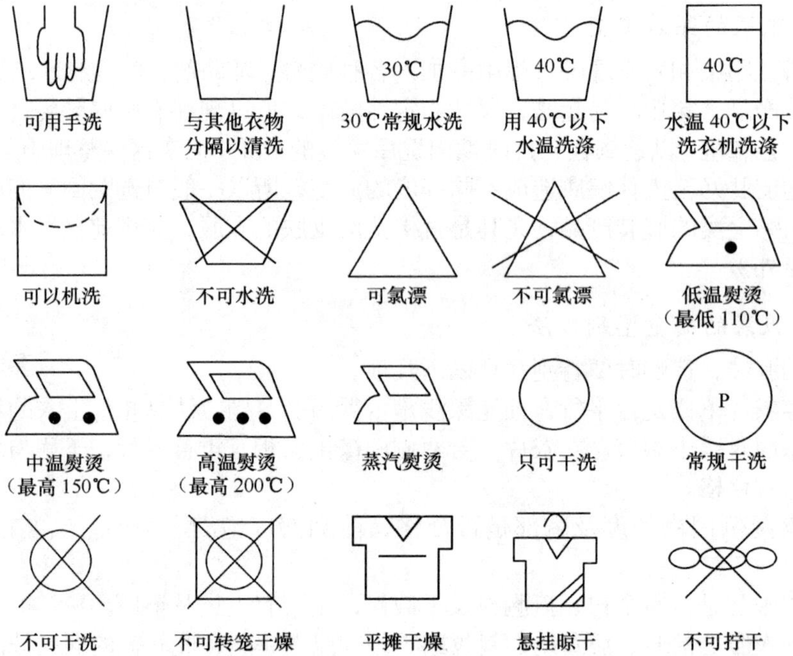

图 11.1　服装使用说明基本图形符号

（二）服装变质的识别以及服装的保管

为使服装充分体现耐用方面的功能，必须进行妥善保管，通过保管可以减少服装发脆、变色等现象的产生。

1．服装发脆、变色

服装发脆、变色的原因有以下几种：虫害的作用和衣服发霉；整理剂和染料因日光及水分的作用，发生水解和氧化等现象，如硫化染料染色时释放出的硫酸，会使纤维发脆；衣服残留物对纤维的影响，如残留氯的氧化作用；由于空气的氧化作用而使织物发黄，如丝绸织物和锦纶织物变黄；由于整理剂如荧光增白剂的变质而使织物发黄；在保管环境下由于光或热的作用而使织物发黄；由于染料的升华而导致染色织物褪色；由于油剂的氧化和残留溶剂的蒸发而导致织物变色等。

2．服装变质的识别

服装变质对服装的使用影响较大，其检查和鉴别方法有很多，比较简便的方法是“看、摸、闻、听”等。看就是查看服装外观色泽中是否有风渍、水斑、油污、霉迹、发黄、变色或其他不正常的外观损伤；摸就是抚摸衣物是否有发热、潮黏、僵硬等情况；闻就是闻其气味是否有霉味、酸味等异味；听主要是从撕裂织物时发出的响声判断其是否变质，正常的衣物声音比较清脆，变质的衣物声音比较沉闷。

3. 各类服装的保管

对于服装的保养、洗涤及换季后的收藏，只有采用科学合理的方法，才能防止服装发霉变质，遭受虫蛀、破损，产生褶皱变形，保持面料的服用性能（包括外观、手感、舒适性等）并延长服装的使用寿命。在保管过程中要考虑不同面料的不同影响因素，采取以下相应的保管措施。

棉麻服装的保管一定要注意防潮防霉。收藏前应洗净、晾干，深浅颜色要分开存放。收藏的场所如衣柜和聚乙烯袋等应干燥，里面可放樟脑（用纸包上，不要与服装直接接触），以防止衣服受虫蛀。

呢绒服装收藏前应洗净（干洗）、熨烫、晾干，宜放在干燥处。毛绒或毛绒衣裤混杂存放时，应该用干净的布或纸包好，以免绒毛沾污其他服装。最好每月透风 1～2 次，以防虫蛀。各种呢绒服装以悬挂存放在衣柜为好。放入箱里时要把服装的反面朝外，以防褪色风化、出现风印。

化纤服装以平放为好，不宜长期吊挂在衣柜，以免因悬垂而伸长。若是与天然纤维混纺的织物，则可放入少量樟脑（不要直接与服装接触）。

皮革服装过分干燥时容易折裂，受潮后则不牢固，因此皮革服装既要防止过分干燥，又要防潮。皮革服装不宜在雨、雪天穿用。收藏前应放在阴凉处，不可暴晒。收藏时以挂藏为宜，并放置用纸包好的樟脑。如果衣面发生了干裂现象，则可用石蜡填在缝内，用熨斗烫平。如果衣面发霉，则可先刷去霉菌，再涂上皮革专用剂。

（三）服装的熨烫

服装在穿着过程中，有些部位经常发生弯曲、折叠，使服装的不同部位产生不同的形变或褶皱，因此，经常需要在穿着前和洗涤后进行熨烫。熨烫的作用是使服装平整、挺括、折线分明、合身而富有立体感。熨烫是指在不损伤服装的服用性能及风格特征的前提下，对服装在一定的时间内施以适当的温度、湿度（水分）和压力等工艺条件，使纤维结构发生变化，即热塑变形。简单地讲，熨烫就是给服装热定型。熨烫的基本工艺条件是温度、湿度和压力。

1. 温度

构成服装面料的各类纤维都具有热塑性，服装的热塑定型和热塑变形必须通过温度的作用才能实现。温度越高，定型效果就越好，但各种服装面料的熨烫温度应低于其危险温度（分解温度和熔化点），以免损伤服装的外观及性能。构成面料的各种纤维由于其耐热性能不同，所能承受的温度也是不同的。各种面料的熨烫温度如表 11.9 所示。

表 11.9 各种面料的熨烫温度

织物纤维	熨烫温度（℃）	危险温度（℃）	织物纤维	熨烫温度（℃）	危险温度（℃）
棉	150～180	240	涤纶	140～160	210
麻	155～185	240	锦纶	120～140	170
毛	120～150	210	腈纶	115～130	180
丝	100～120	150	维纶	120～140	170
丝胶	120～150	220	丙纶	85～100	130
醋酸	120～140	160			

2. 湿度

面料遇水后，纤维会润湿、膨胀、伸展，这时服装就易变形和定型，但湿度应控制在一定范围，太大、太小都不利于服装定型。不同的纤维其吸湿的效果不同，应合理掌握。

一般熨烫的方式分为干热熨烫和湿热熨烫两种。干热熨烫是用熨斗直接熨烫，主要用于遇湿易出水印（柞丝绸）或遇湿热会发生高收缩（维纶布）的服装的熨烫，以及棉布、化纤、丝绸、麻布等薄型面料的熨烫。有时对于较厚的呢料大衣和羊毛衫等服装，先采用湿热熨烫，然后采用干热熨烫，这样可使服装长久保持平挺。化纤面料的熨烫可采用干热熨烫，也可采用湿热熨烫。

3. 压力

一定的整烫压力有助于克服分子间、纤维纱线间的阻力，使面料按照人们的要求进行变形或定型。随着压力的增大，服装的平整度、褶裥保持性均有增加。由于压力增大，纱线与织物被压扁，面料的厚度变薄，对比光泽度也随之增大。但压力过大会使服装产生积光。

一般服装的整烫压力应随服装的材料、造型、褶裥等要求而定。对于裤线、褶裥裙的折痕和上浆面料，压力应大些。对于灯芯绒等起绒面料，压力要小或熨反面。对于长毛绒等面料则应用蒸汽而不宜熨烫，以免使绒毛倒伏或产生积光而影响质量。

熨烫是一种物理运动，要达到预定的质量要求，就必须通过温度、湿度、压力和时间等因素的密切配合。另外，还应注意熨烫的顺序：上衣要先熨烫衣领、衣袖和后正身，然后正面熨烫前身、袖口、下摆等；裤子要先熨烫裤脚，再熨烫裤腰；熨烫深色衣服，必须在正面垫上湿布，以免产生亮光。

技能实训

【实训目的】

通过对背景材料进行讨论加深对工业品商品相关概念的认识。

【实训主题】

服装商品的选购、标签、号型等。

【实训时间】

本章课堂教学内容结束后的双休日和课余时间，为期一周。或者指导教师另外指定时间。

【背景材料】

服饰选购要点大搜集

一、服装产品的外观质量

（1）服装的主要表面部位有无明显织疵。

（2）服装的主要缝接部位有无色差。

（3）服装面料的花型、倒顺毛是否顺向一致。条格面料的服装，主要部位是否对称、对齐。

（4）注意服装上各种辅料、配料的质地，如拉链是否滑爽、纽扣是否牢固（四合扣是否松紧适宜）等。

（5）有粘合衬的表面部位，如领子、驳头、袋盖、门襟处有无脱胶、起泡或渗胶等现象。

二、注意服装产品上的各种标识

（1）产品上有无商标和中文厂名厂址。

（2）产品上有无服装号型标识及相应的规格，可通过营业员挑选适合自己穿着的号型及规格。

（3）产品上有无纤维含量标识。有填充料的服装还应标明其中填充料的成分和含量。

（4）产品上有无洗涤标识的图形符号及说明，并了解洗涤和保养的方法要求，特别是夏季服装，要核实有无能否水洗的标识。

（5）产品上有无产品的合格证、产品执行标准编号、产品质量等级及其他标识。

三、试穿时需注意的几个感觉

（1）消费者在试穿服装时应自然放松站立，注意感觉自己的颈肩部有无压迫感。如果颈肩部有明显的沉重及不舒适的感觉，说明该服装与自己的体型不够适宜。

（2）在试穿服装时，注意袖笼部位，两只手臂活动时应有舒服自如的感觉，防止袖笼过小、过紧，注意袖笼前后是否平服、圆顺。

（3）注意后背上部靠后领脚处是否平服及后背下摆处有无起吊现象。

四、服装产品的缝制质量

（1）目测服装各部位的缝制线路是否顺直，拼缝是否平服，绱袖吃势①是否均匀、圆顺，袋盖、袋口是否平服，方正下摆底边是否圆顺、平服。服装的主要部位一般指领头、门襟、袖笼及服装的前身部位，这些都是需要重点注意的地方。

（2）查看服装的各对称部位是否一致。服装上的对称部位很多，可将左右两部分合拢检查各对称部位是否一致。例如，服装上的对称部位有领头、门里襟等，将左右两袖长短和袖口大小，袋盖长短宽窄，袋位高低进出及省道长短等进行对比。经过对服装的标识、外观质量、缝制质量和面料成分的鉴别，基本上能够选购到一件符合质量标准要求和比较合体满意的服装。

【实训过程设计】

（1）指导教师布置学生课前预习背景材料。

（2）将全班同学平均分成几个小组，按每组5～6人进行讨论。各小组就近选择市场进行调研。

（3）根据“背景材料”，选择品牌专营店或专营柜组，通过眼看、手摸、阅读、走访调查等方式，进行面料识别。

（4）根据“背景材料”，选择品牌专营店或专营柜组，掌握服装号型知识，比较服装标签及标注内容。

（5）各小组对调查情况进行小组内讨论、交流，撰写作为最终成果的《商品学实训报告》。

（6）各小组提交填写“项目组长姓名、成员名单”的《商品学实训报告》。优秀的实训报告在班级展出，并收入本课程教学资源库。

综合练习

一、名词解释

1. 塑料　2. 合成树脂　3. 合成洗涤剂　4. 表面活性剂　5. 化妆品　6. 服装

①“绱袖”是广州话，意思是除了上袖（即装袖）外，还有整个袖子（特指袖头）部位的意思。“吃势”有以下两种情况。

（1）工艺要求的吃势。两片拼缝时，有一片根据人体需求，会比另一片长一点，长出来的部分就叫吃势。它根据服装要求或多或少（通常0.2～1.5甚至更多，如制服袖山处，袖子比正身袖笼的尺寸大）。

（2）被动的吃势（不是工艺要求，而是缝制中不易控制）。被动的吃势是在缝制过程中，面料（尤其是平绒等面料）上下层之间由于平缝机压脚及送布牙之间错动导致的吃势。这种吃势通常是需要尽量避免的。

7. 天然纤维　8. 化学纤维　9. 再生纤维　10. 合成纤维　11. 呢绒　12. 麻织物　13. 混纺织物　14. 服装号型

二、多项选择题

1. 阳离子型活性剂常见的有（　　）。
   A. 烷基磺酸钠　B. 铵盐型　C. 脂肪醇聚氧乙烯醚
   D. 烷基苯磺酸钠　E. 脂肪醇硫酸钠
2. 属于热塑性塑料的有（　　）。
   A. PE　B. PS　C. MF
   D. CN　E. PMMA
3. 属于热固性塑料的有（　　）。
   A. 聚乙烯　B. 聚氯乙烯　C. 有机玻璃
   D. 密胺塑料　E. 脲醛塑料
4. 判断牙膏质量的理化指标有（　　）。
   A. 稠度　B. 挤膏压力　C. 泡沫量
   D. pH 值　E. 稳定性

三、简答题

1. 塑料制品的主要品种及性能特点有哪些？
2. 日用玻璃器皿的种类及特点有哪些？
3. 洗衣粉的主要品种及质量要求有哪些？
4. 牙膏的质量要求及选用方法有哪些？
5. 化妆品主要品种的性能特点有哪些？
6. 服装是如何分类的？如何挑选服装？
7. 服装所用的面料有哪些？其特点如何？
8. 与服装质量相关的标准有哪些？
9. 如何做好服装的保养工作？

主要参考文献

[1] 陆影，2019. 商品学基础与实务[M]. 大连：东北财经大学出版社.
[2] 孙参运，2019. 商品学基础与实务[M]. 3 版. 北京：中国财政经济出版社.
[3] 谈留芳，2018. 商品学[M]. 2 版. 北京：科学出版社.
[4] 万融，陈红丽，2020. 商品学概论[M]. 7 版. 北京：中国人民大学出版社.
[5] 王丽华，2016. 服务管理[M]. 3 版. 北京：中国旅游出版社.
[6] 汪永太，李萍，2018. 商品学[M]. 6 版. 大连：东北财经大学出版社.
[7] 曾锦燕，2017. 商品学知识[M]. 3 版. 北京：电子工业出版社.

更新勘误表和配套资料索取示意图

说明 1：本书配套教学资料在人邮教育社区（www.ryjiaoyu.com）本书页面内下载。下载本书配套教学资料受教师身份、下载权限限制，教师身份、下载权限需网站后台审批，参见示意图。

更新勘误及意见建议记录表

说明 2：“用书教师”，是指学生订购本书的授课教师。

说明 3：本书配套教学资料将不定期更新、完善，新资料会随时上传至人邮教育社区本书页面内。

说明 4：扫描二维码可查看本书现有“更新勘误记录表”“意见建议记录表”。如发现本书或配套资料中有需要更新、完善之处，望及时反馈，我们将尽快处理！

咨询 QQ：602983359。

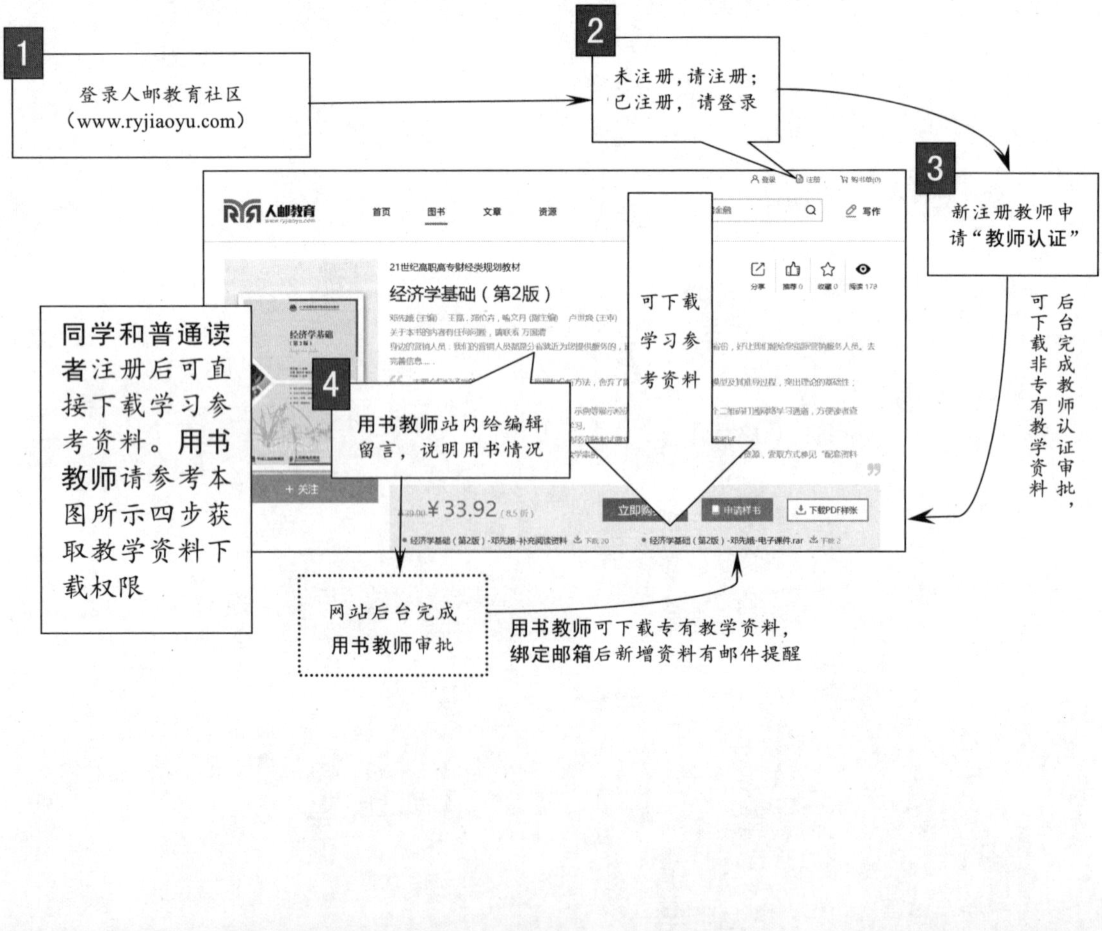